DISCARD

Conoce todo sobre
tablas dinámicas
con Excel 2016

Conoce todo sobre tablas dinámicas con Excel 2016

Daniel Burrueco

 Ra-Ma®

La ley prohíbe
fotocopiar este libro

Conoce todo sobre tablas dinámicas con Excel 2016
© Daniel Burrueco
© De la edición: Ra-Ma 2016
© De la edición: ABG Colecciones 2020

Editado por:
RA-MA Editorial
Madrid, España
Código para acceder al contenido en línea: 9788499646879

Colección American Book Group - Informática y Computación - Volumen 22.
ISBN No. 978-168-165-839-1
Biblioteca del Congreso de los Estados Unidos de América: Número de control 2019935054
www.americanbookgroup.com/publishing.php

Maquetación: Antonio García Tomé
Diseño de portada: Antonio García Tomé
Arte: Pikisuperstar / Freepik

A mis padres

ÍNDICE

1

PRESENTACIÓN

Considerando la capacidad de Excel –de las hojas de cálculo, en general– de actualizar miles o incluso millones de celdas como respuesta al más mínimo cambio que se produzca en cualquiera de ellas, una de las aplicaciones más interesantes de este tipo de *software* es la que se conoce como Análisis de Datos. Dentro de esta categoría, las tablas dinámicas (*pivot tables* en la literatura inglesa) son una de las herramientas más sencillas y versátiles que existen. Usando tablas dinámicas podremos clasificar, contar, resumir y analizar listados de datos, permitiéndonos buscar patrones y tendencias en ellos. Una vez creada la tabla dinámica podremos incluir en ella los campos de datos que queremos analizar, pudiendo moverlos dentro de la tabla dinámica muy fácilmente para poder visualizar nuestros datos desde diferentes perspectivas.

A lo largo de las siguientes secciones vamos a conocer con detalle esta útil herramienta con el objetivo de ser capaces de extraer de Excel todo su potencial a la hora de analizar información.

El escenario

Como director de Ventas de la empresa **FutureComputing**, tienes la responsabilidad de tomar todos los días decisiones que afectan a la actividad comercial de la compañía: categorías de productos a comercializar, precios, márgenes, rentabilidades, equipos comerciales... A día de hoy la empresa tiene presencia en cuatro países y en cada país tenemos tres equipos comerciales.

El resumen de nuestra actividad comercial se encuentra en un listado de datos contenido en el fichero *Ventas informática.xlsx*. El objetivo buscado con el uso de tablas dinámicas es ser capaces de extraer de nuestros datos toda la información relevante que nos ayude en la toma de decisiones.

Sobre FutureComputing

Los cuatro países en los que la empresa tiene presencia son Argentina, Chile, España y México, con diferente grado de penetración en cada uno de ellos. Los tres equipos de ventas que hay en cada país reciben un nombre basado en las iniciales del país y un número. De esta forma, los equipos de México son *Equipo MEX_01, Equipo MEX_02* y *Equipo MEX_03*, por ejemplo. Cada equipo consta de cinco comerciales. Todas las ventas se realizan solamente en cuatro o cinco ciudades distintas de cada país.

Vendemos productos de tres categorías: impresoras, monitores y ordenadores portátiles, cada una de ellas con cinco productos, con diferentes rangos de precios y márgenes.

Nuestro equipo de Marketing ha realizado un análisis de nuestros clientes clasificándolos en cuatro categorías diferentes:

- ▼ **Impulsivo**: cliente que toma la decisión de realizar o no una compra sin demasiada previsión, en función de variables que afectan al momento en el que toma la decisión, como su estado de ánimo, el trato con el vendedor, etc.

- ▼ **Conservador**: cliente cauto, muy previsor, le importa mucho tanto el producto como el precio y el servicio posventa.

- ▼ **Orientado al precio**: cliente con muy poca elasticidad al precio, busca siempre la mejor oferta.

- ▼ **Crítico**: cliente difícil de contentar, siempre muy exigente con el producto y servicio recibido, aunque muy fiel una vez conquistado.

Desde que el equipo de Marketing realizó este estudio, todas las ventas realizadas se han registrado incluyendo el perfil más acusado de cada comprador (pues hay clientes que encajan en más de un perfil).

En el fichero de datos mencionado están incluidas todas las ventas realizadas por nuestros comerciales entre los años 2014 y 2016. Para cada venta se facilita la siguiente información:

- ▼ **Fecha**: fecha en la que la venta se hizo efectiva.

- ▼ **Día de la semana**: etiqueta que indica el día de la semana correspondiente a la "*Fecha*" (de lunes a domingo).

▼ **Nombre**: nombre del comercial que realizó la venta.

▼ **Equipo**: equipo al que el comercial pertenece (por ejemplo, "*Equipo CHI_02*" de Chile).

▼ **País**: nombre del país al que está asociado el comercial (de entre los cuatro países ya comentados: Argentina, Chile, España y México).

▼ **Categoría**: categoría del producto vendido (de entre las tres categorías ya mencionadas: Impresoras, monitores y ordenadores portátiles).

▼ **Producto**: nombre del producto vendido.

▼ **Precio**: precio de venta del producto (expresado en euros para simplificar la gestión).

▼ **Coste**: coste total de fabricación y comercialización del producto vendido (también en euros).

▼ **Margen**: margen del producto, calculado como la diferencia entre el precio de venta y el coste (también expresado en euros).

▼ **Ciudad**: ciudad en la que se ha realizado la venta.

▼ **Tipo de cliente**: clasificación del cliente según el criterio ya explicado del equipo de Marketing.

A lo largo del libro haremos un uso intensivo del fichero conteniendo esta información, por lo que es recomendable que, cada vez que comencemos una sección o tema nuevo, hagas una copia del mismo para trabajar en ella sin modificar el fichero original.

Utilizaremos también otros ficheros más adaptados al tema de estudio en cada momento, ficheros que se indicarán convenientemente al comienzo de cada sección.

2

INFORMES DE TABLAS DINÁMICAS

Los informes de tablas dinámicas –normalmente denominados simplemente "tablas dinámicas" o "tablas pivote" – son una de las herramientas más potentes y versátiles de Excel pues nos permiten analizar, explorar, agregar y resumir fácilmente grandes conjuntos de datos con una notable simplicidad.

Muy a menudo resultan intimidantes al usuario medio de Excel. Sin embargo, esta percepción se deriva normalmente de su desconocimiento, pues, una vez que comenzamos a usarlas, se nos muestran como herramientas sencillas de utilizar y de una potencia sorprendente, y la masiva presencia de Excel en hogares y oficinas de todo el mundo (las más prudentes estimaciones hablan de varios centenares de millones de copias en uso), convierten los informes de tablas dinámicas en una herramienta de análisis de datos al alcance de prácticamente cualquier usuario de ordenadores.

Su necesidad surge cuando nos encontramos con listas de datos, sea cual sea su naturaleza. Estas listas, tal y como veremos con detalle más adelante, están organizadas en filas, cada una de ellas conteniendo un dato (por ejemplo, información relativa a la venta de un producto), y cada fila ocupando celdas de varias columnas para acomodar los diferentes campos incluidos en el dato (por ejemplo, la fecha de la venta, el producto vendido, el precio de venta, etc.). De esta forma, si tenemos registradas en un libro Excel las ventas de nuestra empresa, podríamos tener el siguiente listado de datos:

	A	B	C	D
1	Día de la semana	Mes	Producto	Precio
2	Viernes	Junio	Impresora	500 €
3	Sábado	Mayo	Monitor	100 €
4	Sábado	Abril	Impresora	200 €
5				

Figura 2.1. Listado de datos

En este sencillo ejemplo tenemos un listado incluyendo tres datos (frecuentemente llamados registros) situados en tres filas: un registro relativo a una venta realizada el viernes (el primer registro) y dos registros relativos a las ventas realizadas el sábado (los dos últimos). Cada uno de estos registros contiene cuatro campos: el día de la semana en el que se ha producido la venta, el mes correspondiente, el tipo de producto vendido y el precio de venta.

Si estas pocas líneas de datos fuesen toda la información de la que dispusiésemos sobre las ventas de la empresa, resultaría sencillo sacar algunas conclusiones:

1. Vemos, por ejemplo, que el día de la semana en el que más ventas se realizan es el sábado (dos ventas, frente a una sola del viernes). Tras hacer este recuento, podríamos plasmar los resultados en una tabla resumen realizada a mano:

Día de la semana	Nº de ventas
Viernes	1
Sábado	2
Total	3

Figura 2.2. Número de ventas realizadas por día de la semana

2. Sin embargo, la venta realizada en viernes supone unos ingresos mucho mayores que los supuestos por las dos ventas del sábado (500€ del viernes frente a 300€ de ventas totales del sábado). Nuevamente podríamos llevar el resultado de esta suma a una tabla resumen:

	J	K
	Día de la semana	Ventas
	Viernes	500 €
	Sábado	300 €
	Total	800 €

Figura 2.3. Cantidades vendidas por día de la semana

3. Podemos comprobar también que el producto que más éxito tiene es la impresora, tanto en número de ventas (dos, frente a una del monitor) como

en ingresos (700€ frente a los 100€ del monitor), lo que nos permitiría desglosar la tabla anterior de la siguiente forma:

Día de la semana	Impresora	Monitor	Total
Viernes	500 €		500 €
Sábado	200 €	100 €	300 €
Total	700 €	100 €	800 €

Figura 2.4. Cruce de campos Día de la semana y Producto

En estas condiciones, si tuviésemos que tomar decisiones al respecto de qué días realizar actividades comerciales adicionales o qué producto promocionar más, podríamos decantarnos por centrar nuestro esfuerzo promocional en la impresora –cuyos ingresos suponen siete veces los ingresos del monitor– o realizar más visitas comerciales los viernes, pues este día aúna tanto las ventas de nuestro producto estrella –la impresora– como el pico de ingresos. O, al contrario, podríamos decidir centrar nuestro esfuerzo promocional en el monitor para aumentar los ingresos potenciales derivados de su venta, y realizar más visitas comerciales los sábados para mejorar el ratio de ventas de ese día y, de ese modo, poder repartir el esfuerzo que suponen las visitas a clientes.

Con independencia de las decisiones que cada uno tomase con esta información, lo importante ahora es el tipo de análisis que estamos realizando en cada uno de estos ejercicios considerados individualmente, análisis a partir del cual llegamos a conclusiones que nos ayudan a la toma de decisiones.

1. El primero de estos ejercicios ha consistido simplemente en contar el número de ventas por día de la semana (una el viernes y dos el sábado), es decir, contar el número de registros en los que el campo *Día de la semana* toma los valores *"Viernes"* y *"Sábado"* respectivamente.

2. A continuación, hemos analizado los ingresos por día de la semana, sumando el valor del campo *Precio* de aquellos registros en los que el campo *Día de la semana* tome el valor *"Viernes"* y de aquellos registros en los que dicho campo tome el valor *"Sábado"*, resultando 500€ para las ventas del viernes y 300€ para las del sábado, información bastante interesante pues nos permite tener una idea global de cómo se reparten nuestras ventas a lo largo de la semana.

3. Mucho más interesante ha sido el tercer ejercicio realizado, en el que cruzamos dos variables (los campos *Día de la semana* y *Producto*) y analizamos cómo se comporta una tercera variable (la suma del campo *Precio*) para cada combinación de día de la semana y producto, con el objetivo de encontrar patrones y tendencias que nos permitan maximizar nuestras ventas.

Adicionalmente, hemos calculado en nuestras tablas los totales de ingresos (por día de la semana y por producto, allí donde corresponda). Si a este esquema le añadimos la posibilidad de filtrar todos los datos según otra variable distinta (el campo "*Mes*", por ejemplo, no utilizado hasta ahora), ya tendríamos el esquema básico de una tabla dinámica.

Pues bien, es este tipo de análisis el que nos permiten realizar las tablas dinámicas. Con apenas tres registros (tres líneas de datos) y cuatro campos puede resultar muy fácil realizar este análisis visualmente o, a lo sumo, recurriendo a sencillas sumas aplicadas tras filtrar los campos adecuadamente, pero si nos encontramos con cientos, miles o incluso millones de líneas de datos y decenas de campos diferentes repartidos en múltiples tablas de datos, incluyendo información sobre la hora del día en la que se realiza la venta, la edad, género y perfil socioeconómico del comprador, la ciudad y calle donde reside (puede haber diferencias de un barrio de la ciudad a otro), la inversión diaria en publicidad, etc. no habría forma alguna de llegar a conclusiones válidas en un tiempo aceptable. Imaginemos, en este escenario que estamos comentando, tratar de responder a preguntas del tipo:

▶ ¿Cómo varían las ventas de un cierto producto a lo largo de la semana? ¿Y a lo largo del año? Esa variación, ¿es semejante para todas las categorías de productos? ¿Y para todos los países?

▶ ¿Influye en el número de ventas la inversión en publicidad? Esta influencia ¿es independiente del producto o de la categoría? ¿Hay productos cuyas ventas no se ven influidas por esta inversión? ¿Es posible calcular el incremento de ventas por cada euro invertido en publicidad?

▶ ¿Todas las franjas de edad, género y perfil socioeconómico de nuestros compradores responden de igual forma a nuestra publicidad? La elasticidad al precio, ¿depende de la franja de edad, género o perfil socioeconómico de nuestro comprador?, ¿depende de la época del año?

▶ ¿Cómo se reparte el margen de las ventas a lo largo del año? ¿Existe algún patrón que determine en qué épocas del año realizan sus compras cada uno de los tipos de clientes identificados por Marketing?

La única forma de llegar a respuestas a estas preguntas sería mediante un laborioso trabajo filtrando columnas, sumando, contando y anotando los resultados, y utilizándolos para realizar nuevos cálculos, esfuerzo que difícilmente va a compensar los resultados obtenidos. En esas circunstancias, las herramientas habituales –filtros de columnas, funciones con sumas condicionales y de búsquedas en tablas, etc. – se muestran complejas, y cualquier pequeño cambio en el objetivo buscado puede suponer tener que empezar el análisis desde cero. Y muchas veces, simplemente, dichas herramientas son incapaces de realizar el tipo de análisis que necesitamos.

Pues bien, las tablas dinámicas van a ofrecernos este tipo de análisis, permitiéndonos cruzar campos para obtener patrones y relaciones entre ellos, filtrar nuestros datos según nos convenga, y calculándose subtotales y totales de forma automática, con el objetivo de llegar a conclusiones que faciliten el mencionado proceso de toma de decisiones. Adicionalmente podremos recurrir a herramientas que nos ayuden a entender mejor nuestros datos, como estilos gráficos condicionales que resalten las celdas que nos interesen, o gráficos dinámicos que muestren tendencias de una forma visualmente muy atractiva y sencilla de interpretar.

> (i) **NOTA**
>
> El término usado en inglés para referirse a las tablas dinámicas, *pivot tables* hace referencia a la habilidad que ofrecen para "girar" o "pivotar" sobre los campos involucrados en el análisis. Efectivamente, en una tabla dinámica podemos agregar o eliminar campos del análisis con suma facilidad, permitiéndonos contemplar la información desde múltiples puntos de vista con gran sencillez.

2.1 LISTAS DE DATOS VÁLIDAS

El punto de partida para la creación de una tabla dinámica es una (o varias) fuentes de datos que, en los ejemplos que estamos comentando, son listas de datos incluidas en nuestro libro Excel, pero que podrían ser también conjuntos de datos contenidos en ficheros de texto o en bases de datos externas a Excel, como Microsoft Access o SQL Server, por poner algunos ejemplos.

En el caso de trabajar con listas de datos como la que hemos visto relativa a las ventas de nuestra empresa, las reglas básicas que deben cumplirse para poder crear a partir de ellas una tabla dinámica son sencillas: debemos tener nuestros datos dispuestos en filas consecutivas, con encabezados (nombres) de columna situados en la primera fila, sin filas ni columnas vacías en el listado, ni totales ni subtotales.

Así, esta primera lista de datos que tenemos a continuación no es válida porque no tiene los encabezados de columna que indican qué contiene cada una:

Sábado	Abril	Monitor	200 €
Sábado	Mayo	Impresora	100 €
Domingo	Junio	Monitor	500 €
Martes	Abril	Portátil	300 €
Lunes	Agosto	Portátil	100 €

Esta segunda lista tampoco es válida pues incluye una fila en blanco (Excel solo consideraría los registros por encima de la fila en blanco, lo que nos llevaría a conclusiones inválidas al estar ignorando gran parte de la información):

Día de la semana	Mes	Producto	Precio de venta
Sábado	Abril	Portátil	200 €
Sábado	Mayo	Monitor	100 €
Domingo	Junio	Impresora	500 €
Martes	Abril	Portátil	300 €
Lunes	Agosto	Monitor	100 €

En esta tercera lista nos encontramos con un total que también la imposibilita como fuente de datos válida para una tabla dinámica:

Día de la semana	Mes	Producto	Precio de venta
Sábado	Abril	Impresora	200 €
Sábado	Mayo	Portátil	100 €
Domingo	Junio	Monitor	500 €
Martes	Abril	Monitor	300 €
Lunes	Agosto	Impresora	100 €
		Total	1.200 €

En esta lista de datos no tenemos los registros en líneas independientes (pues hay una celda común a todas las filas situada a la izquierda, con el texto "2015"):

Año	Día de la semana	Mes	Producto	Precio de venta
2015	Sábado	Abril	Monitor	200 €
	Sábado	Mayo	Portátil	100 €
	Domingo	Junio	Monitor	500 €
	Martes	Abril	Portátil	300 €
	Lunes	Agosto	Impresora	100 €

En esta otra lista de datos nos encontramos con un problema semejante al que hemos visto en el segundo ejemplo: hay una columna vacía, lo que llevaría a Excel a considerar solo las primeras columnas –aquellas situadas a la izquierda de la columna en blanco–:

Día de la semana	Producto	Mes		Precio de venta
Sábado	Impresora	Abril		200 €
Sábado	Impresora	Mayo		100 €
Domingo	Monitor	Junio		500 €
Martes	Portátil	Abril		300 €
Lunes	Portátil	Agosto		100 €

En esta sexta lista tenemos subtotales y totales que también hacen incompatibles estos datos con las tablas dinámicas:

Día de la semana	Mes	Producto	Precio de venta
Sábado	Abril	Monitor	200 €
Sábado	Mayo	Portátil	100 €
		Total sábado	300 €
Domingo	Junio	Monitor	500 €
		Total domingo	500 €
Martes	Abril	Impresora	300 €
		Total martes	300 €
Lunes	Agosto	Monitor	100 €
		Total lunes	100 €
		Gran total	2.300 €

De hecho, la única lista de datos que cumple con las condiciones mencionadas es ésta última:

Día de la semana	Mes	Producto	Precio de venta
Sábado	Abril	Monitor	200 €
Sábado	Mayo	Portátil	100 €
Domingo	Junio	Impresora	500 €
Martes	Abril	Portátil	300 €
Lunes	Agosto	Monitor	100 €

Siendo puristas, no es que todos los listados que hemos calificado de "inválidos" no permitan –en el sentido literal del término– la creación de una tabla dinámica a partir de ellos. Es que, al no tener el formato que la tabla dinámica espera, simplemente no van a ser correctamente interpretados y, por lo tanto, los resultados que obtengamos de la tabla dinámica no serán válidos. Por ejemplo, el primer listado que hemos visto que no incluía los encabezados de columna serviría para crear una tabla dinámica, pero Excel consideraría como encabezados de columna las etiquetas de la primera fila, lo que no sería correcto, pues esa fila contiene datos.

> ### ⓘ NOTA
>
> Aun cuando no es requisito indispensable, las tablas dinámicas se muestran más útiles cuando hay datos numéricos que resumir. Es por ello que, normalmente, los listados que sirven de base para la creación de una tabla dinámica incluyen, al menos, un campo numérico. Este campo –o los campos numéricos que existan– será sobre el que calculemos sumas, promedios, etc. También es posible resumir campos que contienen textos, aunque sobre ellos solo podremos realizar recuentos, nunca operaciones aritméticas.
>
> Una segunda condición para que las tablas dinámicas sean útiles –aun cuando, desde un punto de vista técnico, tampoco es un requisito– es que algunos de los campos que queremos involucrar en el análisis tengan valores repetidos. Así, por ejemplo, si cada producto que vendiésemos fuese de una categoría diferente, no habría forma de resumir la información por categoría. En ese escenario necesitamos que el campo *Categoría* tome un conjunto de valores limitado para extraer de las tablas dinámicas todo su potencial.

Vamos a ver a lo largo de los siguientes capítulos cómo las tablas dinámicas van a permitirnos analizar este tipo de datos de maneras y en tiempos que resultarían impensables recurriendo a otras herramientas.

2.1.1 Ejercicio

Supongamos que, aun sabiendo que la siguiente tabla de datos no tiene el formato adecuado, creamos una tabla dinámica a partir de ella:

1				
2	Sábado	Abril	Monitor	200 €
3	Sábado	Mayo	Impresora	100 €
4	Domingo	Junio	Monitor	500 €
5	Martes	Abril	Portátil	300 €
6	Lunes	Agosto	Portátil	100 €
7				

¿Cuál sería el total de ventas correspondiente al sábado?

2.1.2 Solución del ejercicio

Al crear la tabla dinámica se presupone la existencia de una fila con encabezados que van a dar nombre a las columnas. En el ejemplo que se plantea, se consideraría –erróneamente– la primera fila de la tabla de datos como fila de encabezados:

2	Sábado	Abril	Monitor	200 €

Considerándose como datos el resto de la tabla:

3	Sábado	Mayo	Impresora	100 €
4	Domingo	Junio	Monitor	500 €
5	Martes	Abril	Portátil	300 €
6	Lunes	Agosto	Portátil	100 €

Por supuesto, las columnas de datos recibirían los nombres de la fila de encabezados (completamente erróneos):

	Campo "Sábado"	Campo "Abril"	Campo "Monitor"	Campo "200€"
3	Sábado	Mayo	Impresora	100 €
4	Domingo	Junio	Monitor	500 €
5	Martes	Abril	Portátil	300 €
6	Lunes	Agosto	Portátil	100 €

En estas condiciones, las ventas correspondientes al sábado son los 100€ procedentes del registro situado en la fila 3 (en lugar de los 300€ que realmente se registrarían si la tabla tuviese el encabezado correcto).

3

CREACIÓN DE TABLAS DINÁMICAS

En esta sección repasaremos el concepto de "cruce de datos", concepto muy sencillo y base de las tablas dinámicas. Su correcta comprensión facilitará enormemente el uso posterior de las tablas dinámicas y las herramientas que tienen asociadas. A continuación, revisaremos los diferentes métodos de creación de tablas dinámicas que Excel pone a nuestra disposición, aprovechando para crear sencillas tablas dinámicas que repliquen el análisis que realizamos en la sección anterior con aquellos tres registros de ventas involucrando impresoras y monitores. Veremos cómo las tablas dinámicas nos permiten analizar nuestros datos de forma increíblemente más rápida y sencilla que las herramientas habituales.

3.1 CRUCE DE CAMPOS

Aunque el concepto de "cruce de campos" es relativamente sencillo, es conveniente que le dediquemos unos minutos. Supongamos que seguimos trabajando con la tabla ya vista relativa a las ventas de nuestra empresa de productos de informática:

	A	B	C	D
1	Día de la semana ▾	Mes ▾	Producto ▾	Precio ▾
2	Viernes	Junio	Impresora	500 €
3	Sábado	Mayo	Monitor	100 €
4	Sábado	Abril	Impresora	200 €
5				

Comencemos con el ejemplo más simple posible. Queremos conocer el total de ventas realizadas: un único valor que agregue todos los ingresos hasta el momento. Para ello comenzaríamos simplemente sumando los valores contenidos en la columna *Precio*, valor que mostramos en una sencilla fila indicando el concepto y su valor:

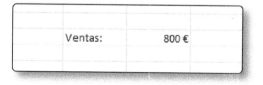

Supongamos que ahora deseamos desglosar dicha cifra según el día de la semana en el que se produce la venta (es decir, según el campo *Día de la semana*). En nuestro listado de ventas, dicho campo solo toma dos posibles valores *"Viernes"* y *"Sábado"*, lo que significa que, al desglosar las ventas según el día de la semana, estamos repartiendo todos los registros de nuestro listado entre esos dos grupos: registros en los que el campo *Día de la semana* toma el valor *"Viernes"* (un registro), totalizando 500€ en ventas, y registros en los que el campo *Día de la semana* toma el valor *"Sábado"* (dos registros), totalizando 300€ en ventas:

Viernes	500 €
Sábado	300 €
Total	800 €

Como podemos ver, la fila de la que hemos partido conteniendo las ventas totales se ha desglosado ahora en dos filas. Adicionalmente hemos añadido el total de ventas en una fila adicional (total calculado como la suma de las ventas de cada día) que, por supuesto, coincide con el total de ventas que ya conocíamos: 800€.

E insistamos por un instante en esto: como el campo *Día de la semana* solo toma dos posibles valores (y todos los registros de nuestro listado tienen un día de la semana asignado), al desglosar las ventas según dichos valores, todos los registros están siendo considerados en uno de los dos grupos (*"Viernes"* o *"Sábado"*).

Una vez conocidas las ventas que tienen lugar cada día de la semana (500€ los viernes y 300€ los sábados), podemos querer desglosar la columna de valores que hemos obtenido según el producto vendido. Es decir, querríamos desglosar los 500€ correspondientes al viernes en varias columnas, una para cada producto y, de forma análoga, desglosar los 300€ del sábado en las mismas columnas.

El campo *Producto* solo toma dos posibles valores en nuestro listado, "*Impresora*" o "*Monitor*", de forma que habría que calcular, para los registros que se corresponden con ventas el viernes, cuáles corresponden a impresoras y cuáles a monitores, y deberíamos hacer lo mismo para los registros que se corresponden con ventas el sábado, resultando la siguiente tabla:

Día de la semana	Impresora	Monitor	Total
Viernes	500 €		500 €
Sábado	200 €	100 €	300 €
Total	700 €	100 €	800 €

Vemos que los 500€ de ventas del viernes se distribuyen en 500€ para impresoras y 0€ para monitores, y los 300€ de ventas del sábado se distribuyen en 200€ para impresoras y 100€ para monitores. Incluimos también sumas de las ventas de los productos de cada tipo (en la fila inferior, 700€ para impresoras y 100€ para monitores), y sumas de las ventas de cada día de la semana (en la última columna, 500€ para el viernes y 300€ para el sábado, cifras que ya conocíamos). Por supuesto, la suma de los totales (tanto de la última fila como de la última columna) da siempre 800€ pues, sea cual sea el criterio de desglose, siempre estamos desglosando todos los registros de ventas.

A nivel de registro de nuestro listado, al desglosar las ventas realizadas cada día de la semana según el producto, lo que estamos haciendo es considerar los grupos de registros que ya teníamos (registros en los que el campo *Día de la semana* toma el valor "*Viernes*" y registros en los que toma el valor "*Sábado*") y dividirlos según el nuevo criterio, resultando ahora cuatro grupos:

1. Registros en los que el valor *Día de la semana* toma el valor "*Viernes*" y el campo *Producto* toma el valor "*Impresora*".

2. Registros en los que el valor "*Día de la semana*" toma el valor "*Viernes*" y el campo *Producto* toma el valor "*Monitor*".

3. Registros en los que el valor "*Día de la semana*" toma el valor "*Sábado*" y el campo *Producto* toma el valor "*Impresora*".

4. Registros en los que el valor "*Día de la semana*" toma el valor "*Sábado*" y el campo *Producto* toma el valor "*Monitor*".

ⓘ NOTA

Insistamos, aun a riesgo de resultar pesados, en esto, pues es de vital importancia para entender el proceso que estamos ejecutando: todos los registros de nuestro listado se han repartido entre estos cuatro grupos, pues si hemos considerado todos los valores posibles para los campos *Día de la semana y Producto*, existirá siempre una combinación de dichos valores para cada registro de nuestro listado. En el supuesto caso de que algún registro no tuviese, por ejemplo, ningún producto asociado, los valores que tomaría el campo *Producto* sería, aun así, conocido y limitado: *"Impresora"*, *"Monitor"* y *""* (es decir, campo vacío); en cuyo caso los grupos serían:

- *"Día de la semana" = "Viernes"; "Producto" = "Impresora"*
- *"Día de la semana" = "Viernes"; "Producto" = "Monitor"*
- *"Día de la semana" = "Viernes"; "Producto" = ""* (vacío)
- *"Día de la semana" = "Sábado"; "Producto" = "Impresora"*
- *"Día de la semana" = "Sábado"; "Producto" = "Monitor"*
- *"Día de la semana" = "Sábado"; "Producto" = ""* (vacío)

Por lo que seguiríamos teniendo siempre una combinación de los campos considerados para todos los registros.

En este momento estaríamos cruzando dos campos (*Día de la semana* y *Producto*) y, para cada una de las posibles combinaciones de sus valores (para cada uno de los grupos de registros en los que estamos dividiendo nuestro listado de datos) estamos analizando un tercer campo. Esto significa que, por ejemplo, para el grupo de registros caracterizado por *"Día de la semana"* = *"Viernes"* y *"Producto"* = *"Impresora"*, estamos extrayendo el valor que el tercer campo toma en cada uno de los registros y, al conjunto de esos valores extraídos, estamos aplicando una operación, la suma en nuestro ejemplo, y el resultado obtenido se asocia al grupo en cuestión. Gráficamente, esto querría decir que, en la tabla a la que llegamos mostrando las ventas por día de la semana y producto, el resultado obtenido lo vamos a mostrar en la intersección de la fila *"Día de la semana"* = *"Viernes"* y la columna *"Producto"* = *"Impresora"*.

A continuación, podríamos, por ejemplo, desglosar las ventas de cada día de la semana según la hora en la que se producen, o desglosar el producto según la franja de edad del comprador, y así sucesivamente. En cualquier caso, vemos que, al desglosar las filas o columnas según nuevos criterios, lo que hacemos es dividir los grupos de registros que ya teníamos según los valores que tome el nuevo campo siendo considerado.

Llegamos así al corolario de nuestro pequeño experimento:

Al cruzar campos de nuestro listado de datos lo que conseguimos es dividirlo en grupos disjuntos –sin elementos comunes– caracterizados cada uno de ellos por la combinación de los valores que toman los campos siendo cruzados. Para cada uno de los grupos consideraremos el valor que toma un tercer campo, al que aplicaremos una operación cuyo resultado se asocia al grupo (es decir, a la combinación concreta de valores que tomen los campos siendo cruzados).

En nuestro ejemplo de venta de productos informáticos podemos mostrar gráficamente el cruce realizado de la siguiente forma:

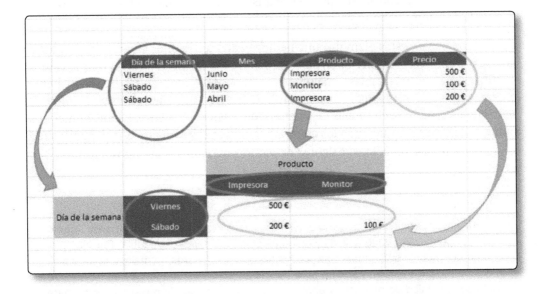

Hemos llevado uno de los campos involucrados en el cruce (el campo *Día de la semana*) a los encabezados de filas, creando una fila para cada uno de los valores que toma el campo; hemos llevado otro de los campos (el campo *Producto*) a los encabezados de columnas, creando también una columna para cada uno de los valores que toma el campo; y, por último, hemos llevado el campo siendo analizado (el campo *Precio*) a cada una de las intersecciones de filas y columnas en el interior de la tabla, aplicando una operación (la suma, en nuestro ejemplo) a los valores que toma este campo en los registros que correspondan a dicha combinación de fila y columna. Por ejemplo, para la combinación *"Día de la semana" = "Viernes"* y *"Producto" = "Impresora"*, identificamos los registros asociados –aquellos que cumplen estas dos condiciones–, consideramos el valor que el campo *Precio* toma en ellos y aplicamos una operación sobre estos valores. Esta estructura es la que nos va a permitir el análisis de los datos de nuestro listado, mostrando tendencias, patrones, anomalías, etc.

Vamos a ver que Excel nos permite replicar casi exactamente este esquema, con la ventaja adicional de permitirnos incluir, no solo uno, sino tantos campos como deseemos en filas y en columnas, analizar uno o más campos en el interior de la tabla, así como aplicar uno o más filtros al conjunto de datos siendo considerado, por ejemplo, aplicar un filtro por mes, que nos permitiría realizar el análisis visto pero considerando solamente aquellos registros en los que el campo "*Mes*" tome un determinado valor (lo que, en el fondo, no supone más que volver a dividir todos nuestros grupos en nuevos grupos menores caracterizados por los valores que tome el campo "*Mes*" y considerar para el análisis solo aquellos grupos en los que el campo "*Mes*" tome el valor escogido).

De hecho, estos ejemplos que hemos visto –todos ellos en torno a las ventas de nuestra empresa– nos permiten distinguir entre los dos tipos de campos que vamos a utilizar en nuestras tablas dinámicas: campos de "categorías", frecuentemente conteniendo textos (aunque no siempre), que serán los que crucemos entre sí, llevándolos a filas o columnas, y campos de "valores", normalmente numéricos (aunque no siempre), que serán los que analicemos en el interior de la tabla (aplicando sobre ellos sumas, recuentos, cálculos de valores máximos o mínimos, etc.).

ⓘ **NOTA**

En todo caso ten en cuenta que cualquier campo puede ser susceptible, en un momento dado, de ser llevado tanto a filas y columnas como al interior de la tabla. Por ejemplo, el campo *Producto* que hemos visto en los ejemplos anteriores normalmente irá a filas o columnas, pues esto nos servirá para desglosar los datos que tengamos en nuestra tabla según el tipo de producto y analizar el comportamiento de nuestras ventas para cada uno de ellos –seguramente los márgenes no son iguales para las impresoras que para los monitores, por ejemplo–. Pero si queremos averiguar el número de ventas realizadas, una posibilidad será llevar el campo *Producto* (que es un campo de texto en nuestro ejemplo) al interior de la tabla y aplicarle la operación *"Recuento"*, lo que nos devolverá el número de veces que aparece este campo en el listado (es decir, el número de ventas). Veremos esto con detalle un poco más adelante.

3.1.1 Ejercicio

Si el campo *Día de la semana* toma siete valores diferentes, el campo *Ciudad* toma dos valores diferentes ("*Santiago*" y "*Lima*"), en la ciudad de Santiago nuestra empresa tiene actividad comercial (y ventas) de lunes a viernes y en la ciudad de Lima solo hay ventas registradas los lunes y miércoles ¿en cuántos grupos disjuntos se dividirían nuestros registros si cruzásemos los campos *Día de la semana* y *Ciudad* para analizar las ventas?

3.1.2 Solución del ejercicio

En circunstancias normales, si el campo *Día de la semana* toma los siete valores que todos conocemos ("*lunes*", "*martes*", "*miércoles*", "*jueves*", "*viernes*", "*sábado*" y "*domingo*") y el campo *Ciudad* toma los valores "*Santiago*" y "*Lima*", su cruce crearía catorce grupos disjuntos (siete multiplicado por dos):

1. Lunes – Santiago

2. Martes – Santiago

3. Miércoles – Santiago

4. Jueves – Santiago

5. Viernes – Santiago

6. Sábado – Santiago

7. Domingo – Santiago

8. Lunes – Lima

9. Martes – Lima

10. Miércoles – Lima

11. Jueves – Lima

12. Viernes – Lima

13. Sábado – Lima

14. Domingo – Lima

El enunciado nos informa, sin embargo, de que Santiago no tiene actividad comercial (ni ventas, por lo tanto) ni los sábados ni los domingos, y que en la ciudad de Lima solo hay ventas los lunes y los miércoles. Esto significaría que no habría ningún registro en el que los campos *"Día de la semana"* y *Ciudad* tome los siguientes valores:

- Sábado – Santiago
- Domingo – Santiago
- Martes – Lima
- Jueves – Lima
- Viernes – Lima
- Sábado – Lima
- Domingo – Lima

Por lo que los grupos disjuntos en los que se dividirían nuestros registros serían los siguientes siete:

- Lunes – Santiago
- Martes – Santiago
- Miércoles – Santiago
- Jueves – Santiago
- Viernes – Santiago
- Lunes – Lima
- Miércoles – Lima

3.2 REGISTROS Y CAMPOS

En la siguiente imagen podemos ver parte del listado completo que registra las ventas de nuestra empresa (que, en un caso real, probablemente incluiría cientos o miles de filas, y muchas más columnas):

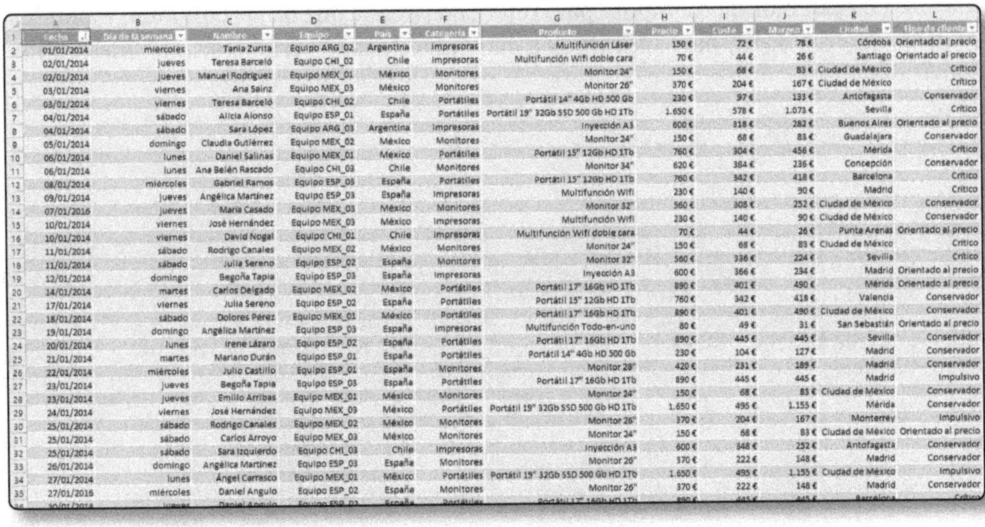

Figura 3.1. Listado de datos contenido en el fichero "Ventas informática.xlsx"

Tal y como se ha comentado, normalmente hablaremos de "registros" para referirnos a cada una de las filas con datos de nuestra lista (es decir, para referirnos a cada uno de los datos incluidos en nuestro listado):

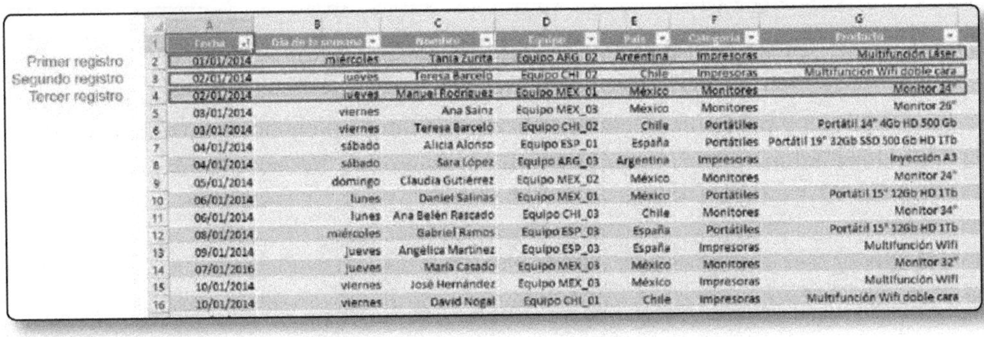

Figura 3.2. Registros en un listado de datos

Hablaremos de "campos" para referirnos a cada una de las columnas incluidas en el listado (es decir, para referirnos a cada una de las "variables" incluidas en los datos):

	A	B	C	D	E	F	
	Fecha	Día de la semana	Nombre	Equipo	País	Categoría	
1	Primer campo	Segundo campo	Tercer campo	Cuarto campo			
2	01/01/2014	miércoles	Tania Zurita	Equipo ARG_02	Argentina	Impresoras	
3	02/01/2014	jueves	Teresa Barceló	Equipo CHI_02	Chile	Impresoras	Multifu
4	02/01/2014	jueves	Manuel Rodríguez	Equipo MEX_01	México	Monitores	
5	03/01/2014	viernes	Ana Sainz	Equipo MEX_03	México	Monitores	
6	03/01/2014	viernes	Teresa Barceló	Equipo CHI_02	Chile	Portátiles	Port
7	04/01/2014	sábado	Alicia Alonso	Equipo ESP_01	España	Portátiles	Portátil 19" 32
8	04/01/2014	sábado	Sara López	Equipo ARG_03	Argentina	Impresoras	
9	05/01/2014	domingo	Claudia Gutiérrez	Equipo MEX_02	México	Monitores	
10	06/01/2014	lunes	Daniel Salinas	Equipo MEX_01	México	Portátiles	Po
11	06/01/2014	lunes	Ana Belén Rascado	Equipo CHI_03	Chile	Monitores	
12	08/01/2014	miércoles	Gabriel Ramos	Equipo ESP_03	España	Portátiles	Po
13	09/01/2014	jueves	Angélica Martínez	Equipo ESP_03	España	Impresoras	
14	07/01/2016	jueves	María Casado	Equipo MEX_03	México	Monitores	
15	10/01/2014	viernes	José Hernández	Equipo MEX_03	México	Impresoras	
16	10/01/2014	viernes	David Nogal	Equipo CHI_01	Chile	Impresoras	Multifu
17	11/01/2014	sábado	Rodrigo Canales	Equipo MEX_02	México	Monitores	
18	11/01/2014	sábado	Julia Sereno	Equipo ESP_02	España	Monitores	
19	12/01/2014	domingo	Begoña Tapia	Equipo ESP_03	España	Impresoras	
20	14/01/2014	martes	Carlos Delgado	Equipo MEX_02	México	Portátiles	Po
21	17/01/2014	viernes	Julia Sereno	Equipo ESP_02	España	Portátiles	Po

Figura 3.3. Campos en un listado de datos

Podemos ver también como cada campo tiene un encabezado que nos indica la naturaleza del mismo: "*Fecha*", "*Día de la semana*", "*Nombre*", etc.

ⓘ **NOTA**

La fila de encabezados, aunque se muestra en una fila como los datos contenidos en el listado, no se considera un registro pues no contiene "datos".

3.3 FORMATO DEL LISTADO DE DATOS

Podemos crear una tabla dinámica a partir de rangos de celdas como los vistos en los apartados anteriores (siempre que cumplan, por supuesto, los requisitos necesarios). Sin embargo, es recomendable convertir antes el rango de celdas en

tabla. Esta conversión, al contrario de lo que puede parecer, no solo afecta al aspecto gráfico del rango, sino que lo dota de características y herramientas propias. Así, por ejemplo, si creamos una tabla dinámica a partir de un sencillo rango de datos y, más adelante, añadimos nuevos registros al rango, tendremos que actualizar la tabla dinámica para que considere en el análisis también los nuevos registros. Sin embargo, si hemos dado al rango formato de tabla (y hemos creado la tabla dinámica a partir de la tabla), ésta se va a expandir automáticamente hacia abajo al añadirse nuevos datos al final del listado, por lo que no deberemos preocuparnos de actualizar la tabla dinámica: siempre se incluirán todos los registros disponibles. También, una vez convertido el rango en tabla, podremos darle un nombre, lo que facilitará su identificación durante el proceso de creación de la tabla dinámica y su posterior gestión. Y, además, si utilizamos un modelo de datos en nuestro libro Excel para crear nuestra tabla dinámica, será más sencillo reconocer cada tabla por su nombre. Veremos el concepto de modelo de datos y la creación de tablas dinámicas a partir de éstos más adelante.

Para convertir el rango en tabla, dejamos el cursor en cualquier celda del mismo (puede ser en una celda del encabezado también), ejecutamos el comando "*Inicio>Estilos>Dar formato como tabla*" y hacemos clic en uno de los estilos de la galería:

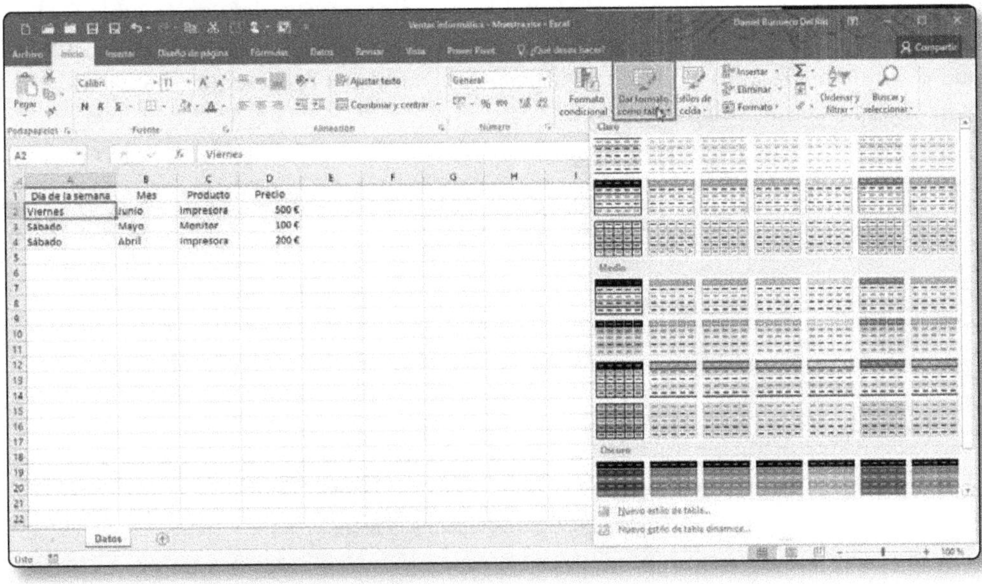

Figura 3.4. Ejecutando el comando "Dar formato como tabla"

Excel mostrará la ventana "*Dar formato como tabla*" en la que nos pide confirmación de los límites del rango. Deja la opción sugerida por defecto (el rango $A$1:$D$4 en la siguiente imagen) y asegúrate de que la opción "*La tabla tiene encabezados*" está seleccionada:

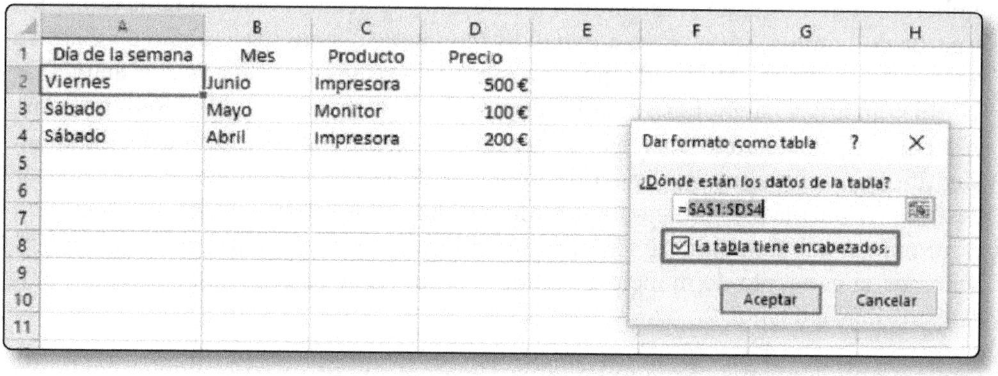

Figura 3.5. La ventana "Dar formato como tabla"

Una vez hacemos clic en **Aceptar**, Excel aplica el estilo escogido en la galería a nuestra recién creada tabla. A continuación, podemos dar un nombre a la tabla en "*Diseño>Propiedades>Nombre de la tabla*". Como ves, por defecto la tabla recibe un nombre genérico del tipo **Tabla1** que no resulta demasiado significativo, por lo que es sumamente conveniente modificarlo por otro que represente adecuadamente la naturaleza de su contenido:

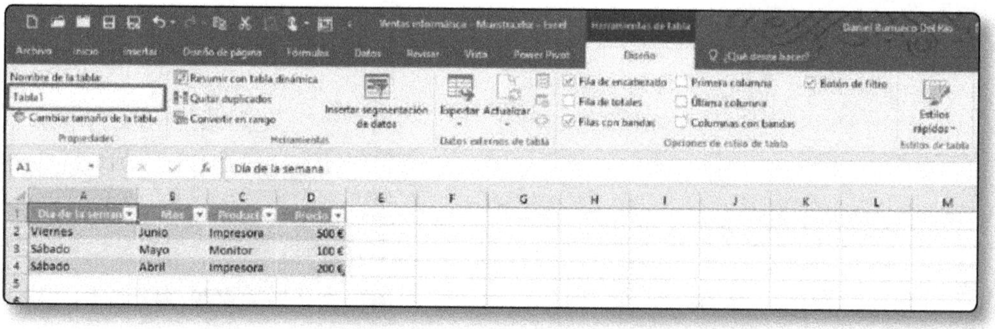

Figura 3.6. Dando nombre a la tabla

Si nuestro libro solo va a contener una tabla puede no resultar crítico cambiar el nombre por defecto (aunque siempre es aconsejable), pero si vamos a trabajar con varias tablas (y más si van a formar parte del modelo de datos) agradeceremos darles un nombre que las represente y distinga fácilmente.

Excel no permite nombres de tablas que incluyan espacios en blanco y éstos tienen que comenzar necesariamente por una letra o un carácter de subrayado ("_"). Además, hay un conjunto de caracteres no permitidos entre los que se encuentran el asterisco, el guion, etc. En nuestro ejemplo, démosle el nombre *Ventas*. Una vez hayas escrito el nombre, presiona la tecla **Intro** para confirmar el cambio (esto puede resultar un tanto confuso: Excel no incluye un botón para confirmar el nuevo nombre que estamos dando a la tabla, y presionar una tecla tampoco nos devuelve un mensaje o confirmación de que se ha cambiado el nombre, pero si no terminas la introducción del nuevo nombre con **Intro**, o tabulador, o alguna tecla que confirme el cambio o cambie el foco de dicha casilla de introducción de texto a otro campo o botón, el nombre no se cambia).

3.3.1 Ejercicio

Indica si las siguientes afirmaciones son ciertas o falsas:

1. Si el origen de datos es un listado de datos contenido en el propio libro Excel, es necesario darle formato de tabla antes de crear una tabla dinámica a partir de él.

2. Cuando damos formato de tabla a un listado de datos contenido en nuestro libro Excel, éste no recibe un nombre hasta que no se lo damos nosotros.

3. El nombre "¡Ventas!" (sin incluir las dobles comillas) es un nombre apropiado para un listado de datos al que damos formato de tabla.

3.3.2 Solución del ejercicio

1. FALSO: no es necesario, aunque sí muy aconsejable, pues, si lo hacemos, podremos estar seguros de que los nuevos registros que se añadan al mismo serán incorporados a la tabla dinámica automáticamente, y podremos darle un nombre que lo identifique adecuadamente.

2. FALSO: Excel asigna nombres por defecto (del tipo **Tabla1**) a los listados de datos a los que hemos aplicado el formato de tabla.

3. FALSO: los nombres tienen que comenzar necesariamente por una letra o un carácter de subrayado ("_"). Además, el signo de cierre de admiración ("!") está entre los caracteres no permitidos.

3.4 CREACIÓN DE LA TABLA DINÁMICA

Una vez convertido el rango en tabla, si seleccionamos cualquier celda de la misma y ejecutamos el comando *"Insertar>Tablas>Tabla dinámica"*:

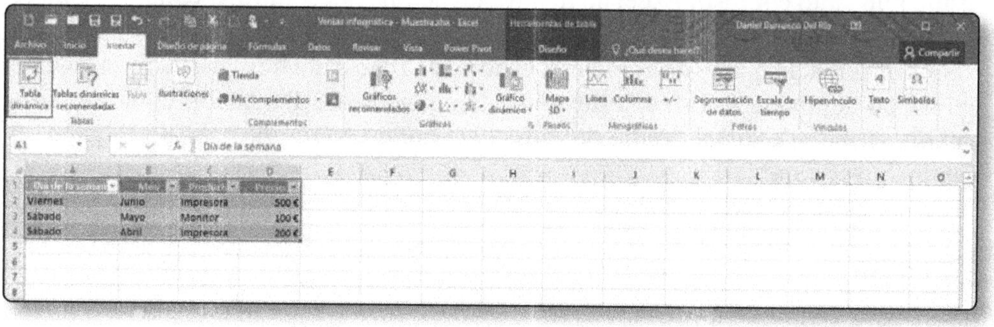

Figura 3.7. Comando "Tabla dinámica"

Veremos cómo Excel muestra la ventana *"Crear tabla dinámica"* en la que nos pide confirmación del rango de datos que queremos analizar (por defecto nos sugerirá el nombre de la tabla que acabamos de crear y nombrar, *Ventas* en nuestro ejemplo) y nos preguntará si queremos crear la tabla dinámica en una nueva hoja de cálculo (opción por defecto) o en una hoja de cálculo existente, en cuyo caso podremos especificar la celda exacta en la que crearla:

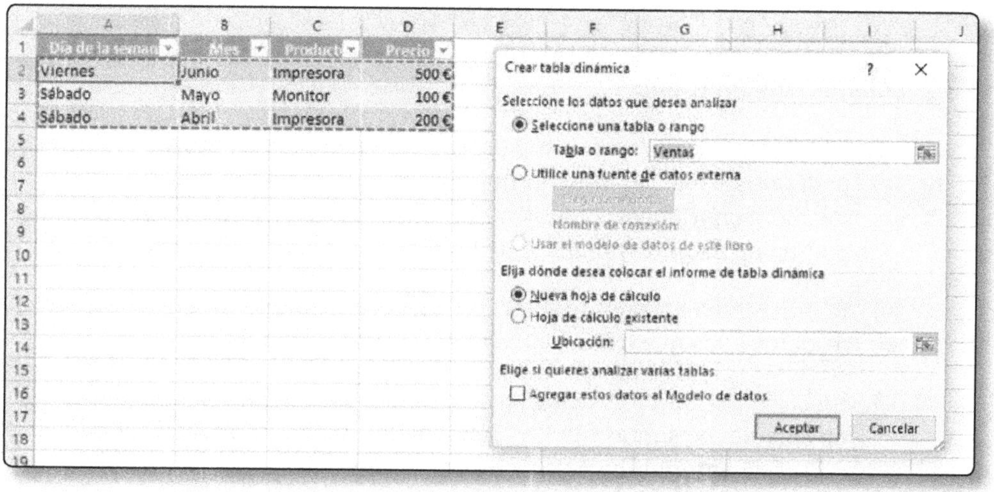

Figura 3.8. Ventana de diálogo de creación de tabla dinámica

ⓘ NOTA

Aun cuando la tabla dinámica puede ser creada en una hoja de cálculo existente, ten en cuenta que, como bien indica su nombre, va a ser *"dinámica"*: el número de filas y de columnas va a cambiar en función de los campos que involucremos en el análisis, y podría ocurrir que llegase a requerir tal número de filas o de columnas que sobrescribiese datos que ya existan en tu hoja de cálculo. Es por este motivo que la opción más segura –si no conocemos el tamaño máximo que va a tener– es crear la tabla dinámica en su propia hoja de cálculo. En todo caso, esto es algo que deberás evaluar en cada situación.

Si hacemos clic en el botón **Aceptar** veremos cómo Excel ha creado una hoja de cálculo nueva (a la que ha dado un nombre por defecto, en nuestro caso **Hoja1**, que puedes renombrar fácilmente haciendo un doble clic en su pestaña), ha situado la tabla dinámica (vacía inicialmente) a la izquierda de la hoja y nos muestra a la derecha la conocida como *"Lista de campos"*:

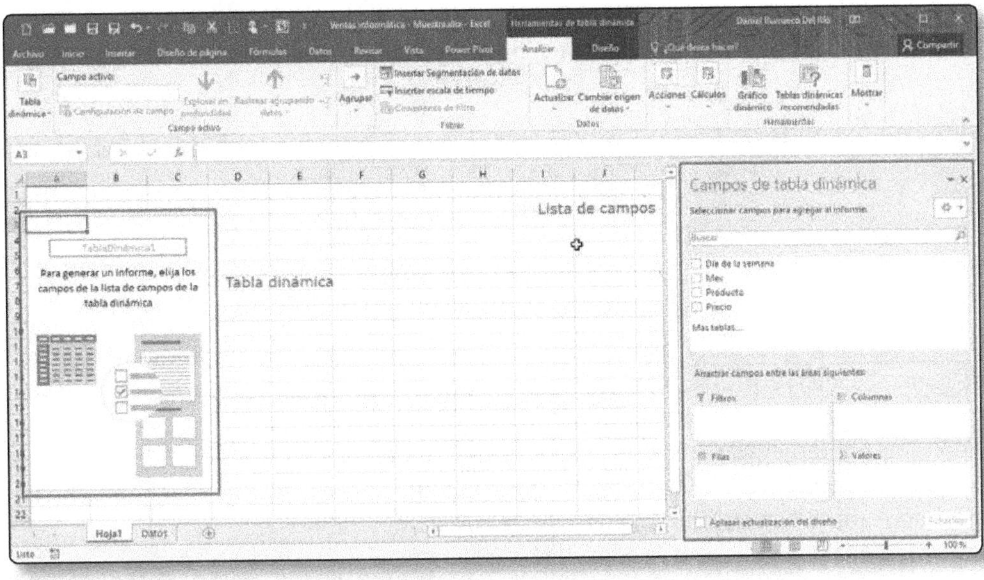

Figura 3.9. Tabla dinámica y lista de campos asociada

Esta lista de campos está, a su vez, dividida en dos secciones: la sección de campos, en la parte superior, donde encontraremos los mismos campos que teníamos en la lista de datos ocupando los encabezados de las columnas; y la sección de áreas, en la parte inferior, donde encontraremos esas cuatro áreas que señalábamos en el esquema básico de análisis realizado con las ventas de nuestra empresa: un área para los campos de filas, otra área para los campos de columna, una tercera para los campos de valor (campos a analizar en el interior de la tabla) y una cuarta área para los campos de filtro. Exactamente las mismas cuatro áreas que habíamos identificado:

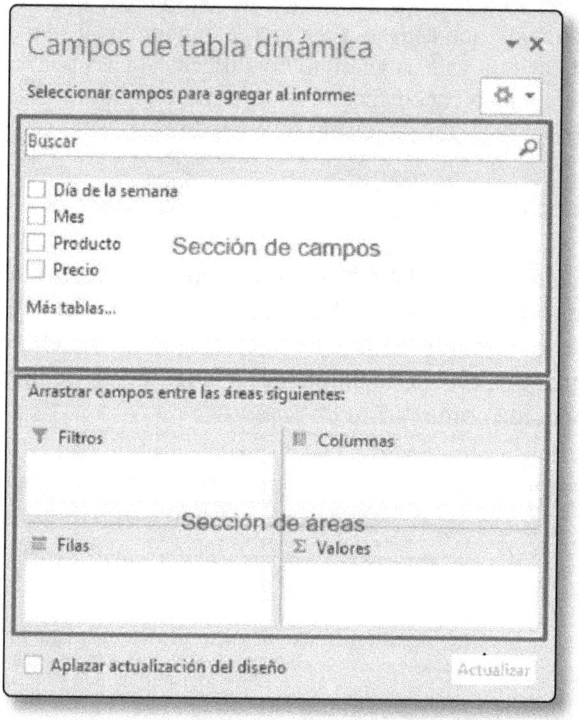

Figura 3.10. Sección de campos y de áreas en la lista de campos

Y fíjate que estoy hablando de "áreas de campos" (en plural, no de "áreas de campo") pues, como habíamos comentado, Excel nos va a permitir incluir tantos campos como deseemos en estas áreas, con el objetivo de cruzar, no ya dos variables, sino tantas como deseemos simultáneamente (situándolas en las áreas de filas y de columnas), y analizar no una variable (situándola en el área de valores), sino varias, así como aplicar tantos filtros simultáneos como necesitemos.

En la sección de campos (figura 3.11) disponemos de un buscador que nos permite localizar un campo rápidamente, lo que resulta extremadamente útil en tablas con muchos campos o si estamos trabajando con el modelo de datos, lo que habitualmente implica trabajar en simultáneo con varias tablas. Para ejecutar una búsqueda haz clic en el buscador y comienza a escribir el texto que desees buscar. Con cada letra que escribas se actualizará de forma automática el listado de campos para mostrar solo aquellos que incluyen la cadena que hayas introducido:

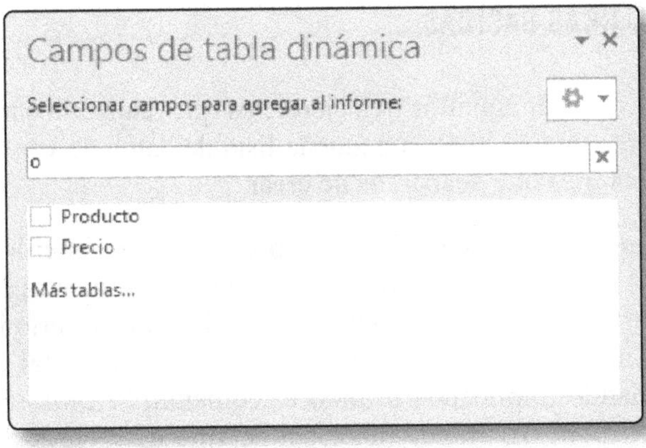

Figura 3.11. Buscador de campos

Puedes borrar el texto que hayas escrito haciendo clic en el botón de **Borrar búsqueda** que hay a la derecha del recuadro (el icono con forma de **X**).

> **ⓘ NOTA**
>
> En este ejemplo estamos creando una tabla dinámica a partir de una tabla de datos localizada en el mismo libro Excel, pero podríamos estar partiendo de los datos contenidos en otro libro Excel, en un fichero de texto, de una base de datos Microsoft Access, etc. En general, los datos de los que partimos, independientemente de su localización, se conocen como "origen de datos" de la tabla dinámica.

Pero empecemos por cosas básicas...

3.4.1 Ejercicio

1. ¿Cómo se llama el panel que se muestra a la derecha en el que encontramos tanto los campos como las áreas a las que moverlos?

2. ¿Cómo se llaman las dos secciones en las que se divide el panel anterior, una de las cuales contiene el listado de campos y la otra las áreas a las que poder moverlos?

3.4.2 Solución del ejercicio

1. Lista de campos
2. Sección de campos y sección de áreas

3.5 TABLAS DINÁMICAS BÁSICAS

Intentemos repetir aquellos tres ejercicios que realizamos manualmente con la información contenida en nuestra pequeña lista de datos de ventas, pero esta vez usando la tabla dinámica que acabamos de crear.

El primero de los ejercicios consistió en algo tan sencillo como contar el número de ventas realizadas cada día de la semana. En nuestra lista de datos, si quisiéramos contarlas sin usar tablas dinámicas podríamos hacerlo identificando, en primer lugar, los valores posibles del campo *Día de la semana* (tal vez replicando la columna y eliminando duplicados usando el comando *"Datos>Herramientas de datos>Quitar duplicados"*) o usando funciones del tipo "CONTAR.SI.CONJUNTO", aunque esto nos exigiría un cierto esfuerzo pues habría que repetir el cálculo para cada uno de los valores identificados (en nuestro ejemplo son dos, *"Viernes"* y *"Sábado"*, pero podríamos estar hablando de decenas de valores posibles). También podríamos calcular manualmente el número de ventas para un día concreto filtrando el listado de ventas por el día de la semana deseado y contando el número de registros resultantes.

Si, en lugar de realizar el recuento nosotros, quisiéramos que lo realizase Excel, necesitaríamos comenzar por entender cómo Excel "cuenta" celdas: si seleccionamos una columna completa de nuestro listado, Excel nos indica en la barra de estado el número de celdas no vacías presentes en la columna seleccionada (incluyendo la cabecera):

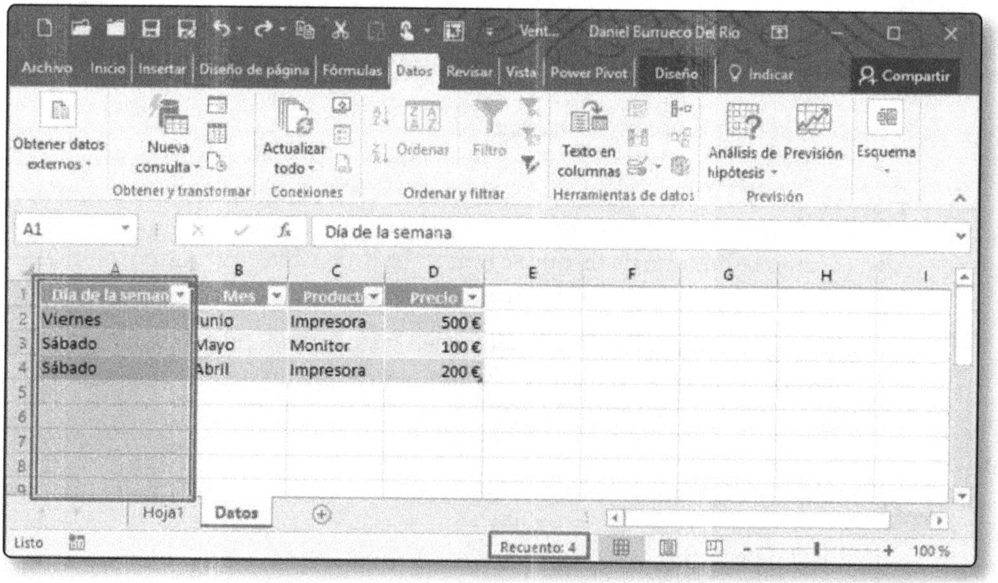

Figura 3.12. Contando celdas no vacías en Excel

En este ejemplo, Excel cuenta cuatro celdas, pues hay cuatro celdas con datos (observemos que uno de los datos -"*Sábado*"- está repetido en la columna, lo que no influye en el recuento). De hecho, si borramos una de las celdas y volvemos a seleccionar la columna, vemos que ahora Excel cuenta una celda menos:

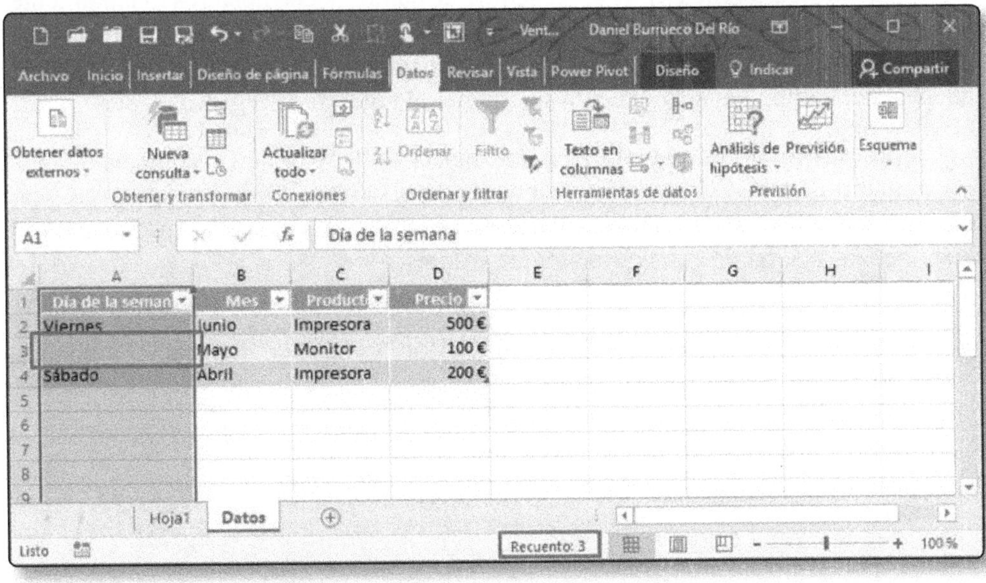

Figura 3.13. Contando celdas no vacías en Excel

Podemos, por lo tanto, sacar dos conclusiones:

1. El hecho de que haya celdas repetidas no influye en el recuento.

2. Para saber cuántos registros hay en nuestra lista de datos, podemos contar las celdas de cualquier columna (y restar uno correspondiente a la cabecera).

Llevado a nuestra tabla dinámica, esto significa que, si queremos contar el número de ventas realizadas, podríamos contar el campo *Producto* (es decir, la columna "*Producto*"), pues Excel va a contar todas las celdas (conteniendo nombres de productos, en este caso) no vacías que existan en dicho campo, y sabemos que todos los registros de nuestro listado tienen algún valor en el campo *Producto* (si no fuese así no podríamos hablar de una venta). También podríamos contar el campo *Precio* (en cuyo caso se contarían valores numéricos), pues, nuevamente, podemos estar seguros de que todos los registros tienen algún valor en este campo (incluso una venta a precio 0€ tendría el dato "0€"–el campo no estaría vacío–). De hecho, podríamos contar cualquier campo del que pudiésemos afirmar que toma algún valor para todos los registros (es decir, que nunca está vacío), y el resultado del recuento sería el mismo, pues Excel va a contar siempre las celdas no vacías de la columna que indiquemos.

La única diferencia entre el recuento que hemos hecho nosotros manualmente (seleccionando una columna y viendo el resultado que Excel muestra en la barra de estado) y el que haría una tabla dinámica es que esta última excluye del recuento la cabecera del campo (es decir, cuenta solamente el número de registros reales).

Pues bien, usando la tabla dinámica, y considerando, tal y como acabamos de ver, que cada registro que incluye un valor en el campo *Producto*, sea el que sea, se corresponde con una venta realizada, bastaría con arrastrar el campo *Producto* situado en la sección de campos al área de valores:

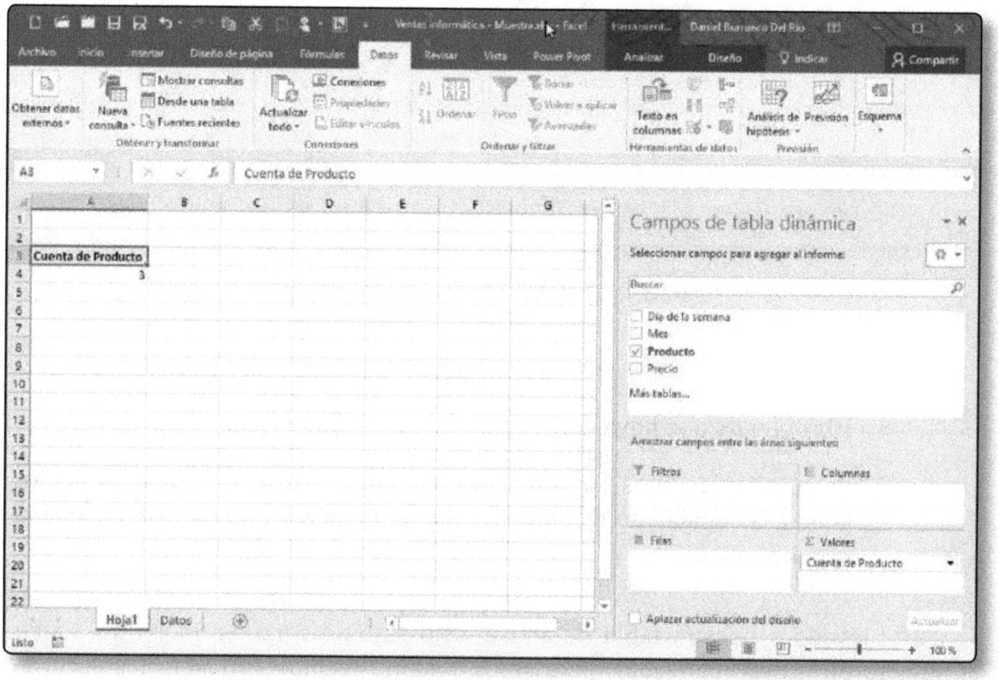

Figura 3.14. Número de ventas calculado como recuento del campo Producto

Vemos que en el área de valores se muestra, por defecto, el "recuento" de productos (o, dicho con otras palabras, cuantas veces aparece este campo no vacío, lo que equivale, como hemos visto, al número de ventas).

Si arrastramos el campo *Día de la semana* desde la sección de campos hasta el área de filas, Excel desglosa el recuento que acabamos de realizar según el día de la semana, y nos agrega el total en la parte inferior de la tabla dinámica:

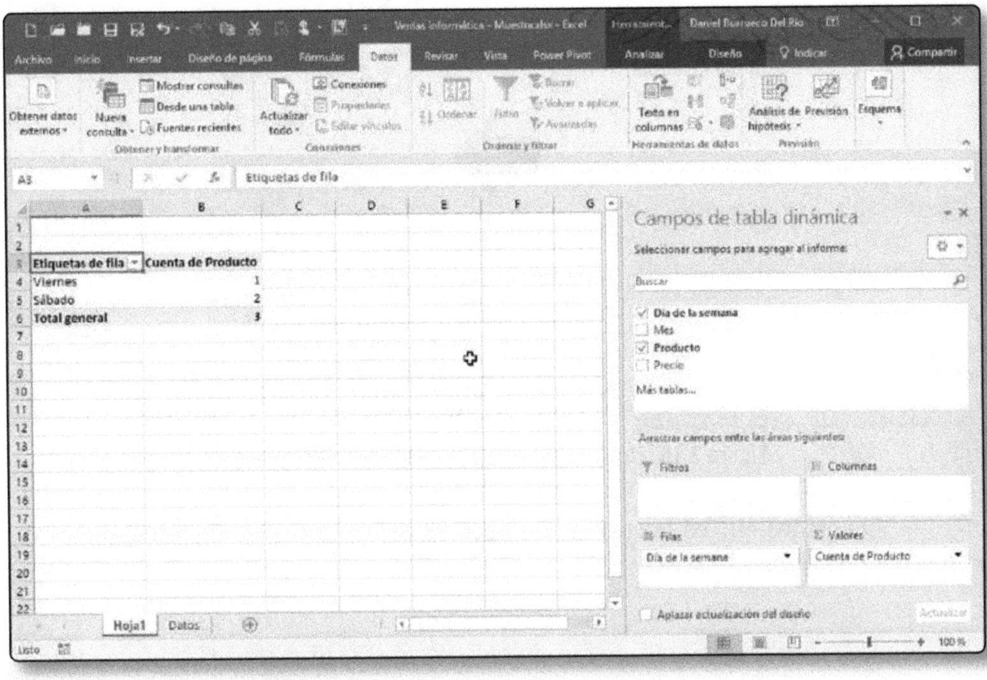

Figura 3.15. Número de ventas por día de la semana

Vemos como en un par de segundos tenemos el mismo resultado al que llegaríamos después de algunos minutos usando métodos "clásicos" (pensemos que podríamos estar hablando no de tres registros involucrados, sino de miles).

El campo *Producto* contiene textos (del tipo "*Impresora*" o "*Monitor*"), de ahí que cuando llevamos este campo al área de valores, por defecto se aplique la operación "*Recuento*" que va a contar el número de registros. Si el campo fuese de tipo numérico (como el campo *Precio*), por defecto se aplicaría la función "*Suma*" (es decir, nos estaría indicando el total de ingresos por día). De hecho, ese fue el segundo ejercicio: calcular no ya el número de ventas por día de la semana, sino la cantidad ingresada por día de la semana. Como acabamos de ver, bastaría con tener el campo *Precio* en el área de valores aplicándole la función "*Suma*". Hagámoslo: deseleccionemos el campo *Producto* de la sección de campos haciendo un clic en la casilla de selección que hay a su izquierda para eliminarlo de la sección de áreas:

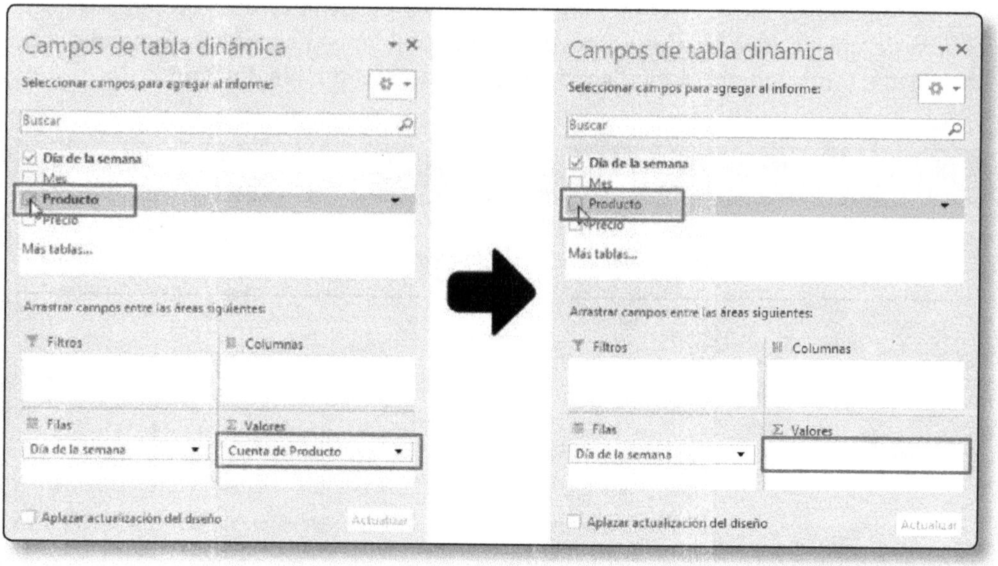

Figura 3.16. Eliminando un campo de la sección de áreas

Y hagamos clic en la casilla de selección del campo *Precio* para agregarlo a la sección de áreas:

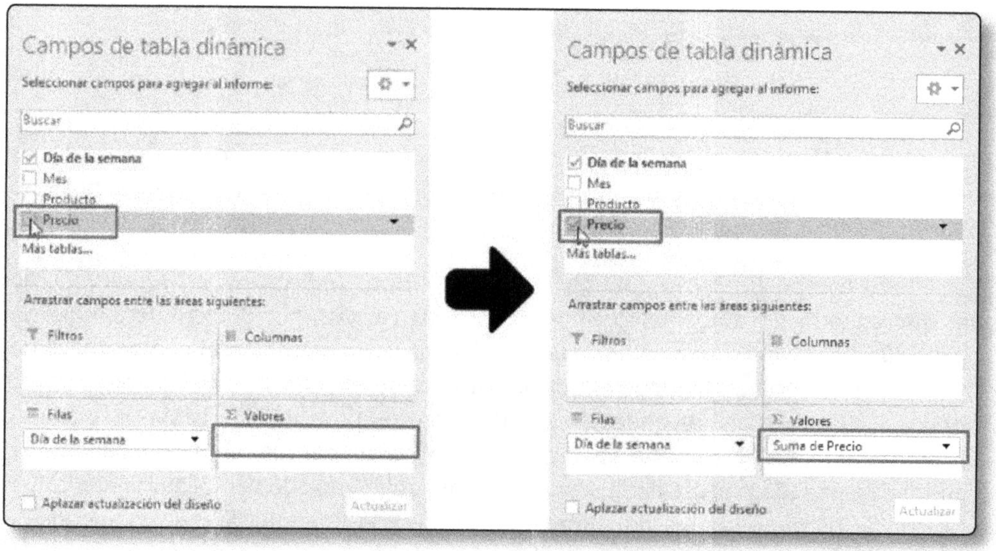

Figura 3.17. Agregando un campo a la sección de áreas

> **ⓘ NOTA**
>
> Y con esto ya hemos visto dos métodos para llevar un campo a un área de la sección de áreas: el primero es arrastrarlo desde la sección de campos al área que queramos, y el segundo es hacer clic en el cuadro de selección que hay a su izquierda en la sección de campos.

Cuando añadimos un campo a la sección de áreas haciendo uso de este segundo método (con un clic en la casilla de selección que lo acompaña), tal y como hemos hecho ahora, el área a la que se añade depende del tipo de datos que contenga dicho campo. Si el campo contiene números (como en este caso, que contiene el precio de venta), por defecto se asignará al área de valores y se aplicará, también por defecto, la operación "*Suma*" a dichos valores. Si, por el contrario, el campo contiene textos (como el campo *Producto*), se asignará por defecto al área de filas. Si llevamos un campo que contiene textos al área de valores (arrastrándolo desde la sección de campos), Excel le va a aplicar, por defecto, la operación "*Recuento*" (única operación que puede aplicarse sobre textos).

Una vez tenemos el campo *Precio* en el área de valores, la tabla dinámica muestra entonces el desglose de las ventas por día de la semana, tal y como queríamos:

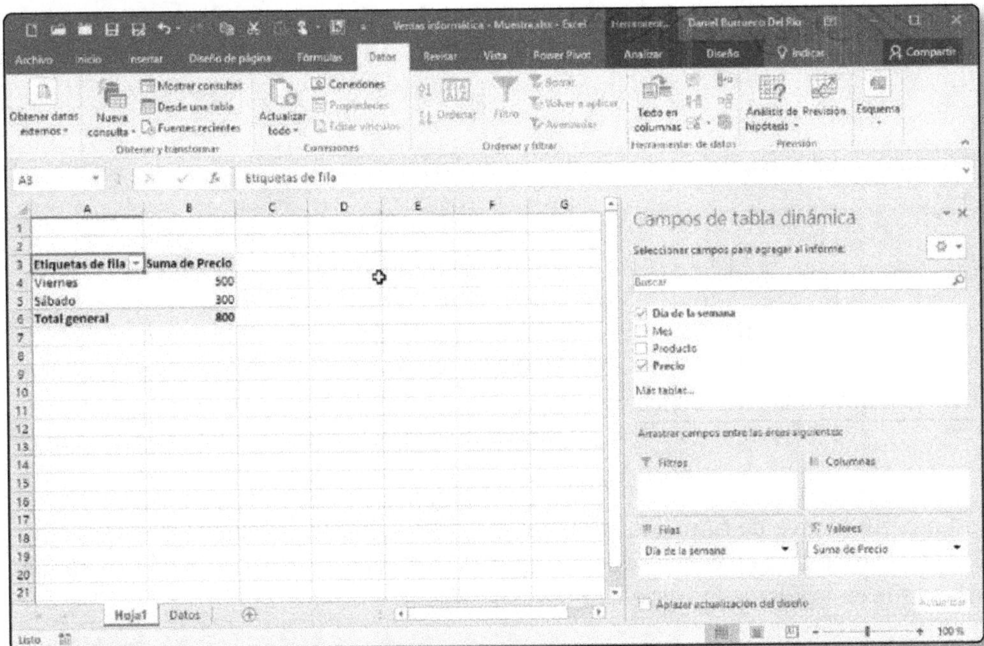

Figura 3.18. Ingresos por día de la semana

El último ejercicio consistió en cruzar los días de la semana (que mostrábamos en las filas) con los productos (que mostrábamos en las columnas), analizando los ingresos por ventas. Para conseguirlo dejamos el campo *Día de la semana* en el área de filas, arrastramos el campo *Producto* al área de columnas (lo que origina que cada uno de los diferentes valores que toma el campo aparezca encabezando una columna diferente) y dejamos el campo *Precio* en el área de valores al que, como ya sabemos –por ser un campo numérico–, Excel ha aplicado, por defecto, la función "*Suma*":

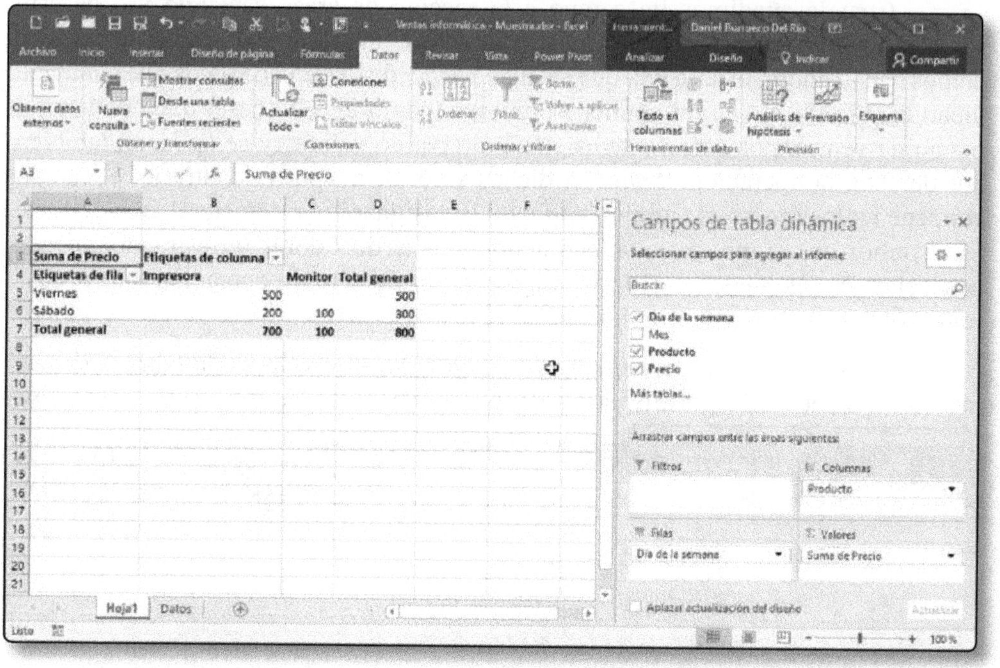

Figura 3.19. Ingresos por producto y día de la semana

De esta forma, Excel nos da información detallada de las ventas de cada producto para cada día de la semana, así como los totales de ventas por producto (en la fila inferior), los totales de ventas por día de la semana (en la columna de la derecha), y el total de ventas (en la esquina inferior derecha de la tabla dinámica).

Por último, para poder filtrar por meses no tenemos más que arrastrar el campo *Mes* al área de filtros, mostrándose un menú desplegable en la parte superior de la tabla dinámica en el que poder escoger el mes (o los meses) por el que queramos que se filtren los datos mostrados:

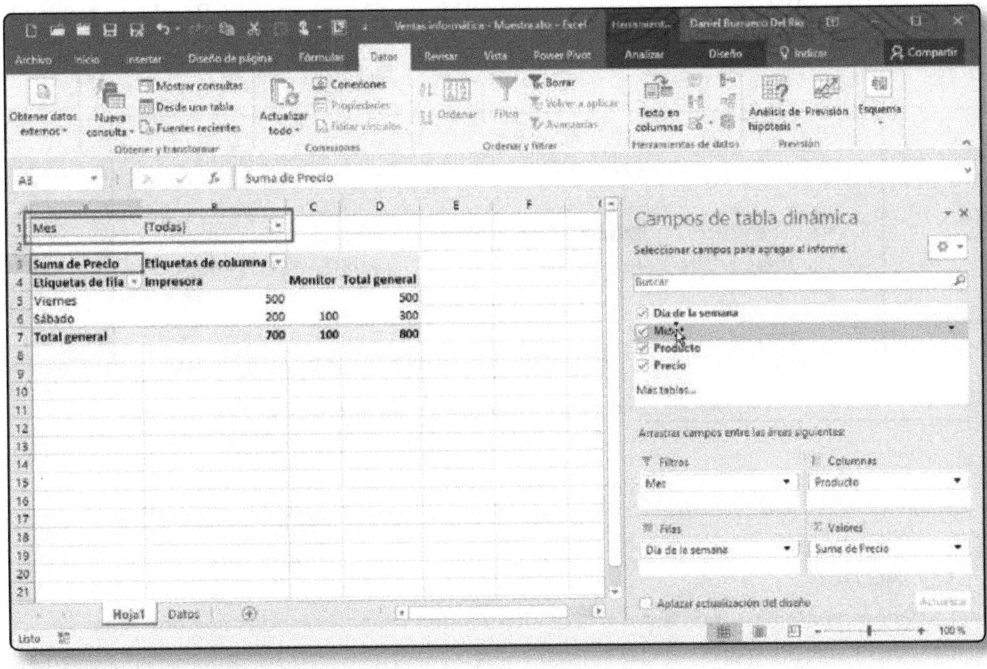

Figura 3.20. Tabla dinámica incluyendo un campo en el área de filtros

Vamos a analizar con un poco de detalle el informe que acabamos de crear (dejemos los filtros para un poco más delante):

Arrastrar un campo al área de filas provoca que Excel examine los diferentes valores que toma dicho campo en nuestra tabla de datos, y cree una fila para cada uno de estos valores, introduciendo el propio valor en la cabecera de la fila (en la celda situada en su extremo izquierdo). Lo mismo ocurre si arrastramos un campo al área de columnas: Excel crea una columna para cada uno de los valores que tome dicho campo, introduciendo el valor en sí en la cabecera de la columna (en la celda superior).

Para cada una de las intersecciones de una fila y una columna, Excel va a identificar los registros de la tabla de datos a considerar en el cálculo (que serán aquellos registros en los que los valores de los campos que hemos situado en filas y columnas coincidan con las etiquetas de fila y columna de la intersección), y aplicará la función que hemos indicado (contar o sumar, por ejemplo) al campo de valor (al campo que hemos situado en el área de valores). Así, por ejemplo, el valor *"500"* que encontramos en la intersección de la fila con el encabezado *"Viernes"* y la columna con el encabezado *"Impresora"* es el resultado de sumar el valor contenido en el campo *Precio* (campo situado en el área de valores) de aquellos registros en los que el campo *Día de la semana* tome el valor *"Viernes"* y el campo *Producto* tome el valor *"Impresora"*:

	A	B	C	D
1	Mes	(Todas) ▾		
2				
3	Suma de Precio	Etiquetas de columna ▾		
4	Etiquetas de fila ▾	Impresora	Monitor	Total general
5	Viernes	500		500
6	Sábado	200	100	300
7	Total general	700	100	800
8				

ⓘ NOTA

Lo más importante de todo esto –y lo que va a determinar lo cómodos que nos sintamos usando tablas dinámicas– es comprender que:

• Al situar campos en las áreas de filas y de columnas estamos dividiendo nuestros datos en tantos grupos disjuntos como intersecciones haya en la tabla dinámica.

• Para cada uno de los grupos se considerará el campo de valor (el campo que hayamos situado en el área de valores) y se le aplicará la operación que hayamos indicado.

Lo interesante es que Excel, por medio de la tabla dinámica, realiza este cálculo para todas las combinaciones posibles derivadas de los campos que hemos situado en las áreas de filas y de columnas, añadiendo subtotales y totales, y este cálculo se realiza de forma casi instantánea para todas las celdas de nuestra tabla dinámica tras cada cambio que realicemos en la sección de áreas.

3.5.1 Ejercicio

Mediante el procedimiento de creación de tablas dinámicas explicado, y a partir del fichero de ventas de informática, averigua las ventas totales en la ciudad de Antofagasta.

3.5.2 Solución del ejercicio

Para calcular las ventas totales en la ciudad de Antofagasta sigue los siguientes pasos:

1. Abre el fichero de ventas, *Ventas informática.xlsx*.

2. Selecciona cualquier celda del listado de datos y dale al rango formato de tabla ("*Inicio>Estilos>Dar formato como tabla*") –cualquier estilo es válido– confirmando, en la ventana que se muestra, el rango y que el listado tiene encabezados.

3. Teniendo alguna celda de la tabla seleccionada, dale un nombre apropiado ("*Diseño>Propiedades>Nombre de la tabla*"), por ejemplo **Ventas** (no olvides confirmar la introducción del nombre presionando la tecla **Intro** en tu teclado).

4. Teniendo alguna celda de la tabla seleccionada, ejecuta el comando "*Insertar>Tablas>Tabla dinámica*" para crear una tabla dinámica. En la ventana de diálogo que se muestra, deja los valores sugeridos por defecto y haz clic en el botón **Aceptar** para confirmar la creación de la tabla dinámica. Se creará una nueva hoja de cálculo, mostrándose la tabla dinámica vacía a la izquierda y la lista de campos a la derecha.

5. Arrastra el campo *Ciudad* que se encuentra en la sección de campos hasta el área de filas. Se mostrará en la columna A de la hoja de cálculo un listado de todas las ciudades presentes en el listado de datos:

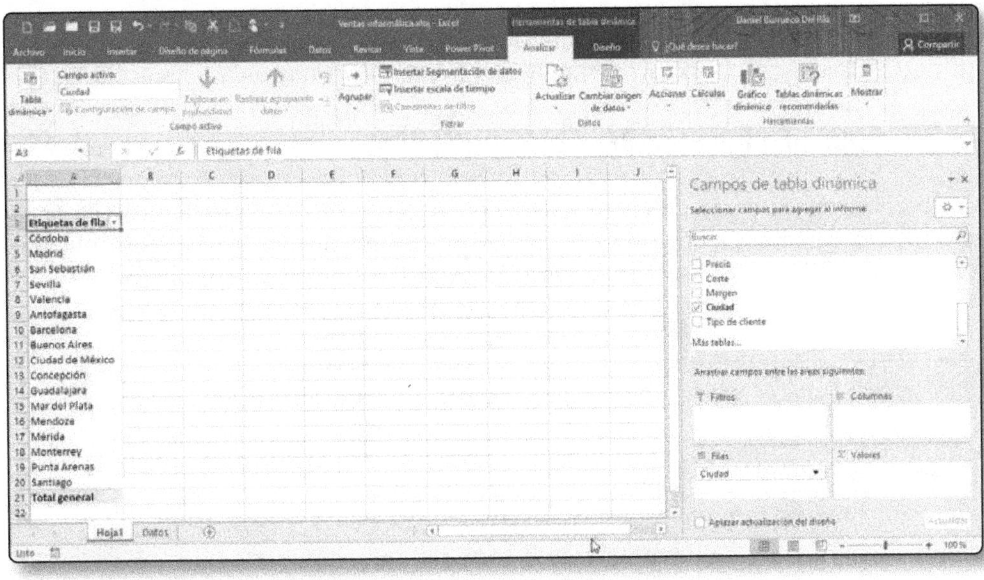

Figura 3.21. Tabla dinámica tras llevar el campo Ciudad al área de filas

6. Arrastra ahora el campo *Precio* conteniendo el precio de los productos vendidos al área de valores. Para cada ciudad del listado se mostrará, a su derecha, el sumatorio del campo *Precio* (es decir, las ventas) para el conjunto de registros en el que el campo *Ciudad* tome el valor de la ciudad que corresponda:

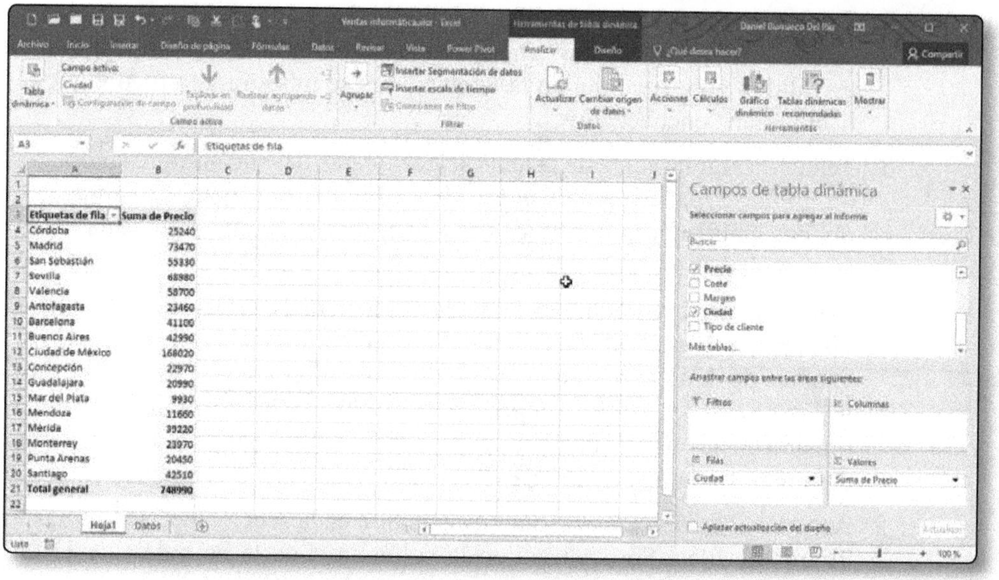

Figura 3.22. Tabla dinámica tras llevar el campo Precio al área de valores

7. Las ventas correspondientes a la ciudad de Antofagasta son, por lo tanto, las que aparecen a la derecha del nombre de esta ciudad: 23.460€.

3.6 MÉTODOS DE CREACIÓN DE TABLAS DINÁMICAS

Hemos visto una de las formas de creación de una tabla dinámica: situar la celda activa en cualquier punto de la lista de datos (idealmente tras haberle aplicado formato de tabla) y ejecutar el comando "*Insertar>Tablas>Tabla dinámica*":

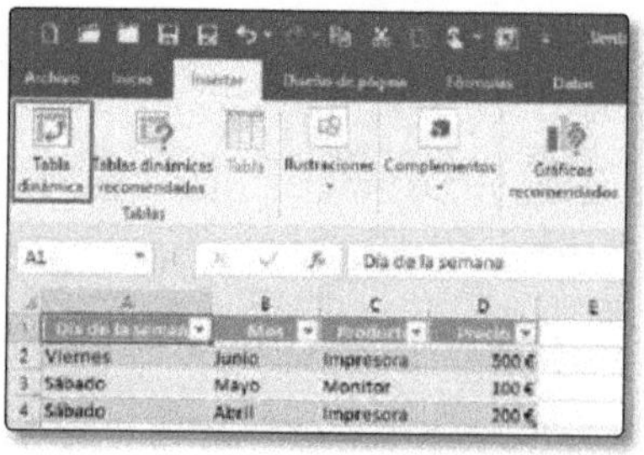

Figura 3.23. Comando "Tabla dinámica"

Pero hay otras formas. Veámoslas una a una:

▶ El segundo método consiste en seleccionar toda la lista de datos y hacer clic en el icono de análisis rápido que se muestra en la esquina inferior derecha de la lista:

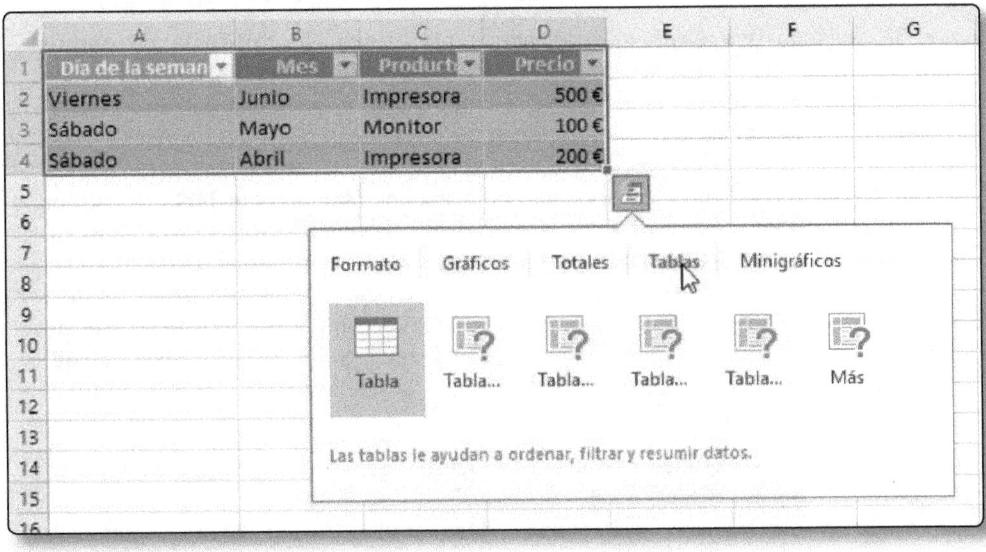

Figura 3.24. Creación de una tabla dinámica usando la herramienta de análisis rápido

Si, en la ventana flotante que se abre, hacemos clic en **Tablas** veremos un conjunto de iconos que, salvo el de la derecha, representan tablas dinámicas sugeridas por Excel en las que ya se han incluido campos de nuestra lista de datos en las áreas de filas, columnas y valores. Podemos mover el cursor por encima de estos iconos para mostrar una vista previa de la tabla que se crearía si lo seleccionásemos. Haciendo clic en cualquiera de ellos se creará una nueva hoja en nuestro libro y se situará la tabla dinámica en ella.

El icono que se muestra a la derecha de la ventana flotante mencionada no representa una tabla dinámica recomendada por Excel: por el contrario, da acceso a la ventana de diálogo de *"Tablas dinámicas recomendadas"* que veremos a continuación como tercer método de creación de tablas dinámicas.

(i) NOTA

Selección rápida de bloques de datos

La selección de áreas de cierto tamaño usando el ratón puede resultar un proceso demasiado lento e incómodo, y el uso del teclado resulta una opción increíblemente más rápida. Hay dos gestos en Excel que nos van a permitir esta acción:

• Si, teniendo una celda seleccionada, presionamos **Control-Tecla de cursor** (cualquier tecla de cursor), la selección va a saltar, en la dirección del cursor, hasta la última celda con datos (si teníamos inicialmente el cursor sobre una celda con datos) o hasta la primera celda con datos (si teníamos inicialmente el cursor sobre una celda sin ellos).

• Si, teniendo una celda seleccionada, presionamos **Mayúsculas-Tecla de cursor** (cualquier tecla de cursor), estamos moviendo la celda seleccionada en la dirección indicada por el cursor, pero incluyendo en la selección todas las celdas contenidas en el rango cuyas esquinas opuestas quedan definidas por la celda actualmente seleccionada (la celda a la que acabamos de movernos) y la celda inicialmente seleccionada (la celda de la que partimos cuando comenzamos a usar la combinación de teclas **Mayúsculas-Tecla de cursor**). Por poner un ejemplo sencillo, si hacemos clic con el ratón en la celda A1 y, a continuación:

o Presionamos **Mayúsculas-Cursor derecha**: estaremos seleccionando el rango A1:B1.

o Si, a continuación, presionamos **Mayúsculas-Cursor abajo**: estaremos seleccionando el rango A1:B2 (cuatro celdas).

Podemos decir que la combinación **Control-Tecla de cursor** nos permite saltar rápidamente entre los límites de rangos con y sin datos, y la combinación **Mayúsculas-Tecla de cursor** nos permite "arrastrar" la selección en la dirección que indiquemos. Combinando estas dos técnicas podemos seleccionar rápidamente un bloque de datos haciendo lo siguiente:

• Seleccionamos la esquina superior izquierda del bloque de datos a seleccionar.

• Presionamos simultáneamente **Control-Mayúsculas-Cursor derecha**. De esta forma saltamos hasta la esquina superior derecha del bloque a seleccionar arrastrando la selección desde la esquina inicial.

• Presionamos a continuación **Control-Mayúsculas-Cursor abajo**. De esta forma estamos saltando hasta la esquina inferior derecha del área a seleccionar arrastrando la selección para cubrir todo el bloque de datos, tal y como queríamos.

En realidad, ni siquiera es necesario presionar tantas veces las teclas: basta con seleccionar la esquina superior izquierda del rango, presionar **Control-Mayúsculas** y, sin soltarlas, presionar **Cursor derecha** y, a continuación, **Cursor abajo** (y soltar todas las teclas).

La selección, con este método, es casi instantánea.

▶ El tercer método de creación de tablas dinámicas consiste en situar la celda activa en cualquier celda de la lista de datos y ejecutar el comando *"Insertar>Tablas>Tablas dinámicas recomendadas"*:

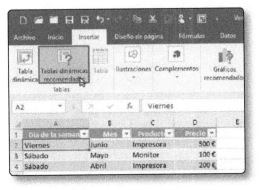

Figura 3.25. Comando "Tablas dinámicas recomendadas"

En la ventana de diálogo que se abre –precisamente la llamada *"Ventana de tablas dinámicas recomendadas"* a la que también podemos acceder a través de la herramienta de análisis rápido que hemos visto—encontramos, a la izquierda, tablas dinámicas que Excel nos sugiere a partir de los datos de nuestra lista:

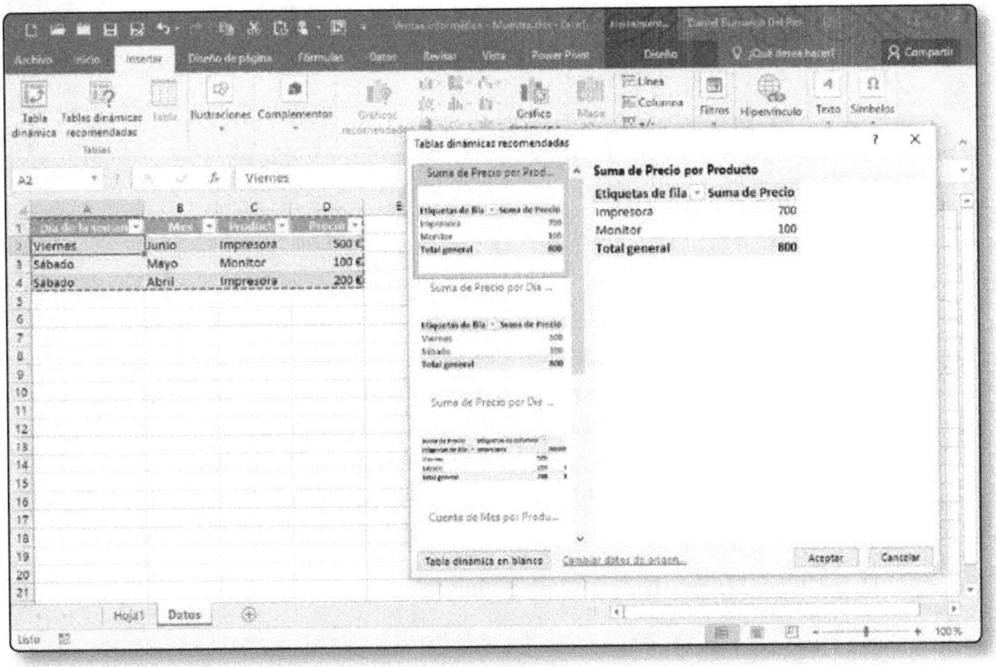

Figura 3.26. Ventana de diálogo "Tablas dinámicas recomendadas"

Si hacemos clic en cualquiera de ellas, la veremos ampliada en la parte derecha de la ventana. Si ninguna de las tablas es la que deseamos, podemos hacer clic en el botón **Tabla dinámica en blanco** que encontramos en la esquina inferior izquierda de la ventana. Por el contrario, si hacemos clic en el botón **Aceptar** situado al pie de la ventana, se creará en una nueva hoja la tabla dinámica que se esté mostrando ampliada en la parte derecha de la ventana. En todo caso, ten en cuenta que, tras crear una tabla dinámica, siempre es posible modificarla para adaptarla a nuestras necesidades concretas, por lo que no debemos preocuparnos por el hecho de que ninguna de las tablas dinámicas sugeridas por Excel sea exactamente la que tenemos en mente.

▶ El último método para la creación de una tabla dinámica es usando el llamado "*Asistente para tablas y gráficos dinámicos*". Curiosamente este asistente no es accesible a través de ninguno de los comandos situados en la cinta de opciones, pero podemos agregarlo, por ejemplo, a la barra de herramientas de acceso rápido de la siguiente manera: hacemos clic derecho encima de dicha barra para mostrar su menú contextual:

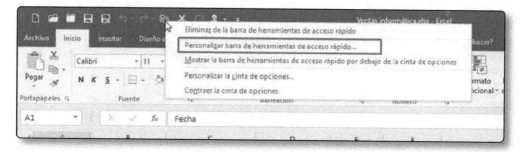

Figura 3.27. Herramienta "Personalizar barra de herramientas de acceso rápido"

Y otro clic en **Personalizar barra de herramientas de acceso rápido**. Se mostrará una ventana con dos columnas (figura 3.28): en la columna de la izquierda se incluye un listado de comandos, y en la de la derecha se incluyen los comandos que están ya agregados a nuestra barra de herramientas de acceso rápido. Básicamente, el objetivo es localizar en la columna de la izquierda el comando que representa al asistente para tablas y gráficos dinámicos y agregarlo a nuestro listado:

Figura 3.28. Agregando el "Asistente para tablas y gráficos dinámicos" a nuestra barra de herramientas de acceso rápido

Para ello, seleccionamos *"Todos los comandos"* en el desplegable mostrado sobre la columna conteniendo el listado de comandos para asegurarnos de que el asistente se va a mostrar en la lista, y buscamos en dicho listado el *"Asistente para tablas y gráficos dinámicos"*. Para ello podemos usar la barra de desplazamiento vertical o hacer un clic en cualquier comando de dicho listado y presionar en el teclado la tecla **B**, lo que nos llevará directamente al primer comando cuyo nombre comienza por dicha letra y, a partir de ahí, podemos subir por la lista buscando el asistente para tablas y gráficos dinámicos. Lo seleccionamos y hacemos clic en el botón **Agregar** que hay en el centro de la ventana, tras lo que veremos que el comando se ha insertado en el listado de la columna derecha que representa nuestra barra de herramientas de acceso rápido. Si la posición en la que se ha insertado no es la que deseamos, basta con hacer clic en su nombre (en la columna de la derecha) y usar los botones de **Subir** y **Bajar** que se muestran a la derecha de la columna: un clic en el botón **Subir** lo desplazará hacia la izquierda en nuestra barra de herramientas de acceso rápido, y un clic en el botón **Bajar** lo desplazará hacia la derecha:

Figura 3.29. Desplazando el "Asistente para tablas y gráficos dinámicos" por nuestra barra de herramientas de acceso rápido

Cuando hayamos terminado, hacemos clic en el botón **Aceptar** para confirmar la inclusión del comando en la barra. A lo largo del proceso, un clic en el botón **Cancelar**, por el contrario, cancelará la inclusión y cerrará la ventana de personalización de la barra de herramientas de acceso rápido.

Una vez tengamos el comando disponible en la barra de herramientas de acceso rápido, para crear la tabla dinámica situamos la celda activa en cualquier punto de la lista de datos y hacemos clic en el comando **Asistente para tablas y gráficos dinámicos** para ejecutarlo. Se mostrará el asistente en una ventana:

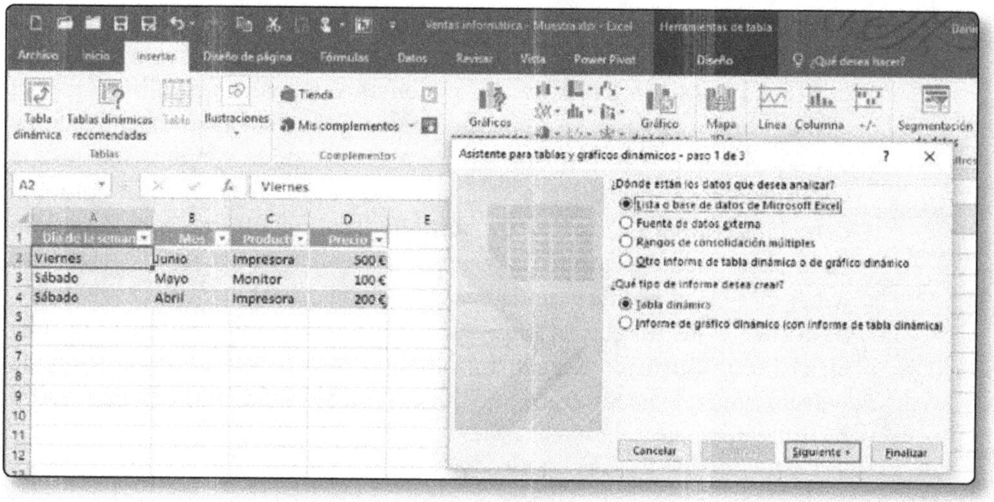

Figura 3.30. Paso 1 del proceso de creación de una tabla dinámica mediante el "Asistente para tablas y gráficos dinámicos"

Vemos en la parte superior de la ventana que se trata del "paso 1 de 3". En este primer paso podemos escoger la fuente de datos (la opción por defecto es la "*Lista o base de datos de Microsoft Excel*", que representa el tipo de listas de datos que hemos visto hasta ahora). También podemos seleccionar si queremos crear una tabla dinámica o un gráfico dinámico. Veremos estas opciones con detalle más adelante. Dejamos las opciones por defecto y hacemos clic en el botón **Siguiente**.

En el segundo paso confirmamos el rango de celdas que contiene los datos a analizar. Si, cuando ejecutamos el asistente, la celda activa se encontraba dentro del listado de datos, el rango mostrado por defecto debería ser el correcto, de forma que simplemente hacemos un clic en el botón **Siguiente**:

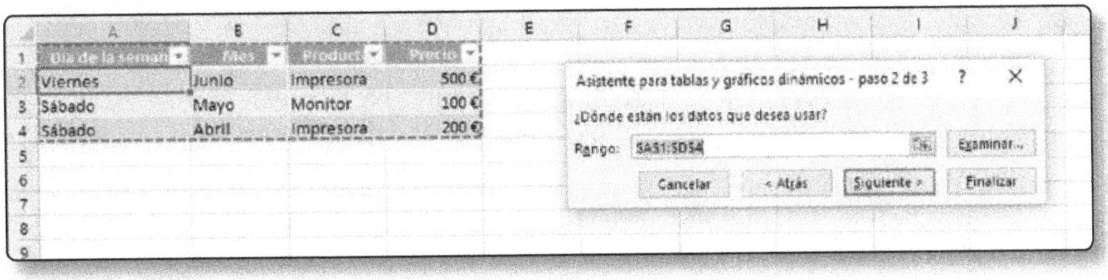

Figura 3.31. Paso 2 del proceso de creación de una tabla dinámica mediante el "Asistente para tablas y gráficos dinámicos"

En el tercer y último paso le confirmamos a Excel si queremos crear la tabla dinámica en una hoja nueva o una hoja existente:

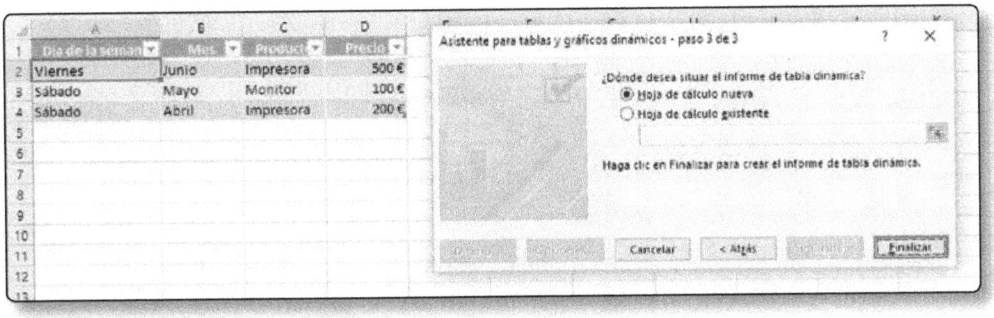

Figura 3.32. Paso 3 del proceso de creación de una tabla dinámica mediante el "Asistente para tablas y gráficos dinámicos"

Un clic en el botón **Finalizar** cerrará el asistente y creará la tabla dinámica.

Aunque, como hemos visto, este asistente no es accesible a través de ninguno de los comandos que se muestran por defecto en la cinta de opciones o en la barra de herramientas de acceso rápido, podemos ejecutarlo mediante la combinación de teclas **Alt-T-B** (presionamos la tecla **Alt**, la soltamos, presionamos la tecla **T**, la soltamos, presionamos la tecla **B** y la soltamos: no es necesario presionar las teclas simultáneamente).

> ⓘ **NOTA**
>
> La documentación de Microsoft indica que la combinación de teclas que lanza el asistente para tablas y gráficos dinámicos es **Alt-D-P**. Esta combinación tal vez funcione para otros idiomas o para otras versiones de Excel, pero en las versiones de las que yo dispongo o he dispuesto, la combinación correcta es **Alt-T-B**. Confirma en tu instalación de Excel cuál es la adecuada en tu caso.

Veremos más adelante que este asistente es la única forma de la que disponemos para crear tablas dinámicas independientes.

Sea cual sea el método utilizado, una vez creada la tabla dinámica se mostrará vacía con la lista de campos a la derecha para que comencemos a llenarla de contenido.

La lista de campos se oculta cuando seleccionamos cualquier objeto fuera de la tabla dinámica, pero vuelve a mostrarse al hacer clic en ella. Sin embargo, si estando la lista de campos visible, hacemos clic en el botón de **Cerrar** que encontramos en la esquina superior derecha de este panel:

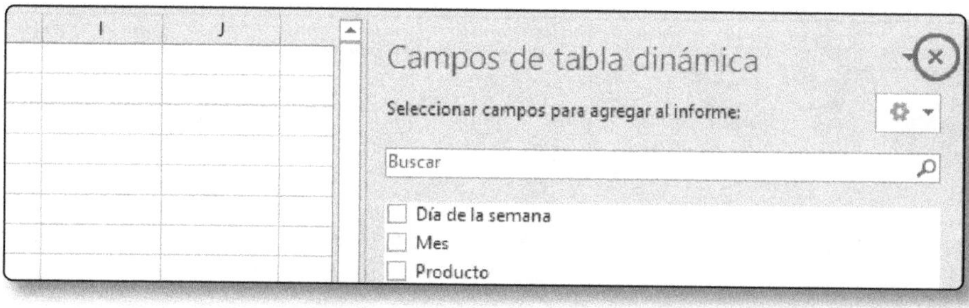

Figura 3.33. El botón Cerrar Lista de campos

…no volverá a mostrarse, aunque tengamos la tabla dinámica seleccionada. En estas condiciones, para volver a mostrarla haz clic en el comando "*Analizar>Mostrar>Lista de campos*" (también puedes ejecutar este comando para, estando la lista de campos visible, ocultarla):

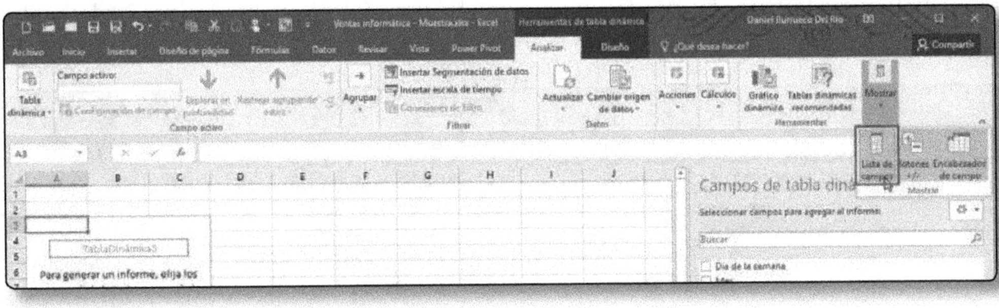

Figura 3.34. El comando "Lista de campos"

Desde este punto de vista, las segmentaciones de datos y escalas de tiempo que veremos más adelante no pertenecen a la tabla dinámica, pues al seleccionarlas veremos que la lista de campos se esconde tal y como ocurriría si seleccionásemos cualquier objeto ajeno a la tabla dinámica.

Una opción muy útil si estás trabajando con una tabla dinámica muy grande y la lista de campos te oculta demasiadas columnas es convertirla en ventana flotante. Si mueves el cursor por la parte superior de la lista de campos verás que hay una zona en la que el cursor cambia de forma para mostrar cuatro flechas:

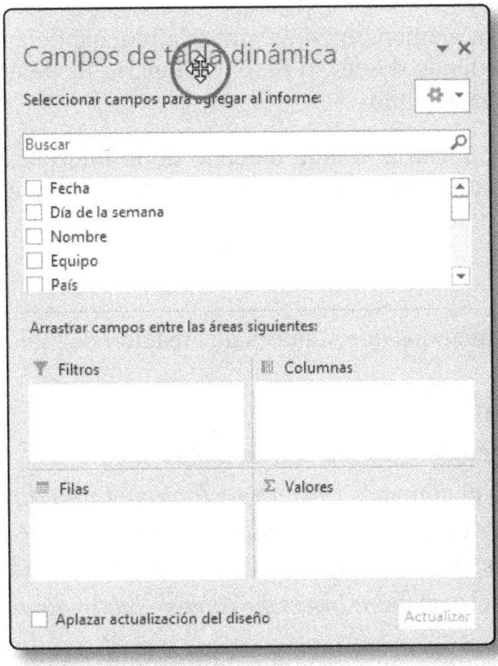

Figura 3.35. Desacoplando la lista de campos

Pincha la lista de campos en ese punto y arrástrala hacia la izquierda hasta que se desacople y se muestre como ventana flotante:

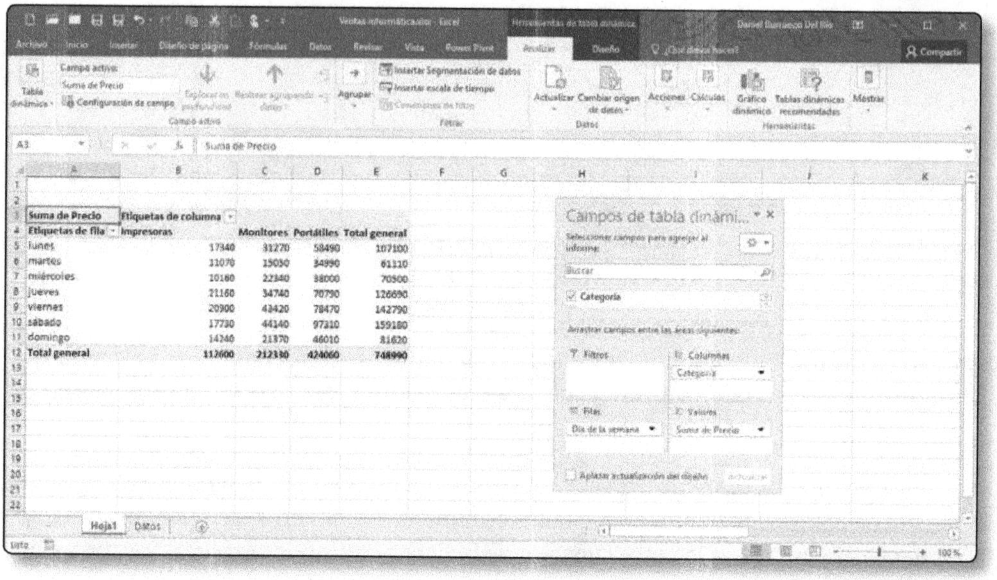

Figura 3.36. Lista de campos desacoplada

A partir de ese momento podrás moverla pinchándola por su parte superior y arrastrándola hasta donde desees, o redimensionarla llevando el cursor sobre sus aristas, pinchando y arrastrando.

Para volver a anclarla al lado derecho de la interfaz, haz doble clic sobre su cabecera (aproximadamente sobre la misma zona en la que aparecían las cuatro flechas que nos permitían desanclarlo).

3.6.1 Ejercicio

Enumera los métodos que conoces de creación de tablas dinámicas.

3.6.2 Solución del ejercicio

Hay cuatro métodos de creación de tablas dinámicas:

▶ Utilizando el comando "*Insertar>Tablas>Tabla dinámica*".

▶ Seleccionar toda la lista de datos y hacer clic en el icono de análisis rápido que se muestra en la esquina inferior derecha de la lista.

▶ Utilizando el comando "*Insertar>Tablas>Tablas dinámicas recomendadas*".

▶ Utilizando el "*Asistente para tablas y gráficos dinámicos*", ya sea tras haberlo llevado a la cinta de opciones o a la barra de herramientas de acceso rápido, o usando el atajo de teclado **Alt-T-B**.

4

CAMPOS

Consideremos ahora el fichero "*Ventas informática.xlsx*" conteniendo toda la información relativa a las ventas de la empresa, y repitamos el proceso de creación de la tabla dinámica que hemos visto:

1. Abre el fichero.

2. Aplica el formato de tabla al listado de datos ("*Inicio>Estilos>Dar formato como tabla*").

3. Da el nombre **Ventas** a la tabla ("*Diseño>Propiedades>Nombre de la tabla*"), seguido de la pulsación de tecla **Intro**.

4. Crea la tabla dinámica ("*Insertar>Tablas>Tabla dinámica*").

Una vez creada, tal y como hemos visto, se muestra vacía a la izquierda con la lista de campos a la derecha (no se mostrará vacía si hemos creado la tabla dinámica usado el comando de "*Tablas dinámicas recomendadas*" y aceptado alguna de las sugerencias de Excel). En la sección de campos (mitad superior de la lista de campos) encontraremos un nombre de campo para cada uno de los encabezados que teníamos en la lista de datos original. En esta sección será donde seleccionaremos los campos que queremos que se muestren en la tabla dinámica. Cada uno de estos campos lleva asociado una casilla de selección a su izquierda que nos indica si el campo ha sido ya incluido o no en alguna de las áreas inferiores:

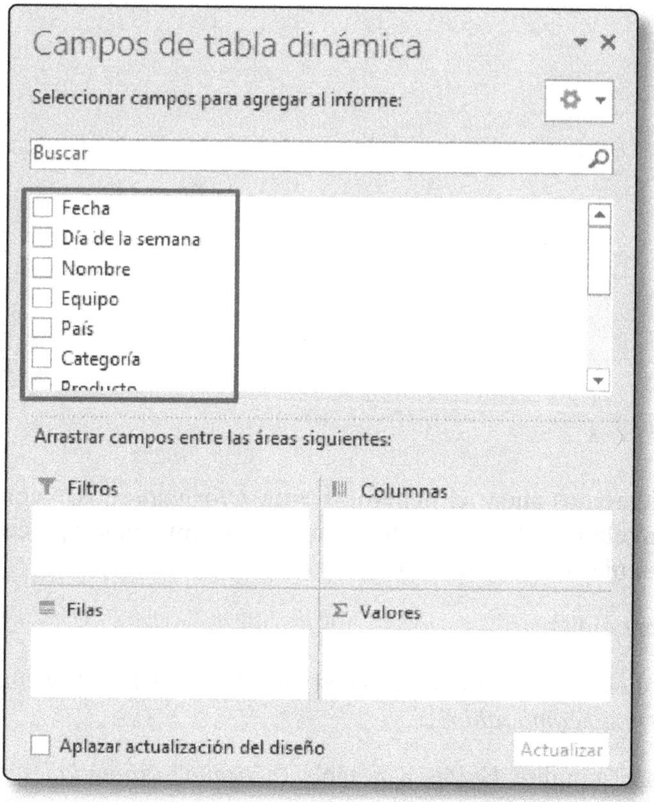

Figura 4.1. Campos disponibles en la tabla dinámica

4.1 AÑADIENDO CAMPOS A LA SECCIÓN DE ÁREAS

Para añadir un campo a una de las áreas (de filtros, columnas, filas o valores) podemos:

�▶ Pinchar el campo en la sección de campos y arrastrarlo hasta el área deseada.

▶ Abrir el menú contextual del nombre de un campo (haciendo clic encima del nombre con el botón secundario del ratón) y seleccionar la opción deseada ("*Agregar a filtro de informe*", "*Agregar a etiquetas de fila*", etc.):

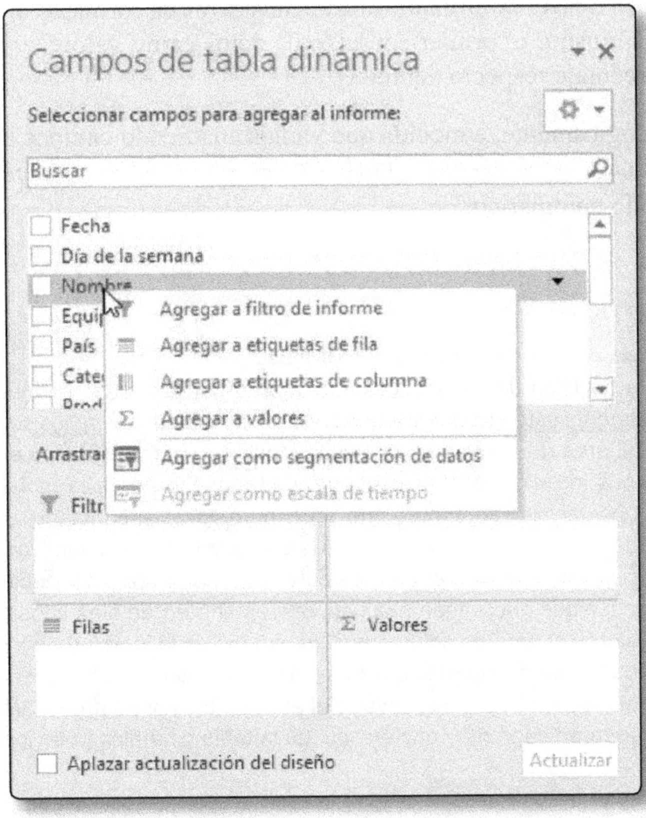

Figura 4.2. Agregando un campo a la sección de áreas abriendo su menú contextual

▶ Hacer clic en la casilla de selección que hay a la izquierda del nombre del campo. En este caso el campo se añadirá a un área u otra en función del contenido del mismo: si el campo es numérico, por defecto se agregará al área de valores. Si, por el contrario, es un campo no numérico (textos y fechas), se agregará al área de filas. Por último, si se trata de una jerarquía de fecha y hora de procesamiento analítico en línea (OLAP) se agregará al área de columnas.

Observa que no es posible llevar un campo a la sección de áreas más de una vez. Si, por ejemplo, llevas un campo al área de filas arrastrándolo hasta dicha área desde la sección de campos y, a continuación, vuelves a arrastrarlo, también desde la sección de campos, al área de columnas, desaparece del área de filas donde estaba y se muestra solo en el área de columnas. La única excepción es el área de valores, a la que sí es posible llevar un mismo campo dos o más veces. Como veremos más adelante, esto nos permitirá mostrar dichos datos en formatos distintos (por ejemplo, podremos mostrar el primer conjunto de datos como valores y el segundo conjunto como porcentaje respecto del total).

Lógicamente, a medida que vamos añadiendo campos a la sección de áreas, la tabla dinámica se va completando con los datos correspondientes a dichos campos de un modo automático.

> **ⓘ NOTA**
>
> **¿Campos al área de filas o de columnas?**
>
> Tomar la decisión de llevar un campo al área de filas o de columnas es una cuestión principalmente estética, pues la tabla dinámica va a desglosar los campos que hayamos llevado al área de valores según los campos que estén situados en las áreas de filas y columnas indistintamente. Pensando en la legibilidad de la tabla de datos —aunque ésta es una decisión personal y que dependerá de las circunstancias concretas en cada situación— puedes encontrar más amigable que la tabla dinámica crezca hacia abajo y no hacia la derecha. Cuando este criterio sea el apropiado, deberías tender a llevar aquellos campos que toman muchos valores al área de filas y los campos que toman pocos valores al área de columnas. Otro criterio es la longitud de los valores que toma el campo: si el campo contiene textos y éstos son largos, tal vez resulte más apropiado llevarlo al área de filas pues, llevado al área de columnas provocará que las columnas que se generen sean muy anchas y haga la tabla dinámica poco legible.

4.1.1 Ejercicio

Indica si las siguientes afirmaciones son ciertas o falsas:

1. Si hacemos clic en la casilla de selección que, en la sección de campos, se sitúa a la izquierda de un campo que contiene fechas, se agregará automáticamente al área de filas.

2. Podemos llevar un mismo campo al área de filas más de una vez siempre que no sea numérico.

4.1.2 Solución del ejercicio

1. VERDADERO: los campos no numéricos (textos y fechas) se agregan automáticamente al área de filas. Los campos numéricos se agregan al

área de valores y las jerarquías de fecha y hora de procesamiento analítico en línea (OLAP) se agregan al área de columnas.

2. FALSO: solo es posible llevar un campo a las áreas de filas o de columnas una vez, con independencia del tipo de datos que contenga.

4.2 ELIMINANDO CAMPOS DE LA SECCIÓN DE ÁREAS

Para eliminar un campo de una de las áreas podemos:

▶ Pinchar el nombre del campo en el área en la que esté situado y arrastrarlo fuera de la sección de áreas. Mientras lo arrastramos veremos que se muestra un icono junto al cursor que nos indica el resultado de soltar el campo en ese punto. Cuando este icono muestre un aspa será señal de que, al soltarlo, se eliminará de la sección de áreas:

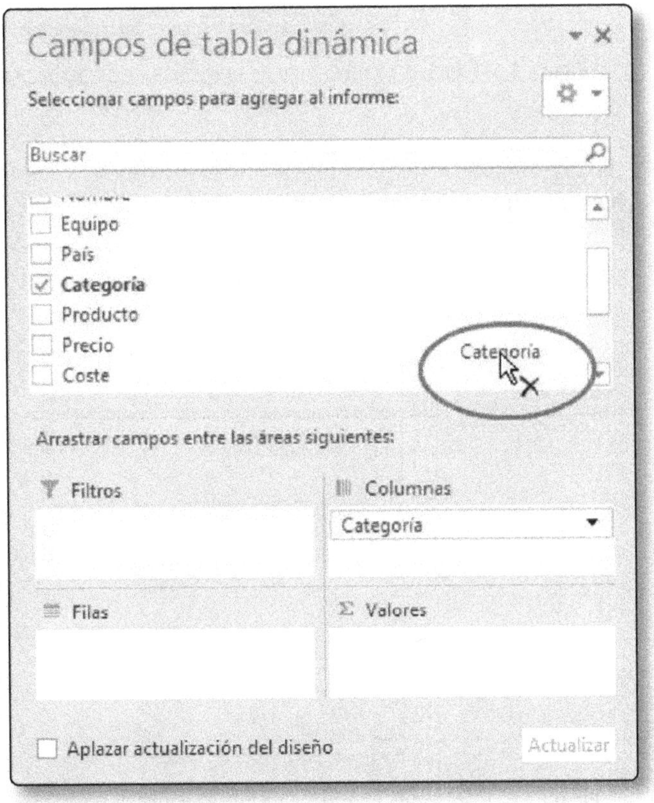

Figura 4.3. Eliminando un campo de la sección de áreas arrastrándolo fuera de ésta

� Hacer clic sobre el nombre del campo en el área en la que esté situado (un clic con el botón principal del ratón) y seleccionar **Quitar campo**:

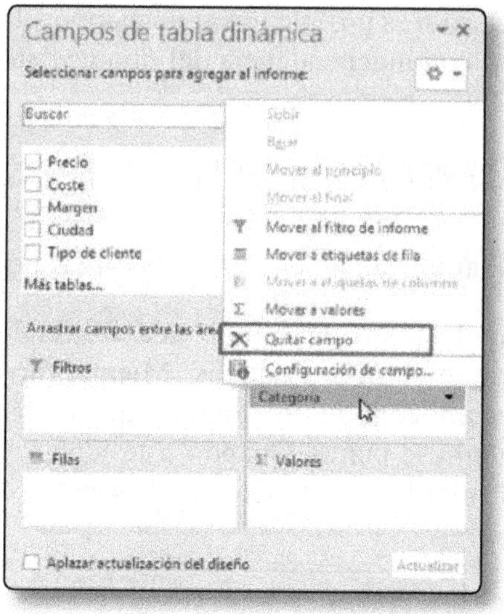

Figura 4.4. Eliminando un campo de la sección de áreas haciendo clic sobre él con el botón principal del ratón

▶ Hacer clic en la casilla de selección que hay a la izquierda del nombre del campo en la sección de campos (para deseleccionarlo):

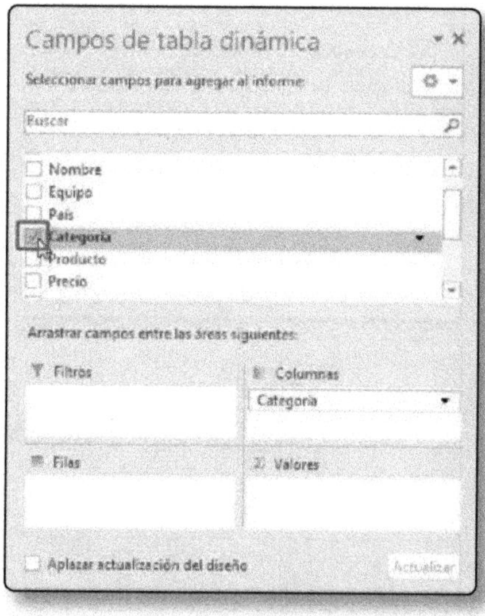

Figura 4.5. Eliminando un campo de la sección de áreas haciendo clic en su casilla de selección

4.2.1 Ejercicio

Crea una tabla dinámica a partir del listado de datos de ventas incluido en el fichero "*Ventas informática.xlsx*", lleva los campos *País*, *Categoría* y *Producto* al área de filas y elimínalos de dicha área uno a uno sin repetir el método de eliminación.

4.2.2 Solución del ejercicio

1. Crea la tabla dinámica por cualquiera de los métodos que conoces, por ejemplo, usando el comando "*Insertar>Tablas>Tabla dinámica*" (no olvides dar al listado de datos formato de tabla y darle a ésta un nombre suficientemente significativo, como **Ventas**, antes de crear la tabla dinámica).

2. Lleva los campos *País*, *Categoría* y *Producto* al área de filas usando cualquiera de los métodos que conoces, por ejemplo, arrastrándolos desde la sección de campos.

3. Para eliminar el campo *País* del área de filas, pínchalo con el ratón y arrástralo hacia la izquierda hasta que se muestre el icono de aspa junto al cursor (figura 4.3). En ese momento puedes liberar el botón del ratón. Confirma que ha desaparecido del área de filas.

4. En segundo lugar, para eliminar el campo *Categoría*, haz clic con el botón principal del ratón sobre el nombre del campo en el área de filas y, a continuación, otro clic en **Quitar campo.**

5. Por último, haz clic en la casilla de selección que se muestra a la izquierda del campo *Producto* en la sección de campos para eliminar este campo del área de filas.

4.3 MOVIENDO CAMPOS DE UN ÁREA A OTRA

También es posible mover un campo ya asignado a una de las áreas a otra distinta. Para ello, podemos:

▸ Pinchar el nombre del campo en el área en la que se encuentre y arrastrarlo hasta la nueva área de destino:

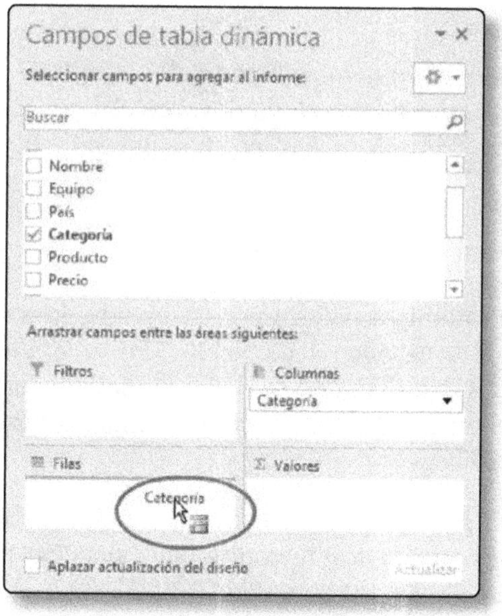

Figura 4.6. Moviendo un campo de un área a otra arrastrándolo

▶ Hacer clic con el botón principal del ratón en el nombre del campo situado en el área de origen y seleccionar la opción de **mover** al área de destino:

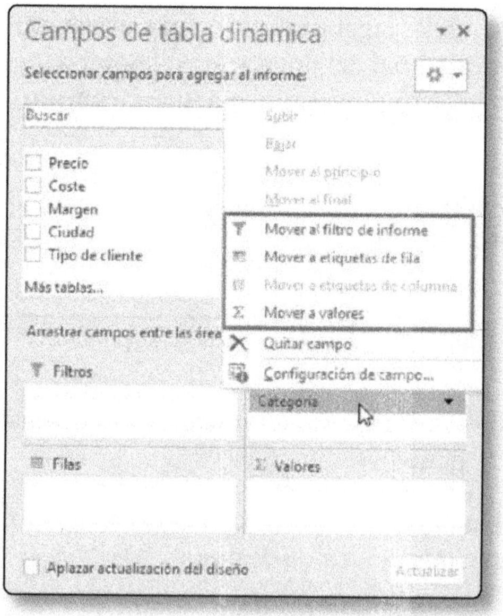

Figura 4.7. Moviendo un campo de un área a otra haciendo clic sobre él con el botón principal del ratón

▶ Hacer un clic con el botón secundario del ratón en el nombre del campo en la sección de campos y seleccionar la opción de **agregar** al área de destino deseada:

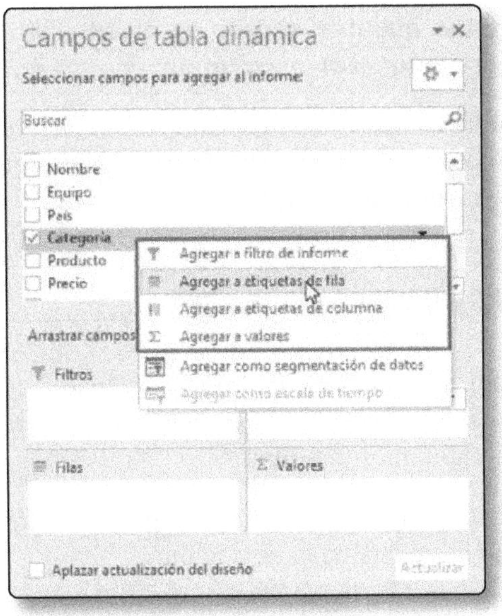

Figura 4.8. Moviendo un campo de un área a otra abriendo su menú contextual en la sección de campos

4.3.1 Ejercicio

Crea una tabla dinámica a partir del listado de datos de ventas incluido en el fichero "*Ventas informática.xlsx*", lleva los campos *País*, *Categoría* y *Producto* al área de filas y muévelos uno a uno al área de columnas sin repetir el método de movimiento.

4.3.2 Solución del ejercicio

1. Crea la tabla dinámica por cualquiera de los métodos que conoces, por ejemplo, usando el comando "*Insertar>Tablas>Tabla dinámica*" (no olvides dar al listado de datos formato de tabla y darle a ésta un nombre suficientemente significativo, como **Ventas**, antes de crear la tabla dinámica).

2. Lleva los campos *País*, *Categoría* y *Producto* al área de filas usando cualquiera de los métodos que conoces, por ejemplo, arrastrándolos desde la sección de campos.

3. Para mover el campo *País* al área de columnas, pínchalo con el ratón y arrástralo hasta el área de columnas.

4. A continuación, haz clic con el botón principal del ratón en el campo *Categoría* que está situado en el área de filas y selecciona la opción **Mover a etiquetas de columna**.

5. Por último, para mover el campo *Producto* al área de columnas, abre el menú contextual de este campo en la sección de campos y selecciona la opción **Agregar a etiquetas de columna**.

4.4 REORDENANDO CAMPOS EN UN ÁREA

Si tenemos dos o más campos distintos añadidos a una misma área, podemos reordenarlos para modificar la forma en la que se realiza el desglose de los datos con cualquiera de los siguientes métodos:

▶ Pinchando el nombre de un campo y arrastrándolo –hacia arriba o hacia abajo– hasta su nueva ubicación:

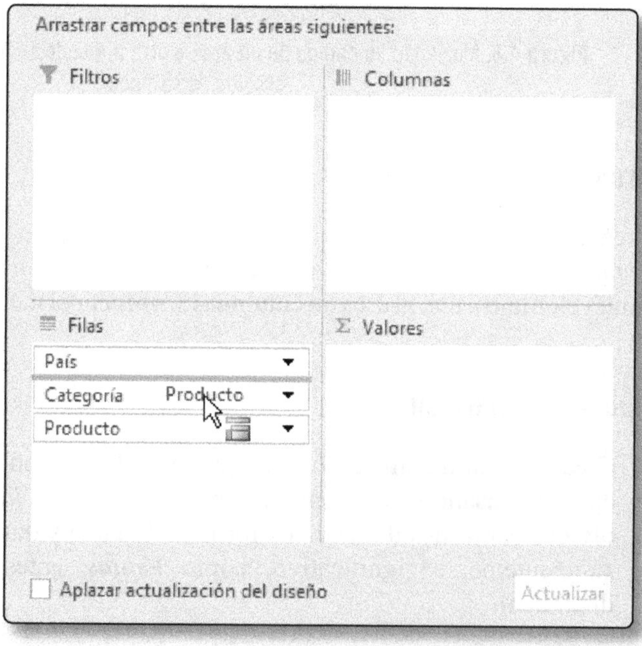

Figura 4.9. Moviendo un campo en un área pinchándolo y arrastrándolo

▸ Haciendo clic con el botón principal del ratón en el campo que queremos mover (en la sección de áreas) y haciendo clic en **Subir, Bajar, Mover al principio** o **Mover al final**. Así, en el siguiente ejemplo se han incluido tres campos en el área de filas: *País*, *Categoría* y *Producto*, y se ha hecho clic en el campo que ocupa la segunda posición del listado, *Categoría* (de ahí que todas las opciones de movimiento estén disponibles: si se hiciese clic en el primer campo –en el situado en la parte superior–, por ejemplo, no estarían disponibles ni la opción de **Subir** ni la de **Mover al principio**, pues ya estaría situado al comienzo de la lista):

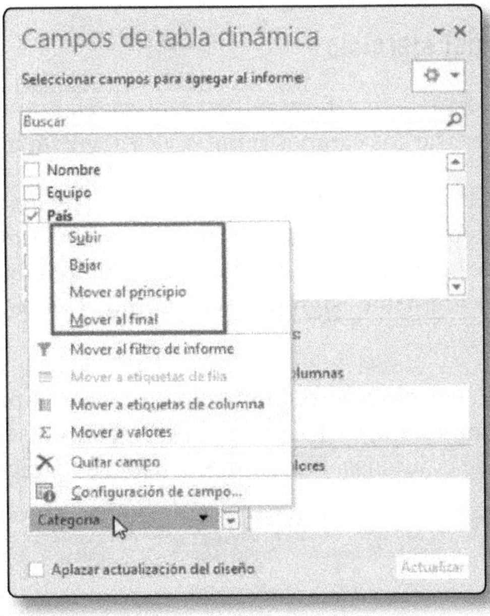

Figura 4.10. Moviendo un campo en un área haciendo clic en él con el botón principal del ratón

4.4.1 Ejercicio

Partiendo del fichero de ventas de la empresa, "*Ventas informática.xlsx*", queremos analizar el rendimiento de cada equipo vendiendo productos de cada una de las categorías (es decir, para cada categoría queremos un listado de ventas por equipo). Para ello, utilizando una tabla dinámica, responde a las siguientes preguntas:

▸ ¿Cuáles han sido las ventas del equipo "*Equipo CHI_01*" en la categoría "*Impresoras*"?

▸ ¿Y las ventas del equipo "*Equipo MEX_03*" en la categoría "*Monitores*"?

A continuación, basándonos en la misma tabla dinámica, queremos desglosar las ventas de cada equipo por comercial. Una vez hecho esto, responde a las siguientes preguntas:

▶ ¿Qué comercial del equipo *"Equipo ARG_01"* ha conseguido más ventas en la categoría *"Impresoras"*?

▶ ¿Qué comercial del equipo *"Equipo ESP_01"* ha conseguido menos ventas en la categoría *"Portátiles"*?

4.4.2 Solución del ejercicio

Aunque hay varias formas de resolver este ejercicio, la más sencilla es, probablemente, cruzar los campos *Equipo* y *Categoría*, analizando el campo *Precio*:

1. Crea la tabla dinámica por cualquiera de los métodos que conoces, por ejemplo, usando el comando *"Insertar>Tablas>Tabla dinámica"* (no olvides dar al listado de datos formato de tabla y darle a ésta un nombre suficientemente significativo, como **Ventas**, antes de crear la tabla dinámica).

2. Como nos piden el rendimiento de cada equipo para cada categoría, lleva el campo *Equipo* al área de filas y, a continuación, el campo *Categoría* al área de columnas. Por último, arrastra el campo *Precio* al área de valores:

3. En la celda B8 correspondiente a las ventas de impresoras podemos ver que las ventas del equipo *"Equipo CHI_01"* han sido de 8.430€.

4. De forma semejante, en la celda C16 correspondiente a ventas de monitores, vemos que las ventas del equipo *"Equipo MEX_03"* han sido de 27.190€.

5. Para mostrar el desglose de ventas de cada equipo por comercial, no tenemos más que arrastrar el campo *Nombre* al área de filas por debajo del campo *Equipo*:

6. El comercial del equipo *"Equipo ARG_01"* que ha conseguido mayores ventas en la categoría *"Impresoras"* ha sido Mercedes Ponte (2.110€).

7. El comercial del equipo *"Equipo ESP_01"* que ha conseguido las menores ventas en la categoría *"Portátiles"* ha sido Vanesa Serna (6.830€).

4.5 ORGANIZANDO LA LISTA DE CAMPOS

Por defecto, en la lista de campos se muestra la sección de campos en la parte superior y la sección de áreas en la inferior, pero podemos organizar estas secciones según nuestras necesidades. Para ello basta hacer clic en el botón **Herramientas** que encontramos en la esquina superior derecha de la lista de campos:

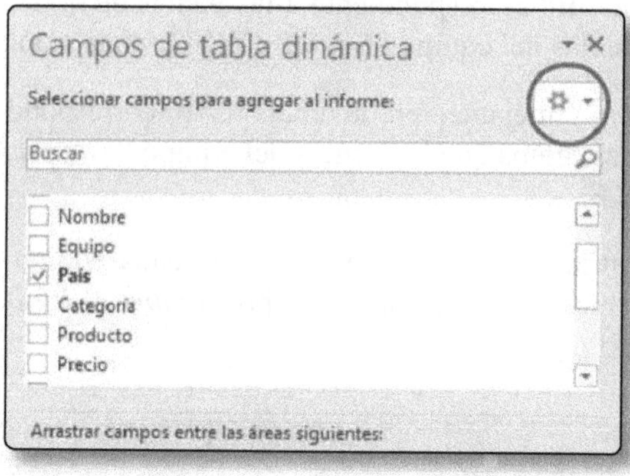

Figura 4.11. El botón *Herramientas* de la lista de campos

Y, a continuación, seleccionar el diseño que queramos:

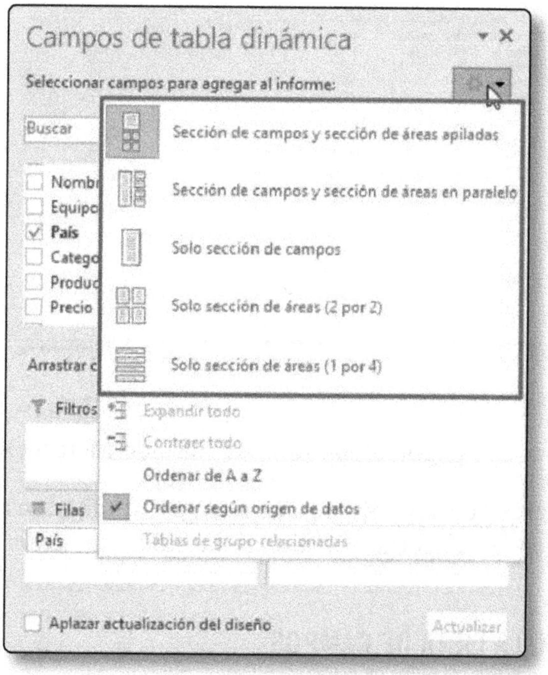

Figura 4.12. Diseños disponibles para la lista de campos

La opción de "*Sección de campos y sección de áreas apiladas*" –opción activa por defecto– es un buen equilibrio entre espacio disponible para campos y espacio disponible para las áreas de campos, pero si estás utilizando una tabla con muchos campos, probablemente encuentres más útil la segunda opción ("*Sección de campos y sección de áreas en paralelo*"):

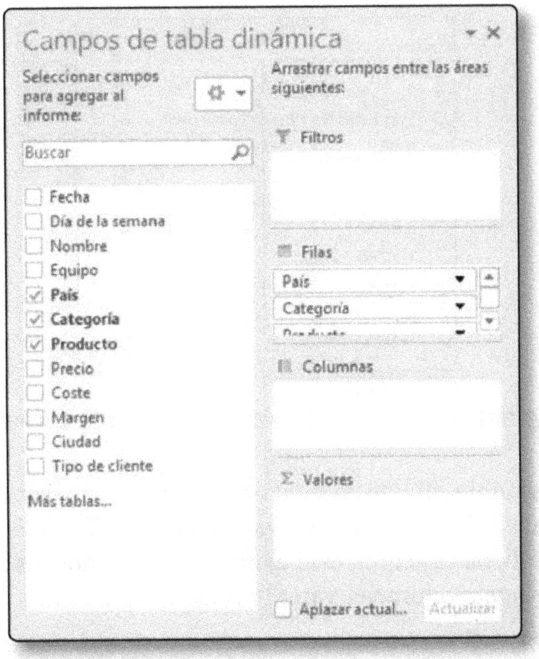

Figura 4.13. Diseño "Sección de campos y sección de áreas en paralelo"

También encontramos en "*Herramientas*" la posibilidad de ordenar los campos en la sección de campos según dos criterios: "*Ordenar de A a Z*", que muestra los campos ordenados alfabéticamente, y "*Ordenar según origen de datos*", que muestra los campos en el mismo orden en el que se encuentren en el origen de datos de la tabla dinámica (en nuestro caso, una tabla incluida en el mismo libro Excel). Como ves, Excel no ofrece la posibilidad de personalizar el criterio de ordenación de los campos en la sección de campos.

4.6 LA HERRAMIENTA "MOSTRAR DETALLES"

Una herramienta muy útil es la conocida como "Mostrar detalles" – herramienta activada por defecto–. Para verla en funcionamiento no tenemos más que hacer un doble clic en cualquier celda del interior de la tabla dinámica: automáticamente Excel creará una nueva hoja en la que nos muestra todos los registros de los que se extraen los datos a partir de los cuales se calcula el valor de esta celda. Así, por ejemplo, si llevamos al área de filas de nuestra tabla dinámica el campo *Día de la semana* y el campo *Precio* al área de valores para conocer la distribución de ventas según el día de la semana:

Etiquetas de fila	Suma de Precio
lunes	107100
martes	61110
miércoles	70500
jueves	126690
viernes	142790
sábado	159180
domingo	81620
Total general	**748990**

Figura 4.14. Distribución de ventas según el día de la semana

Y hacemos doble clic en la celda **B4** conteniendo las ventas ocurridas en lunes, Excel crea una hoja de cálculo nueva y vuelca en ella el listado de registros de los que se alimenta dicha celda (en este ejemplo serán todos los registros en los que el campo *Día de la semana* tome el valor "*lunes*"):

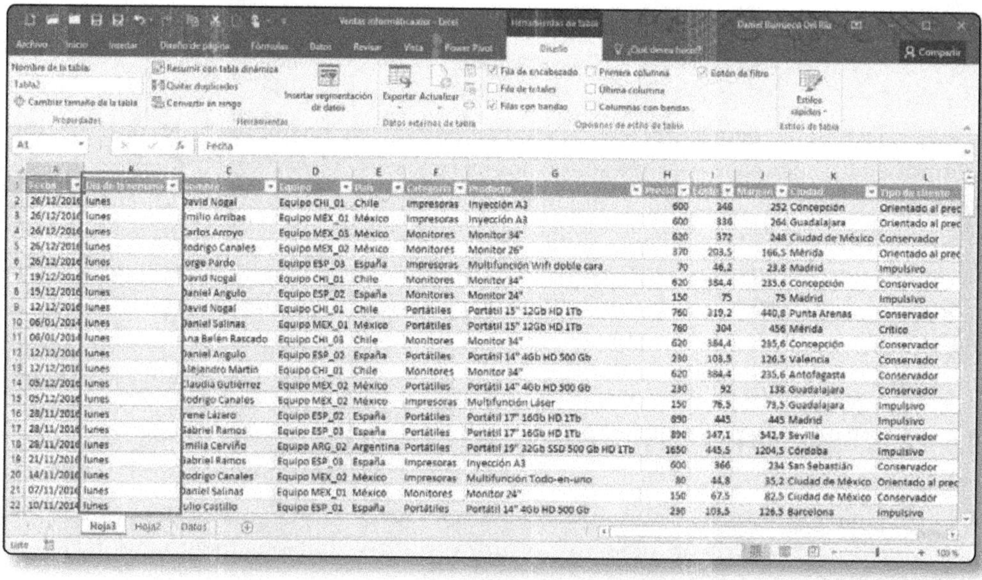

Figura 4.15. Listado de registros a partir de los cuales se calcula el valor de la celda B4 (ventas acaecidas en lunes)

> **ⓘ NOTA**
>
> Decimos que una celda de la tabla dinámica "se alimenta" de un conjunto de registros cuando son dichos registros de los que Excel extrae la información a partir de la cual calcula el valor contenido en la celda.

> **ⓘ NOTA**
>
> Vimos en la sección dedicada al cruce de datos que, al llevar campos a las áreas de filas y de columnas, dividíamos los registros del origen de datos en grupos disjuntos en los que los campos que habíamos llevado a las áreas de filas y columnas coincidían con las etiquetas de dichos campos en cada combinación de filas y columnas. Pues bien, con la herramienta "Mostrar detalles" puedes confirmar esto: haz doble clic en diferentes celdas de la tabla dinámica (siempre en celdas cuyo contenido provenga de los campos situados en el área de valores) y comprueba que, efectivamente, en los registros que alimentan una celda el contenido de los campos que hemos llevado a filas y columnas coinciden con los valores que dichos campos toman en la intersección en la que has hecho doble clic.

Puedes activar y desactivar la herramienta "Mostrar detalles" seleccionando cualquier parte de la tabla dinámica y accediendo a su ventana de opciones ejecutando el comando "*Analizar>Tabla dinámica>Opciones*":

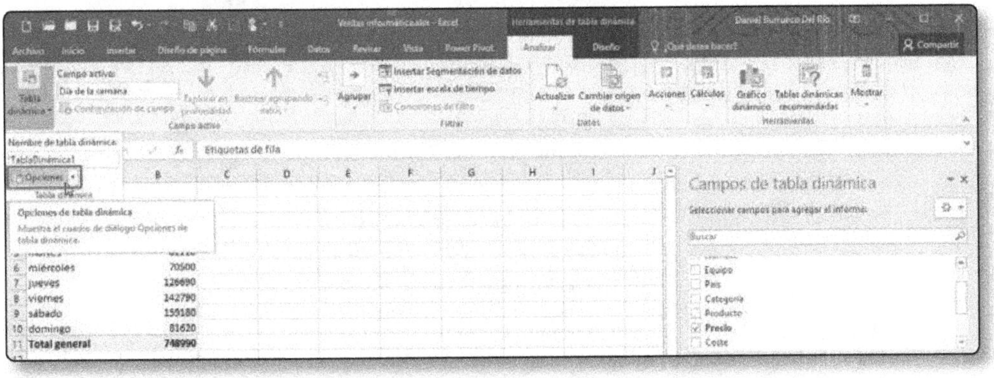

Figura 4.16. Comando "Opciones" de tabla dinámica

En la pestaña *"Datos"* encontramos la opción *"Habilitar Mostrar detalles"* que controla esta herramienta:

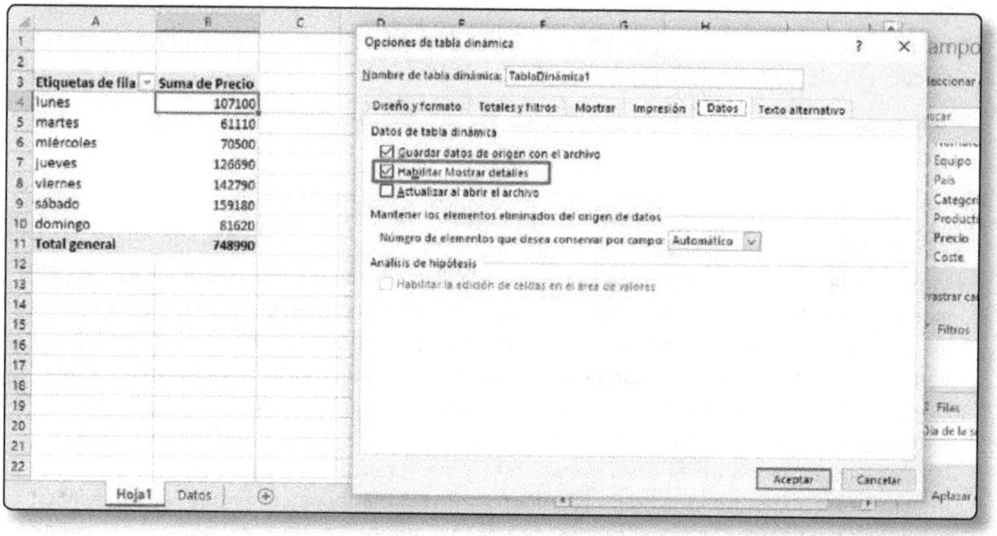

Figura 4.17. Opción "Habilitar Mostrar detalles"

> **ⓘ NOTA**
>
> La herramienta "Mostrar detalles" es especialmente útil si, analizando nuestra tabla dinámica, observamos una tendencia o relación inesperada entre dos campos y deseamos ver los registros que la causan para realizar un análisis más detallado de los mismos. Por ejemplo, analizando el margen de ventas a lo largo del tiempo podemos ver en nuestra tabla dinámica que en cierto mes el margen de una categoría de productos ha sido muy inferior a lo habitual. Un doble clic en dicha celda provocaría la creación de una nueva hoja de cálculo y el listado en ella de todos los registros a partir de los cuales se ha calculado el margen de dicho mes. En este listado podríamos comprobar que el equipo de ventas ha estado ofreciendo descuentos por encima de lo normal, posiblemente provocado por el bonus adicional que dicho mes se ofreció a aquellos comerciales que cerrasen contratos por un total de 300.000€ o más. Una nueva tabla dinámica que nos muestre, para ese mes, las ventas a clientes nuevos y a clientes ya existentes nos confirma que, a pesar del bajo margen, el resultado del mes puede considerarse muy positivo, pues se consiguieron 17 nuevos clientes.

La hoja de cálculo que se crea para mostrar dichos registros puede ser eliminada con garantías de que esto no va a afectar en modo alguno ni a la tabla dinámica ni a los datos originales. Para eliminar la hoja puedes abrir el menú contextual de la pestaña de la hoja situada en la parte inferior de la interfaz y seleccionar **Eliminar**.

4.6.1 Ejercicio

Partiendo del fichero de ventas, *"Ventas informática.xlsx"*, queremos averiguar qué categoría de productos suponen menores costes totales en Chile. A continuación, queremos extraer el conjunto de registros asociados a dicha cifra. ¿De cuántos registros se trata?

4.6.2 Solución del ejercicio

Sigue los siguientes pasos para la resolución del ejercicio propuesto:

1. Crea la tabla dinámica por cualquiera de los métodos que conoces (recuerda dar al listado de datos formato de tabla y un nombre apropiado).

2. Queremos desglosar los costes por país en categorías (aunque solo nos interesen los datos de Chile), de forma que llevamos el campo *País* al área de filas, el campo *Categoría* al área de columnas y el campo *Coste* al área de valores:

3. En Chile, la categoría con menores costes totales fue la de *"Impresoras"* (10.653€).

4. Para extraer el conjunto de registros asociados no tenemos más que hacer uso de la herramienta "Mostrar detalles" y hacer un doble clic sobre

la cifra en cuestión. Excel creará una nueva hoja de cálculo y volcará en ella el conjunto de registros a partir de los cuales se calcula el valor mencionado:

5. Para saber de cuántos registros se trata podemos, simplemente, seleccionar la columna A (pues sabemos que todas las ventas tienen una fecha asociada) para averiguar cuántas celdas no vacías hay en dicha columna. En la barra de estado de Excel vemos que el recuento de celdas no vacías en dicha columna da el valor 85 (incluyendo la cabecera), por lo que podemos concluir que se trata de 84 registros.

4.7 ANIDACIÓN DE CAMPOS

Hemos visto cómo al mover un campo al área de filas o de columnas, los valores que toma este campo se muestran como cabeceras (de filas o columnas, respectivamente) de la tabla dinámica. Pues bien, ya hemos visto cómo estos campos pueden ser anidados. Así, mover un segundo campo por debajo del primero, si estamos trabajando en el área de filas, por ejemplo, hará que las etiquetas que toma el primer campo se desglosen según las etiquetas del segundo.

Partiendo del ejemplo del apartado anterior en el que analizábamos las ventas según el día de la semana (para lo que llevábamos el campo *Día de la semana* al área de filas y el campo *Precio* al área de valores), si ahora arrastramos el campo

País por debajo del campo *Día de la semana*, veremos cómo las ventas por día de la semana se desglosan en las ventas de cada uno de los países:

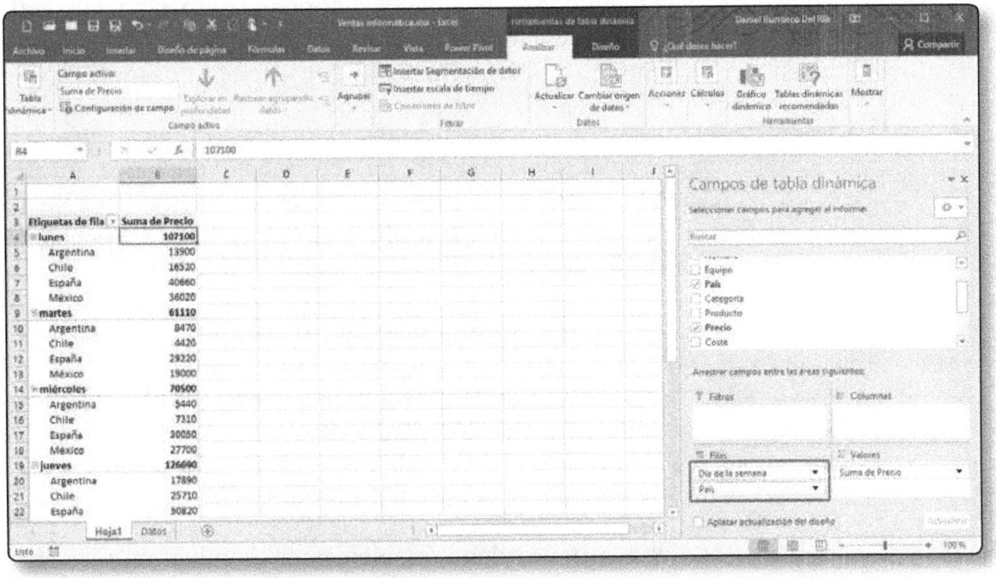

Figura 4.18. Campos anidados

Vemos que los valores que toma el segundo campo (los nombres de los países) se muestran como encabezados de nuevas filas que se sitúan por debajo de cada una de las filas que ya existían, desglosando los valores de ventas por día que teníamos en pantalla. Por supuesto, si sumamos las ventas que ocurren en lunes para cada uno de los países (13.900€, 16.520€, 40.660€ y 36.020€) nos dará el valor de ventas del lunes (107.100€).

Podemos anidar tantos campos como queramos y la forma de funcionamiento es semejante siempre: los valores que toma el campo recién añadido se mostrarán como encabezados de nuevas filas (o nuevas columnas, si se lleva el campo anidado al área de columnas) para cada uno de los valores de las filas o columnas que ya existiesen, desglosándose los valores que ya existían según el nuevo criterio.

En el área de valores los campos no se anidan, simplemente se añaden uno junto a otro en la tabla dinámica, ocupando columnas contiguas.

Una vez anidados dos o más campos, las etiquetas de todos los campos menos las del campo situado en la parte inferior de la lista (en el área que corresponda) mostrarán en la tabla dinámica un signo + o - a su izquierda. Estos símbolos sirven para expandir o contraer la etiqueta seleccionada. Tenemos cuatro opciones posibles:

▼ **Expandir la etiqueta** (si muestra un signo +): mostrará los elementos del nivel inferior que haya por debajo de ella en la tabla dinámica. Puede ejecutarse haciendo un clic en el signo + o abriendo el menú contextual de la etiqueta, haciendo clic en **Expandir o contraer** y, a continuación, otro clic en **Expandir**.

▼ **Contraer la etiqueta** (si muestra un signo -): ocultará los elementos del nivel inferior que haya por debajo de ella en la tabla dinámica. Puede ejecutarse haciendo un clic en el signo - o abriendo el menú contextual de la etiqueta, haciendo clic en **Expandir o contraer** y, a continuación, otro clic en **Contraer**.

▼ **Expandir todo el campo**: mostrará los elementos del nivel inferior que haya por debajo de todas las etiquetas del mismo nivel que el de la etiqueta cuyo menú contextual hemos abierto. Puede ejecutarse con el comando *"Analizar>Campo activo>Expandir el campo"* o abriendo el menú contextual de la etiqueta, haciendo clic en **Expandir o contraer** y, a continuación, otro clic en **Expandir todo el campo**.

▼ **Contraer todo el campo**: ocultará los elementos del nivel inferior que haya por debajo de todas las etiquetas del mismo nivel que el de la etiqueta cuyo menú contextual hemos abierto. Puede ejecutarse con el comando *"Analizar>Campo activo>Contraer el campo"* o abriendo el menú contextual de la etiqueta, haciendo clic en **Expandir o contraer** y, a continuación, otro clic en **Contraer todo el campo**.

En el menú contextual de cualquier etiqueta situada en filas o columnas hay opciones adicionales visibles al seleccionar **Expandir o contraer**:

▼ **Contraer hasta [Nombre de campo]**: nos permite contraer todas las etiquetas por debajo de la actual hasta el nivel del campo indicado.

▼ **Expandir hasta [Nombre de campo]**: nos permite expandir todas las etiquetas por debajo de la actual hasta el nivel del campo indicado.

Ya hemos visto que si tenemos más de un campo en un área podemos cambiar su orden arrastrándolo a la posición que deseemos o haciendo clic con el botón principal del ratón y seleccionando **Subir**, **Bajar**, **Mover al principio** o **Mover al final**. Esto nos permite, de una forma sumamente sencilla, ver cómo los valores de un campo se desglosan según un segundo campo, o cambiarlos de orden y analizar el desglose contrario (esta facilidad para mover campos y ver de forma instantánea el resultado es parte de la magia de las tablas dinámicas).

También hemos visto que para eliminar un campo de la tabla dinámica podemos arrastrar el campo fuera de la sección de áreas, hacer clic con el botón principal del ratón en el nombre del campo y seleccionar **Quitar campo** o deseleccionar el campo en la sección de campos haciendo un clic en la casilla de selección que lo acompaña, de forma que, una vez anidados dos o más campos, es muy sencillo eliminarlos para analizar cualquier otra configuración de campos.

ⓘ NOTA

El "reino de los grandes números"

El ser humano es capaz de grandes cosas, pero existe un límite a la cantidad de datos que puede interpretar simultáneamente. Frecuentemente se habla del *Big Data* haciendo referencia a cantidades masivas de datos cuando, en realidad, cualquier conjunto de datos que resulten difícilmente interpretables o gestionables por la persona (o cosa) a la que van dirigidos podría calificarse de *Big Data* –por supuesto no es lo mismo que un conjunto de datos vaya dirigido a mí que a un supercomputador–.

La gran ventaja de las tablas dinámicas es que nos permiten desglosar cifras aparentemente simples (como la cifra de ventas de nuestra empresa) según un criterio como el país en el que se producen o la categoría de los productos, o totalizar conjuntos de datos de forma que nos proporcione información que no era fácilmente perceptible observando el listado de datos original (como los márgenes medios por categoría).

De esta forma, el poder llevar un campo como *Ciudad* a nuestra tabla dinámica y que nuestra cifra inicial de ventas se muestre desglosada según la ciudad en la que se produce cada venta, llevar un campo como *Fecha* a la tabla dinámica y ver cómo evolucionan las ventas mes a mes o anidar campos para que un desglose se divida a su vez en nuevas subcategorías nos abre un conjunto sorprendente de posibilidades.

Pero debemos ser conscientes de que la utilidad de la tabla dinámica descansa en su posibilidad de mostrar cosas complejas de forma simple. Dividir una cifra de ventas en otras nueve cifras repartidas entre tres filas y tres columnas nos puede resultar de gran utilidad para entender cómo estamos vendiendo. Dividir una cifra de ventas en 456 filas y 32 columnas con cuatro campos anidados en filas y tres anidados en columnas puede convertir nuestra tabla dinámica en algo tan difícil de interpretar (si no más) que el conjunto de datos originales.

Es por esto que debemos ser prácticos a la hora de diseñar una tabla dinámica y de usar herramientas como la anidación de campos. Frecuentemente es más útil crear dos tablas dinámicas más sencillas que solo aniden dos campos cada una que no una grande y compleja. El objetivo debe ser siempre mantener al utilizador de la tabla dinámica en el "reino de los pequeños números".

4.7.1 Ejercicio

Siguiendo con el ejemplo de esta sección, supongamos que queremos realizar ahora el análisis opuesto: queremos saber cómo las ventas de cada país se desglosan según el día de la semana en un esquema semejante al de la siguiente imagen.

	A
1	
2	
3	**Etiquetas de fila** ▼
4	⊟**Argentina**
5	lunes
6	martes
7	miércoles
8	jueves
9	viernes
10	sábado
11	domingo
12	⊟**Chile**
13	lunes
14	martes
15	miércoles
16	jueves
17	viernes
18	sábado
19	domingo
20	⊟**España**
21	lunes
22	martes
23	miércoles
24	jueves
25	viernes
26	sábado
27	domingo
28	⊟**México**

4.7.2 Solución del ejercicio

Tal y como leemos en el enunciado, partimos del ejemplo utilizado en esta sección en el que hemos llevado el campo *Día de la semana* al área de filas, el campo *Precio* al área de valores (aplicándosele automáticamente la operación *Suma*) y, posteriormente, hemos llevado el campo *País* al área de filas, por debajo del campo *Día de la semana*. Seguimos ahora los siguientes pasos:

1. Hacemos clic con el botón principal del ratón en el nombre del campo *País* que hay en el área de filas.

2. Hacemos clic en **Subir**.

Ahora el campo *País* se encuentra por encima del campo *Día de la semana* por lo que la tabla dinámica muestra, en primer lugar, las ventas por país y, a continuación, el desglose de éstas por día de la semana, tal y como se pide en el ejercicio:

4.8 RESUMEN DE VALORES

Si, en la lista de campos, arrastramos un campo numérico al área de valores, hemos comentado que Excel aplica, por defecto, la función "*Suma*" a dicho campo, mostrando los resultados en la tabla dinámica. Sin embargo, esta función "*Suma*" no es la única opción disponible. La lista de funciones a nuestra disposición incluye el recuento de los datos, el cálculo del valor promedio, o los valores máximo y mínimo, entre otros. Veamos cómo modificar esta función. Suponiendo que tengamos una tabla dinámica en la que hayamos llevado el campo *Producto* al área de filas y el campo *Precio* al área de valores (y se esté mostrando, por lo tanto, las ventas totales de cada producto):

1. Seleccionamos en primer lugar cualquier parte de la tabla dinámica para asegurarnos de que la lista de campos esté visible.

2. Hacemos un clic con el botón principal del ratón encima del nombre del campo de valor (del campo situado en el área de valores).

3. Hacemos clic en **Configuración de campo de valor**:

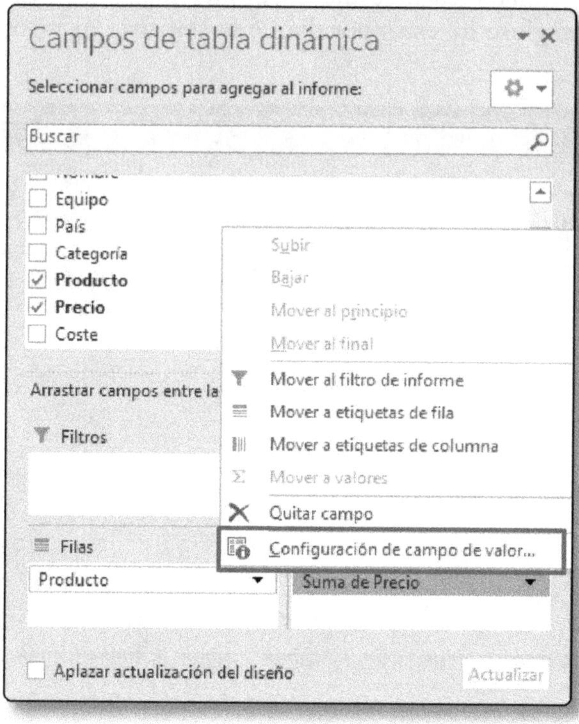

Figura 4.19. Herramienta "Configuración de campo de valor"

4. De las dos pestañas que se muestran en la ventana que se abre (figura 4.20), en la que aparece seleccionada por defecto ("*Resumir valores por*") escogemos el cálculo que se va a aplicar a los registros:

- Suma
- Recuento (del número de datos incluidos)
- Promedio (valor medio de los datos)
- Máximo (valor máximo de los datos)
- Mínimo (valor mínimo de los datos)
- Producto (multiplicación de los valores)
- Contar números (cuenta cuántos números hay en los datos)
- Desvest (desviación estándar de una muestra de los datos)
- Desvestp (desviación estándar del total de los datos)
- Var (varianza de una muestra de los datos)
- Varp (varianza del total de los datos)

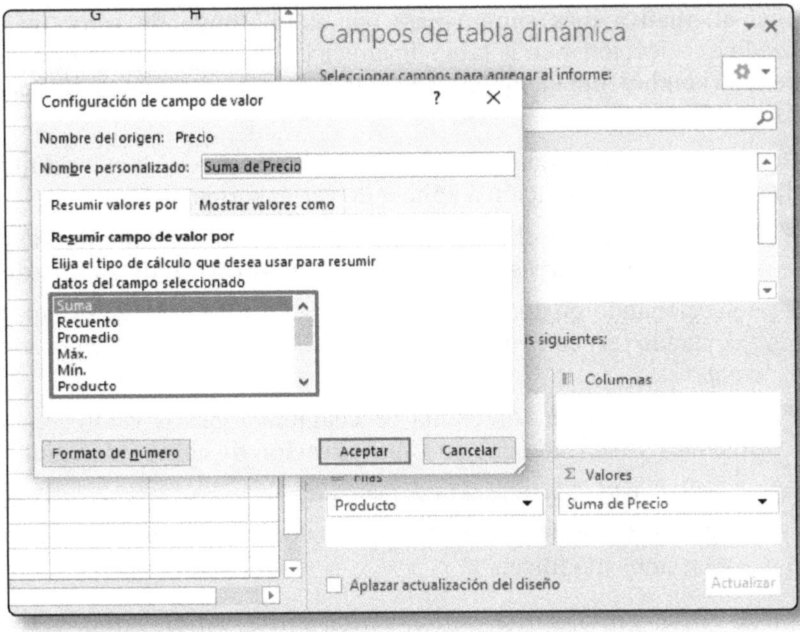

Figura 4.20. Ventana de configuración de campo de valor

5. Podemos hacer clic en **Formato de número** para escoger el formato adecuado al cálculo que hemos escogido, así como dar un nombre personalizado al campo escribiéndolo en el recuadro *"Nombre personalizado"* (en la parte superior de la ventana). Este nombre será con el que se mostrará el campo tanto en el área en el que se haya agregado como en la tabla dinámica.

6. Por último, hacemos clic en **Aceptar**.

(i) NOTA

La **desviación típica** o **desviación estándar** es una medida de dispersión que representa la desviación de los datos respecto de su media aritmética (cuanto más próximos estén los datos entre sí, menor será la desviación típica).

La operación *"Desvest"* parte de la hipótesis de que los datos que estamos manejando son una muestra del total. Si los datos involucrados en el análisis representan la población total (es decir, todos los datos de los que disponemos), Microsoft aconseja utilizar la operación *"Desvestp"*.

Por otro lado, la **varianza** es, sencillamente, el cuadrado de la desviación típica, por lo que podemos hacer los mismos comentarios acerca del uso de las operaciones *"Var"* y *"Varp"* que los hechos para *"Desvest"* y *"Desvestp"*.

Una alternativa más simple para dar a un campo de valor un nombre personalizado es seleccionar en la tabla dinámica (no en la lista de campos) la celda que contiene su nombre (por ejemplo, "*Suma de Precio*") y escribir encima el nombre personalizado (***Ventas***).

Podemos cambiar en cualquier momento el formato de los valores mostrados en la tabla dinámica o la operación a aplicar de varias formas:

▶ Haciendo clic con el botón principal del ratón en el nombre del campo en la sección de áreas y otro clic en **Configuración de campo de valor**.

▶ Seleccionando cualquier valor en la tabla dinámica y, a continuación, ejecutando el comando "*Analizar>Campo activo>Configuración de campo*".

▶ Abriendo el menú contextual de cualquiera de los valores en la tabla dinámica y haciendo clic en **Configuración de campo de valor**.

Con independencia del método, hacemos entonces clic en **Formato de número** y escogemos el formato deseado, o seleccionamos la operación a aplicar, si es esto lo que deseamos modificar.

ⓘ NOTA

A partir de ahora verás en las tablas dinámicas que usemos de ejemplo que el campo de valor incluirá en ocasiones algún tipo de formato (de moneda, con separador de miles, dos cifras decimales, etc.) o un nombre personalizado, aun cuando esto no siempre se mencione explícitamente. Así, por ejemplo, el campo *Precio* al que se le aplica la operación suma por defecto se mostrará frecuentemente como *Ventas* –lo que destaca mucho más claramente su naturaleza–.

Adicionalmente podemos mostrar los valores que toman los campos de valor según el porcentaje que representan respecto de una cifra, respecto del total o incluso de otras formas. Esto resulta especialmente adecuado para, por ejemplo, mostrar un valor y, a su lado, el porcentaje que representa respecto del total:

	A	B	C
1			
2			
3	Etiquetas de fila ▼	Suma de Precio	Suma de Precio2
4	lunes	107.100 €	14,30%
5	martes	61.110 €	8,16%
6	miércoles	70.500 €	9,41%
7	jueves	126.690 €	16,91%
8	viernes	142.790 €	19,06%
9	sábado	159.180 €	21,25%
10	domingo	81.620 €	10,90%
11	**Total general**	748.990 €	100,00%

Figura 4.21. Ventas por día expresadas en valor absoluto y como porcentaje del total de ventas

Para mostrar este segundo valor, mueve una segunda copia del campo al área de valores, justo debajo del primero, y escoge la operación que queremos que se le aplique según cualquiera de los métodos vistos (en general, deberá ser la misma función que estemos aplicando a la primera instancia del campo si deseamos que ambos campos muestren valores coherentes). Excel mostrará la segunda instancia del campo en la tabla dinámica con un nombre único (generalmente una variación del nombre del campo) que podemos modificar si lo deseamos (recuerda que puedes hacerlo abriendo la ventana de *"Configuración de campo de valor"* o escribiendo el nuevo nombre en la celda de la tabla dinámica en la que aparezca el nombre del campo). En el siguiente ejemplo partimos de una tabla dinámica en la que hemos incluido el campo *Día de la semana* en el área de filas y el campo *Precio* en el área de valores. A continuación, llevamos una nueva instancia del campo *Precio* al área de valores (recuerda que el área de valores es la única área a la que podemos llevar el mismo campo más de una vez):

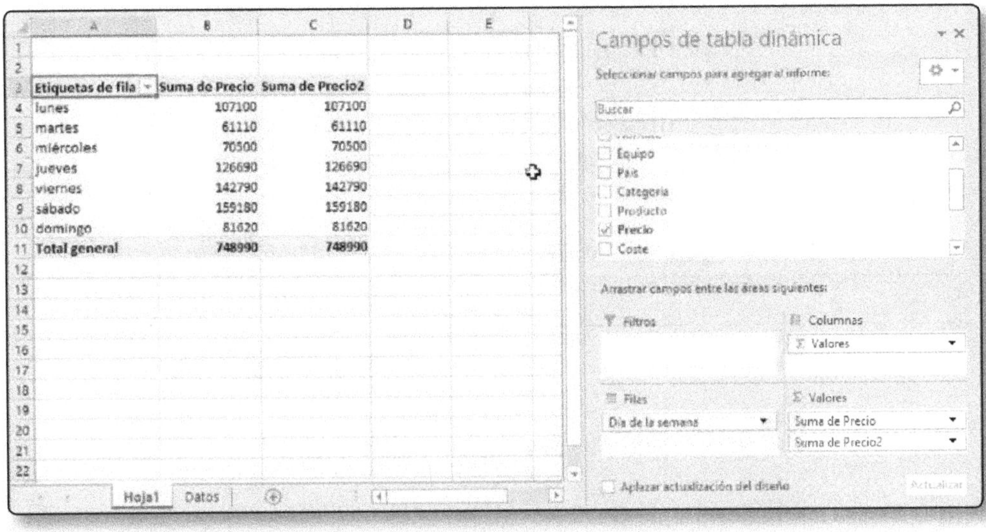

Figura 4.22. Área de valores con dos instancias del campo Precio

Inicialmente ambas columnas de datos mostrarán las mismas cifras, pero podemos cambiar cómo se mostrará la segunda si abrimos su ventana de *"Configuración de campo de valor"* usando cualquiera de los métodos vistos y hacemos clic en la pestaña **Mostrar valores como**. En el desplegable que se muestra podemos escoger cómo queremos que se muestren los valores que toma este campo:

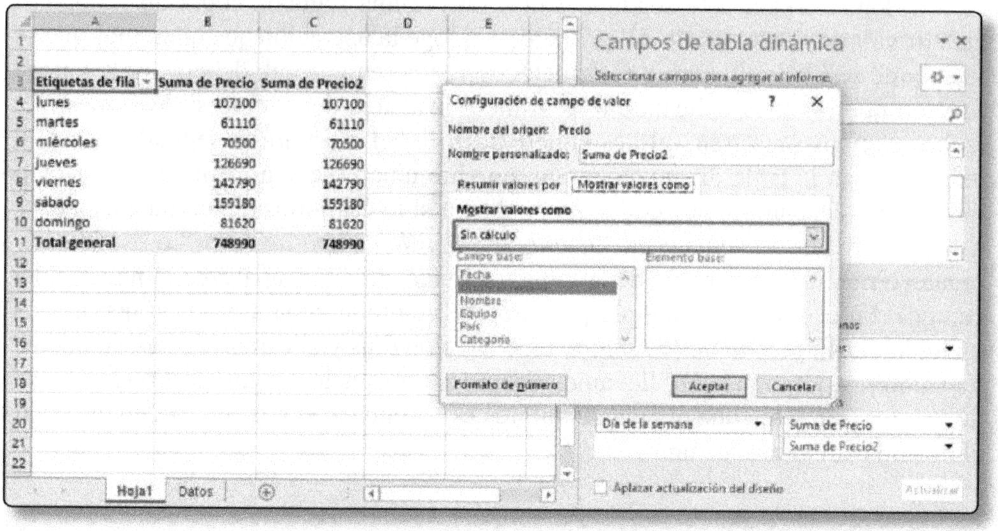

Figura 4.23. Herramienta "Mostrar valores como"

Por defecto se mostrará seleccionada la opción "*Sin cálculo*" (que no aplica ningún cálculo adicional al resultado de la operación siendo aplicada a los valores), pero se incluyen opciones adicionales:

- **% del total general**. Sustituye cada valor por el porcentaje que representa respecto del total general:

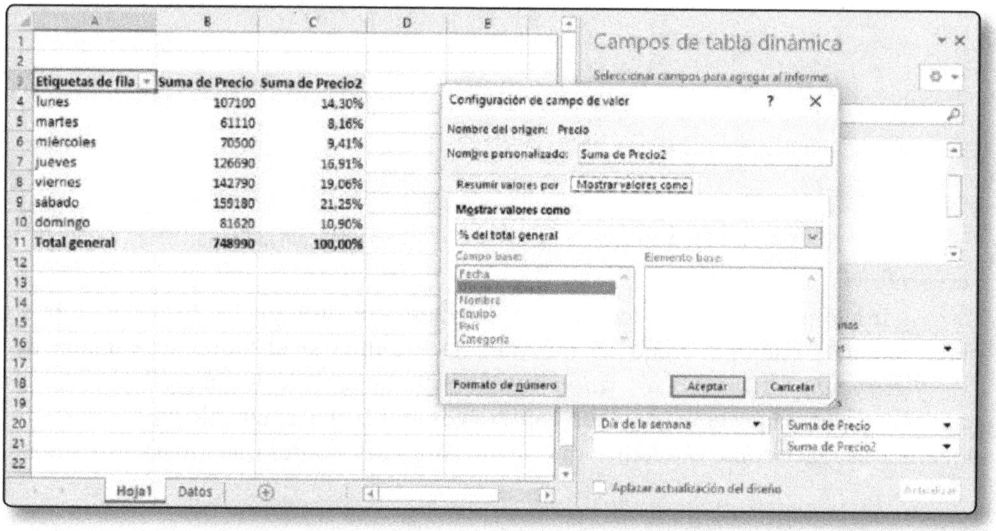

Figura 4.24. Opción "Mostrar valores como: % del total general"

En el ejemplo de la figura 4.24 podemos ver cómo, por ejemplo, las ventas del lunes, 107.100€, representan un 14,30% del total de 748.990€). En este caso tenemos un único campo en el área de filas (el campo *Día de la semana*), pero, si tuviésemos dos, veríamos que todos los valores se muestran como porcentajes respecto del total. Para verlo, llevemos el campo *Categoría* al área de filas, por debajo del campo *Día de la semana*:

Etiquetas de fila	Suma de Precio	Suma de Precio2
⊟ lunes	107100	14,30%
Impresoras	17340	2,32%
Monitores	31270	4,17%
Portátiles	58490	7,81%
⊟ martes	61110	8,16%
Impresoras	11070	1,48%
Monitores	15050	2,01%
Portátiles	34990	4,67%
⊟ miércoles	70500	9,41%
Impresoras	10160	1,36%
Monitores	22340	2,98%
Portátiles	38000	5,07%
⊟ jueves	126690	16,91%
Impresoras	21160	2,83%
Monitores	34740	4,64%
Portátiles	70790	9,45%
⊟ viernes	142790	19,06%
Impresoras	20900	2,79%
Monitores	43420	5,80%
Portátiles	78470	10,48%
⊟ sábado	159180	21,25%
Impresoras	17730	2,37%
Monitores	44140	5,89%
Portátiles	97310	12,99%
⊟ domingo	81620	10,90%
Impresoras	14240	1,90%
Monitores	21370	2,85%
Portátiles	46010	6,14%
Total general	748990	100,00%

Figura 4.25. Opción "Mostrar valores como: % del total general"

Vemos que, efectivamente, todos los valores -incluyendo los subtotales- se muestran como porcentaje respecto del total general. Así, el valor de ventas del martes (61.110€) supone un 8,16% respecto del total, 748.990€, o las ventas de impresoras del martes (11.070€) suponen un 1,48% respecto del total.

▼ **% del total de columnas**. Sustituye cada valor por el porcentaje que representa respecto del total de la columna a la que pertenece. Si solo tenemos una columna, el total de la misma coincidirá con el total general (es decir, los porcentajes coincidirán con los de la opción anterior), pero si tenemos más de una, los porcentajes de cada columna se van a calcular solo respecto al total de dicha columna. Para ver un ejemplo, en una tabla dinámica creada a partir del listado de ventas, llevemos el campo *Día de la semana* al área de filas, el campo *Categoría* al área de columnas y dos instancias del campo *Precio* al área de valores. A la segunda instancia de este campo apliquémosle la opción de mostrar como "*% del total de columnas*":

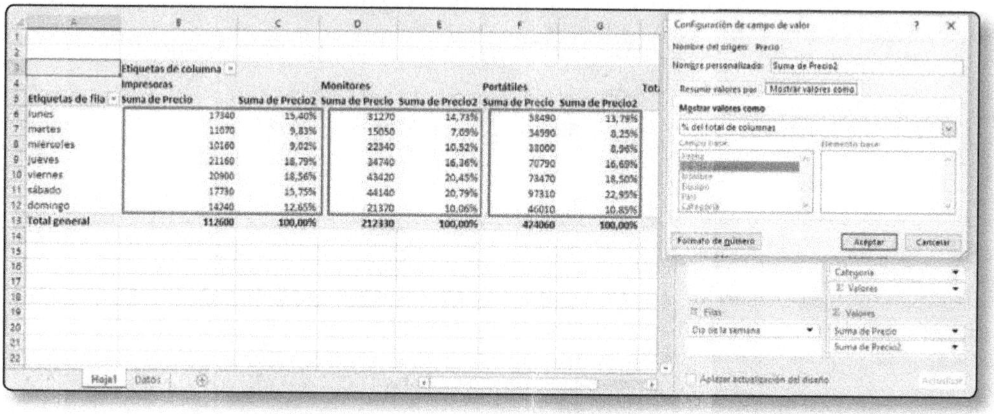

Figura 4.26. Opción "Mostrar valores como: % del total de columnas"

Vemos que se muestra, para cada categoría, el total de ventas por día y el porcentaje que representa con respecto al total de dicha categoría, no con respecto al total general. Así, por ejemplo, las ventas de impresoras de los lunes (17.340€) representa un 15,40% del total de ventas de impresoras (112.600€).

Fíjate en que los totales por día en el extremo derecho de la tabla dinámica también se muestran en dos columnas: la primera con los valores resultantes de la suma de los valores situados en filas y la segunda expresando dicha suma como porcentaje respecto del total (del total general, en este caso).

▶ **% del total de filas**. Sustituye cada valor por el porcentaje que representa respecto del total de la fila a la que pertenece. Opción semejante a la anterior.

▶ **% de**. Sustituye cada valor por el porcentaje que representa respecto de un valor ("*elemento base*") a escoger entre los campos disponibles (*campo base*). En este último selector se incluye también la opción de mostrar el porcentaje que representa respecto a la fila (o columna) anterior o posterior. De esta forma, si queremos calcular el porcentaje que las ventas en cada país suponen respecto de las ventas en Argentina, podríamos hacerlo llevando a nuestra tabla dinámica el campo *País* al área de filas, y dos instancias del campo *Precio* al área de valores: la primera instancia para mostrar las ventas en euros, y la segunda instancia configurada para mostrar los valores como porcentaje respecto del valor correspondiente a Argentina, para lo cual deberemos seleccionar, para la segunda instancia del campo, la opción de mostrar valores como "% de", escoger como campo base *"País"* y como elemento base *"Argentina"*:

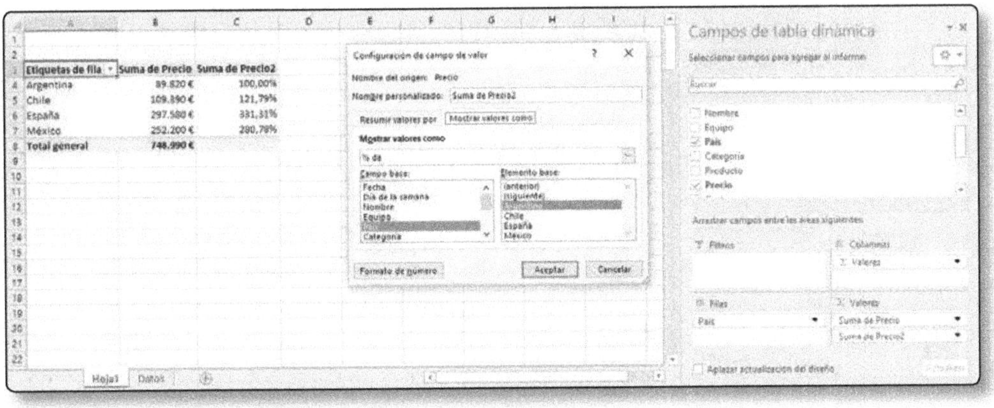

Figura 4.27. Opción "Mostrar valores como: % de"

En este ejemplo (véase figura 4.27), las ventas de Chile suman 109.390€, lo que supone un 121,79% respecto de las ventas de Argentina (89.820€).

Si, en lugar de un campo en el área de filas, tenemos dos, podemos escoger el campo respecto del cual se va a realizar el cálculo. De esta forma, si en el área de filas tenemos los campos *Día de la semana* y *País* (en este orden), podemos escoger mostrar todos los datos de ventas respecto de un día de la semana, por ejemplo, el lunes, escenario en el que todas las ventas de las ciudades supondrán un 100% para ese día y las del resto de días se calcularán con respecto a esos valores:

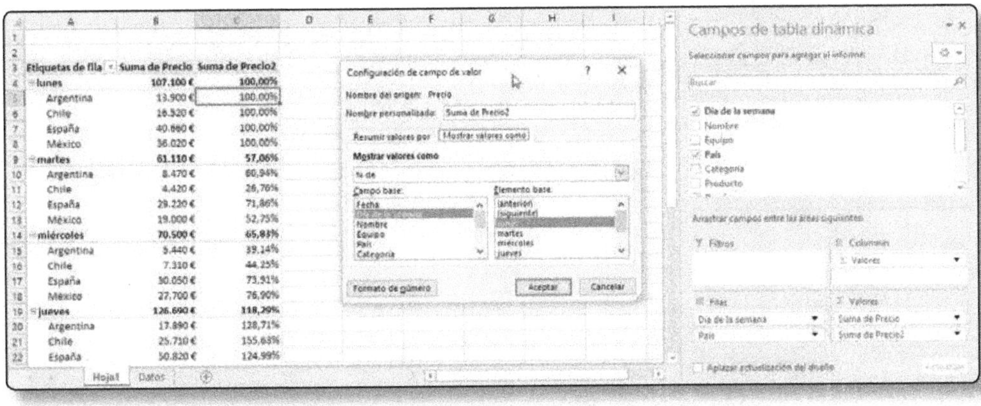

Figura 4.28. Opción "Mostrar valores como: % de"

De esta forma, podemos comprobar que las ventas de México los martes (19.000€) suponen un 52,75% de las ventas de México los lunes (36.020€).

O podemos escoger mostrar todos los datos respecto de un país, por ejemplo, Argentina, escenario en el que, dentro de cada bloque de países, Argentina se considera el 100% y el resto de valores se referencian a éste.

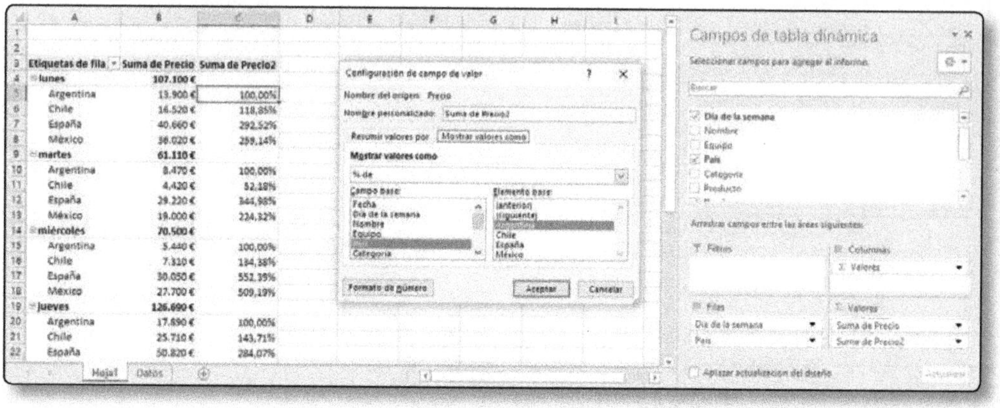

Figura 4.29. Opción "Mostrar valores como: % de"

▶ **% del total de filas principales**. Sustituye cada valor por el porcentaje que representa respecto del total de la fila principal del bloque en el que está incluido. Esto tiene más sentido cuando estamos anidando dos o más campos. Usando el mismo ejemplo que en el apartado anterior, las filas principales serían las que contuviesen las ventas totales para cada día:

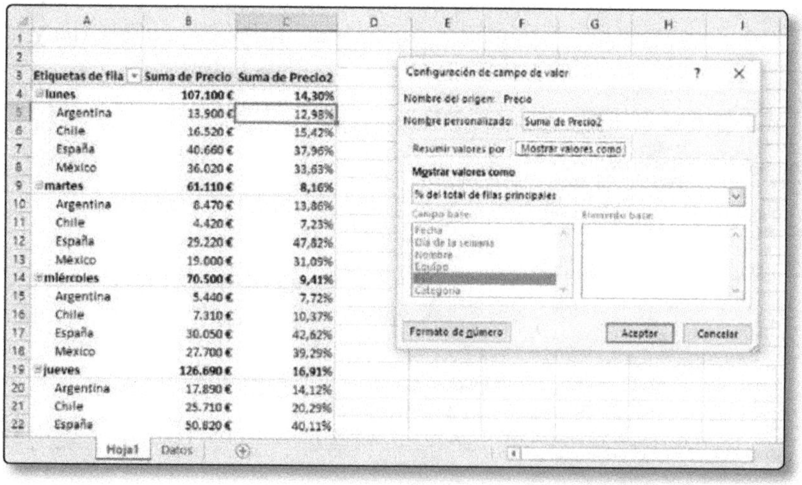

Figura 4.30. Opción "Mostrar valores como: % del total de filas principales"

Vemos, por ejemplo, que los porcentajes mostrados en el bloque correspondiente a "lunes" son los que representan dichas cifras respecto del total de ventas del lunes (107.100€). De esta forma, las ventas de España dicho día (40.660€), representan el 37,96% del total de ventas del lunes.

A su vez, las ventas de cada uno de los días se representan como porcentaje respecto de "su fila principal", que es la fila de totales de la tabla. Así, las ventas del miércoles (70.500€) suponen un 9,41% de las ventas totales (748.990€).

Por supuesto, si en lugar de dos campos anidados tuviésemos uno solo, los porcentajes se mostrarían respecto del total mostrado en la última fila (pues ésta sería la "fila principal" de los valores parciales):

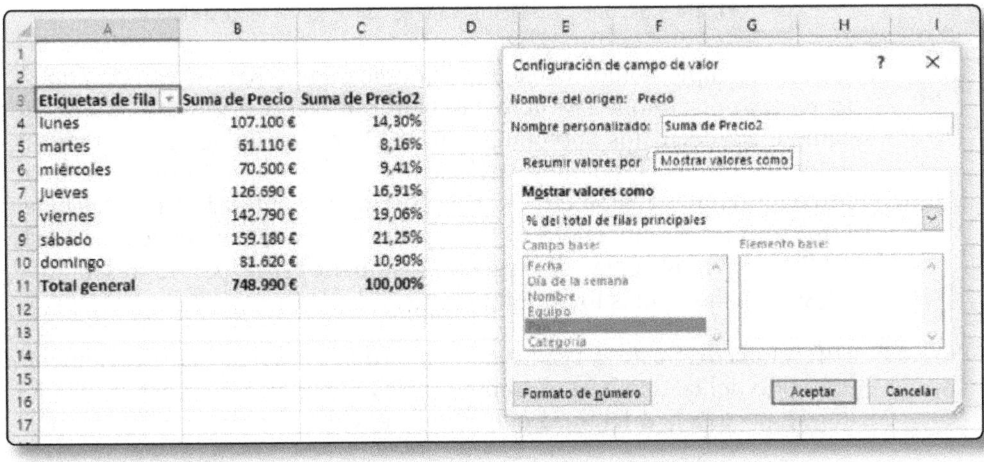

Figura 4.31. Opción "Mostrar valores como: % del total de filas principales"

▶ **% del total de columnas principales**. Semejante al anterior, sustituye cada valor por el porcentaje que representa respecto del total de la columna principal del bloque en el que está incluido. También tiene más sentido cuando anidamos dos o más campos en el área de columnas. En cualquier otro caso, esta opción es semejante a las ya vistas que referencian cada valor con respecto al total general.

▶ **% del total principal**. Sustituye cada valor por el porcentaje que representa respecto del campo base escogido:

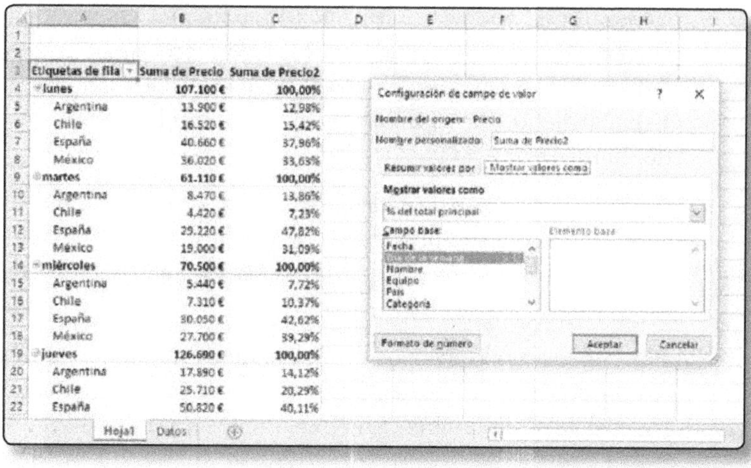

Figura 4.32. Opción "Mostrar valores como: % del total principal"

En este ejemplo hemos considerado como campo base el campo *Día de la semana* por lo que la referencia para cada bloque se traslada a dicho campo. Es decir, los subtotales para cada día de la semana toman un valor del 100% y las ventas para cada país se muestran como porcentaje respecto de dicho subtotal. De esta forma las ventas de Chile en lunes (16.520€) representa un 15,42% respecto de las ventas totales del lunes (107.100€) y las ventas de Argentina en martes (8.470€), representan el 13,86% de las ventas totales del martes (61.110€).

▶ **Diferencia de**. Sustituye cada valor por la diferencia respecto del elemento escogido del campo base. También incluye la opción de mostrar el valor con respecto a la diferencia que supone el valor anterior o el siguiente:

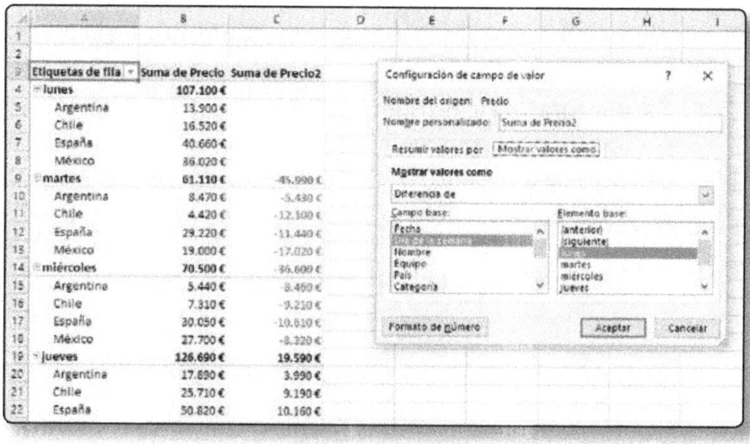

Figura 4.33. Opción "Mostrar valores como: Diferencia de"

En este ejemplo se ha considerado como campo base el campo *Día de la semana* y como elemento base el *"lunes"* y vemos cómo cada valor de la segunda copia del campo *Precio de venta* se muestra con respecto al valor del bloque anterior (en este caso la segunda instancia del campo no toma ningún valor en el primer bloque –el correspondiente al lunes–, pues no hay una referencia válida para dicho bloque). Podemos comprobar que, por ejemplo, las ventas de España el martes fueron de 29.220€, lo que representa una diferencia de -11.440€ respecto de las ventas de España el lunes (40.660€). O las ventas de México el miércoles fueron de 27.700€, lo que representa una diferencia de -8.320€ con respecto a las ventas de dicho país el lunes (36.020€).

Si consideramos el campo base *Día de la semana* y como elemento base *"(anterior)"*, el resultado sería el mostrado en la siguiente imagen:

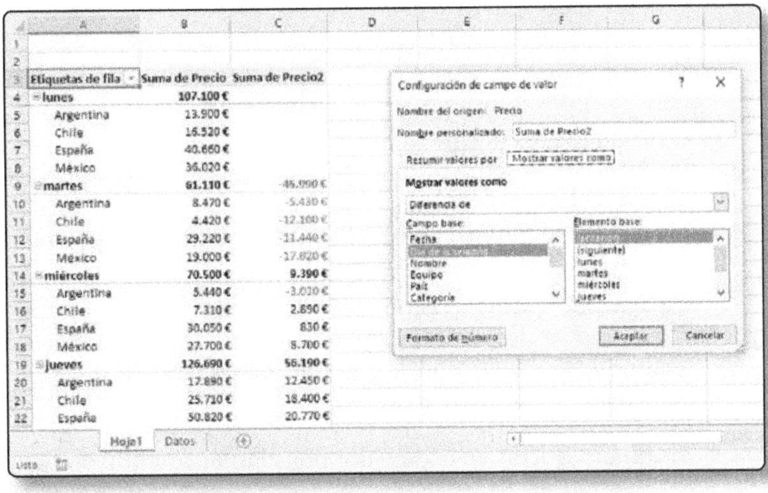

Figura 4.34. Opción "Mostrar valores como: Diferencia de"

En este caso, cada uno de los valores se muestra referenciado con respecto al valor que tomaba para el anterior día de la semana. Por ejemplo, Chile acumula, los lunes, 16.520€ de ventas. El martes, 4.420€, lo que supone una caída de 12.100€ (con respecto al lunes). El miércoles las ventas de Chile son de 7.310€, lo que supone un aumento de 2.890€ (con respecto al martes), y así sucesivamente. El bloque correspondiente al primer día ("*lunes*") se muestra vacío pues no hay una referencia válida con la que comparar las ventas.

▶ **% de la diferencia de**. Sustituye cada valor por el porcentaje que representa respecto de la diferencia del valor con respecto al valor de un elemento del valor base. También incluye la opción de mostrar el porcentaje con respecto a la diferencia con el valor anterior o el siguiente.

Es decir, se trata de una opción semejante a la anterior en la que la diferencia se muestra con formato de porcentaje:

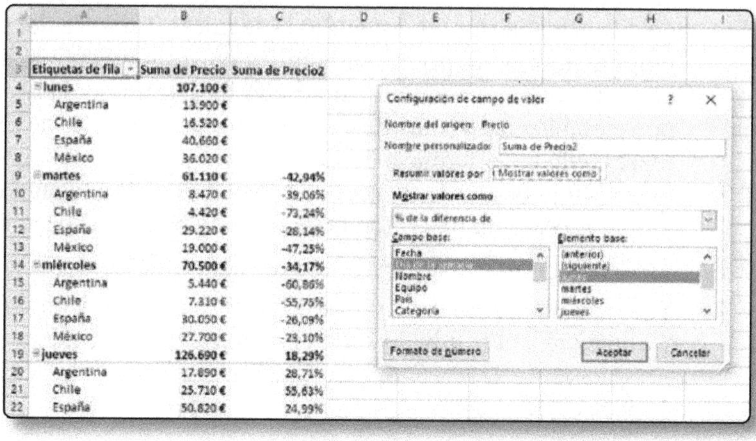

Etiquetas de fila	Suma de Precio	Suma de Precio2
lunes	107.100€	
Argentina	13.900€	
Chile	16.520€	
España	40.660€	
México	36.020€	
martes	61.110€	-42,94%
Argentina	8.470€	-39,06%
Chile	4.420€	-73,24%
España	29.220€	-28,14%
México	19.000€	-47,25%
miércoles	70.500€	-34,17%
Argentina	5.440€	-60,86%
Chile	7.310€	-55,75%
España	30.050€	-26,09%
México	27.700€	-23,10%
jueves	126.690€	18,29%
Argentina	17.890€	28,71%
Chile	25.710€	55,63%
España	50.820€	24,99%

Figura 4.35. Opción "Mostrar valores como: % de la diferencia de"

En la imagen anterior vemos que, usando los mismos ejemplos, las ventas de España el martes (29.220€) suponen una caída del 28,14% respecto de las ventas de España el lunes (40.660€), y las ventas de México el miércoles (27.700€) suponen una caída del 23,10% respecto de las ventas de México el lunes (36.020€).

Si considerásemos como "*Elemento base*" los valores "*(anterior)*" o "*(siguiente)*", los porcentajes se mostrarían con respecto al valor que el campo tomase el "anterior día de la semana" o el "siguiente día de la semana", respectivamente.

- **Total en**. Sustituye cada valor por el total acumulado de un campo base:

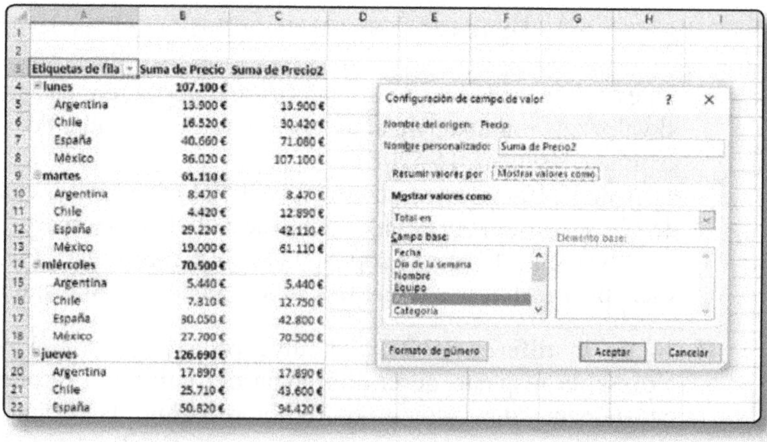

Etiquetas de fila	Suma de Precio	Suma de Precio2
lunes	107.100€	
Argentina	13.900€	13.900€
Chile	16.520€	30.420€
España	40.660€	71.080€
México	36.020€	107.100€
martes	61.110€	
Argentina	8.470€	8.470€
Chile	4.420€	12.890€
España	29.220€	42.110€
México	19.000€	61.110€
miércoles	70.500€	
Argentina	5.440€	5.440€
Chile	7.310€	12.750€
España	30.050€	42.800€
México	27.700€	70.500€
jueves	126.690€	
Argentina	17.890€	17.890€
Chile	25.710€	43.600€
España	50.820€	94.420€

Figura 4.36. Opción "Mostrar valores como: Total en"

En este caso vemos que se muestran los valores de la segunda copia del campo de valor como el acumulado del campo base (el campo *País* en este caso) para cada bloque. Por ejemplo, el lunes Argentina representa unas ventas por valor de 13.900€. Chile, segundo país de la lista, representa unas ventas de 16.520€, lo que supone un acumulado de 30.420€ (los 13.900€ de Argentina sumados a los 16.520€ de Chile), y así sucesivamente.

▶ **% del total en**. Sustituye cada valor por el porcentaje del total acumulado de un campo base respecto del total de dicho campo base. Opción, por lo tanto, semejante a la anterior en la que se muestran porcentajes respecto del total para cada elemento del campo base:

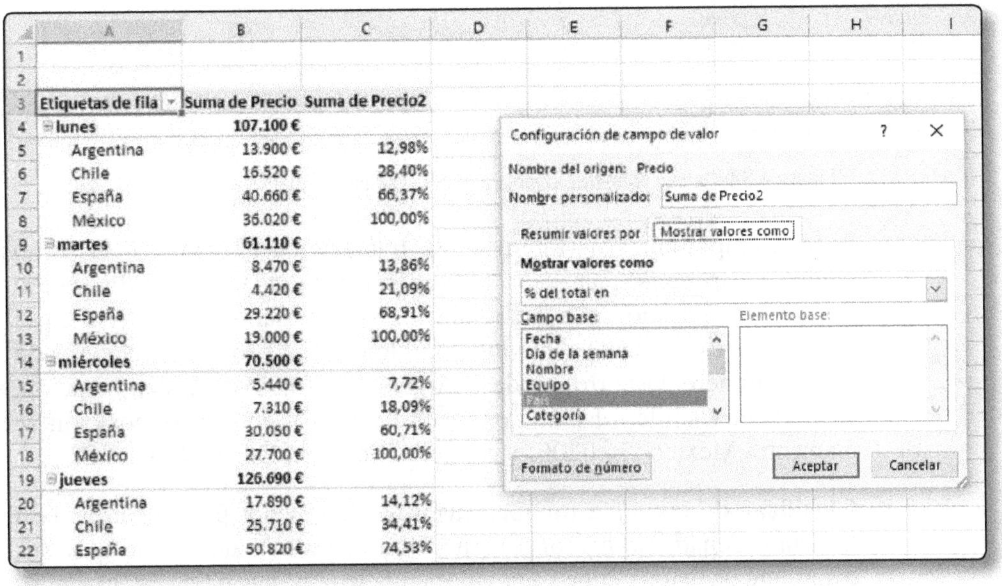

Figura 4.37. Opción "Mostrar valores como: % del total en"

▶ **Clasificar de menor a mayor**. Sustituye cada valor por su cardinal en la lista ordenada de menor a mayor con respecto a un campo base (es decir, qué posición ocupa cada valor en la lista ordenada):

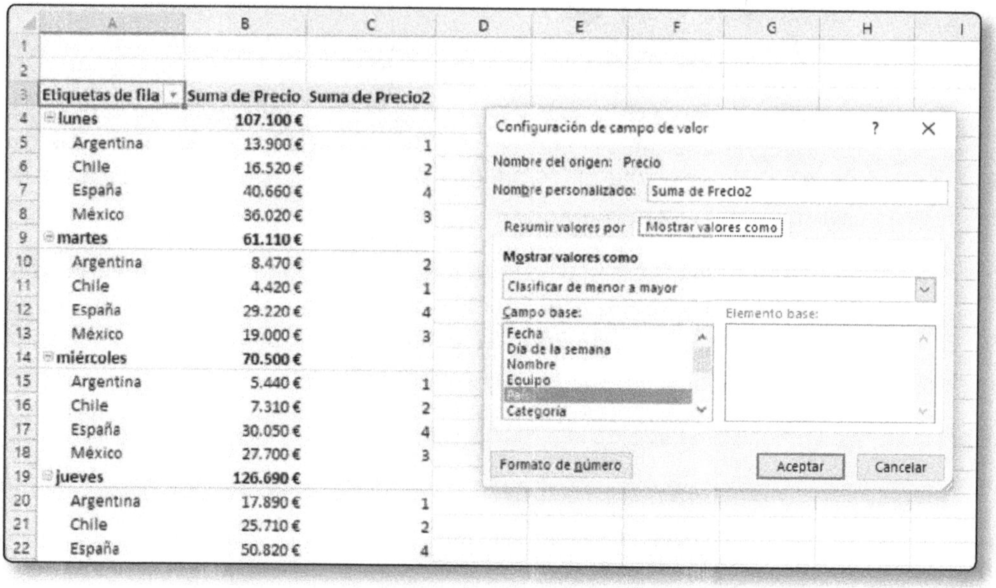

Figura 4.38. Opción "Mostrar valores como: Clasificar de menor a mayor"

En el ejemplo anterior (figura 4.38), tras asignar el campo *País* como campo base, vemos, en cada bloque correspondiente a un día, cómo se indica la posición que cada valor ocupa en dicho bloque. Así, en el bloque correspondiente a las ventas del lunes, el menor valor (el marcado con el número 1) corresponde a Argentina (13.900€), a continuación, se encuentra Chile (el número 2, con 16.520€), en tercera posición se encuentra México (36.020€) y en cuarta posición España (40.660€).

▼ **Clasificar de mayor a menor**. Sustituye cada valor por su cardinal en la lista ordenada de mayor a menor con respecto a un campo base (es decir, qué posición ocupa cada valor en la lista ordenada de esa manera). Opción semejante a la anterior.

▼ **Índice**: Sustituye cada valor por el resultado de la fórmula "*((valor en celda) x (Suma total de sumas totales)) / ((Suma total de fila) x (Suma total de columna))*".

Este índice –a pesar de su aparentemente incomprensible sentido– supone aplicar a cada valor un peso medio agregado que indica la importancia que dicho valor tiene en su contexto (y, aquí, la palabra clave es "contexto"), de forma que un índice más alto se corresponda con valores que tiene mayor impacto (o son más importantes).

Veamos un ejemplo: consideremos una primera tabla dinámica basada en los datos de ventas de nuestra empresa en la que hemos llevado el campo *Categoría* al área de filas, el campo *País* al área de columnas y el campo *Precio* al área de ventas (campo que renombramos a *Ventas*). A continuación, creamos una segunda tabla dinámica en la celda A10 de la misma hoja de cálculo y llevamos los mismos campos a las mismas áreas, con la única diferencia de que el campo *Precio* situado en el área de valores lo vamos a mostrar como *Índice*, aplicándole un formato que muestre dos cifras decimales. Para para crear esta segunda tabla dinámica simplemente seleccionamos una celda de nuestro listado de datos, ejecutamos el comando *"Insertar>Tablas>Tabla dinámica"* y, en la ventana *"Crear tabla dinámica"*, indicamos que queremos crear la tabla dinámica en una *"Hoja de cálculo existente"* dando como ubicación la hoja y celda mencionada:

▲	A	B	C	D	E	F
1						
2						
3	**Ventas**	**País** ▼				
4	**Categoría** ▼	**Argentina**	**Chile**	**España**	**México**	**Total general**
5	Impresoras	15.550 €	17.940 €	39.530 €	39.580 €	112.600 €
6	Monitores	22.080 €	31.440 €	77.280 €	81.530 €	212.330 €
7	Portátiles	52.190 €	60.010 €	180.770 €	131.090 €	424.060 €
8	**Total general**	**89.820 €**	**109.390 €**	**297.580 €**	**252.200 €**	**748.990 €**
9						
10	**Ventas**	**País** ▼				
11	**Categoría** ▼	**Argentina**	**Chile**	**España**	**México**	**Total general**
12	Impresoras	1,15	1,09	0,88	1,04	1,00
13	Monitores	0,87	1,01	0,92	1,14	1,00
14	Portátiles	1,03	0,97	1,07	0,92	1,00
15	**Total general**	**1,00**	**1,00**	**1,00**	**1,00**	**1,00**
16						

Figura 4.39. Opción "Mostrar valores como Índice"

Vemos que las ventas de impresoras en México, 39.580€, reciben un índice de 1,04. Curiosamente, una cifra de ventas prácticamente idéntica (la de ventas de impresoras en España, 39.530€) recibe un índice mucho más bajo (0,88).

Comprobemos, en primer lugar, el cálculo realizado para el valor de México:

Índice = ((valor en celda) x (Suma total de sumas totales)) / ((Suma total de fila) x (Suma total de columna)), es decir

Índice = (39.580 x 748.990) / (112.600 x 252.200) = 1,0439

Esta cifra, redondeada a dos decimales, es la mostrada en la segunda tabla dinámica.

Intentemos interpretar este valor: en México, las ventas de la categoría *"Impresoras"* son mucho menores que las de las otras dos categorías (los 39.580€ suponen el 15,69% del total de ventas en México), por lo que sus ventas tienen un impacto –para México– mucho menor que aquellas. Sin embargo, si nos fijamos en las ventas de la categoría *"Impresoras"* de todos los países, vemos que los 39.580€ de México suponen el 35% del total, más de un tercio. Es decir, igual que podemos afirmar que esos 39.580€ tienen poco impacto en México (a nivel de columna), su impacto en la categoría *"Impresoras"* (a nivel de fila) es muy elevado. Siguiendo con el ejemplo, los 39.530€ de ventas de impresoras en España tienen prácticamente la misma importancia a nivel de categoría (a nivel de fila) que los 39.580€ de México, pero a nivel de país, las ventas de impresoras en España suponen solo el 13,28% del total de ventas de este país: es decir, las ventas de impresoras suponen mayor impacto en México que en España, de ahí que el índice calculado para México sea mayor.

El tipo de operación que se aplica para el cálculo del índice pondera la importancia que cada valor tiene "en su contexto" (para entendernos, en su fila y columna o, siendo más académicos, en el país y categoría a los que pertenece, en el caso que estamos analizando).

¿Y qué utilidad tiene el cálculo de estos índices? Supongamos que nos planteamos una subida de los precios del 10% para la categoría *"Impresoras"* (y supongamos, para hacer sencillo el análisis, que las ventas no se van a resentir por este aumento). Repliquemos la tabla dinámica y modifiquémosla adecuadamente para mostrar el 10% de incremento de precios en la categoría *"Impresoras"* (veremos más adelante cómo copiar tablas dinámicas). El resultado es el siguiente:

	A	B	C	D	E	F
1						
2						
3	Ventas	País ▼				
4	Categoría ▼	Argentina	Chile	España	México	Total general
5	Impresoras	15.550 €	17.940 €	39.530 €	39.580 €	112.600 €
6	Monitores	22.080 €	31.440 €	77.280 €	81.530 €	212.330 €
7	Portátiles	52.190 €	60.010 €	180.770 €	131.090 €	424.060 €
8	Total general	89.820 €	109.390 €	297.580 €	252.200 €	748.990 €
9						
10	Ventas	País ▼				
11	Categoría ▼	Argentina	Chile	España	México	Total general
12	Impresoras	1,15	1,09	0,88	1,04	1,00
13	Monitores	0,87	1,01	0,92	1,14	1,00
14	Portátiles	1,03	0,97	1,07	0,92	1,00
15	Total general	1,00	1,00	1,00	1,00	1,00
16						
17	Ventas tras aumentar un 10% los precios de las impresoras					
19	Ventas	País				
20	Categoría	Argentina	Chile	España	México	Total general
21	Impresoras	17.105 €	19.734 €	43.483 €	43.538 €	123.860 €
22	Monitores	22.080 €	31.440 €	77.280 €	81.530 €	212.330 €
23	Portátiles	52.190 €	60.010 €	180.770 €	131.090 €	424.060 €
24	Total general	91.375 €	111.184 €	301.533 €	256.158 €	760.250 €
25	Aumento:	1,73%	1,64%	1,33%	1,57%	
26						

Figura 4.40. Tabla dinámica tras aumentar un 10% los precios de las impresoras

Se ha añadido, en la fila 25, la variación de las ventas totales por país tras el incremento de precios con respecto a las ventas totales por país iniciales. Comprobamos que, tras el aumento del 10% de los precios de impresoras (ventas resultantes mostradas en la fila 21), el impacto más elevado a nivel de país ha sido en Argentina (pues ese 10% de aumento en el precio de las impresoras ha supuesto un aumento de sus ventas totales de 1,73%), seguido de Chile (donde el aumento de ventas totales ha sido del 1,64%), México (con un aumento del 1,57%) y, por último, España (con un aumento de 1,33%), exactamente el tipo de impacto que podríamos esperar tras calcular los índices (se muestra en la siguiente imagen, figura 4.41, tanto el valor del índice como el aumento final en ventas, ordenados de mayor a menor según el índice):

País	Argentina	Chile	México	España
Índice	1,15	1,09	1,04	0,88
Aumento total (%)	1,73%	1,64%	1,57%	1,33%

Figura 4.41. Índices y porcentaje de aumento de ventas por país

Podemos deducir de todo esto que el índice nos muestra un interesante valor que representa el peso relativo de cada una de las cifras consideradas en su contexto. No es una referencia fácil de interpretar, pero, como hemos visto, puede ser de mucha utilidad a la hora de calcular cómo un cambio en los valores va a impactar en los campos situados en filas y columnas: cuanto mayor el índice, mayor el impacto.

Para aplicar cualquiera de estos cálculos también podemos abrir el menú contextual de un valor de la tabla dinámica haciendo clic con el botón secundario del ratón sobre él, seleccionar **Mostrar valores como** y hacer clic en la opción deseada:

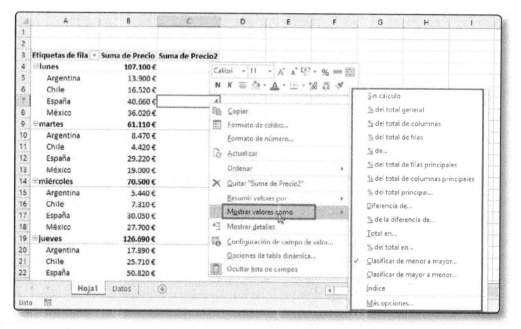

Figura 4.42. Opciones de la herramienta "Mostrar valores como"

Si la opción elegida implica la selección de un campo base o de un elemento base, se abrirá una segunda ventana de diálogo en la que podremos escogerlos.

Por último, en los ejemplos que hemos visto en esta sección hemos llevado dos instancias del campo al área de valores, pero, por supuesto, podemos llevar más instancias si lo deseamos. Por ejemplo, podemos tener en una tabla dinámica las ventas por día de la semana desglosadas, a su vez, por categoría de productos (lo que supone llevar los campos *Día de la semana* y *Categoría* al área de filas y el campo *Precio* al área de valores), querer mostrar el porcentaje que cada valor supone respecto del total (para lo que llevaríamos una segunda instancia del campo *Precio* y la mostraríamos como "*% del total general*"), mostrar también la diferencia con el valor del día anterior (para lo que llevaríamos una tercera instancia del campo *Precio* y la mostraríamos como "*Diferencia de*", tomando como campo base *Día de la semana* y como elemento base "*(anterior)*") y, por último, el porcentaje que dicha diferencia supone (para lo que llevaríamos una nueva instancia del campo *Precio* y la mostraríamos como "*% de la diferencia de*", tomando como campo base *Día de la semana* y como elemento base "*(anterior)*"). El resultado, tras dar nombres personalizados a los campos de valor, sería el siguiente:

	A	B	C	D	E
1					
2					
3	**Etiquetas de fila** ▾	**Ventas**	**% del total**	**Dif.**	**% Dif.**
4	⊟ lunes	107.100 €	14,30%		
5	Impresoras	17.340 €	2,32%		
6	Monitores	31.270 €	4,17%		
7	Portátiles	58.490 €	7,81%		
8	⊟ martes	61.110 €	8,16%	-45.990 €	-42,94%
9	Impresoras	11.070 €	1,48%	-6.270 €	-36,16%
10	Monitores	15.050 €	2,01%	-16.220 €	-51,87%
11	Portátiles	34.990 €	4,67%	-23.500 €	-40,18%
12	⊟ miércoles	70.500 €	9,41%	9.390 €	15,37%
13	Impresoras	10.160 €	1,36%	-910 €	-8,22%
14	Monitores	22.340 €	2,98%	7.290 €	48,44%
15	Portátiles	38.000 €	5,07%	3.010 €	8,60%
16	⊟ jueves	126.690 €	16,91%	56.190 €	79,70%
17	Impresoras	21.160 €	2,83%	11.000 €	108,27%
18	Monitores	34.740 €	4,64%	12.400 €	55,51%
19	Portátiles	70.790 €	9,45%	32.790 €	86,29%
20	⊟ viernes	142.790 €	19,06%	16.100 €	12,71%
21	Impresoras	20.900 €	2,79%	-260 €	-1,23%
22	Monitores	43.420 €	5,80%	8.680 €	24,99%
23	Portátiles	78.470 €	10,48%	7.680 €	10,85%
24	⊟ sábado	159.180 €	21,25%	16.390 €	11,48%
25	Impresoras	17.730 €	2,37%	-3.170 €	-15,17%
26	Monitores	44.140 €	5,89%	720 €	1,66%
27	Portátiles	97.310 €	12,99%	18.840 €	24,01%
28	⊟ domingo	81.620 €	10,90%	-77.560 €	-48,72%
29	Impresoras	14.240 €	1,90%	-3.490 €	-19,68%
30	Monitores	21.370 €	2,85%	-22.770 €	-51,59%
31	Portátiles	46.010 €	6,14%	-51.300 €	-52,72%
32	**Total general**	748.990 €	100,00%		
33					

Figura 4.43. Llevando varios campos al área de valores

4.8.1 Ejercicio

Partiendo del fichero de ventas de la empresa, *"Ventas informática.xlsx"*, y aplicando las herramientas vistas en esta sección, queremos averiguar cuáles son las tres ciudades en las que más ventas se realizan los sábados y qué porcentaje representan las ventas de la ciudad de Córdoba respecto del total del sábado.

4.8.2 Solución del ejercicio

Como las referencias son respecto del sábado, lo primero que haremos será llevar el campo *Día de la semana* y, a continuación, el campo *Ciudad* al área de filas, y el campo *Precio* al área de valores (las instancias que sean necesarias), para dar formato a éste último según los criterios solicitados. Sigue los siguientes pasos:

1. Crea la tabla dinámica por cualquiera de los métodos que conoces.

2. Lleva los campos *Día de la semana* y *Ciudad* (en este orden) al área de filas.

3. Lleva una primera instancia del campo *Precio* al área de valores. Aunque no se solicita en el enunciado, vamos a dejar esta instancia del campo mostrando el valor de ventas en euros, simplemente como referencia para el resto de instancias de este campo.

4. Para mostrar el cardinal que las ventas de cada ciudad suponen, lleva una segunda instancia del campo *Precio* al área de filas y muéstrala como *"Clasificar de mayor a menor"*, tomando como campo base el campo *Ciudad*.

5. Se nos pide también el porcentaje que representa las ventas de Córdoba respecto del total del sábado, para lo que llevamos una nueva instancia del campo *Precio* al área de valores y lo mostramos como *"% del total de filas principales"*:

(En la imagen anterior se está mostrando en la lista de campos solo la sección de campos, para que resulte más sencillo ver las tres instancias del campo *Precio* que hemos llevado al área de valores).

Ahora ya podemos responder las preguntas:

1. Las tres ciudades con más ventas registradas el sábado son las que aparecen con los cardinales "*1*", "*2*" y "*3*" en la columna C (del bloque "*sábado*", por supuesto):

   - Ciudad de México
   - Madrid
   - Sevilla

2. Las ventas de Córdoba representan un 4,10% respecto del total de los sábados (primer valor de la columna D del bloque "*sábado*").

ⓘ NOTA

Hay formas más eficientes de filtrar los valores correspondientes al sábado: por ejemplo, añadiendo el campo *Día de la semana* al área de filtros y seleccionando ese día. También podríamos encontrar los tres días con más ventas aplicando un filtro de valor (que veremos más adelante). En cualquier caso, el objetivo del ejercicio es practicar con las herramientas vistas en esta sección, de ahí que el enunciado especifique que la solución deberá basarse en estas herramientas.

5

ORIGEN DE DATOS

Hemos comentado en secciones anteriores que los datos a partir de los cuáles se crea la tabla dinámica, independientemente de su localización, se conocen como "origen de datos". Veremos en los siguientes apartados cómo podemos actualizar la tabla dinámica si los datos del origen de datos cambian, o incluso cómo podemos escoger un nuevo origen de datos para alimentar nuestra tabla dinámica.

5.1 ACTUALIZACIÓN DE DATOS

Una tabla dinámica no se actualiza por defecto de forma automática cuando cambian los datos fuente de los que se alimenta –lo que llamamos "origen de datos"–. Si deseamos que se actualice podemos optar por forzar una actualización manual o configurarla para que se actualice al abrir el libro o, una vez abierto, para que la actualización ocurra de forma automática periódicamente.

Podemos actualizar nuestra tabla dinámica en cualquier momento seleccionando cualquier celda de la misma para mostrar las herramientas de tabla dinámica en la cinta de opciones y ejecutando el comando *"Analizar>Datos>Actualizar"* o presionando la combinación de teclas **Alt-F5**:

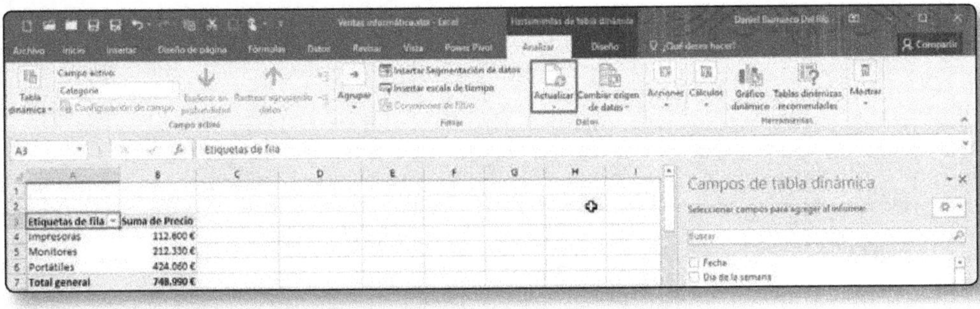

Figura 5.44. El comando "Actualizar"

También puedes actualizar una tabla dinámica abriendo el menú contextual de cualquiera de sus celdas y seleccionando la opción **Actualizar**.

Podemos actualizar al mismo tiempo todas las tablas dinámicas que existan en nuestro libro ejecutando el comando "*Analizar>Datos>Actualizar>Actualizar todo*".

Si, tras una actualización de los datos, los anchos de las columnas de la tabla dinámica o el formato de las celdas cambia y no quieres que ocurra esto, selecciona cualquier parte de la tabla dinámica y abre su ventana de opciones ejecutando el comando "*Analizar>Tabla dinámica>Opciones*". En la primera pestaña, "*Diseño y formato*", desactiva la casilla **Autoajustar anchos de columnas al actualizar** y activa, si no lo está ya, la casilla **Mantener el formato de la celda al actualizar**:

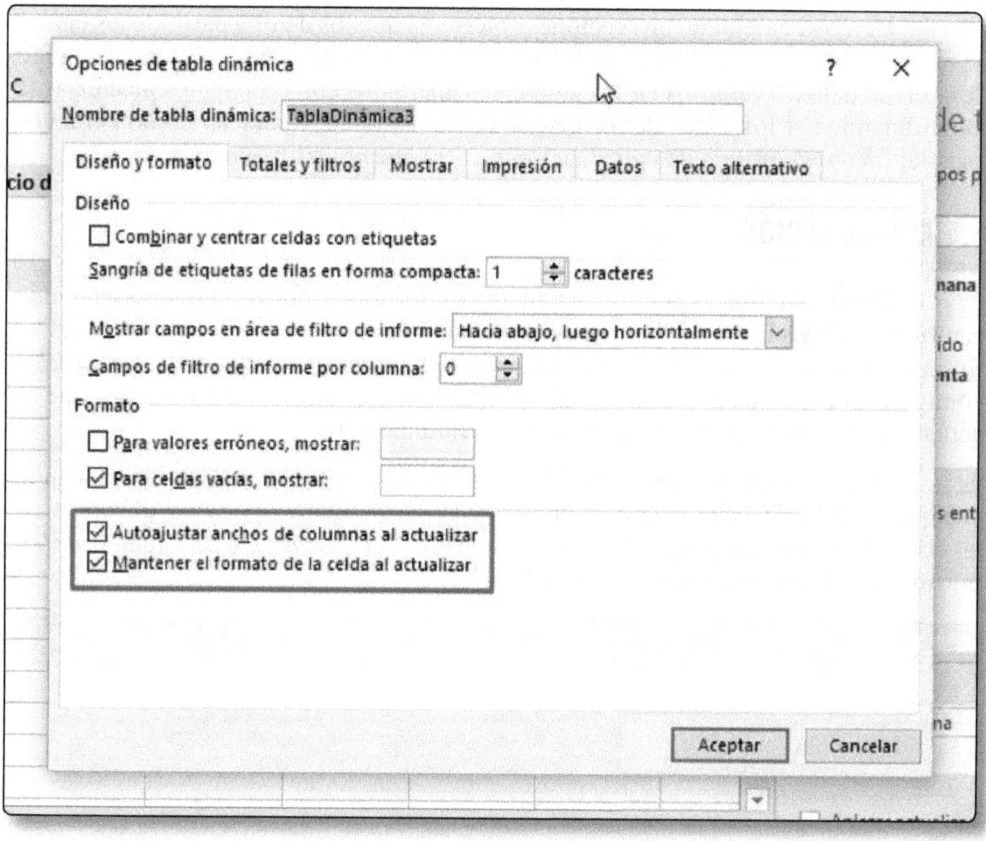

Figura 5.45. Pestaña "Diseño y formato" de la ventana de opciones de la tabla dinámica

Veremos con detalle las opciones de las tablas dinámicas más adelante.

5.1.1 Actualizar los datos al abrir el libro

Si queremos que la tabla dinámica se actualice automáticamente al abrir el libro, puedes hacer lo siguiente: selecciona cualquier parte de la tabla dinámica y vuelve a abrir la ventana de opciones (*"Analizar>Tabla dinámica>Opciones"*). En la pestaña *"Datos"* activa la opción **Actualizar al abrir el archivo**:

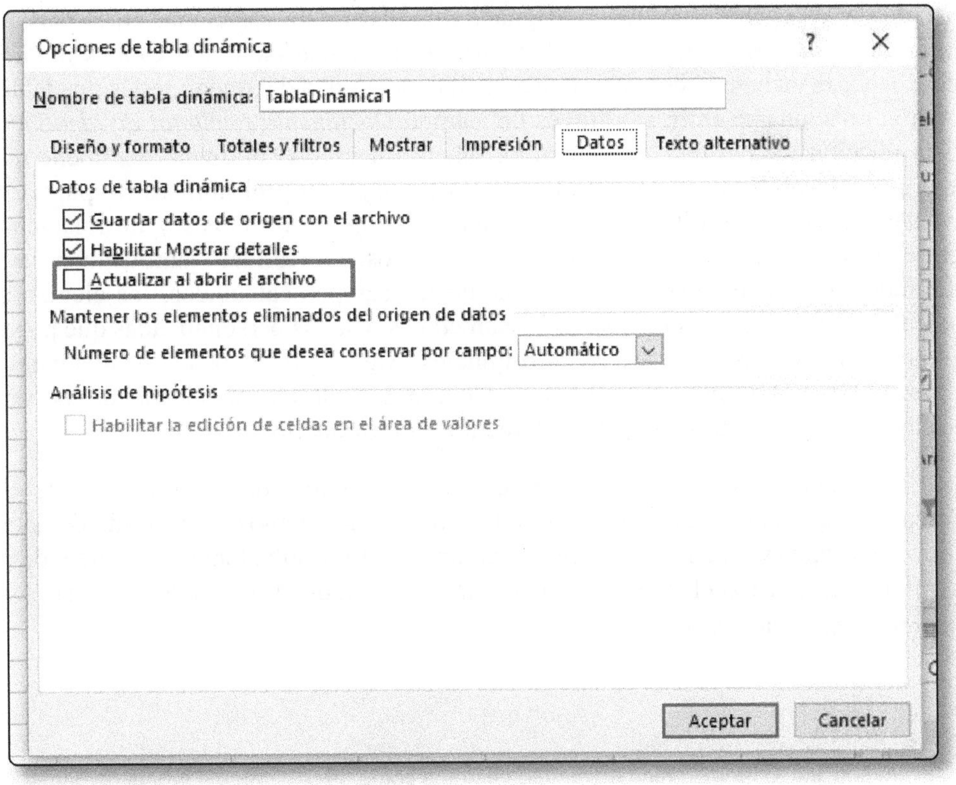

Figura 5.46. Pestaña "Datos" de la ventana de opciones de la tabla dinámica

5.1.2 Actualizar automáticamente los datos a intervalos periódicos

Si la tabla dinámica se creó usando una conexión externa o el modelo de datos, es posible configurar la conexión para que se actualice automáticamente a intervalos periódicos. Una conexión externa es una conexión que une nuestro libro con una fuente de datos externa como una base de datos Microsoft Access y, aunque lo veremos con detalle más adelante, dediquemos unos minutos ahora a introducir el concepto de "modelo de datos".

Cuando trabajamos con un libro Excel conteniendo datos de cualquier tipo, estamos representando por medio de una tabla datos hechos reales (como las ventas de nuestra empresa). Frecuentemente la realidad es suficientemente compleja como para exigir más de una tabla para representar los datos, tablas que tendremos que relacionar entre sí para poder trabajar con ellas. Por ejemplo, si tengo una tabla con un listado de trabajadores de mi empresa en la que, además del nombre y apellidos, se incluye el documento nacional de identidad, y tengo una segunda tabla con un listado de los coches que tienen asignada una plaza para estacionar en el parking de la empresa, y en esta segunda tabla, además de la matrícula, fabricante y modelo del coche, se incluye el documento nacional de identidad del dueño, estas dos tablas podrán relacionarse entre sí a través del campo *Documento nacional de identidad*. Esta relación me permite, por ejemplo, saber el apellido del dueño del coche que aparca en la plaza 54 aunque ambos datos (el apellido y el número de plaza) se encuentren en tablas diferentes. Pues bien, el conjunto de tablas y de relaciones entre ellas es lo que constituye el modelo de datos. En realidad, también son parte del modelo de datos otros elementos como los campos calculados, los elementos calculados, las columnas personalizadas, medidas o tablas personalizadas que pueda crear a partir de las tablas de datos originales. Algunos de estos elementos exigen utilizar el complemento PowerPivot, por lo que, si no lo tenemos instalado, no será posible crear toda esta variedad de elementos ni gestionarlos.

Cuando abrimos un libro Excel, éste no contendrá ningún modelo de datos. Ni siquiera se creará un modelo de datos cuando demos a un listado de datos formato de tabla y creemos una tabla dinámica a partir de ella: tendremos que indicar explícitamente a Excel que incluya una tabla de datos en el modelo de datos si queremos que esto suceda así.

> **ⓘ NOTA**
>
> Podemos, por lo tanto, definir el modelo de datos como un conjunto de tablas de datos, elementos asociados y relaciones que se establezcan entre ellas. La existencia de un modelo de datos que represente un conjunto de hechos nos permitirá analizarlos de una forma coherente y unificada.

Pues bien, si tenemos un modelo de datos en nuestro libro de cálculo, podemos configurarlo como fuente externa (fuente que alimente con datos nuestra tabla dinámica) y configurar así una actualización periódica.

Hagamos un ejemplo sencillo. Partamos de nuestro fichero de ventas, demos al listado de datos formato de tabla, un nombre apropiado a ésta (por ejemplo,

Ventas) y, seleccionando cualquier celda de la tabla, ejecutemos el comando *"Insertar > Tablas > Tabla dinámica"*. En la ventana de diálogo que se abre podremos ver, en la parte inferior, una casilla de selección con el texto *"Agregar estos datos al Modelo de datos"*:

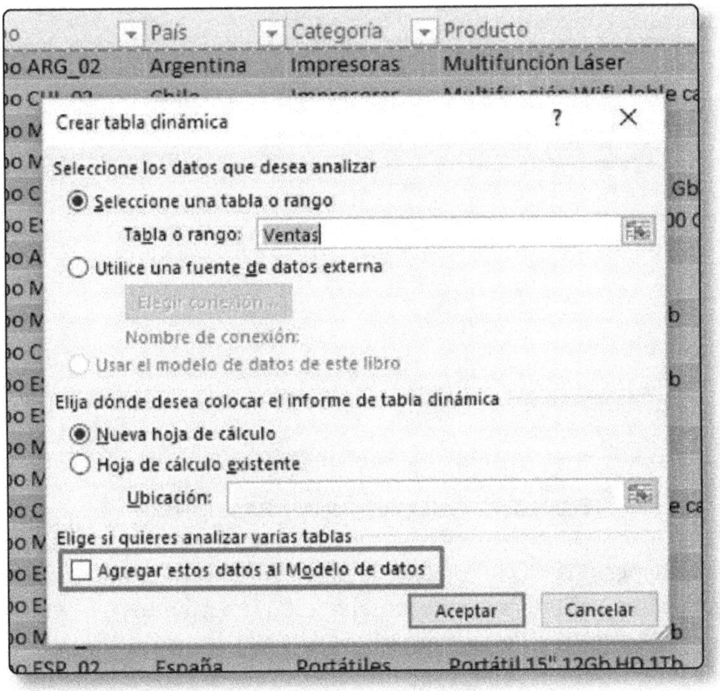

Figura 5.47. Ventana de diálogo de creación de tabla dinámica

Si seleccionamos esta casilla y hacemos clic en el botón **Aceptar** se creará una nueva tabla dinámica y habremos creado también el modelo de datos para este libro de cálculo, modelo de datos que, en este instante, estará formado únicamente por los datos contenidos en nuestro listado. Ahora, para configurar la tabla dinámica que se ha creado (u otras que creemos a partir de nuestro modelo de datos) de forma que se actualice periódicamente:

1. Haz clic en cualquier celda de la tabla dinámica.

2. Ejecuta el comando *"Datos > Conexiones > Actualizar todo > Propiedades de conexión"* (o *"Analizar > Datos > Actualizar > Propiedades de conexión"*):

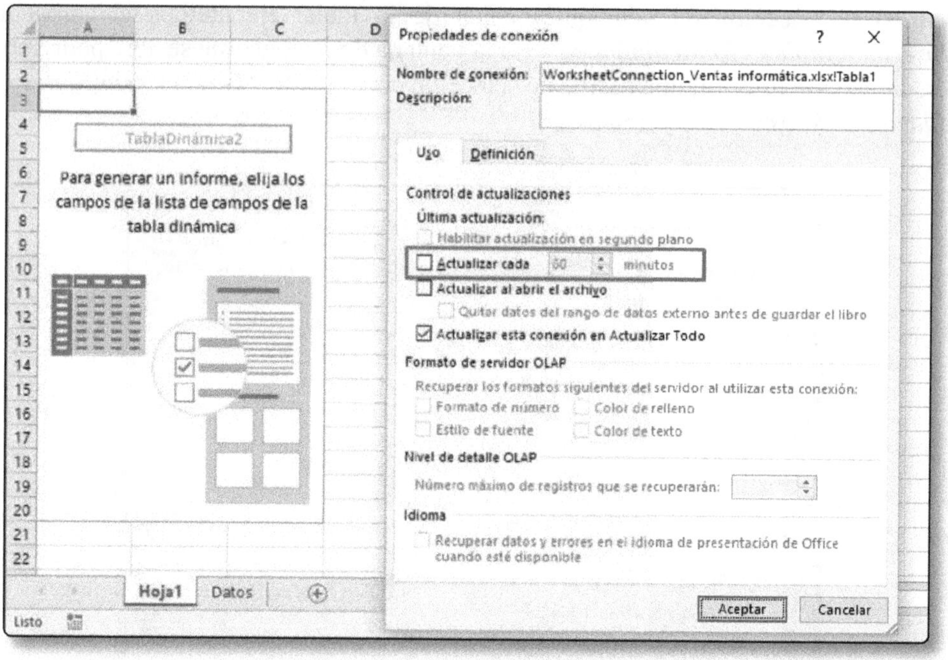

Figura 5.48. Ventana de propiedades de conexión

3. En la pestaña *"Uso"* activa la opción *"Actualizar cada [] minutos"* y selecciona el intervalo de actualización (en minutos). El valor mínimo de actualización es de un minuto.

4. Haz clic en el botón **Aceptar**.

A partir de entonces la tabla dinámica actualizará la conexión con la fuente de datos con la frecuencia que hayamos indicado, modificando su contenido si es que se han producido cambios en los datos de origen.

5.1.3 Actualización de datos en segundo plano

Las actualizaciones de datos bloquean Excel durante el tiempo que duran –en la mayor parte de los casos suelen ser instantáneas–. Si estamos trabajando con listados incluidos en nuestro libro de cálculo, esto no debería ser un problema. Pero puede serlo si estamos trabajando a través de una conexión externa con un fichero de gran tamaño, pues dicha actualización puede tenernos parados durante muchos segundos (o incluso minutos). En estos casos es conveniente permitir a Excel que ejecute la actualización de datos en segundo plano. De este modo, aun cuando la actualización tarde más tiempo, al menos podemos continuar utilizando Excel sin tener que esperar a que termine la actualización.

Para configurar una conexión de forma que se permita la actualización en segundo plano, sigue los siguientes pasos:

1. Ejecuta el comando *"Datos>Conexiones>Conexiones"*.
2. Selecciona la conexión a configurar y haz clic en **Propiedades**.
3. Selecciona la opción **Habilitar actualización en segundo plano**

Según la documentación proporcionada por Microsoft, esta opción no está disponible para consultas OLAP ni para consultas que recuperen datos del modelo de datos, aunque, en la práctica, puede que necesites ejecutar código en VBA para ser capaz de activarla.

5.1.4 Actualizar conexiones al actualizar todo

Si la tabla dinámica se alimenta de una conexión externa o del modelo de datos, tenemos también la opción de incluir o no su actualización cuando ejecutemos el comando **Actualizar Todo**. Para configurarla de este modo accede a las propiedades de la conexión seleccionando cualquier parte de la tabla dinámica y ejecutando el comando *"Datos>Conexiones>Actualizar todo>Propiedades de conexión"* (o *"Analizar>Datos>Actualizar>Propiedades de conexión"*) y selecciona la opción **Actualizar esta conexión en Actualizar Todo**:

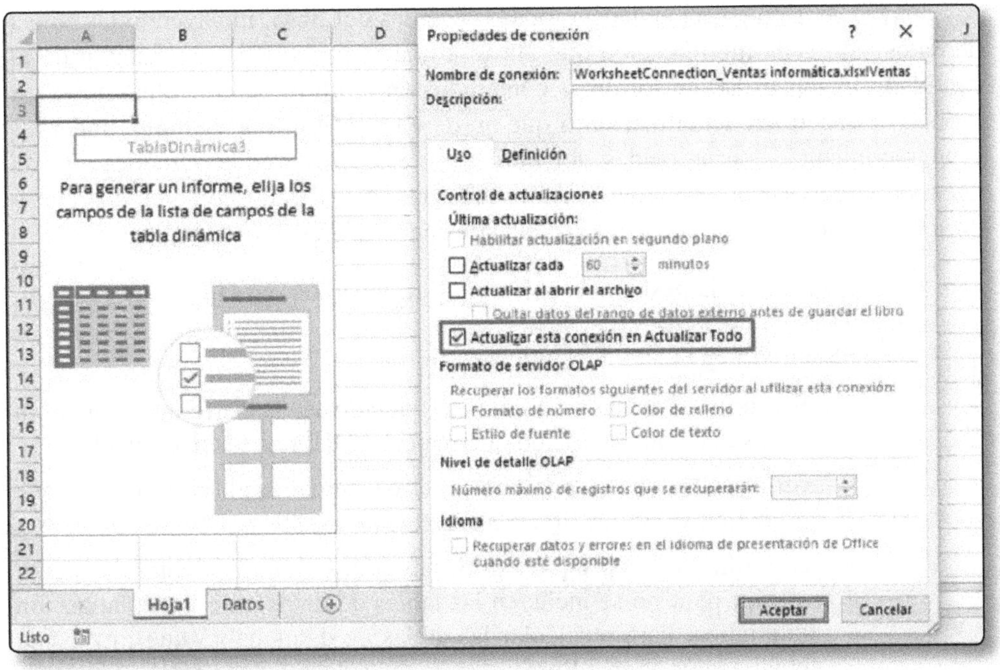

Figura 5.49. Herramienta "Actualizar esta conexión en Actualizar todo"

5.1.5 Cancelar una actualización

Si la actualización tarda más tiempo de lo esperado (por estar actualizando un alto número de registros o estar usando una conexión excesivamente lenta) podemos ejecutar el comando *"Analizar>Datos>Actualizar>Actualizar estado"* para comprobar el estado de la misma. También podemos hacer doble clic en el mensaje que aparece en el extremo izquierdo de la barra de estado de Excel indicando que se está ejecutando la consulta para confirmar en qué estado se encuentra. Estas opciones están activas solo durante la actualización.

Podemos detener la actualización ejecutando el comando *"Analizar>Datos >Actualizar>Cancelar Actualizar"* o haciendo doble clic en el mensaje que aparece en el extremo izquierdo de la barra de estado y, a continuación, un clic en **Detener actualización**. Nuevamente, estas opciones están disponibles solo durante el proceso de actualización.

Para detener una consulta cuando la actualización en segundo plano está desactivada también podemos presionar la tecla **Escape**.

5.1.6 Configuración de cálculos

Por defecto Excel actualiza todas las celdas del libro, incluyendo las tablas de datos, con cada modificación que afecte a una fórmula. Esto, en función de la cantidad y complejidad de los datos contenidos en el libro, puede obligarnos a un tiempo de espera en actualizaciones que no deseamos. Así, por ejemplo, podemos estar modificando varias celdas del libro y no necesitar ver la actualización de nuestros datos hasta que no modifiquemos todas las celdas. Para acomodar el proceso de actualización del libro de cálculo a nuestras necesidades haz lo siguiente:

1. Haz clic en la pestaña **Archivo** y, a continuación, en **Opciones**.

2. Selecciona la opción **Fórmulas**:

3. En el grupo *"Opciones de cálculo"* situado en la parte superior de la ventana, selecciona la opción que mejor se adapte a tus necesidades:

   - **Automático**, opción por defecto, Excel actualiza el libro cada vez que cambia un valor que afecta a una fórmula.

   - **Automático excepto para tablas de datos**, es equivalente a la opción anterior pero no se incluyen las tablas de datos en esta actualización automática. Para recalcular las tablas de datos habrá que forzar una actualización manual presionando la tecla **F9**. Esta tecla, de hecho, fuerza la actualización de todo el libro.

- **Manual**, opción con la que el libro solo se actualiza cuando presionamos la tecla **F9**.

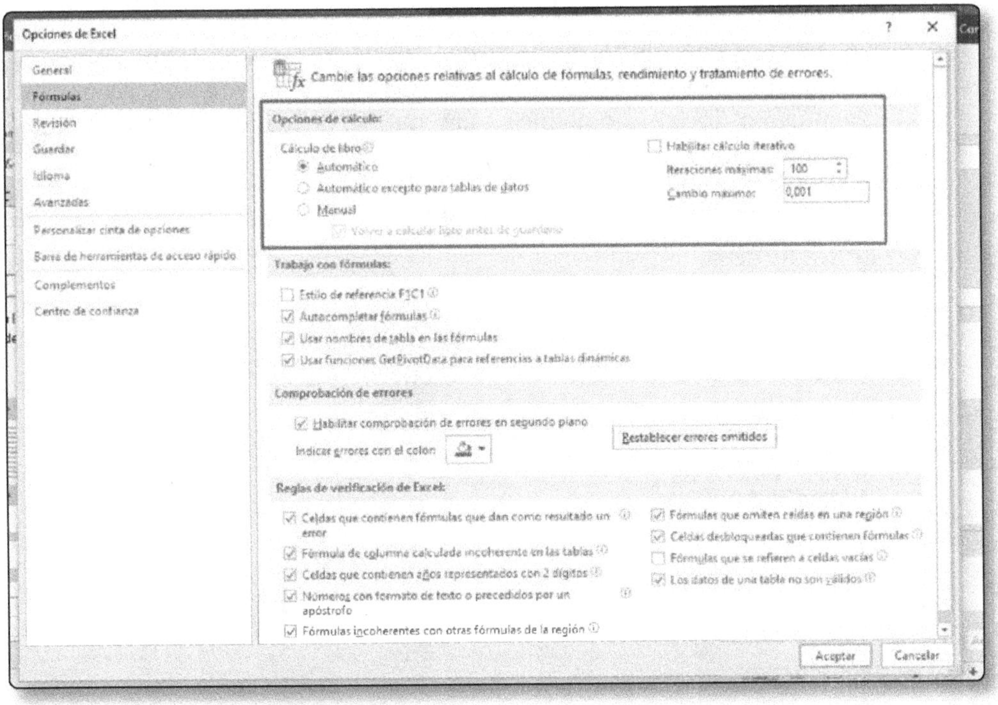

Figura 5.50. Opciones de cálculo de un libro Excel

Estas opciones están también disponibles en la cinta de opciones, en el desplegable *"Fórmulas>Cálculo>Opciones para el cálculo"*.

5.1.7 Ejercicio

Queremos crear una tabla dinámica a partir del fichero de ventas y configurarla para que se actualice una vez por minuto. Pruébala aumentando en 1.000€ cualquiera de los valores del campo *Precio* y confirmando que la tabla dinámica se actualiza correctamente.

5.1.8 Solución del ejercicio

Para configurar la tabla dinámica de forma que pueda configurarse su actualización periódica automática necesitaremos agregarla al modelo de datos. Para esto, sigue los siguientes pasos:

1. Abre el fichero de ventas y da al listado formato de tabla.

2. Da a la tabla un nombre suficientemente significativo (como *Ventas*)

3. Ejecuta el comando "*Insertar>Tablas>Tabla dinámica*" y marca la casilla "*Agregar estos datos al modelo de datos*" (de otra forma no sería posible configurar la tabla dinámica para que se actualice periódicamente). Confirma la creación de la tabla dinámica haciendo clic en **Aceptar**.

4. Teniendo alguna celda de la tabla dinámica seleccionada, ejecuta el comando "*Datos>Conexiones>Actualizar todo>Propiedades de conexión*".

5. Selecciona la casilla **Actualizar cada [] minutos** e introduce el valor "*1*" como período de actualización. Haz clic en **Aceptar**.

6. Como el enunciado nos sugiere probar la nueva configuración modificando el campo *Precio*, lleva dicho campo al área de valores. Nos devuelve el valor 748.990€:

	A	B
1		
2		
3	**Suma de Precio**	
4	748.990 €	
5		

7. A continuación, ve al listado de datos y escoge un registro cualquiera, por ejemplo, el primero, correspondiente una venta realizada por Tania Zurita el 1 de enero de 2014 en la que se vendió una impresora "multifunción láser" por 150€. Modifica su precio aumentándolo en 1.000€ y dejándolo en 1150.

8. Vuelve a la hoja de cálculo en la que se encuentra la tabla dinámica y espera unos segundos (la actualización debe ocurrir en un tiempo máximo de un minuto). La cifra mostrada en la tabla dinámica ha aumentado hasta 749.990€:

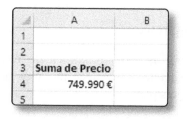

	A	B
1		
2		
3	**Suma de Precio**	
4	749.990 €	
5		

5.2 APLAZANDO LA ACTUALIZACIÓN DEL DISEÑO

Por defecto, Excel actualiza la tabla dinámica –así como los gráficos dinámicos que tenga asociados– con cada cambio que realicemos en la sección de campos. Éste, en la mayor parte de los casos, va a ser el comportamiento correcto pues agilizará el análisis de los datos permitiéndonos mover los campos entre las áreas de campos rápidamente buscando aquella combinación que nos muestre el tipo de información que necesitamos.

Sin embargo, si estamos trabajando con grandes cantidades de datos, es posible que el tiempo de refresco sea inaceptable y que prefiramos realizar primero todos los cambios en la sección de áreas y solo después ver la tabla dinámica actualizada.

Para esto, Excel nos ofrece la posibilidad de "aplazar la actualización del diseño" haciendo clic en la casilla de selección que tenemos en la base de la sección de campos:

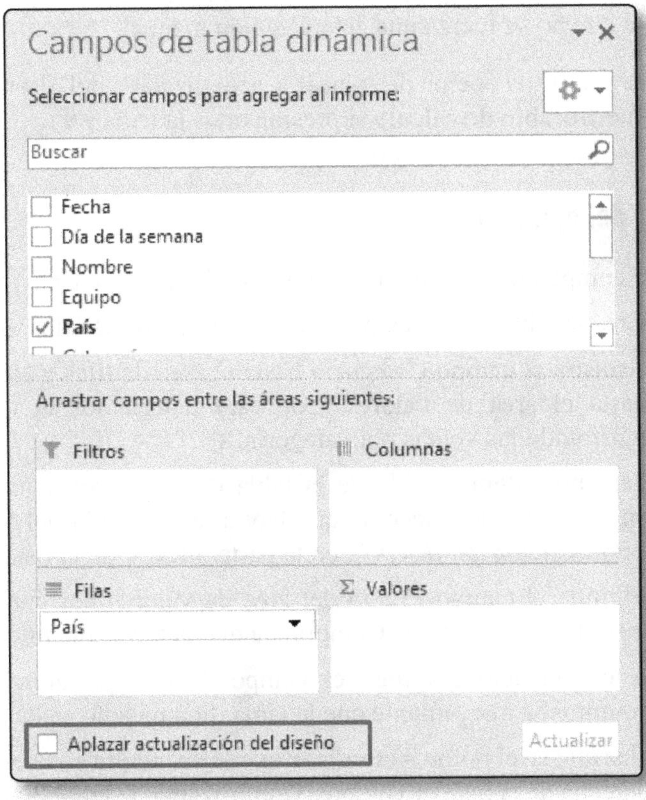

Figura 5.51. Herramienta "Aplazar actualización del diseño"

Una vez activemos esta opción, la tabla dinámica no se refrescará hasta que hagamos clic en el botón **Actualizar** que se muestra a la derecha de la casilla de selección (los otros métodos vistos para la actualización de datos del libro de cálculo no tendrán efecto en la tabla dinámica en este escenario).

Una vez activa, esta opción quedará seleccionada hasta que se desactive manualmente volviendo a hacer clic en la casilla de selección (es decir, no se desactiva automáticamente por el hecho de forzar la actualización).

5.2.1 Ejercicio

1. Basándote en el fichero de ventas de la empresa (*"Ventas informática. xlsx"*), crea una sencilla tabla dinámica que muestre las ventas por categoría y, usando la opción de aplazar la actualización del diseño, modifica la tabla dinámica para que muestre el margen por categoría en lugar de las ventas, confirmando que la tabla dinámica no se actualiza hasta que no se fuerza una actualización manual.

2. Si está activa la opción de aplazar la actualización del diseño, ¿qué ocurre en nuestro libro de cálculo si presionamos la tecla **F9**?

5.2.2 Solución del ejercicio

1. Para completar este ejercicio, sigue los siguientes pasos:

   - Crea la tabla dinámica por cualquiera de los métodos que conoces.

   - Arrastra el campo *Categoría* hasta el área de filas y el campo *Precio* hasta el área de valores. Con esto tendríamos la tabla dinámica mostrando las ventas por categoría.

   - Teniendo alguna celda de la tabla dinámica seleccionada, haz clic en la casilla de selección que hay a la izquierda del texto *"Aplazar actualización del diseño"*, en la parte inferior de la lista de campos.

   - Elimina el campo *Precio* del área de valores por cualquiera de los métodos que conoces. Comprueba que la tabla dinámica no cambia.

   - A continuación, agrega el campo *Margen* al área de valores y comprueba nuevamente que la tabla dinámica no se ha actualizado.

   - Haz clic en el botón **Actualizar** que se encuentra en la esquina inferior derecha de la lista de campos. Confirma que la tabla dinámica ahora sí se ha actualizado para mostrar el margen total por categoría y que la opción de *"Aplazar actualización del diseño"* sigue activa.

2. Si la opción de aplazar la actualización del diseño está activa, los métodos habituales para la actualización de los datos de nuestro libro de cálculo no van a funcionar con la tabla dinámica. Es decir, ni la pulsación de la tecla **F9**, ni el comando *"Analizar>Datos>Actualizar"*, ni el comando *"Analizar>Datos>Actualizar>Actualizar todo"* van a actualizar la tabla dinámica. La única forma de actualizarla es hacer clic en el botón **Actualizar** que se muestra en la esquina inferior derecha de la lista de campos. En todo caso, la pulsación de la tabla **F9** sí va a actualizar el resto del libro.

5.3 CAMBIAR LOS DATOS DE ORIGEN EN UNA TABLA DINÁMICA

Después de crear una tabla dinámica es posible cambiar el origen de los datos para, por ejemplo, incluir más filas de datos o sencillamente para dejar de usar el anterior bloque de datos y usar otro nuevo. Si el origen es un rango de celdas o una tabla y quieres modificarlo, haz lo siguiente:

1. Haz clic en cualquier parte de la tabla dinámica para mostrar las herramientas de tabla dinámica en la cinta de opciones.

2. Ejecuta el comando *"Analizar>Datos>Cambiar origen de datos"*.

3. En la ventana de diálogo que se muestra, escribe el rango o tabla a usar o selecciona el rango o la tabla directamente en la hoja de cálculo usando el ratón y/o el teclado (si el rango o la tabla tiene un nombre, puedes optar por escribir sus "coordenadas" o su nombre):

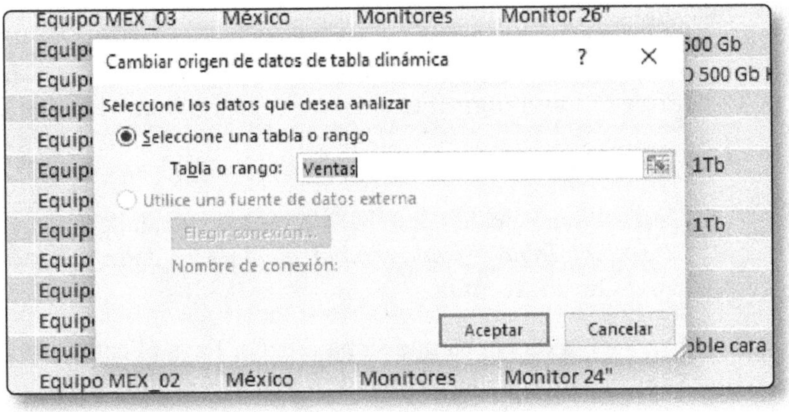

Figura 5.52. Selección de una tabla escribiendo su nombre

4. Haz clic en **Aceptar** para confirmar el cambio.

> **ⓘ NOTA**
>
> Hemos comentado ya que si el origen de los datos es una tabla (es decir, un listado de datos al que hemos dado formato de tabla) y hemos añadido nuevos registros al final de la misma, no hará falta cambiar los datos de origen de la tabla dinámica, pues la tabla se va a expandir automáticamente hacia abajo, actualizándose el origen de datos en la tabla dinámica. Tan solo será necesario actualizarla –por ejemplo, ejecutando el comando "*Analizar>Datos>Actualizar*" – para ver incluidos los nuevos datos.

5.3.1 Ejercicio

Crea una tabla dinámica a partir del fichero de ventas de la empresa ("*Ventas informática.xlsx*") sin dar al listado formato de tabla y calcula, con la tabla dinámica, las ventas totales. Añade al final del listado un nuevo registro en el que el precio sea de 1.000€ (el resto de datos son irrelevantes para este ejercicio). Actualiza la tabla dinámica (usando el comando "*Analizar>Datos>Actualizar*") y comprueba que la cifra de ventas totales mostrada no ha cambiado. Modifica los datos de origen de la tabla para incluir el nuevo registro y comprueba que la cifra mostrada ahora es la correcta.

Responde, por último, a la siguiente pregunta: ¿No hubiera sido mucho más simple haber dado al listado de datos formato de tabla antes de crear la tabla dinámica para que el nuevo registro hubiese sido incluido de forma automática?

5.3.2 Solución del ejercicio

Vamos a crear, en primer lugar, la tabla dinámica sin dar al listado formato de tabla, para añadir posteriormente el nuevo registro. Sigue los siguientes pasos:

1. Abre el fichero de ventas.

2. Con alguna celda del listado seleccionada, ejecuta el comando "*Insertar>Tablas>Tabla dinámica*", deja los datos sugeridos por defecto y haz clic en **Aceptar**.

3. En la tabla dinámica que se ha creado, lleva el campo *Precio* al área de valores para calcular el total de ventas: 748.990€.

4. Ve al listado de datos (hoja de cálculo **Datos**) y añade al final del mismo (en la línea 1515) un nuevo registro (recuerda que, para saltar hasta el final del listado, puedes seleccionar cualquier celda del mismo y presionar

Control-Cursor abajo). Puedes, por ejemplo, copiar el último registro ya existente (el situado en la línea 1514) y pegarlo debajo. Asegúrate de que el valor del campo *Precio* (campo situado en la columna H) es de 1.000€, tal y como sugiere el enunciado del ejercicio.

5. Vuelve a la hoja de cálculo que contiene la tabla dinámica (*"Hoja1"*), selecciónala y actualízala usando el comando *"Analizar>Datos>Actualizar"*. La cifra de ventas totales sigue siendo de 748.990€.

6. Vamos a modificar ahora el origen de datos: con alguna celda de la tabla dinámica seleccionada, ejecuta el comando *"Analizar>Datos>Cambiar origen de datos"*. Efectivamente, en la ventana que se muestra podemos confirmar que el rango no ha incluido la última fila añadida (sí se hubiese añadido si en un principio hubiésemos aplicado al listado el formato de tabla).

7. Modifica el rango en cuestión para incluir al nuevo registro (para esto puede resultarte útil revisar el recuadro *"Selección rápida de bloques de datos"* de la sección 3.6 o, más sencillamente en este caso, cambia el "4" que hay al final de la referencia *"Datos!$A$1:$L$1514"* por un "5") y haz clic en **Aceptar**.

8. Comprueba que el valor de ventas mostrado en la tabla dinámica se ha actualizado para mostrar 749.990€ (si, por cualquier motivo, no se hubiera actualizado, fuerza una actualización manual ejecutando el comando *"Analizar>Datos>Actualizar"*).

9. Respondiendo a la última pregunta: sin duda, resulta mucho más cómodo dar al listado de datos formato de tabla. En este caso estamos añadiendo un registro puntual, pero nuestro listado de datos podría necesitar ser actualizado cada pocos días, lo que supondría un pesado trabajo de actualización, innecesario y abierto a errores.

6

MOVIENDO, COPIANDO Y BORRANDO TABLAS DINÁMICAS

Revisaremos en esta sección los procedimientos para mover y copiar tablas dinámicas, borrarlas (lo que implica borrar su contenido, no la tabla dinámica en sí) y eliminarlas.

6.1 MOVIENDO UNA TABLA DINÁMICA

Podemos mover fácilmente una tabla dinámica a otra posición de la hoja actual, a otra hoja existente o a una hoja de cálculo nueva (no es posible mover una tabla dinámica a otro libro Excel). Para ello, sigue los siguientes pasos:

1. Selecciona cualquier celda de la tabla dinámica.

2. Ejecuta el comando "*Analizar>Acciones>Mover tabla dinámica*":

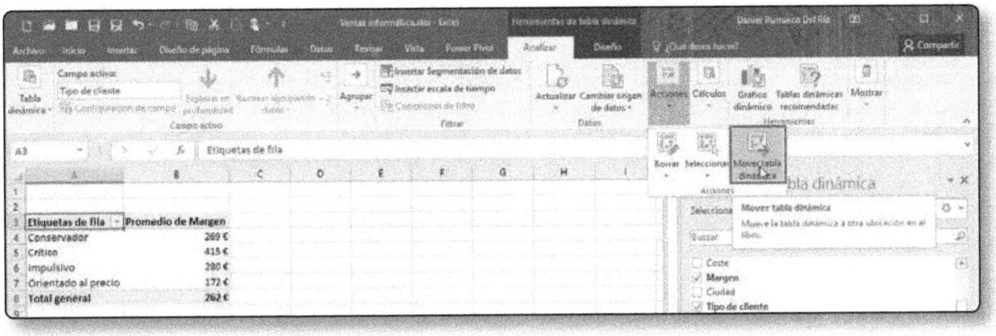

Figura 6.1. El comando "Mover tabla dinámica"

3. Escoge si quieres moverla a una nueva hoja de cálculo o a una hoja de cálculo existente. En este último caso tendrás que indicar la hoja y celda a la que quieres moverla. Para ello puedes escribir la dirección de destino directamente o hacer clic en la celda en cuestión (puedes cerrar temporalmente la ventana de diálogo haciendo clic en el botón de **Contraer ventana de diálogo** si lo necesitas):

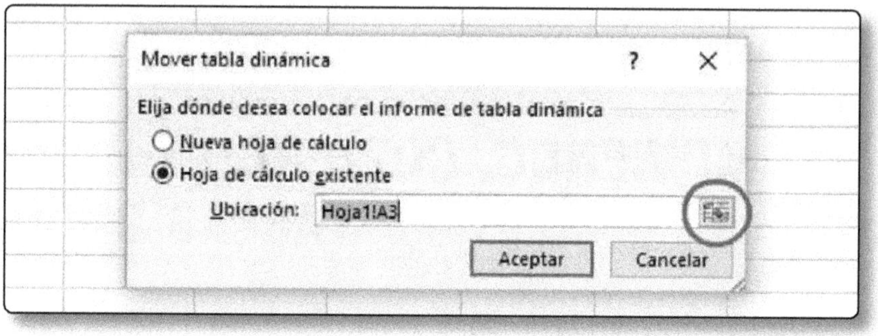

Figura 6.2. Botón Contraer ventana de diálogo

4. Haz clic en el botón **Aceptar**.

Si en el área a la que estás moviendo la tabla dinámica ya hay datos, Excel te pedirá confirmación pues la tabla dinámica sobrescribirá las celdas de destino. Lo que no va a ser posible en ningún caso es mover la tabla dinámica a un lugar en el que se superponga total o parcialmente a otra tabla dinámica.

Ten en cuenta que la celda de destino que indicas a Excel será donde se sitúe la celda que ocupe la esquina superior izquierda del cuerpo de la tabla dinámica (es decir, la celda superior izquierda de la tabla dinámica sin incluir los posibles filtros que existan). Así, si la siguiente tabla la movemos a la celda D3 de la misma hoja de cálculo:

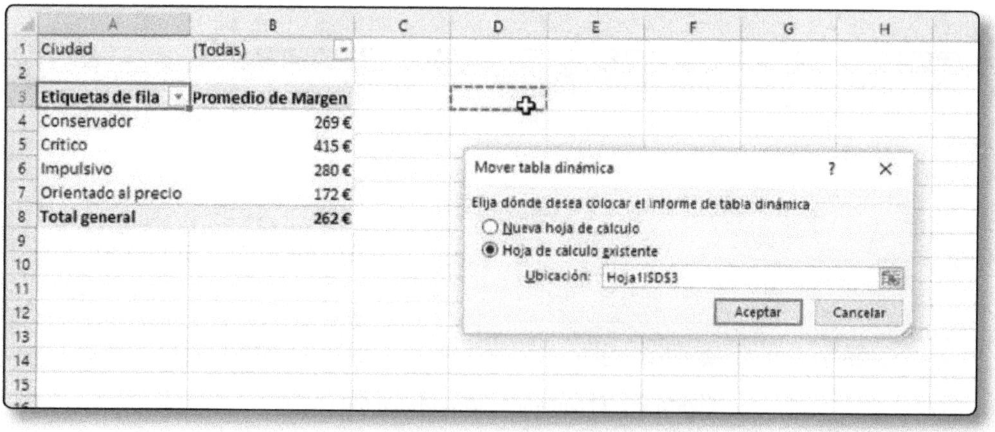

Podemos comprobar cómo es la celda que ocupa la esquina superior izquierda del cuerpo de la tabla dinámica (la celda A3) la que se mueve a la celda D3, y que el filtro sigue manteniéndose en la fila 1, no se mueve a la fila 3 que hemos indicado:

	A	B	C	D	E	F
1				Ciudad	(Todas) ▾	
2						
3				Etiquetas de fila ▾	Promedio de Margen	
4				Conservador	269 €	
5				Crítico	415 €	
6				Impulsivo	280 €	
7				Orientado al precio	172 €	
8				Total general	262 €	
9						
10						
11						
12						

De hecho, con independencia de la celda de destino que indiquemos, Excel va a desplazar la tabla dinámica hacia abajo tantas celdas como sea necesario para acomodar a los filtros existentes. Así, en el ejemplo de las imágenes anteriores, si la celda de destino hubiese sido la celda D1, la tabla dinámica se habría movido a la celda D3 de cualquier forma para dar cabida al filtro de "*Ciudad*" (y a la fila en blanco que se muestra siempre entre los filtros y el cuerpo de la tabla dinámica).

De forma análoga, si, posteriormente, se añaden nuevos filtros y, como en este caso, no hay espacio por encima, Excel va a desplazar la tabla dinámica automáticamente hacia abajo tantas filas como sea necesario para que quepan:

	A	B	C	D	E	F
1				Ciudad	(Todas) ▾	
2				Categoría	(Todas) ▾	
3						
4				Etiquetas de fila ▾	Promedio de Margen	
5				Conservador	269 €	
6				Crítico	415 €	
7				Impulsivo	280 €	
8				Orientado al precio	172 €	
9				Total general	262 €	
10						
11						
12						
13						
14						

Una alternativa para mover una tabla dinámica es seleccionarla completamente (incluyendo los posibles filtros que existan) y pinchar y arrastrar una de sus aristas hasta la posición de destino que, en este caso, tendrá que estar en la hoja actual. Nuevamente no será posible moverla si la posición de destino está total o parcialmente ocupada por otra tabla dinámica.

6.1.1 Ejercicio

Basándote en el fichero de ventas de la empresa (*"Ventas informática.xlsx"*), crea una tabla dinámica que muestre las ventas por categoría y, posteriormente, muévela una celda hacia la derecha para dejar la columna A de la hoja de cálculo vacía.

6.1.2 Solución del ejercicio

Sigue los siguientes pasos:

1. Crea la tabla dinámica por cualquiera de los métodos que conoces.

2. Arrastra el campo *Categoría* al área de filas y el campo *Precio* al área de valores.

3. Para mover la tabla dinámica una celda hacia la derecha, selecciona cualquier celda de ésta y ejecuta el comando *"Analizar>Acciones>Mover tabla dinámica"*.

4. Una vez se haya mostrado la ventana *"Mover tabla dinámica"*, haz clic en la celda B3 de la hoja de cálculo –tal vez tengas que mover la ventana *"Mover tabla dinámica"* para ver la celda–. Tras hacer clic en la celda deberá mostrarse en el campo *Ubicación* de la ventana la referencia *"Hoja1!$B$3"*.

5. Haz clic en **Aceptar**.

La tabla dinámica deberá haberse desplazado una celda hacia la derecha, dejando la columna A vacía. Fíjate que, en este caso, hemos indicado como celda de destino una celda "ocupada". En todo caso, al estar ocupada por la misma tabla dinámica que estamos moviendo, Excel sobrentiende que dicha celda va a quedar disponible una vez se elimine la tabla dinámica de su localización inicial para pegarla en su nuevo destino.

6.2 COPIANDO UNA TABLA DINÁMICA

Es posible copiar una tabla dinámica a otra posición de la hoja actual, a otra hoja existente o incluso a otro libro. Para duplicar una tabla dinámica selecciónala completamente (incluyendo filtros si existen) y utiliza cualquiera de los métodos de copiado que conoces, por ejemplo, la combinación de teclas **Control-C.** A continuación, pégala en la celda de destino usando cualquier método, por ejemplo, haciendo clic en la celda y pulsando la combinación de teclas **Control-V.** La copia, en este caso, será otra tabla dinámica. En la celda de destino se copiará la celda que ocupe la esquina superior izquierda del área copiada, tanto si es un campo de filtro como si no lo es.

Si no habías seleccionado la tabla dinámica completa, la réplica no será una tabla dinámica, será solo una copia de los valores de la tabla dinámica original (es decir, los datos de la réplica no estarán enlazados al origen de datos).

Otra alternativa para copiar una tabla dinámica es seleccionarla completamente (incluyendo filtros si existen), pulsar la tecla **Control** (momento en el que verás que se muestra un pequeño signo + junto al ratón si lo acercas a los bordes del área seleccionada), pinchar y arrastrar cualquiera de sus aristas hasta el área de destino. Allí donde soltemos el ratón se realizará una copia de la tabla dinámica. Lógicamente esto solo será posible cuando el área de destino se encuentre en la hoja actual. También en este caso, si no seleccionamos la tabla dinámica completa, la réplica será solo una copia de los valores.

Las copias de una tabla dinámica son tablas dinámicas dependientes de la primera. Aunque veremos esto más adelante, podemos adelantar que las tablas dinámicas dependientes comparten la misma copia en memoria de los datos fuente, lo que tiene consecuencias tanto positivas como negativas que debemos conocer.

Por lo tanto, si seleccionamos la tabla dinámica completa se crea una réplica de la tabla dinámica, y si no la seleccionamos completa se creará una copia de los valores. ¿Y cómo podemos crear una copia de los valores de la tabla dinámica completa? Para esto, selecciónala completamente y cópiala al portapapeles (por ejemplo, usando la combinación de teclas **Control-C**). A continuación, haz clic allí donde quieras copiarla (si no seleccionas ninguna celda, la réplica sobrescribirá la tabla dinámica original), y realiza un pegado especial para pegar solo los valores (*"Inicio>Portapapeles>Pegar>Valores"*). Excel copiará los valores y los textos de la tabla dinámica original sin ningún enlace a los datos de los que se alimentaba aquella. Si quieres aplicar también el formato gráfico que tenía la tabla dinámica original a la copia, haz clic en el lanzador del grupo **Portapapeles**:

Figura 6.3. Lanzador del grupo Portapapeles

Verás como se abre a la izquierda el portapapeles, mostrando su contenido:

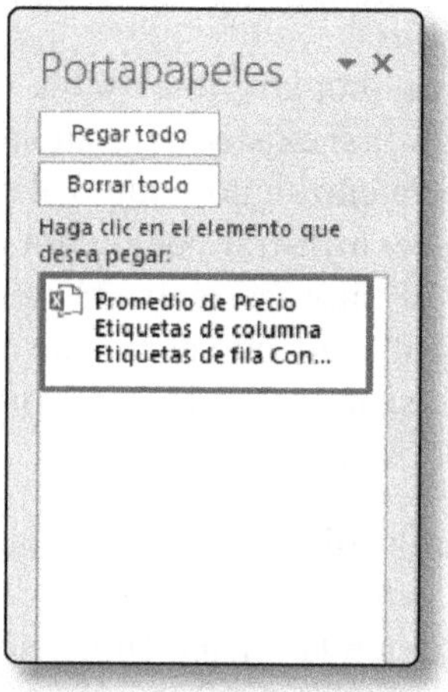

Figura 6.4. Portapapeles

Haz clic en el ítem que aparece en la parte superior y se aplicará el formato a la copia de la tabla dinámica.

Además de usando el ratón (pinchando la esquina superior izquierda y arrastrando hasta la esquina opuesta, por ejemplo), otra forma de seleccionar toda la tabla dinámica es seleccionar alguna celda de su interior y ejecutar el comando "*Analizar>Acciones>Seleccionar>Toda la tabla dinámica*". Este comando seleccionará tanto el cuerpo de la tabla dinámica como los filtros que existan.

6.2.1 Ejercicio

Basándote en el fichero de ventas de la empresa (*"Ventas informática.xlsx"*), crea una tabla dinámica que muestre las ventas por categoría añadiendo como filtro el país y, a continuación, crea una copia de la tabla dinámica y una copia de los valores de la tabla dinámica con el mismo aspecto gráfico que la tabla dinámica original.

6.2.2 Solución del ejercicio

Nos piden en este ejercicio que, dada una tabla dinámica que debemos crear, hagamos una copia (o, dicho de otra forma, otra tabla dinámica idéntica a la primera) y una segunda copia, pero solo de los valores (que no sea una tabla dinámica, es decir, que no esté conectada a los datos fuente). Para esto sigue los siguientes pasos:

1. Crea la tabla dinámica por cualquiera de los métodos que conoces.

2. Lleva el campo *Categoría* al área de filas, el campo *Precio* al área de valores y el campo *País* al área de filtros.

3. Para crear la copia (la tabla dinámica réplica de la primera), selecciona la tabla dinámica completa (incluyendo los filtros: rango A1:B7), presiona la combinación de teclas **Control-C** para copiarla en el portapapeles de Windows, selecciona, por ejemplo, la celda D1 y presiona la combinación de teclas **Control-V** para pegarla. Se habrá creado una segunda tabla dinámica dependiente de la primera. Puedes comprobar que es una tabla dinámica pues, al seleccionar cualquiera de sus celdas, se muestra a la derecha de la interfaz la lista de campos.

4. Para crear la copia de los valores de la tabla dinámica original (lo que no será una tabla dinámica) con el mismo aspecto gráfico, selecciona la tabla dinámica completa (incluyendo los filtros: rango A1:B7), presiona la combinación de teclas **Control-C** para copiarla en el portapapeles de Windows, selecciona, por ejemplo, la celda G1 y pega los valores ejecutando el comando *"Inicio>Portapapeles>Pegar>Valores"*. Para aplicar el aspecto gráfico de la tabla dinámica original, haz clic en el lanzador del grupo **Portapapeles** y haz otro clic en el ítem que aparezca en la parte superior. Puedes comprobar que esta copia no es una tabla dinámica seleccionando cualquiera de sus celdas y comprobando que no se muestra la lista de campos a la derecha de la interfaz.

6.3 SELECCIONAR Y COPIAR DATOS DE UNA TABLA DINÁMICA

Si movemos el cursor a la parte izquierda de las cabeceras de filas o a la parte superior de las cabeceras de columnas de la tabla dinámica veremos cómo el cursor adopta la forma de una flecha:

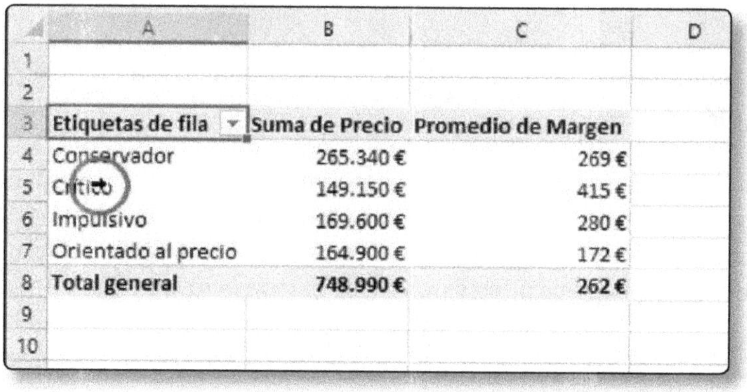

Figura 6.5. Selección de una fila de la tabla dinámica

En ese momento, un clic con el botón principal del ratón seleccionará toda la fila o columna de la tabla dinámica sobre la que se encuentre el ratón (pero solo la fila o columna de la tabla dinámica, no la fila o columna completa de la hoja de cálculo). Para esto, asegúrate de estar haciendo clic sobre la cabecera de la fila o columna de la tabla dinámica, y no en la cabecera de la fila o columna de la hoja Excel (es decir, en el ejemplo de la imagen anterior, asegúrate de hacer clic en la etiqueta "*Crítico*", y no en el "5" que hay a su izquierda). Una vez se muestra el ratón con forma de flecha, también podemos pinchar y arrastrar desde esa posición hasta otras cabeceras de fila o columna para seleccionar más de una fila o columna simultáneamente:

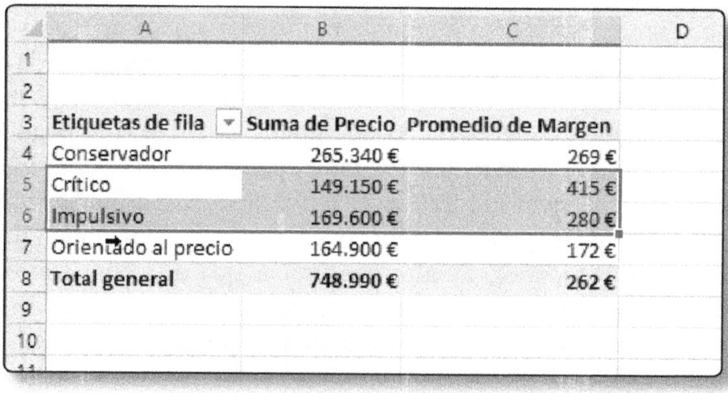

Figura 6.6. Seleccionando más de una fila simultáneamente

Podemos, incluso, usar la tecla **Control** para seleccionar columnas o filas no contiguas, o filas y columnas simultáneamente, en cuyo caso seleccionaremos solo el encabezado del primer campo seleccionado y la intersección de ambos campos:

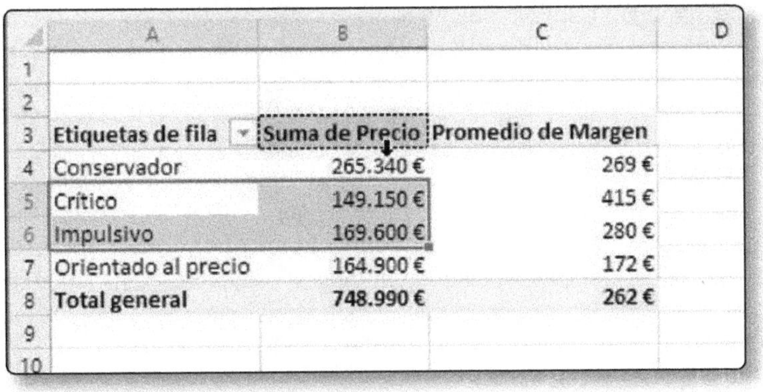

Figura 6.7. Selección simultánea de filas y columnas

La imagen anterior (figura 6.7) muestra el resultado de seleccionar las filas correspondientes a clientes tipo "*Crítico*" e "*Impulsivo*" y, a continuación, presionar la tecla **Control** y hacer clic en el encabezado "*Suma de Precio*". Tal y como se ha comentado, de esta forma se están seleccionando los encabezados del primer campo (las celdas conteniendo las etiquetas "*Crítico*" e "*Impulsivo*") y la intersección de estas filas con la columna "*Suma de Precio*" (el rango B5:B6).

Una vez seleccionadas filas, columnas o intersecciones de ambos elementos, podemos copiar (con la combinación de teclas **Control-C**, por ejemplo), seleccionar otra celda de la hoja de cálculo, y pegar (con la combinación de teclas **Control-V**, por ejemplo). Si, tras la selección realizada en la última imagen, copiamos las celdas seleccionadas, hacemos un clic la celda **E5** y pegamos, obtenemos el siguiente resultado:

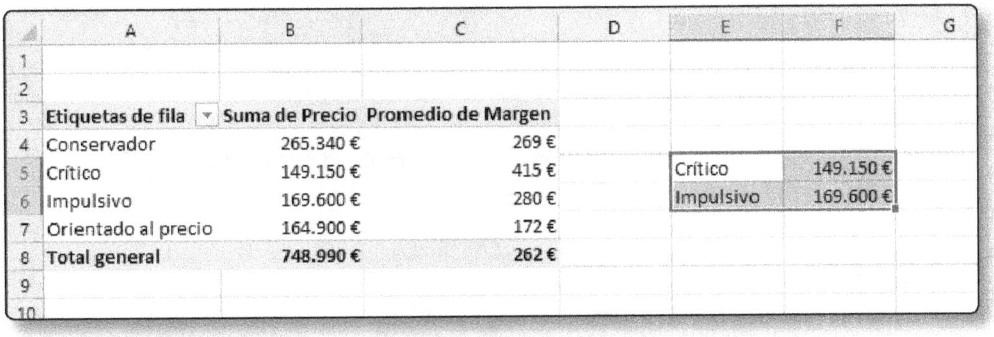

Figura 6.8. Copiando la selección realizada en filas y columnas de la tabla dinámica

> **ⓘ NOTA**
>
> Para copiar el rango A5:B6 como hemos hecho en el ejemplo anterior también podríamos, simplemente, haberlo seleccionado con el ratón, copiado con la combinación de teclas **Control-C** y pegado con **Control-V**, pero ¿cómo podríamos copiar las cabeceras de filas y, simultáneamente, datos no contiguos a éstas? (por ejemplo, los rangos A5:A6 y C5:C6). La única forma de hacerlo eficientemente –y en un solo paso– es utilizar el método visto: seleccionar las filas de la tabla dinámica correspondientes a las etiquetas "*Crítico*" e "*Impulsivo*", presionar la tecla **Control**, seleccionar la columna de la tabla dinámica correspondiente al "*Promedio de margen*", copiar con **Control-C** y pegar con **Control-V**. Y en la copia ¡todas las celdas se muestran unas junto a otras, con independencia de su posición original en la tabla dinámica! Es decir, este método es especialmente recomendable cuando queremos copiar elementos no contiguos de la tabla dinámica.

Tras una selección de filas contiguas o de columnas contiguas (pero solo de filas o solo de columnas) podemos pinchar la arista de la selección con el botón secundario del ratón, arrastrar hasta una zona vacía de nuestra hoja de cálculo y seleccionar el tipo de copia a realizar (solo valores, formatos, crear un vínculo, etc.):

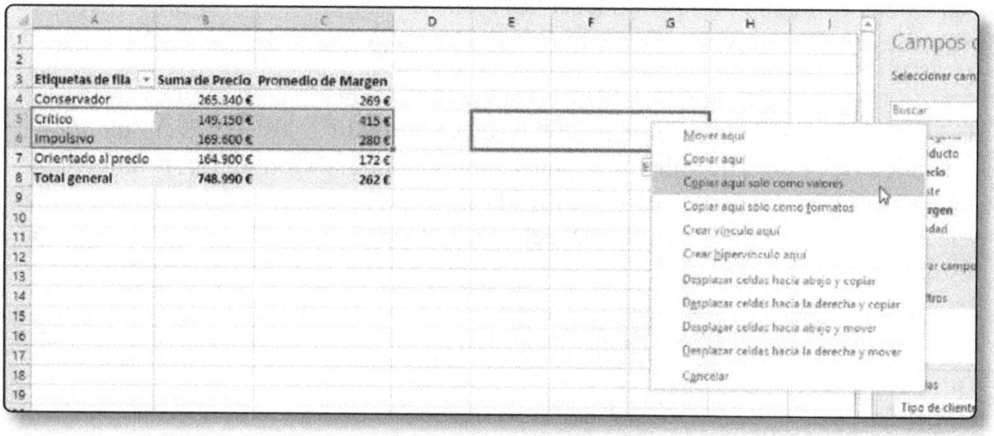

Figura 6.9. Copiando filas o columnas usando el botón secundario del ratón tras una selección

6.3.1 Ejercicio

Basándote en el fichero de ventas de la empresa ("*Ventas informática.xlsx*"), crea una tabla dinámica que muestre, para cada tipo de cliente, las ventas totales, los costes totales y el margen promedio. A continuación, copia de la tabla dinámica los valores de costes totales y margen promedio del tipo de cliente "Impulsivo" y pégalos en otra celda de la tabla dinámica (es decir, tienes que copiar la etiqueta "Impulsivo", sus costes totales y su margen promedio).

6.3.2 Solución del ejercicio

Comencemos creando la tabla dinámica:

▼ Crea la tabla dinámica por cualquiera de los métodos que conoces.

▼ Lleva el campo *Tipo de cliente* al área de filas y los campos *Precio*, *Coste* y *Margen*, en este orden, al área de valores. Modifica la operación aplicada al margen para que se calcule el promedio.

▼ A continuación, vamos a seleccionar las celdas solicitadas: haz clic en la parte izquierda de la celda que contiene el texto "*Impulsivo*", presiona la tecla **Control**, haz un primer clic en la etiqueta "*Suma de coste*" y, sin soltar la tecla **Control**, un segundo clic en la etiqueta "*Promedio de margen*" (ya puedes liberar la tecla **Control**). De esta forma habremos seleccionado la celda A7 (conteniendo la etiqueta "*Impulsivo*") y la intersección de esta fila con las columnas encabezadas por "*Suma de coste*" y "*Promedio de margen*". Es decir, las celdas C7 y D7.

▼ Presiona **Control-C** para copiar el contenido de las celdas seleccionadas en el portapapeles de Windows, haz clic en, por ejemplo, la celda F3, y presiona **Control-V** para pegar el contenido copiado.

El resultado será el mostrado en la siguiente imagen:

	A	B	C	D	E	F	G	H	I
1									
2									
3	Etiquetas de fila ▼	Suma de Precio	Suma de Coste	Promedio de Margen		Impulsivo	77903,2	279,563415	
4	Conservador	265340	124091,3	269,0451429					
5	Orientado al precio	164900	86232,9	172,1380744					
6	Crítico	149150	64871,7	415,1640394					
7	Impulsivo	169600	77903,2	279,5634146					
8	Total general	748990	353099,1	261,6595506					
9									
10									

6.4 BORRADO DEL CONTENIDO DE UNA TABLA DINÁMICA

Podemos borrar el contenido de una tabla dinámica, dejándola vacía (no eliminando la tabla dinámica, que seguirá en la hoja de cálculo), si seleccionamos cualquier celda de ella (no hace falta seleccionarla completa) y ejecutamos el comando "*Analizar>Acciones>Borrar>Borrar todo*".

Si la tabla dinámica tenía gráficos dinámicos asociados, éstos se mantendrán en pantalla y mantendrán su configuración, pero se mostrarán vacíos hasta que la tabla dinámica vuelva a recibir datos. Las segmentaciones de datos y las escalas de tiempo se mostrarán invariables.

6.5 ELIMINACIÓN DE UNA TABLA DINÁMICA

Para eliminar una tabla dinámica, selecciónala entera (incluyendo los posibles filtros que existan) y presiona la tecla **Eliminar** de tu teclado (para esto no hace falta que elimines antes los campos que haya en la sección de campos). Si aparece un mensaje del tipo "*No se puede cambiar esa parte de un informe de tabla dinámica*", probablemente no estés seleccionando la tabla completa.

Una alternativa a la tecla **Eliminar** del teclado es el comando "*Inicio>Editar>Borrar>Borrar todo*":

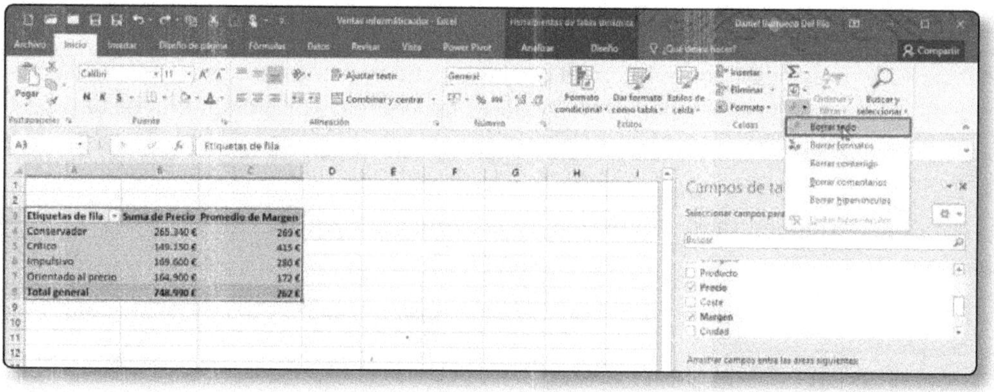

Figura 6.10. El comando Borrar todo

Este comando, nuevamente, solo funcionará de forma correcta si se ha seleccionado toda la tabla dinámica previamente, incluyendo los filtros que existan.

Si la tabla dinámica está en una hoja de cálculo que no contenga otros datos que deseemos conservar, la eliminación de esta hoja es también una forma rápida de eliminar la tabla dinámica. Para ello, abre el menú contextual de la pestaña de la hoja de cálculo que se muestra en la parte inferior de la interfaz y selecciona **Eliminar**.

ORDENACIÓN DE DATOS

7.1 HERRAMIENTAS DE ORDENACIÓN

Cuando tenemos gran cantidad de datos en nuestra tabla dinámica puede resultar muy útil ordenarlos por orden alfabético, de más antiguo a más moderno o de mayor a menor valor, permitiéndonos, por ejemplo, encontrar con más facilidad los elementos que deseamos analizar, así como encontrar patrones y tendencias en nuestros datos:

Etiquetas de fila	lunes	martes	miércoles	jueves	viernes	sábado	domingo	Total general
Córdoba	1.205 €	258 €	87 €	292 €	317 €	375 €	332 €	353 €
Madrid	180 €	245 €	145 €	294 €	354 €	274 €	164 €	240 €
San Sebastián	274 €	292 €	196 €	257 €	301 €	344 €	273 €	281 €
Sevilla	575 €	152 €	337 €	248 €	242 €	253 €	222 €	261 €
Valencia	182 €	366 €	306 €	274 €	316 €	315 €	257 €	287 €
Antofagasta	242 €	110 €	78 €	249 €	391 €	259 €	396 €	269 €
Barcelona	261 €	232 €	169 €	236 €	272 €	175 €	271 €	222 €
Buenos Aires	339 €	297 €	229 €	277 €	234 €	371 €	296 €	294 €
Ciudad de México	279 €	238 €	290 €	223 €	223 €	265 €	304 €	253 €
Concepción	203 €	80 €	264 €	193 €	254 €	173 €	330 €	224 €
Guadalajara	171 €	292 €	116 €	101 €	357 €	290 €	278 €	232 €
Mar del Plata	267 €	418 €	223 €	375 €	269 €	267 €	87 €	343 €
Mendoza	380 €	87 €	691 €	263 €	170 €	371 €	204 €	308 €
Mérida	225 €	232 €	374 €	197 €	333 €	444 €	204 €	289 €
Monterrey	194 €	200 €	189 €	125 €	178 €	282 €	347 €	218 €
Punta Arenas	201 €	276 €	202 €	467 €	169 €	281 €	110 €	248 €
Santiago	274 €	162 €	176 €	281 €	334 €	305 €	180 €	265 €
Total general	261 €	242 €	241 €	252 €	270 €	286 €	255 €	262 €

Promedio de Margen — Etiquetas de columna

Para usar la herramienta de ordenación de datos basta con hacer clic en los iconos con forma de triángulo invertido que acompañan a las celdas "*Etiquetas de fila*" (si queremos ordenar los campos de fila) y "*Etiquetas de columna*" (si queremos ordenar los campos de columna) y, a continuación, hacer clic en la opción de ordenación que deseemos. En la tabla dinámica que se muestra en la siguiente imagen (figura 7.11) se ha llevado el campo *Ciudad* al área de filas, el campo *Día de la semana* al área de columnas y el campo *Margen* al área de valores, aplicándole la operación "*Promedio*", y se ha hecho clic en el desplegable de la celda "*Etiquetas de fila*":

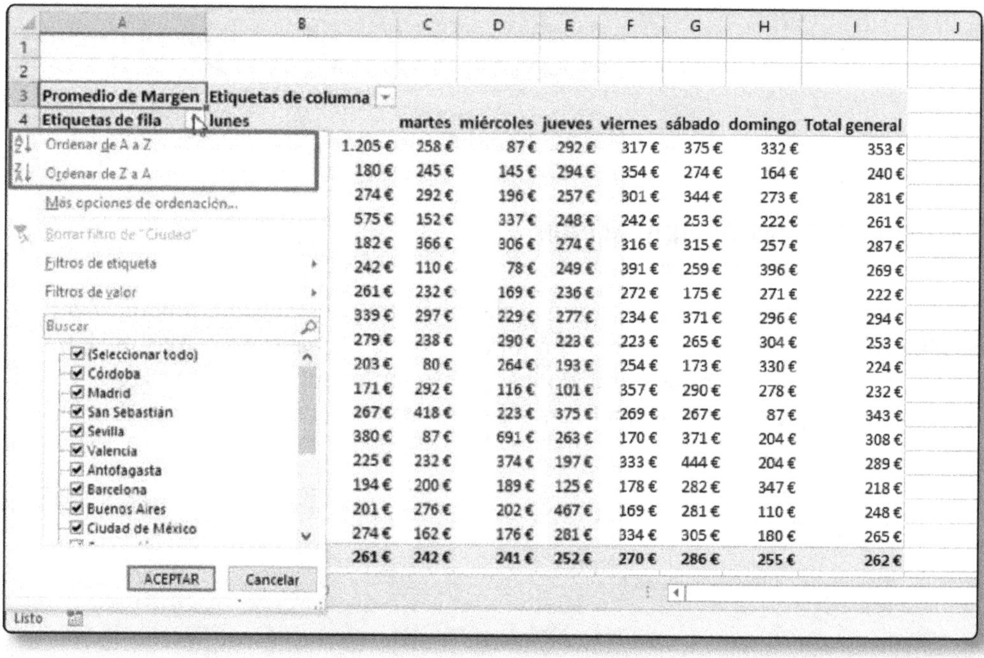

	lunes	martes	miércoles	jueves	viernes	sábado	domingo	Total general
	1.205 €	258 €	87 €	292 €	317 €	375 €	332 €	353 €
	180 €	245 €	145 €	294 €	354 €	274 €	164 €	240 €
	274 €	292 €	196 €	257 €	301 €	344 €	273 €	281 €
	575 €	152 €	337 €	248 €	242 €	253 €	222 €	261 €
	182 €	366 €	306 €	274 €	316 €	315 €	257 €	287 €
	242 €	110 €	78 €	249 €	391 €	259 €	396 €	269 €
	261 €	232 €	169 €	236 €	272 €	175 €	271 €	222 €
	339 €	297 €	229 €	277 €	234 €	371 €	296 €	294 €
	279 €	238 €	290 €	223 €	223 €	265 €	304 €	253 €
	203 €	80 €	264 €	193 €	254 €	173 €	330 €	224 €
	171 €	292 €	116 €	101 €	357 €	290 €	278 €	232 €
	267 €	418 €	223 €	375 €	269 €	267 €	87 €	343 €
	380 €	87 €	691 €	263 €	170 €	371 €	204 €	308 €
	225 €	232 €	374 €	197 €	333 €	444 €	204 €	289 €
	194 €	200 €	189 €	125 €	178 €	282 €	347 €	218 €
	201 €	276 €	202 €	467 €	169 €	281 €	110 €	248 €
	274 €	162 €	176 €	281 €	334 €	305 €	180 €	265 €
	261 €	**242 €**	**241 €**	**252 €**	**270 €**	**286 €**	**255 €**	**262 €**

Figura 7.11. Herramientas de ordenación de la celda "Etiquetas de fila"

En función del tipo de datos de que se trate se nos ofrecerá la opción de "*Ordenar de A a Z*" y "*Ordenar de Z a A*" (si se trata de textos), "*Ordenar de más antiguo a más reciente*" y "*Ordenar de más recientes a más antiguos*" (si se trata de fechas u horas) u "*Ordenar de menor a mayor*" y "*Ordenar de mayor a menor*" (si se trata de números).

Si, en lugar de seleccionar alguna de las dos opciones de ordenación mencionadas, hacemos clic en **Más opciones de ordenación** (justo debajo de las dos opciones anteriores), se nos muestran las opciones de ordenación manual y ordenación ascendente y descendente según los valores de las columnas que estén disponibles:

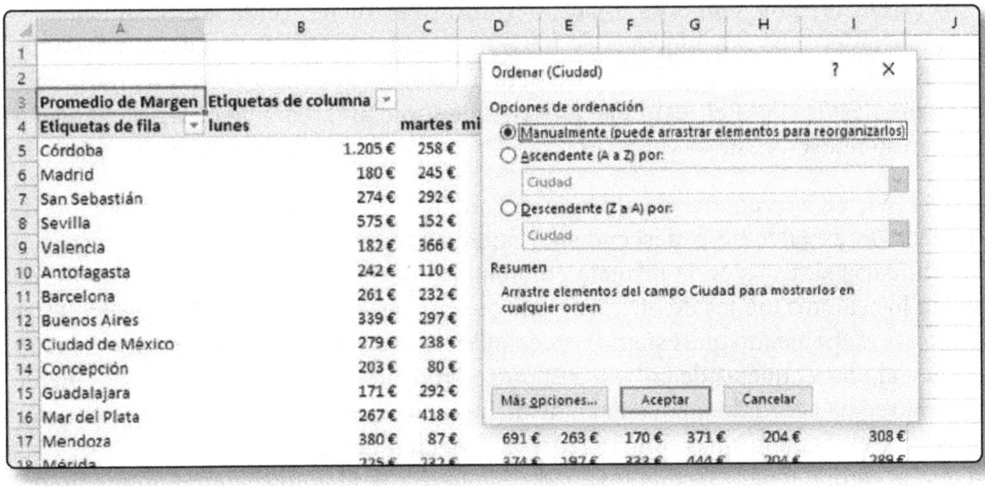

Figura 7.12. Ventana de diálogo "Ordenar"

Si seleccionamos la opción manual y presionamos **Aceptar**, podremos situarnos encima de una de las celdas, comenzar a escribir el contenido de otra (aparentemente borrando el contenido de dicha celda), pulsar **Intro** en el teclado cuando Excel nos sugiera el contenido completo (o cuando escribamos la etiqueta completa) y veremos cómo Excel inserta la etiqueta en cuestión en la celda en la que estábamos escribiendo, moviendo el resto de celdas para hacer sitio a la que acabamos de insertar. También podemos seleccionar una celda, situar el ratón sobre una arista (hasta que el cursor cambie y muestre cuatro pequeñas flechas):

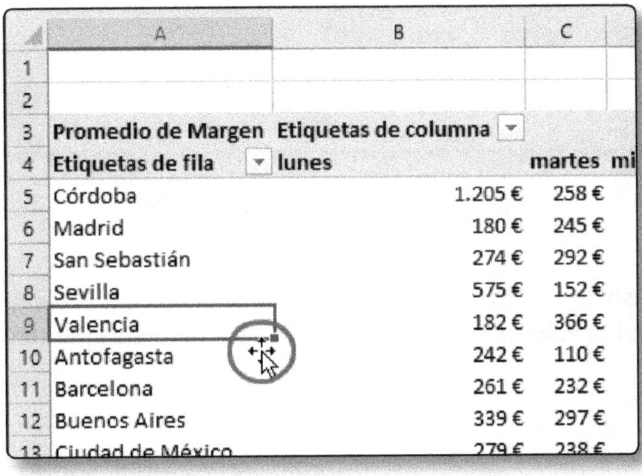

Deberemos entonces pinchar y arrastrar dicha celda verticalmente (si estamos ordenando las etiquetas de filas) u horizontalmente (si estamos ordenando las etiquetas de columnas). Excel insertará la celda en la posición en la que soltemos el ratón, desplazando el resto hacia la posición inicial de la celda para acomodar a ésta en su nuevo lugar.

Si, en la ventana de diálogo de ordenación, seleccionamos la opción de ordenación ascendente o descendente, podremos ordenar la tabla dinámica según las etiquetas situadas en la primera columna (es decir, según las etiquetas de fila) o según los valores totales de otros campos que estén disponibles en el área de valores (todo esto suponiendo que estemos ordenando las etiquetas de fila. En el caso de estar ordenando las etiquetas de columna el procedimiento sería análogo). En el siguiente ejemplo se ha accedido a la ventana de diálogo de ordenación de la celda "*Etiquetas de fila*" y el menú desplegable nos ofrece la opción de ordenar las etiquetas de filas según el campo *Ciudad* (campo situado en el área de filas) o según el promedio del campo *Margen*:

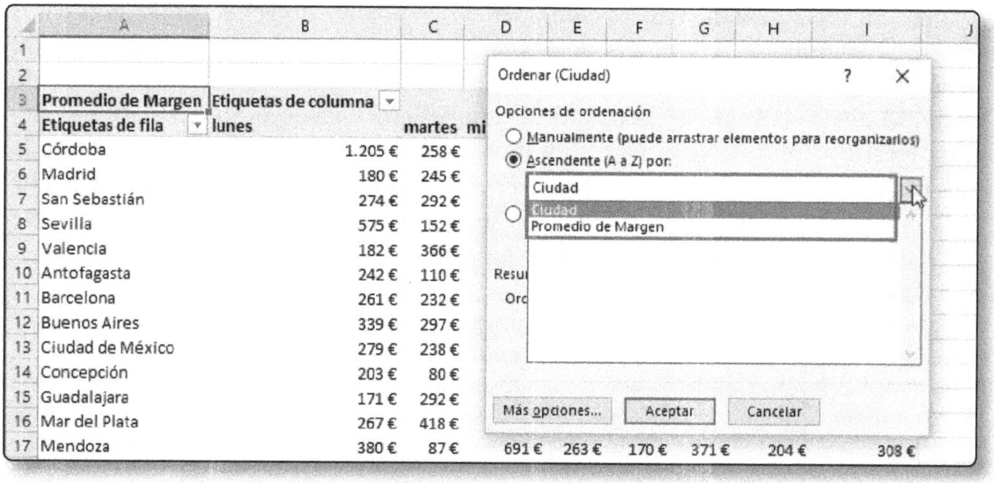

Figura 7.13. Ventana de diálogo "Ordenar"

En el caso de escoger como criterio de ordenación el "*Promedio de margen*", se considerarían los valores del total general, no los parciales por día de la semana:

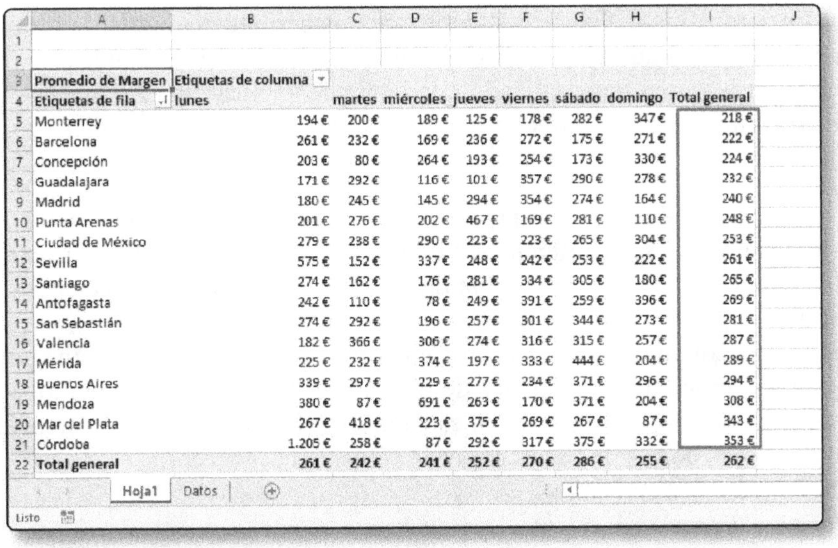

Promedio de Margen	Etiquetas de columna							
Etiquetas de fila	lunes	martes	miércoles	jueves	viernes	sábado	domingo	Total general
Monterrey	194 €	200 €	189 €	125 €	178 €	282 €	347 €	218 €
Barcelona	261 €	232 €	169 €	236 €	272 €	175 €	271 €	222 €
Concepción	203 €	80 €	264 €	193 €	254 €	173 €	330 €	224 €
Guadalajara	171 €	292 €	116 €	101 €	357 €	290 €	278 €	232 €
Madrid	180 €	245 €	145 €	294 €	354 €	274 €	164 €	240 €
Punta Arenas	201 €	276 €	202 €	467 €	169 €	281 €	110 €	248 €
Ciudad de México	279 €	238 €	290 €	223 €	223 €	265 €	304 €	253 €
Sevilla	575 €	152 €	337 €	248 €	242 €	253 €	222 €	261 €
Santiago	274 €	162 €	176 €	281 €	334 €	305 €	180 €	265 €
Antofagasta	242 €	110 €	78 €	249 €	391 €	259 €	396 €	269 €
San Sebastián	274 €	292 €	196 €	257 €	301 €	344 €	273 €	281 €
Valencia	182 €	366 €	306 €	274 €	316 €	315 €	257 €	287 €
Mérida	225 €	232 €	374 €	197 €	333 €	444 €	204 €	289 €
Buenos Aires	339 €	297 €	229 €	277 €	234 €	371 €	296 €	294 €
Mendoza	380 €	87 €	691 €	263 €	170 €	371 €	204 €	308 €
Mar del Plata	267 €	418 €	223 €	375 €	269 €	267 €	87 €	343 €
Córdoba	1.205 €	258 €	87 €	292 €	317 €	375 €	332 €	353 €
Total general	**261 €**	**242 €**	**241 €**	**252 €**	**270 €**	**286 €**	**255 €**	**262 €**

Figura 7.14. Tabla dinámica ordenada según el promedio de margen, de menor a mayor

Así, en el ejemplo de la imagen anterior puede observarse cómo son las cifras de la columna "*Total general*" las que se muestran ordenadas de menor a mayor.

Volviendo a la ventana de diálogo de ordenación, si hacemos clic en el botón **Más opciones** situado en la esquina inferior izquierda de la misma, vemos opciones adicionales:

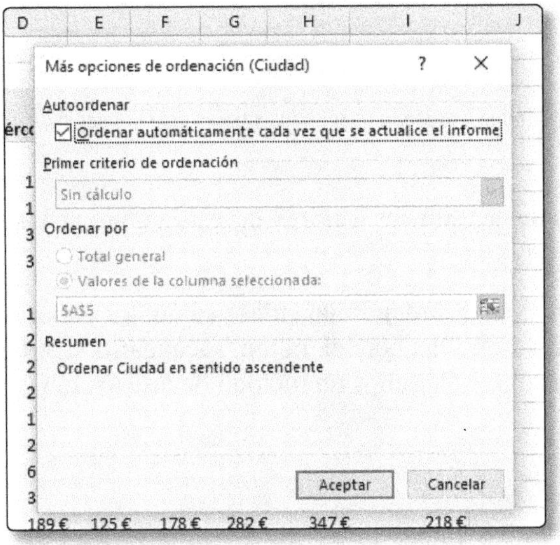

Figura 7.15. Ventana "Más opciones de ordenación"

En primer lugar, vemos la opción que nos permite configurar la ordenación automática cada vez que se actualice el informe. Si no seleccionamos esta opción, podemos fijar el orden personalizado que queremos aplicar en "*Primer criterio de ordenación*" (desplegable en el que se muestran las listas personalizadas de nuestro libro de cálculo).

Por último, si en la ventana anterior hemos escogido el criterio ascendente o el descendente y éste hace referencia a un campo numérico (del tipo "*Promedio de margen*"), podemos configurar la tabla dinámica para que ordene los campos según el valor del total seleccionado (opción por defecto que ya hemos visto) o según los valores de otra columna. De esta forma, en el ejemplo de la siguiente imagen se ha configurado el orden de las etiquetas de filas como "*Ascendente*" según los valores de la columna $G$5 (observa que, en este entorno, las columnas se referencian por su celda superior, no por un rango ni por la celda de la cabecera):

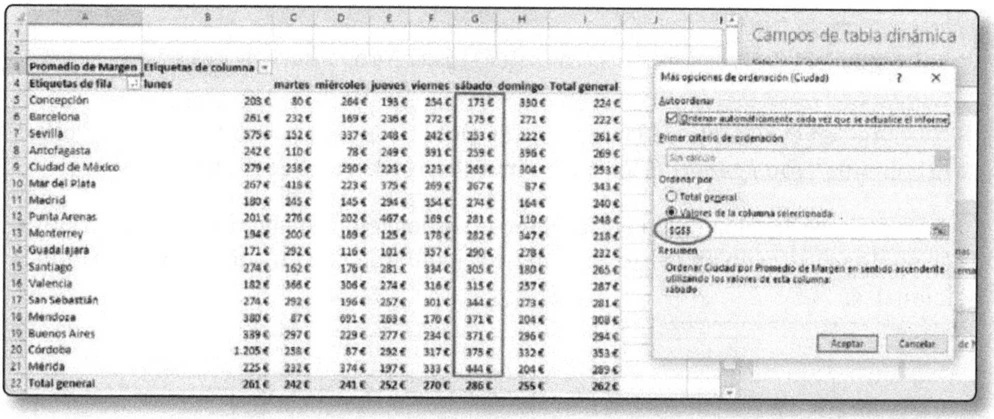

Figura 7.16. Tabla dinámica ordenada según los valores del "Promedio de margen" del sábado

Y, efectivamente, son los valores de esta columna los que determinan el orden de las filas.

También podemos ordenar las filas según los valores de una columna si simplemente hacemos clic con el botón secundario del ratón en una celda, seleccionamos **Ordenar** y elegimos un método de ordenación:

Si, tras hacer clic con el botón secundario del ratón en una celda, seleccionamos **Ordenar** y, a continuación, **Más opciones de ordenación**:

Aquí Excel nos ofrece la opción de ordenar los valores de mayor a menor y viceversa, y de ordenarlos vertical u horizontalmente.

Este criterio de ordenación se aplica a todas las celdas en el mismo nivel de la columna que contiene la celda seleccionada. Así, si tenemos una tabla dinámica con los campos *Tipo de cliente* y *País* en el área de filas, el campo *Día de la semana* en el área de columnas, y el campo *Margen* en el área de valores (aplicándose la función "*Promedio*"):

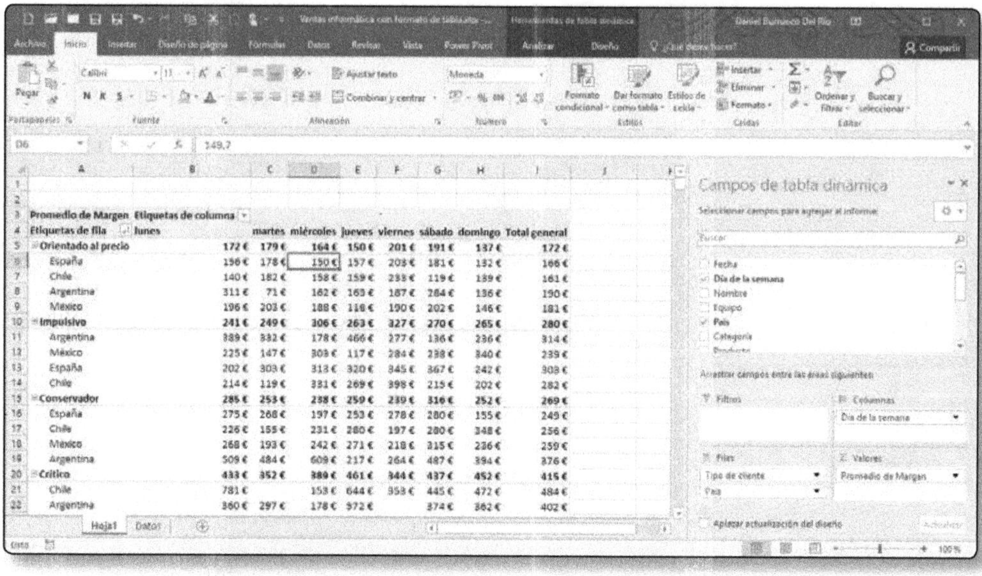

Si abrimos el menú contextual de la celda D6 (celda cuyo valor corresponde al campo *País*) y ordenamos de menor a mayor, vemos en la imagen anterior cómo, para cada tipo de cliente, los países se muestran ordenados según el promedio de margen del miércoles.

De forma semejante, para ordenar los totales generales también podemos seleccionar cualquier celda de dicha columna o fila, hacer clic con el botón secundario y ordenar según el criterio deseado:

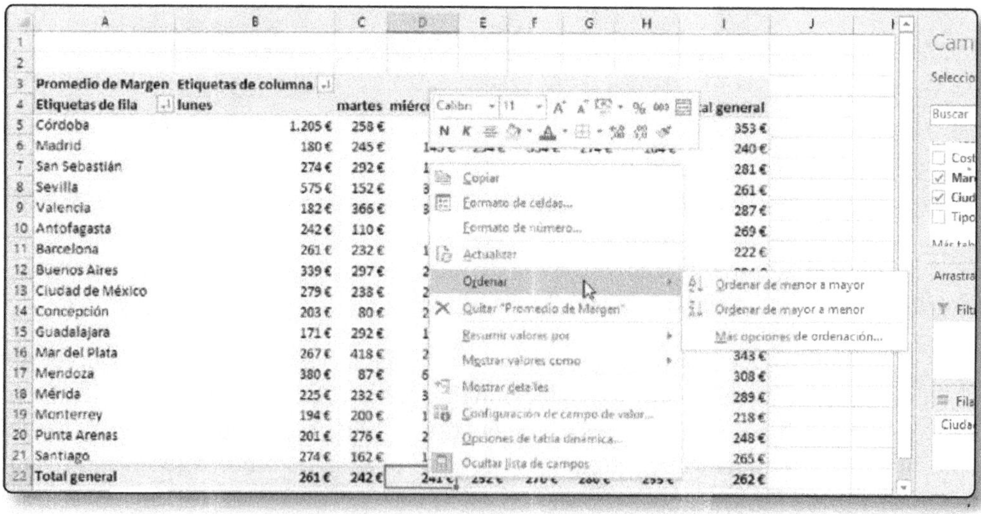

Figura 7.17. Ordenando la fila de total general

Dando como resultado (si hemos abierto el menú contextual de la celda D22 de la imagen anterior, y hemos seleccionado la opción "*de menor a mayor*") la ordenación de los días según el total general de la última fila:

	A	B	C	D	E	F	G	H	I	J
1										
2										
3	Promedio de Margen	Etiquetas de columna								
4	Etiquetas de fila	miércoles		martes	jueves	domingo	lunes	viernes	sábado	Total general
5	Córdoba	87 €	258 €	292 €	332 €	1.205 €	317 €	375 €	353 €	
6	Madrid	145 €	245 €	294 €	164 €	180 €	354 €	274 €	240 €	
7	San Sebastián	196 €	292 €	257 €	273 €	274 €	301 €	344 €	281 €	
8	Sevilla	337 €	152 €	248 €	222 €	575 €	242 €	253 €	261 €	
9	Valencia	306 €	366 €	274 €	257 €	182 €	316 €	315 €	287 €	
10	Antofagasta	78 €	110 €	249 €	396 €	242 €	391 €	259 €	269 €	
11	Barcelona	169 €	232 €	236 €	271 €	261 €	272 €	175 €	222 €	
12	Buenos Aires	229 €	297 €	277 €	296 €	339 €	234 €	371 €	294 €	
13	Ciudad de México	290 €	238 €	223 €	304 €	279 €	223 €	265 €	253 €	
14	Concepción	264 €	80 €	193 €	330 €	203 €	254 €	173 €	224 €	
15	Guadalajara	116 €	292 €	101 €	278 €	171 €	357 €	290 €	232 €	
16	Mar del Plata	223 €	418 €	375 €	87 €	267 €	269 €	267 €	343 €	
17	Mendoza	691 €	87 €	263 €	204 €	380 €	170 €	371 €	308 €	
18	Mérida	374 €	232 €	197 €	204 €	225 €	333 €	444 €	289 €	
19	Monterrey	189 €	200 €	125 €	347 €	194 €	178 €	282 €	218 €	
20	Punta Arenas	202 €	276 €	467 €	110 €	201 €	169 €	281 €	248 €	
21	Santiago	176 €	162 €	281 €	180 €	274 €	334 €	305 €	265 €	
22	Total general		241 €	242 €	252 €	255 €	261 €	270 €	286 €	262 €

Figura 7.18. Tabla dinámica ordenada según el total general de columnas, de menor a mayor

Por último, al ordenar la tabla dinámica ten en cuenta lo siguiente:

▸ La presencia de espacios al comienzo de las etiquetas que se estén ordenando afectan a los resultados. Para evitar ordenaciones extrañas es preferible eliminar dichos espacios.

▸ No se pueden distinguir etiquetas con mayúsculas y minúsculas durante la ordenación.

▸ No es posible ordenar los datos según formatos específicos como el color de la fuente o del fondo de la celda, ni por indicadores de formato condicional como conjuntos de iconos.

7.1.1 Ejercicio

Basándose en el fichero de ventas de la empresa ("*Ventas informática.xlsx*"), se pide un listado de todos los comerciales ordenado de menor a mayor según las ventas de cada uno.

7.1.2 Solución del ejercicio

Tenemos que crear una tabla dinámica en la que se incluyan los comerciales y sus ventas, y ordenar de menor a mayor la columna conteniendo el total general de ventas. Sigue los siguientes pasos:

1. Crea la tabla dinámica por cualquiera de los métodos que conoces.

2. Lleva el campo *Nombre* al área de filas y el campo *Precio* al área de valores.

3. Para ordenar la tabla según la columna de ventas, podemos simplemente abrir el menú contextual de cualquier celda de la columna "*Suma de Precio*" (cualquier celda que contengan un número, salvo la celda con el total general, que no sirve para ordenar la columna) y seleccionar **Ordenar** y **De menor a mayor**:

	A	B	C
1			
2			
3	**Etiquetas de fila**	**Suma de Precio**	
4	Diana Cayetano	1.970 €	
5	Javier Montes	3.750 €	
6	Sara López	3.890 €	
7	Enrique Ros	4.130 €	
8	Francisco Román	4.190 €	
9	Amanda Ayuso	4.270 €	
10	Sara Izquierdo	4.370 €	
11	Luis Ramírez	4.480 €	
12	Blanca Cuesta	4.490 €	
13	Alicia García	4.830 €	
14	María Hernández	4.850 €	
15	Susana Álvaro	5.280 €	
16	José Luis Leira	5.430 €	
17	Ana Belén Rascado	5.630 €	
18	Virginia Rubio	5.680 €	
19	Alejandro Martín	5.960 €	
20	Santiago Pavón	6.310 €	
21	Luis Angulo	6.410 €	
22	Cristina Gómez	6.500 €	

8

FILTRADO DE DATOS

Si deseamos centrar nuestro análisis en una selección del conjunto de datos, podemos filtrarlos en nuestra tabla dinámica, pero a diferencia del filtrado de un rango de celdas o de una tabla, no es necesario volver a aplicar el filtro cada vez que se actualizan los datos de la tabla dinámica.

En un informe de tabla dinámica o de gráfico dinámico, los filtros son acumulativos, es decir, cada filtro adicional que se aplica se basa en los filtros que ya se estén aplicando, reduciéndose con cada filtro el subconjunto de datos mostrado en la tabla dinámica o en el gráfico dinámico. Además del uso del área de filtros, pueden aplicarse hasta tres tipos de filtro adicionales simultáneos: filtros manuales, filtros de etiqueta y filtros de fecha y valor, que se evalúan en este orden. Podemos controlar este comportamiento en las *"Opciones de tabla dinámica"* que encontramos en *"Analizar>Tabla dinámica>Opciones"*, pestaña *"Totales y filtros"*, activando o desactivando la casilla *"Permitir varios filtros por campo"*:

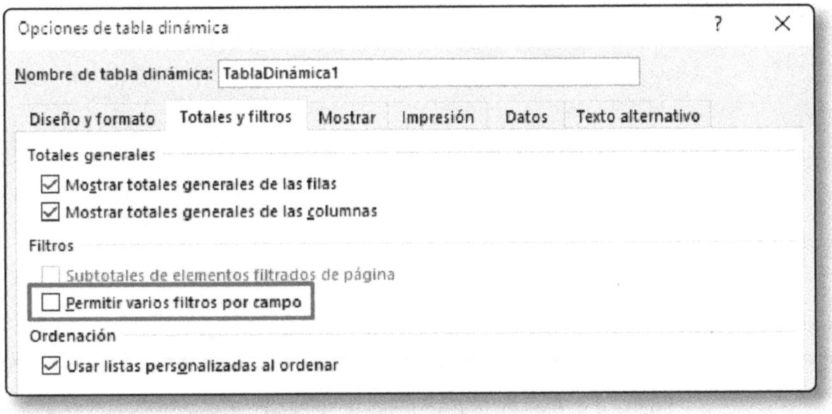

Figura 8.1. Pestaña "Totales y filtros" de la ventana de opciones de una tabla dinámica

Para realizar estos filtrados, Excel nos ofrece diferentes herramientas que veremos en las siguientes secciones. A los métodos de filtrado mediante segmentaciones de datos y escalas de tiempo les dedicaremos una sección específica un poco más adelante.

> (i) **NOTA**
>
> Si el origen de datos de la tabla dinámica es, como en nuestros ejemplos hasta ahora, una tabla de datos, el filtrar esta tabla de datos usando la herramienta de filtrado que Excel ofrece en *"Datos>Ordenar y filtrar>Filtro"* no tiene ningún efecto en la tabla dinámica. Si deseas filtrar la información mostrada en la tabla dinámica tendrás que usar necesariamente las herramientas que vamos a ver a continuación.

8.1 ÁREA DE FILTROS

En primero de los métodos es el basado en el uso del área de filtros que ya hemos tenido ocasión de usar. Básicamente, cuando llevamos un campo a dicha área, Excel sitúa en la parte superior de la tabla dinámica un desplegable que contiene los diferentes valores que toma dicho campo:

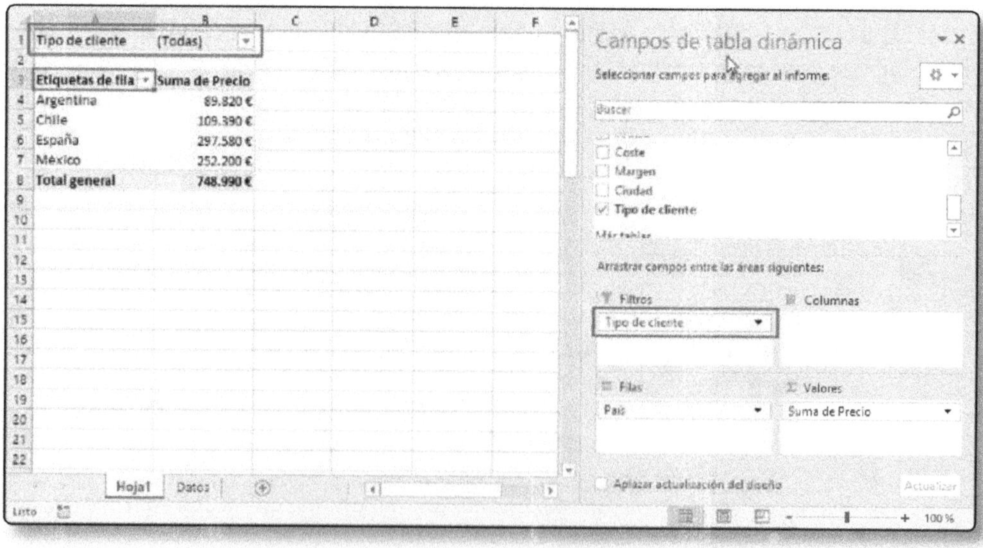

Figura 8.2. Área de filtros y menú desplegable asociado

La selección de un valor en este desplegable, provoca que en la tabla dinámica solo se consideren aquellos registros en los que el campo que se ha llevado al área de filtros tome el valor escogido:

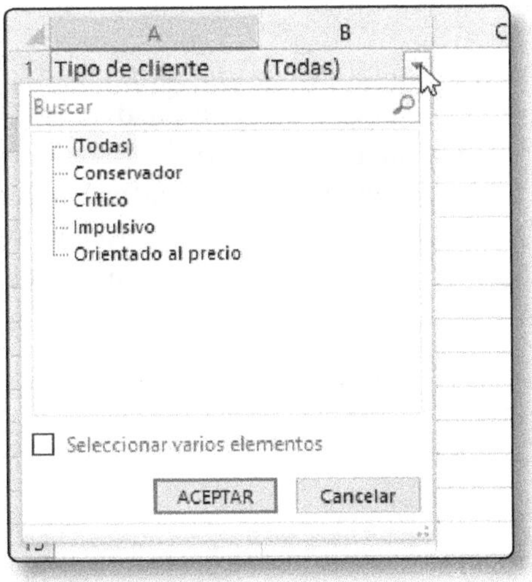

Figura 8.3. Menú desplegable del filtro mostrando los valores que toma el campo

Por defecto, solo puede seleccionarse una etiqueta (y la selección de una de ellas provoca que se deseleccione la que pudiera estar ya seleccionada), pero en la parte inferior del desplegable tenemos la opción de *"Seleccionar varios elementos"* que nos permite realizar las selecciones que deseemos antes de hacer clic en el botón **Aceptar** para confirmar el filtro:

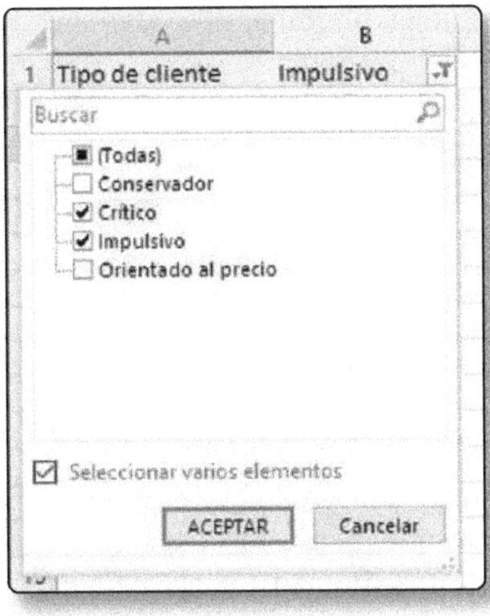

Figura 8.4. Menú desplegable tras seleccionar más de una etiqueta

Si se ha seleccionado, como en la imagen anterior, más de un valor, la tabla dinámica se filtrará de forma que solo se muestre información de aquellos registros en los que el campo que hemos llevado al área de filtros tome alguno de los valores seleccionados.

Si la tabla dinámica está situada en las primeras filas de la hoja de cálculo y no hay espacio para acomodar el filtro que añadamos, Excel va a desplazar la tabla dinámica hacia abajo una fila para hacerle sitio. Sin embargo, si posteriormente eliminamos uno de los filtros, Excel no va a desplazar la tabla dinámica hacia arriba de nuevo. Si este desplazamiento hacia abajo automático provoca que la tabla dinámica se superponga a otra tabla dinámica existente, Excel devolverá un mensaje de error y el campo que estamos llevando al área de filtros no se agregará a él.

Recuerda que no podrás llevar un mismo campo al área de filtros y a otra área simultáneamente.

8.1.1 Ejercicio

Basándose en el fichero de ventas de la empresa (*"Ventas informática.xlsx"*) y usando las herramientas vistas en esta sección, se quiere saber cuáles son las ventas totales de las categorías *"Monitores"* y *"Portátiles"* para los clientes tipo *"Orientados al precio"* de México.

8.1.2 Solución del ejercicio

Tenemos que crear una tabla dinámica que muestre las ventas por categoría de producto y, posteriormente, añadir los filtros mencionados en el enunciado (aunque podríamos llevar el campo *Categoría* al área de filtros también, nos interesa conocer los datos de ventas para dos de las categorías, por lo que resulta más práctico tener este campo en el área de filas). Para esto, sigue los siguientes pasos:

1. Crea la tabla dinámica por cualquiera de los métodos que conoces.

2. Lleva el campo *Categoría* al área de filas y el campo *Precio* al área de valores.

3. A continuación, lleva los campos *País* y *Tipo de cliente* al área de filtros. La tabla dinámica mostrará los desplegables asociados en su parte superior. Observa que, al añadir el segundo campo, Excel ha desplazado la tabla dinámica una fila hacia abajo para hacer sitio al nuevo filtro.

4. En el desplegable correspondiente al campo *País* selecciona "*México*" y en el correspondiente al campo *Tipo de cliente* selecciona "*Orientado al precio*".

5. Las ventas totales para la categoría "*Monitores*" son de 28.290€ y las ventas para la categoría "*Portátiles*" son de 26.590€:

	A	B
1	País	España
2	Tipo de cliente	Orientado al precio
3		
4	**Etiquetas de fila**	**Suma de Precio**
5	Impresoras	12860
6	Monitores	28290
7	Portátiles	26590
8	**Total general**	**67740**
9		
10		

8.2 FILTRADO MANUAL

Para realizar un filtrado manual en tu tabla de datos, sigue los siguientes pasos:

1. En el informe de tabla dinámica haz clic en el icono que incluye la imagen de una flecha hacia abajo acompañando a las celdas etiquetadas con los textos "*Etiquetas de fila*" (si quieres filtrar las etiquetas de filas) o "*Etiquetas de columna*" (si quieres filtrar las etiquetas de columnas).

2. En la lista de etiquetas que se muestra en la parte inferior de la ventana, desactiva las casillas de los elementos que no deseas mostrar en la tabla dinámica, o desactiva la casilla de selección "*Seleccionar todo*" de la parte superior de la lista –con lo que se deseleccionará la lista completa– y, a continuación, selecciona las casillas de los elementos que deseas mostrar:

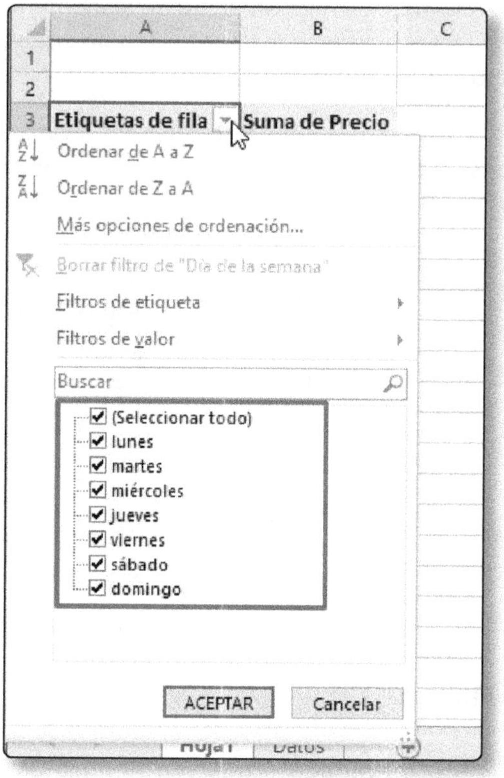

Figura 8.5. Etiquetas de filas

3. Si la lista de valores es larga, puedes buscar las etiquetas de tu interés escribiendo el texto a buscar en la casilla que contiene el texto "*Buscar*". A medida que escribimos, Excel filtrará la lista de etiquetas para mostrar solo aquellas que contienen el texto escrito y las muestra seleccionadas por defecto. Si, en cualquier momento, haces clic en **Aceptar**, se cerrará el cuadro desplegable y Excel mostrará en la tabla dinámica las etiquetas seleccionadas (y solo las etiquetas seleccionadas). Si lo que quieres es que se añadan los resultados de la búsqueda a la selección existente, haz clic en **Agregar la selección actual al filtro** antes de hacer clic en **Aceptar** (opción que solo se muestra tras comenzar a escribir en el recuadro de búsqueda). De esta forma, si estamos aplicando un filtro que muestra solo los valores del "lunes" y queremos agregar a la selección los resultados de "martes", podemos buscar dicha etiqueta ("*martes*") y seleccionar la opción comentada ("*Agregar la selección actual al filtro*").

4. Haz clic en **Aceptar**.

Una vez se esté aplicando un filtro, la imagen del icono conteniendo la flecha cambia para indicar que se está aplicando un filtro, agregándose la imagen de un pequeño embudo:

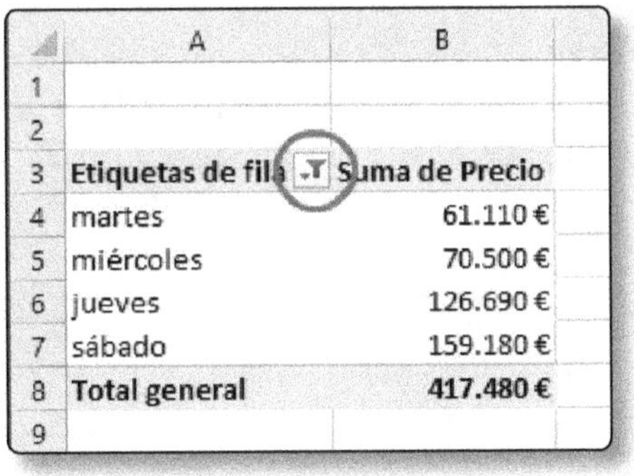

Puedes volver a hacer clic en el mismo icono para cambiar los criterios de filtrado o eliminar el filtro (haciendo clic en **Borrar filtro de [Nombre del campo]** o en la casilla de selección de **Seleccionar todo**):

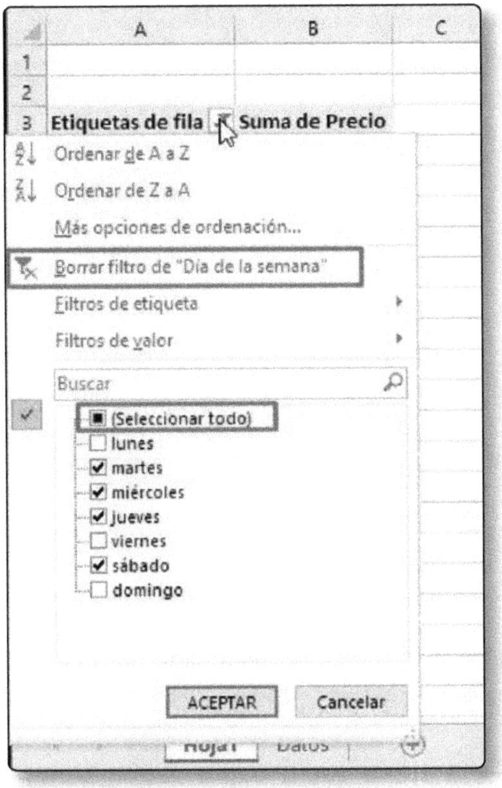

Figura 8.6. Eliminación del filtro

También se pueden eliminar todos los filtros que se estén aplicando de una sola vez seleccionando cualquier parte de la tabla dinámica y ejecutando el comando *"Analizar>Acciones>Borrar>Borrar filtros"* o con el comando *"Datos>Ordenar y filtrar>Borrar"*.

Otra interesante opción es seleccionar (usando el ratón y la tecla **Control**, por ejemplo) varias etiquetas de filas o columnas y abrir el menú contextual de una de ellas:

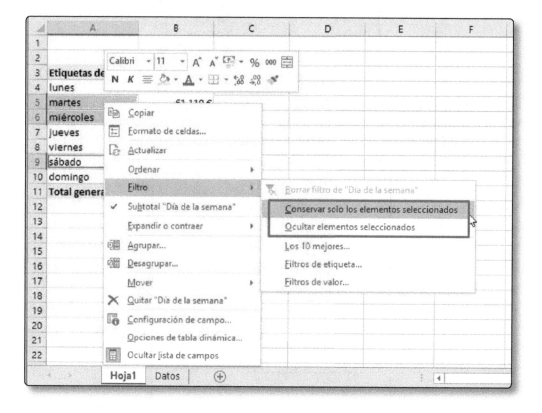

Seleccionamos *"Filtro"* y, a continuación, *"Conservar solo los elementos seleccionados"*. La tabla dinámica se actualizará para mostrar solo los elementos que teníamos seleccionados (*"martes"*, *"miércoles"* y *"sábado"*, en la imagen anterior).

También podríamos haber seleccionado la opción *"Ocultar elementos seleccionados"*, tras lo que se hubiesen mostrado solo los elementos que no habíamos seleccionado.

> **ⓘ NOTA**
>
> Si ves que, en las imágenes mostradas, los diferentes campos involucrados en la tabla dinámica se muestran con un formato diferente al que reciben por defecto (por ejemplo, formato de moneda, o con separador de miles), recuerda que puedes aplicar el formato que desees haciendo clic con el botón principal del ratón en la instancia del campo en la sección de áreas, haciendo clic en **Configuración de campo de valor**, otro clic en **Formato de número** en la ventana que se abre, y seleccionando el formato deseado.

8.2.1 Ejercicio

Basándose en el fichero de ventas de la empresa (*"Ventas informática.xlsx"*), se desea averiguar las ventas medias de todos los equipos "02" de los diferentes países (es decir, de los equipos *"Equipo ARG_02"*, *"Equipo CHI_02"*, etc.).

8.2.2 Solución del ejercicio

Tenemos que mostrar en una tabla dinámica las ventas medias de todos los equipos y aplicar, a continuación, un filtro manual que solo muestre aquellos equipos que incluyen el texto *"02"* en sus nombres. Para esto, sigue los siguientes pasos:

1. Crea la tabla dinámica por cualquiera de los métodos que conoces.

2. Arrastra el campo *Equipo* al área de filas y el campo *Precio* al área de valores. Configura este último campo de forma que se aplique la operación *"Promedio"*, tal y como pide el enunciado.

3. Haz clic en el icono que incluye el triángulo de la celda con el texto *"Etiquetas de fila"* e introduce el texto "02" en el campo de búsqueda. Verás cómo se filtra el listado de equipos para mostrar solo aquellos que incluyen el texto introducido. Haz clic en **Aceptar**:

	A	B
1		
2		
3	**Etiquetas de fila** ⬧	**Promedio de Precio**
4	Equipo ARG_02	554,56 €
5	Equipo CHI_02	495,19 €
6	Equipo ESP_02	517,47 €
7	Equipo MEX_02	485,69 €
8	**Total general**	506,46 €
9		

8.3 FILTRADO POR TEXTO

Es posible aplicar un filtro de texto a las etiquetas de filas o de columnas siempre que sus valores sean cadenas de texto. Es decir, este tipo de filtrado no será posible cuando dichas etiquetas sean números o fechas, por ejemplo. Suponiendo que se cumpla este requisito, para filtrar por texto sigue los siguientes pasos (en el siguiente ejemplo se ha llevado el campo *Ciudad* al área de filas):

1. En el informe de tabla dinámica haz clic en la flecha que acompaña a las celdas marcadas con el texto *"Etiquetas de fila"* (si quieres filtrar las etiquetas que se muestran en los encabezados de filas) o *"Etiquetas de columna"* (si quieres filtrar las etiquetas que se muestran en los encabezados de columnas).

2. Selecciona **Filtros de etiqueta**:

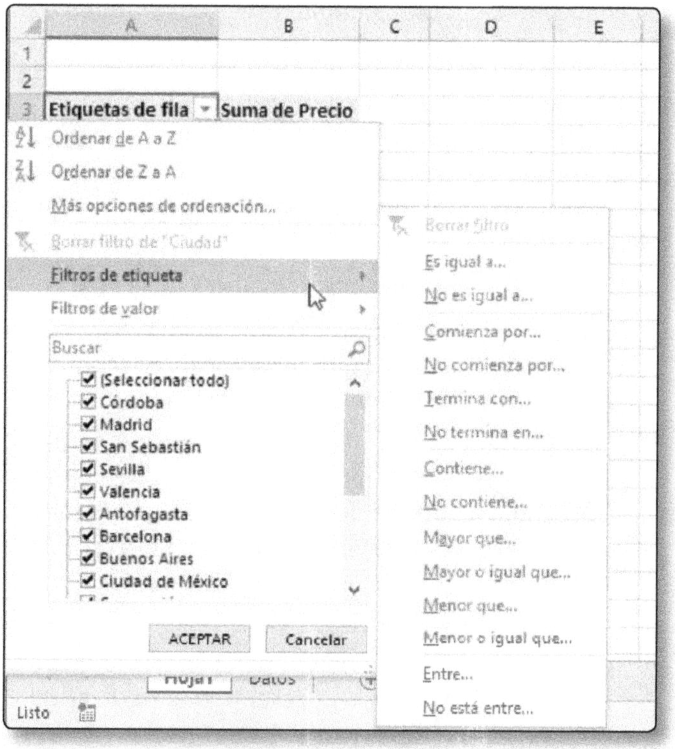

Figura 8.7. Filtros de etiqueta

3. A continuación, selecciona el criterio de filtrado (por ejemplo, *"Comienza por…"*), introduce la información necesaria (en nuestro ejemplo, las letras por las cuales comienzan las ciudades que buscas) y haz clic en **Aceptar**.

Si la tabla dinámica se basa en un origen de datos que no es OLAP (por ejemplo, si se basa en el modelo de datos o en una tabla contenida en el fichero), puedes usar los siguientes comodines:

▶ **?** (signo de interrogación). Equivale a un único carácter. De esta forma, filtrar la lista según aquellas ciudades cuyos nombres comiencen por la cadena "?a" dará como resultado nombres como "Madrid" o "San Sebastián".

▶ ***** (asterisco). Equivale a cualquier número de caracteres (incluyendo la opción de ningún carácter). De esta forma, filtrar la lista para mostrar las etiquetas de ciudad que comiencen por "*i" dará como resultado "Sevilla" o "Buenos Aires", entre otras ciudades.

▶ **~** (virgulilla que encontramos a veces en la misma tecla que la letra ñ, accesible presionando **AltGr+4** simultáneamente, soltando y, a continuación, presionando **Espacio**). Este carácter, seguido de la interrogación, el asterisco o de la propia virgulilla, representa a la interrogación, al asterisco o a la virgulilla (literalmente). De esta forma "~*a" solo buscará nombres de ciudades cuyos nombres comiencen por "*a" (literalmente un asterisco seguido de una letra "a").

Recuerda que el filtro de etiqueta no está disponible cuando el campo en cuestión no contiene etiquetas basadas en texto. Así, por ejemplo, si situamos en el área de filas de nuestra tabla dinámica el campo *Fecha*, Excel no nos ofrece el filtro de etiqueta:

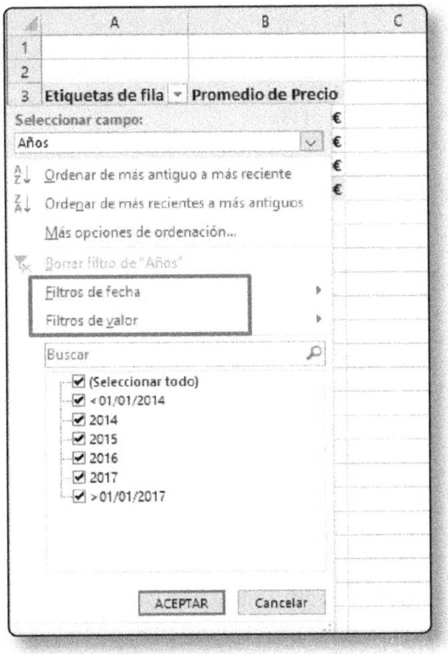

Figura 8.8. Filtros disponibles tras llevar el campo Fecha al área de filas

Para eliminar un filtro de etiqueta haz clic en la flecha que acompaña a las celdas con el texto "*Etiquetas de fila*" o "*Etiquetas de columna*" y, a continuación:

▶ Haz clic en **Borrar filtro de [Nombre del campo],** o
▶ Selecciona **Filtros de etiqueta** y haz clic en **Borrar filtro**:

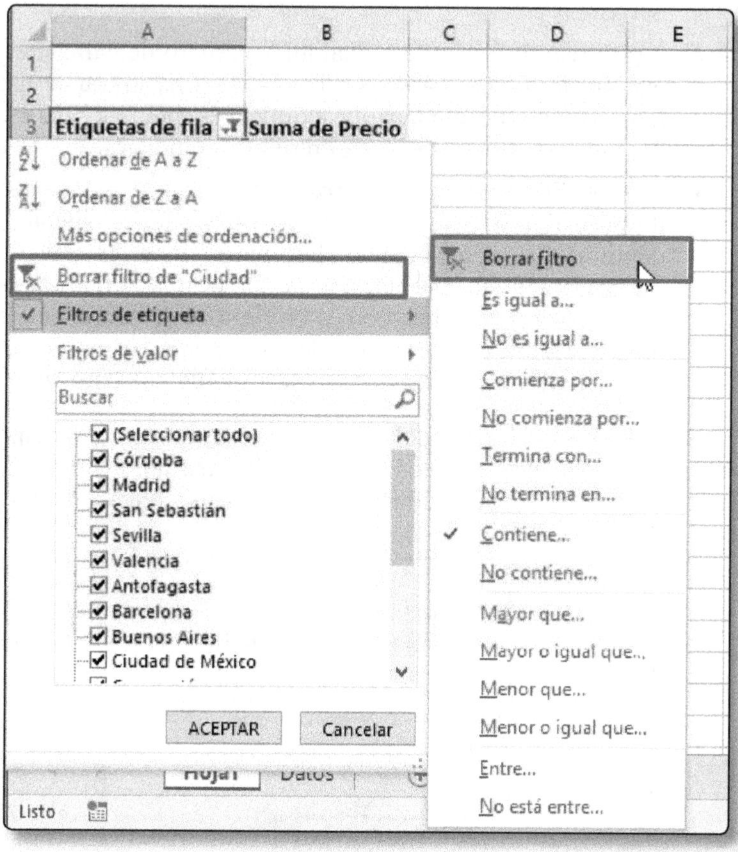

Figura 8.9. Herramientas de "Borrar filtro"

8.3.1 Ejercicio

Basándose en el fichero de ventas de la empresa ("*Ventas informática.xlsx*") y usando las herramientas vistas en esta sección, se quiere averiguar las ventas de los comerciales "*Emilia Cerviño*" y "*Emilio Arribas*".

8.3.2 Solución del ejercicio

Para obtener las ventas de los comerciales mencionados, vamos a aplicar un filtro de texto a la lista de comerciales. Para ello:

1. Crea la tabla dinámica por cualquiera de los métodos que conoces.

2. Lleva el campo *Nombre* al área de filas y el campo *Precio* al área de valores.

3. Haz clic en el icono con el triángulo que acompaña a la celda con el texto "*Etiquetas de fila*", selecciona **Filtros de etiqueta**, haz un clic en **Comienza por…** y, en la ventana de diálogo que se abre, escribe "*Emili?*" (sin las comillas, de esta forma filtraremos simultáneamente los nombres de los dos comerciales pues la interrogación equivale tanto a la "a" de Emilia como a la "o" de Emilio).

4. Haz clic en **Aceptar**. La tabla dinámica mostrará solo los nombres de los dos comerciales solicitados:

	A	B
1		
2		
3	**Etiquetas de fila** ⊽	**Suma de Precio**
4	Emilia Cerviño	11.940 €
5	Emilio Arribas	19.170 €
6	**Total general**	**31.110 €**
7		
8		

8.4 FILTRADO POR VALOR

Es posible aplicar un filtro de valor a los campos situados en las áreas de filas y columnas en función de los valores que tomen los campos de valor (los campos que hemos llevado al área de valores). Para mostrar cómo funciona, supongamos que tenemos la siguiente tabla dinámica que incluye dos campos numéricos en el área de valores (*Precio* y *Margen*, aplicándose al primero la operación "*Suma*" y al segundo la operación "*Promedio*") y el campo *Día de la semana* en el área de filas:

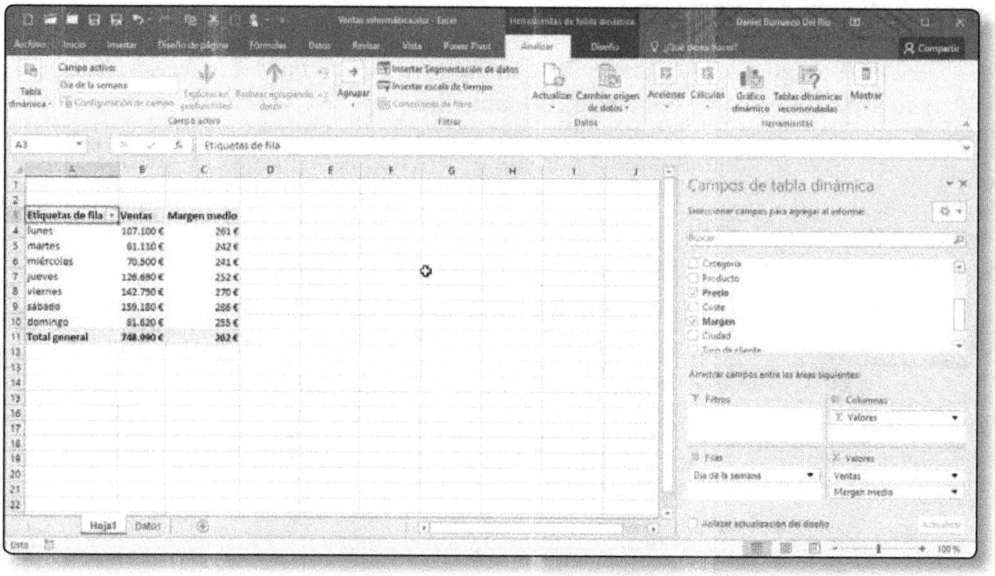

Ahora, si queremos aplicar un filtro de valor, sigue los siguientes pasos:

1. En el informe de tabla dinámica haz clic en la flecha que acompaña a las celdas marcadas con el texto "*Etiquetas de fila*" (en el ejemplo que sigue) o "*Etiquetas de columna*".

2. Selecciona **Filtros de valor**:

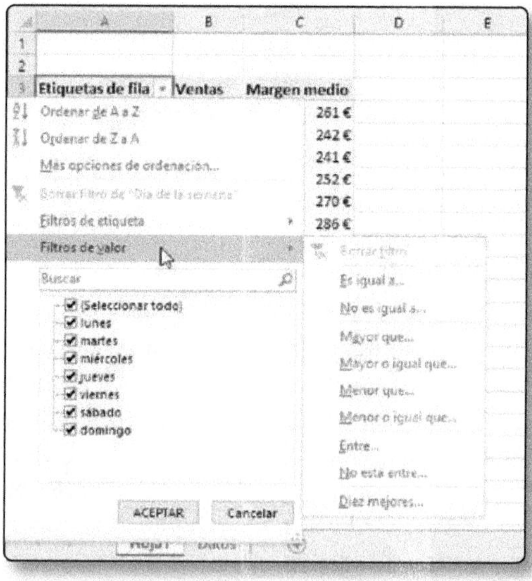

Figura 8.10. Filtros de valor

3. A continuación, selecciona el criterio de filtrado, por ejemplo *"Mayor o igual que..."*.

4. En la ventana de diálogo que se muestra se incluye un primer menú desplegable en el que podremos escoger el campo (del área de valores) al que aplicar el filtro. Si solo hemos añadido un campo al área de valores, solo se mostrará una opción. En la siguiente imagen pueden verse los dos campos que hay en nuestro ejemplo:

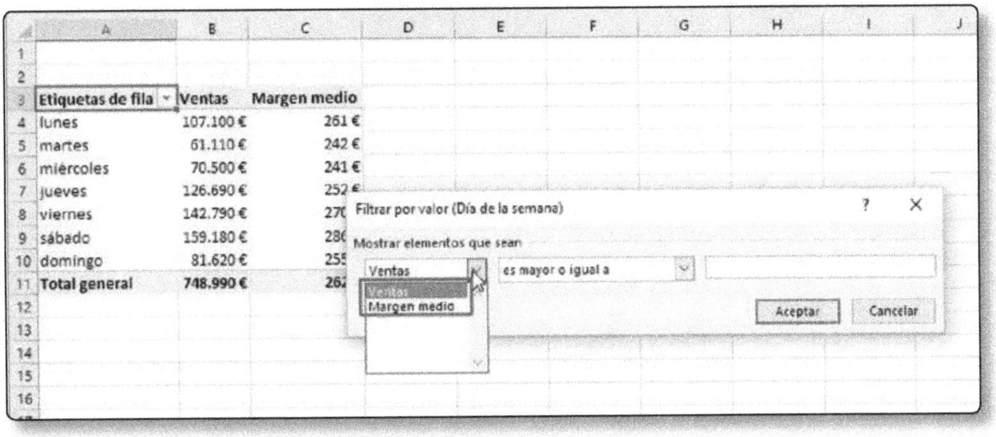

Figura 8.11. Escogiendo el campo de valor al que aplicar el filtro

Selecciona el campo que desees (por ejemplo, *Ventas*), introduce la información necesaria (en este caso, la cifra igual y por encima de la que se filtrará, por ejemplo, 100.000) y haz clic en **Aceptar** (al introducir la cifra no hace falta que introduzcas separador de miles, aunque, si lo haces, Excel lo interpretará correctamente).

Se actualizará la tabla dinámica para mostrar solo aquellos días de la semana en los que las ventas son superiores o igual a 100.000€:

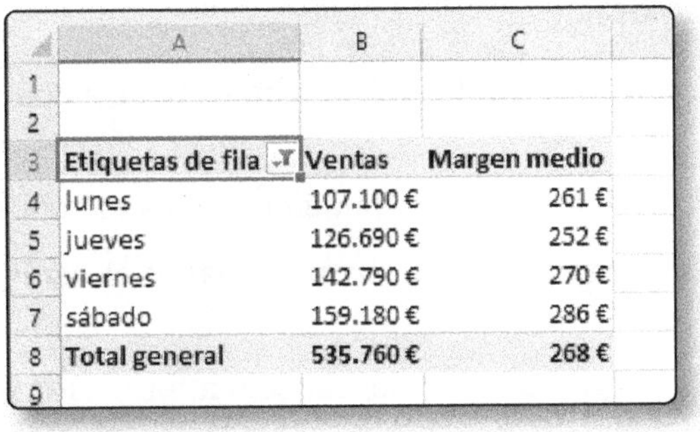

Figura 8.12. Tabla dinámica tras aplicar el filtro de valor

Para eliminar un filtro de valor haz clic en la flecha que acompaña a las celdas con el texto *"Etiquetas de fila"* o *"Etiquetas de columna"* y, a continuación:

▼ Haz clic en **Borrar filtro de [Nombre del campo],** o

▼ Selecciona **Filtros de valor** y haz clic en **Borrar filtro**:

Figura 8.13. Herramientas de "Borrar filtro"

8.4.1 Ejercicio

Basándose en el fichero de ventas de la empresa (*"Ventas informática.xlsx"*), se pide un listado de todos los comerciales que acumulen más de 3.500€ en ventas de impresoras, ordenado de mayor a menor según las ventas de cada uno.

8.4.2 Solución del ejercicio

Creemos, en primer lugar, la tabla dinámica para, a continuación, aplicar los filtros necesarios:

1. Crea la tabla dinámica por cualquiera de los métodos que conoces.

2. Lleva el campo *Nombre* al área de filas y el campo *Precio* al área de valores.

3. Para filtrar los productos y mostrar solo información relativa a impresoras, añade el campo *Categoría* al área de filtros y selecciona la opción *"Impresoras"*.

4. A continuación, haz clic en la flecha que acompaña a la celda con el texto *"Etiquetas de fila"*, selecciona **Filtros de valor** y haz clic en **Mayor que...**.

5. Introduce la cifra *"3.500"* (no hace falta añadir el separador de miles) y haz clic en **Aceptar**. La tabla dinámica mostrará ya el listado de comerciales con más de 3.500€ de ventas en impresoras.

6. Para ordenar la tabla según las ventas de mayor a menor, abre el menú contextual de cualquier cifra de ventas y selecciona **Ordenar** y **Ordenar de mayor a menor**:

	A	B
1	Categoría	Impresoras
2		
3	**Etiquetas de fila**	**Ventas**
4	Emilio Arribas	5.100 €
5	Begoña Tapia	4.380 €
6	Daniel Angulo	3.990 €
7	Julia Sereno	3.860 €
8	Daniel Salinas	3.860 €
9	David Nogal	3.820 €
10	Julio Vázquez	3.780 €
11	Gema Oliete	3.770 €
12	Rodrigo Canales	3.620 €
13	**Total general**	**36.180 €**
14		

8.5 FILTRADO POR FECHA

El filtrado por fecha está disponible para etiquetas de filas o de columnas en las que se haya incluido un campo que contenga fechas (por ejemplo, los campos *Fecha* o *Día de la semana* de nuestro listado). Para el siguiente ejemplo partimos de nuestra tabla dinámica vacía a la que agregamos el campo *Fecha* al área de filas y el campo *Precio* al área de valores:

	A	B
1		
2		
3	**Etiquetas de fila**	**Ventas**
4	⊞ 2014	234.910 €
5	⊞ 2015	247.380 €
6	⊞ 2016	266.700 €
7	**Total general**	**748.990 €**
8		

Ahora, para filtrar por fecha sigue los siguientes pasos:

1. En el informe de tabla dinámica haz clic en la flecha que acompaña a las celdas marcadas con el texto *"Etiquetas de fila"* o *"Etiquetas de columna"* (allí donde esté el campo de fecha que queremos filtrar, en nuestro caso la celda *"Etiquetas de fila"*).

2. Selecciona *"Filtro de fecha"*. Excel mostrará un completo menú de opciones que nos permite seleccionar rápida y cómodamente las fechas previas a una dada, las fechas de la próxima semana, de hoy, de ayer, o del mes pasado, por poner algunos ejemplos. En el submenú *"Todas las fechas en el período"* podemos, además, especificar un mes o un trimestre concreto:

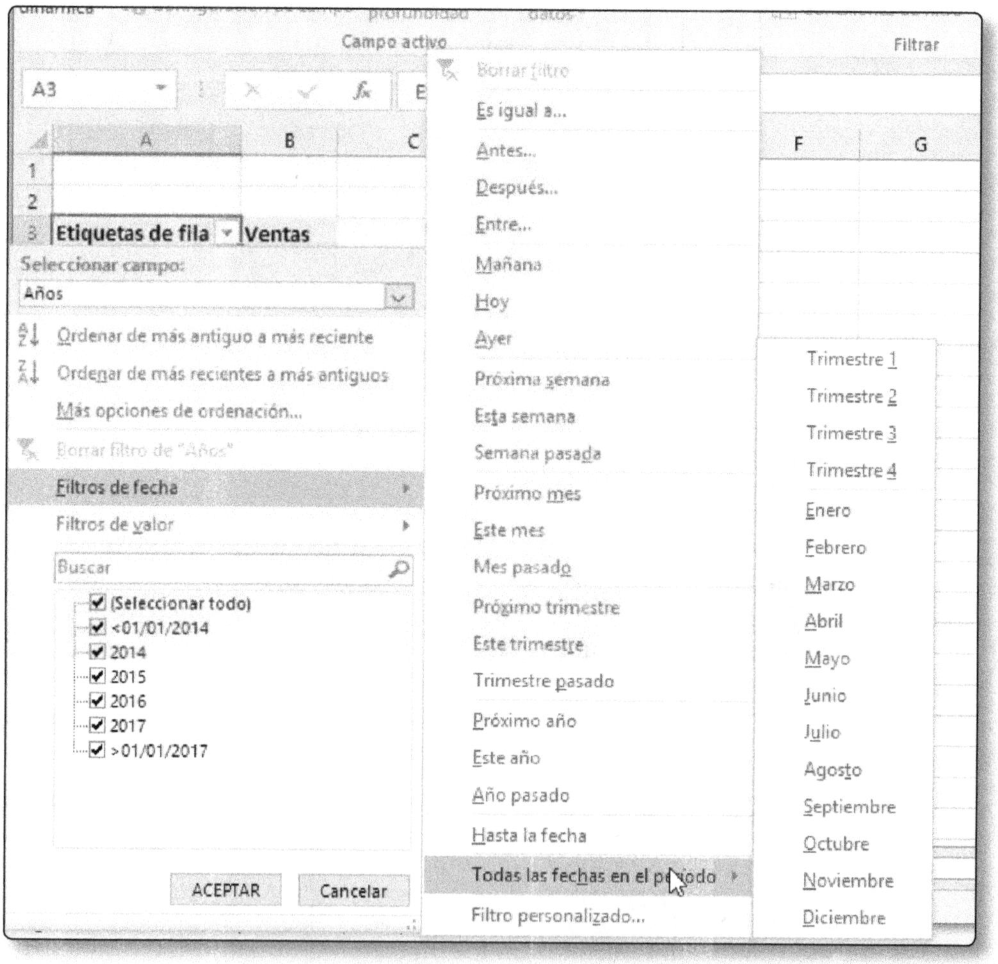

Figura 8.14. Opciones disponibles en el filtro de fecha

3. A continuación, selecciona el criterio de filtrado, la información necesaria y haz clic en **Aceptar**.

Para eliminar un filtro de fecha haz clic en la flecha que acompaña a las celdas con el texto *"Etiquetas de fila"* o *"Etiquetas de columna"* (allí donde estemos aplicando un filtro por fecha) y, a continuación:

▼ Haz clic en **Borrar filtro de [Nombre del campo]**, o
▼ Selecciona **Filtros de fecha** y haz clic en **Borrar filtro**.

ⓘ **NOTA**

Las fechas en Excel

Excel almacena las fechas y horas como números decimales. Es decir, la única diferencia entre "12/09/2016 16:05:19" y el número "42625,67" es el formato, pues, internamente, ambos valores coinciden con 42625,67, siendo la parte entera (42625) el equivalente del día y la parte decimal (0,67) el equivalente de la hora.

Si queremos saber a qué fecha equivale el número 1 no tenemos más que escribirlo en cualquier celda de nuestro libro de cálculo, seleccionar dicha celda, abrir la ventana de *"Formato de celdas"* (presionando la combinación de teclas **Control-1**, por ejemplo) y aplicando un formato de fecha: el número 1 corresponde al 1 de enero de 1900 a las 00:00. Es decir, al comienzo del primer día del año 1900. ¿Y el número 0, entonces? Si repetimos el proceso con este número (o si, directamente escribimos el 0 en la celda en la que teníamos el 1 con formato de fecha) veremos que se corresponde con el día 0 de enero del año 1900 a las 00:00, lo que no tiene sentido, aun cuando podamos verlo en pantalla.

De hecho, Excel no puede trabajar con fechas anteriores al supuesto 0 de enero de 1900 (lo que serían números negativos) ni con fechas posteriores al 31 de diciembre del año 9999 a las 23:59:59 (fecha que corresponde al número 2.958.466,00), de forma que, si tienes algún plan para una fecha posterior, tendrás que buscar una alternativa a Excel para gestionarlo.

8.5.1 Ejercicio

Basándose en el fichero de ventas de la empresa (*"Ventas informática.xlsx"*), se pide un listado de todos los equipos comerciales que hayan acumulado más de 5.000€ en ventas de monitores entre el 5 de junio de 2015 y el 20 de diciembre del mismo año.

8.5.2 Solución del ejercicio

El ejercicio nos pide un listado de equipos (que cumplan ciertas condiciones) y sus ventas, de forma que nuestra tabla dinámica se va a basar en los campos *Equipo* y *Precio* a los que aplicaremos los filtros necesarios:

1. Crea la tabla dinámica por cualquiera de los métodos que conoces.

2. Lleva el campo *Equipo* al área de filas y el campo *Precio* al área de valores. Con esto tendríamos el listado básico mostrando las ventas totales por equipo.

3. Lleva ahora el campo *Fecha* al área de columnas.

4. Haz clic en la flecha que acompaña a la celda con el texto "*Etiquetas de columna*", selecciona "*Filtros de fecha*" y haz un clic en la opción **Entre…**. Selecciona las dos fechas mencionadas en el enunciado (puedes buscarlas en el calendario o escribirlas directamente con el formato "dd/mm/aaaa"). Haz clic en **Aceptar**. En este momento, nuestra tabla dinámica nos está mostrando las ventas totales de nuestros equipos comerciales entre las dos fechas introducidas.

5. Para filtrar por la categoría "*Monitores*", arrastra el campo *Categoría* al área de filtros y selecciona "*Monitores*".

6. Por último, solo nos queda filtrar los grupos cuyas ventas supongan más de 5.000€: Para ello haz clic en el triángulo que acompaña a la celda con el texto "*Etiquetas de fila*", selecciona **Filtros de valor** y haz clic en **Mayor que…**. Introduce la cantidad (5.000) y haz clic en **Aceptar**, tras lo que la tabla dinámica estará mostrando la información solicitada:

	A	B	C	D
1	Categoría	Monitores ⊤		
2				
3	Suma de Precio	Etiquetas de columna ⊤		
4		⊞2015	Total general	
5				
6	Etiquetas de fila ⊤			
7	Equipo ESP_02	6.480 €	6.480 €	
8	Equipo MEX_01	7.930 €	7.930 €	
9	Equipo MEX_02	7.170 €	7.170 €	
10	Equipo MEX_03	7.770 €	7.770 €	
11	**Total general**	29.350 €	29.350 €	
12				

En este ejercicio, las fechas solicitadas caen todas en 2015, por lo que las cifras de la columna B (2015) coinciden con las de la columna C (conteniendo el "*Total general*"). Si las fechas cayesen en dos o más años, los valores de ventas solicitados en el enunciado serían los de la columna con el total general.

8.6 MOSTRAR LOS 10 ELEMENTOS SUPERIORES O INFERIORES

También es posible aplicar filtros que muestren los 10 valores superiores o inferiores que cumplan ciertas condiciones. Al igual que ocurría con los filtros de valor, este tipo de filtro se aplicarán a un campo que hayamos añadido al área de valores. Para mostrar este tipo de filtro, volvemos a partir de la tabla dinámica a la que hemos llevado el campo *Ciudad* al área de filas, y los campos *Precio* y *Margen* al área de valores, aplicándoles la función "*Suma*" al primero y "*Promedio*" al segundo. La suma de precio la renombramos a "*Ventas*" y el promedio de margen a "*Margen medio*":

8.6.1 Elementos

Supongamos ahora que queremos averiguar las cinco ciudades en las que los márgenes medios son más altos:

1. En el informe de tabla dinámica haz clic en la flecha que acompaña a las celdas marcadas con el texto "*Etiquetas de fila*" o "*Etiquetas de columna*", en función del campo que quieras filtrar. En nuestro caso queremos filtrar el listado de ciudades, de forma que hacemos clic en la flecha que acompaña a la celda con el texto "*Etiquetas de fila*".

2. Haz clic en **Filtros de valor** y después en **Diez mejores**:

Figura 8.15. Filtro "Diez mejores"

3. En el cuadro de diálogo *"Filtro 10 mejores"* que se muestra, rellena los siguientes datos:

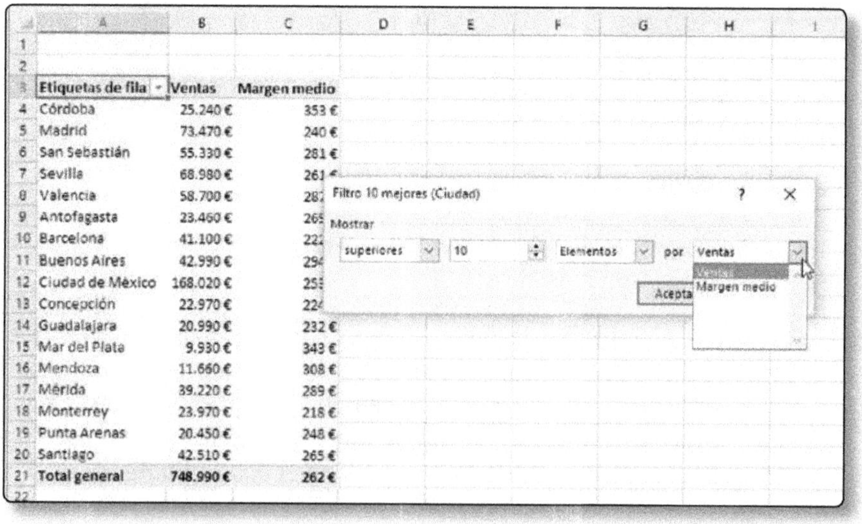

- En el primer cuadro escoge "*superiores*" (si quieres mostrar los 10 mejores) o "*inferiores*" (si quieres mostrar los 10 peores). Para este ejemplo, escoge **superiores**.

- En el segundo cuadro escoge el número de elementos a mostrar (a pesar del nombre del filtro, "10 mejores", puede especificarse cualquier número). Selecciona, tal y como hemos comentado, cinco.

- En el tercer cuadro selecciona la opción por la que quieres filtrar: "*Elementos*", "*Por ciento*" o "*Suma*". Veremos estas opciones con detalle a continuación. Por ahora, selecciona simplemente **Elementos**.

- En el cuarto cuadro se muestra un menú desplegable en el que escoger el campo a considerar de entre los incluidos en el área de valores. Selecciona **Margen medio** y haz clic en **Aceptar**.

La lista se actualizará para mostrar los cinco elementos en los que el campo *Margen medio* toma los valores más altos:

	A	B	C
1			
2			
3	**Etiquetas de fila**	**Ventas**	**Margen medio**
4	Córdoba	25.240 €	353 €
5	Buenos Aires	42.990 €	294 €
6	Mar del Plata	9.930 €	343 €
7	Mendoza	11.660 €	308 €
8	Mérida	39.220 €	289 €
9	**Total general**	**129.040 €**	**308 €**
10			

Una vez filtrada la lista, podemos ordenarla siguiendo los procedimientos que ya conocemos. Por ejemplo, podemos abrir el menú contextual de cualquier valor de la columna "*Margen medio*" y hacer un clic en *Ordenar* y otro en "*Ordenar de mayor a menor*".

Escogiendo la opción **Elementos** que hemos visto en el cuadro de diálogo "*Filtro 10 mejores*" estamos especificando el número de elementos que queremos que se muestren en la tabla dinámica (cinco, en el ejemplo que hemos visto), pero hay otras dos opciones sumamente interesantes en dicho cuadro de diálogo: "*Por ciento*" y "*Suma*". Veámoslas una a una:

8.6.2 Por ciento

En la opción *"Por ciento"* le indicamos a Excel el porcentaje mínimo que los elementos a mostrar en la tabla dinámica filtrada deberán sumar con respecto del total. Es decir, no le decimos cuántos elementos deberá mostrar, sino "muestra tantos elementos como sea necesario para que el porcentaje que supongan sus valores sea, por lo menos, el porcentaje que te indico". Si estamos mostrando los *"superiores"*, Excel ordenará los valores de mayor a menor, quedándose con los elementos con valores más altos. Si estamos mostrando los *"inferiores"*, Excel ordenará los valores de menor a mayor, quedándose con los elementos con valores más bajos.

Hagamos un ejemplo práctico. Partimos de la tabla dinámica del ejemplo anterior a la que eliminamos el campo *Margen* del área de valores que ya no nos va a ser de utilidad. Supongamos que queremos saber las ciudades con mayores ventas que supongan el 70% (como mínimo) del total de ventas. Para esto:

1. En el informe de tabla dinámica haz clic en la flecha que acompaña a la celda marcada con el texto *"Etiquetas de fila"*.

2. Haz clic en **Filtros de valor** y, a continuación, en **Diez mejores**.

3. En el cuadro de diálogo *"Filtro 10 mejores"* que se muestra, rellena los siguientes datos:

   - Escoge **superiores** (pues queremos saber las ciudades con más ventas que supongan el porcentaje indicado).
   - Escribe "70" en el segundo recuadro (el porcentaje).
   - Escoge **por ciento** en el desplegable.
   - Y escoge *Ventas* como campo a considerar

4. Haz clic en **Aceptar**.

A continuación –y solo para hacer más sencilla la explicación– vamos a ordenar las filas según el campo *Ventas* en orden decreciente. La tabla mostrará entonces el siguiente aspecto:

	A	B
1		
2		
3	**Etiquetas de fila**	**Ventas**
4	Ciudad de México	168.020 €
5	Madrid	73.470 €
6	Sevilla	68.980 €
7	Valencia	58.700 €
8	San Sebastián	55.330 €
9	Buenos Aires	42.990 €
10	Santiago	42.510 €
11	Barcelona	41.100 €
12	**Total general**	**551.100 €**
13		

Si nos fijamos en el total general de la última fila, estas ciudades totalizan 551.100€ en ventas, lo que representa 551100/748990 = 73.57% del total de ventas (que es de 748.990€). Si excluyésemos de este listado la última ciudad mostrada (Barcelona, con 41.100€), el total general de la tabla dinámica filtrada sería 551.100€-41.100€ = 510.000€, lo que representaría 510000/748990 = 68.00% del total –por debajo del 70% que hemos indicado al configurar el filtro–.

Es decir, Excel ordena internamente las ciudades (en este caso de mayor a menor según el campo *Ventas*, pues hemos pedido que nos muestre en la tabla dinámica los valores "*superiores*") y escoge tantas ciudades (comenzando por arriba) como sea necesario para, como mínimo, igualar el porcentaje indicado.

8.6.3 Suma

Esta opción es semejante a la anterior. En ella le indicamos a Excel la suma que los elementos a mostrar en la tabla dinámica filtrada deberán representar. De nuevo, no le decimos cuántos elementos deberá mostrar, sino "muestra tantos elementos como sea necesario para que la suma que supongan sus valores sea, por lo menos, la cifra que te indico".

Hagamos un ejemplo. Supongamos que queremos mostrar las ciudades (con mayores ventas) cuyas ventas totales supongan, como mínimo, 400.000€. Partimos de la misma tabla dinámica del ejemplo anterior tras eliminar el filtro "*Diez mejores*" que habíamos aplicado. Ahora:

1. En el informe de tabla dinámica haz clic en la flecha que acompaña a la celda marcada con el texto "*Etiquetas de fila*".

2. Haz clic en **Filtros de valor** y después en **Diez mejores**.

3. En el cuadro de diálogo "*Filtro 10 mejores*" que se muestra, rellena los siguientes datos:

   - Escoge **superiores** (pues queremos saber las ciudades con más ventas que supongan el total indicado).

   - Escribe "400.000" en el segundo recuadro (la cifra de ventas que deberán sumar las ciudades que se muestren) –no hace falta que escribas el separador de miles–.

   - Escoge **Suma** en el desplegable.

   - Y escoge *Ventas* –único campo disponible– como campo a considerar.

4. Haz clic en **Aceptar**.

Si partiste de la tabla del ejercicio anterior, probablemente las ciudades ya se estén mostrando ordenadas según el campo *Ventas*. En caso contrario, al igual que hicimos antes, ordénalas según ese campo en orden decreciente. La tabla mostrará entonces el siguiente aspecto:

Vemos que el total general es de 424.500€ (cifra superior a 400.000€) y que, si no se hubiese incluido la última ciudad de esta lista (San Sebastián), el total general sería de 424.500€ - 55.330€ = 369.170€, lo que ya no alcanzaría los 400.000€ que hemos indicado.

Es decir, de forma semejante a la opción *"por ciento"*, Excel ordena internamente las ciudades (de mayor a menor según el campo *Ventas* en este caso, pues hemos pedido que nos muestra en la tabla dinámica los valores *"superiores"*) y escoge tantas ciudades (comenzando por arriba) como sea necesario para igualar o superar si es necesario el total indicado.

8.6.4 Ejercicio

Basándose en el fichero de ventas de la empresa (*"Ventas informática.xlsx"*), queremos averiguar los nombres de los cinco comerciales con ventas más bajas en la categoría *"Monitores"* así como saber cuáles son los equipos de comerciales que, acumulando las mayores ventas, suponen el 50% del total de ventas.

8.6.5 Solución del ejercicio

Preparemos una tabla dinámica distinta para responder a cada una de las preguntas. Comencemos con la respuesta a la primera, los nombres de los cinco comerciales con ventas más bajas en la categoría *"Monitores"*:

1. Crea la tabla dinámica por cualquiera de los métodos que conoces.

2. Arrastra el campo *Nombre* al área de filas y el campo *Precio* al área de valores (al que renombramos a *Ventas*).

3. Tenemos que filtrar la tabla para mostrar solo información de la categoría *"Monitores"*. Para ello arrastra el campo *Categoría* al área de filtros y selecciona en dicho filtro la categoría que nos interesa.

4. A continuación, haz clic en el triángulo que acompaña a la celda con el texto *"Etiquetas de fila"*.

5. Haz clic en **Filtros de valor** y después en **Diez mejores**.

6. En el cuadro de diálogo *"Filtro 10 mejores"* que se muestra, rellena los siguientes datos:

   • Escoge **inferiores** (pues queremos conocer los comerciales con menos ventas).

   • Escribe "5" en el segundo recuadro (el número de comerciales que queremos incluir en la lista).

- Deja la opción por defecto, **Elementos**, en el desplegable.
- Y deja *Ventas* –único campo disponible– como campo a considerar. Haz clic en **Aceptar**.

7. En la tabla dinámica, ordenemos ahora las filas según el campo *Ventas* en orden descendente.

La información solicitada es la incluida en la tabla dinámica resultante:

	A	B
1	Categoría	Monitores 🔽
2		
3	**Etiquetas de fila** 🔽	**Ventas**
4	Sara López	740 €
5	Maripaz Navarro	710 €
6	Javier Montes	670 €
7	Sara Izquierdo	620 €
8	Diana Cayetano	370 €
9	**Total general**	**3.110 €**
10		

Para la resolución del segundo apartado –los equipos de comerciales que, acumulando las mayores ventas, supongan el 50% del total de ventas–, vamos a crear una segunda tabla dinámica en la celda D3, a la derecha de la tabla dinámica anterior, y vamos a llevar el campo *Equipo* al área de filas y *Precio* al área de valores (campo que vamos a renombrar a *Ventas* nuevamente):

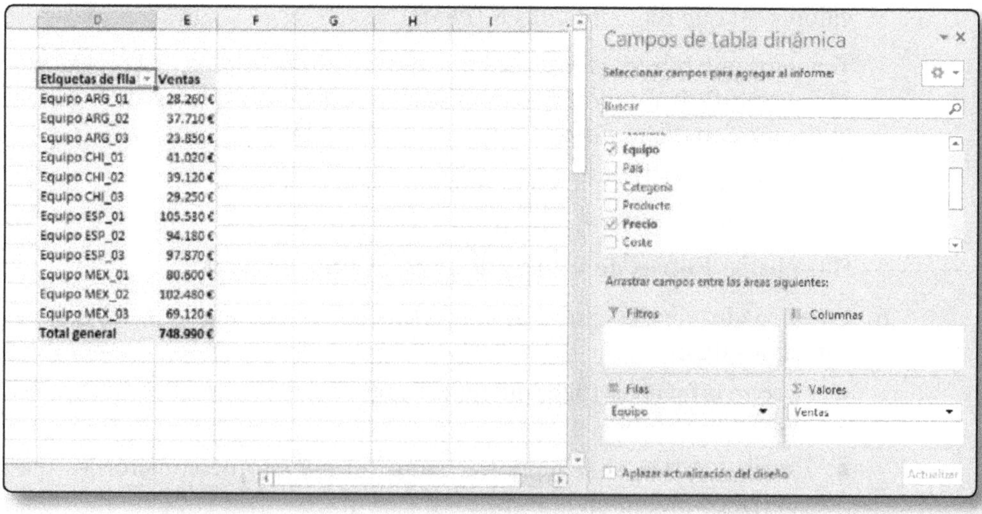

Etiquetas de fila	Ventas
Equipo ARG_01	28.260 €
Equipo ARG_02	37.710 €
Equipo ARG_03	23.850 €
Equipo CHI_01	41.020 €
Equipo CHI_02	39.120 €
Equipo CHI_03	29.250 €
Equipo ESP_01	105.580 €
Equipo ESP_02	94.180 €
Equipo ESP_03	97.870 €
Equipo MEX_01	80.600 €
Equipo MEX_02	102.480 €
Equipo MEX_03	69.120 €
Total general	**748.990 €**

Campos de tabla dinámica

Seleccionar campos para agregar al informe:

Buscar

- ☑ Equipo
- ☐ País
- ☐ Categoría
- ☐ Producto
- ☑ Precio
- ☐ Coste

Arrastrar campos entre las áreas siguientes:

▼ Filtros	�III Columnas

☰ Filas	Σ Valores
Equipo ▼	Ventas ▼

☐ Aplazar actualización del diseño   Actualizar

Sigue ahora los siguientes pasos:

1. Haz clic en el triángulo que acompaña a la celda con el texto "*Etiquetas de fila*".

2. Haz clic en **Filtros de valor** y después en **Diez mejores**.

3. En el cuadro de diálogo "*Filtro 10 mejores*" que se muestra, rellena los siguientes datos:

   - Escoge **superiores** (pues queremos conocer los equipos con mayores ventas que supongan el 50% de las ventas totales).

   - Escribe "50" en el segundo recuadro (el porcentaje).

   - Escoge la opción **por ciento** en el desplegable.

   - Y deja *Ventas* –único campo disponible– como campo a considerar. Haz clic en **Aceptar**.

4. En la tabla dinámica, ordenemos las filas según el campo *Ventas* en orden descendente.

La información solicitada es la incluida en la tabla dinámica resultante:

Etiquetas de fila ↓↑	Ventas
Equipo ESP_01	105.530 €
Equipo MEX_02	102.480 €
Equipo ESP_03	97.870 €
Equipo ESP_02	94.180 €
Total general	**400.060 €**

8.7 OPCIONES DE FILTRO

Es posible configurar el comportamiento de los filtros aplicados a una tabla dinámica en las opciones de la misma:

1. Selecciona cualquier parte de la tabla dinámica

2. Ejecuta el comando "*Analizar>Tabla dinámica>Opciones*"

   - En la pestaña "*Totales y filtros*", activa o desactiva la casilla **Permitir varios filtros por campo** para, como indica su nombre, permitir o no que se aplique más de un filtro a cada campo:

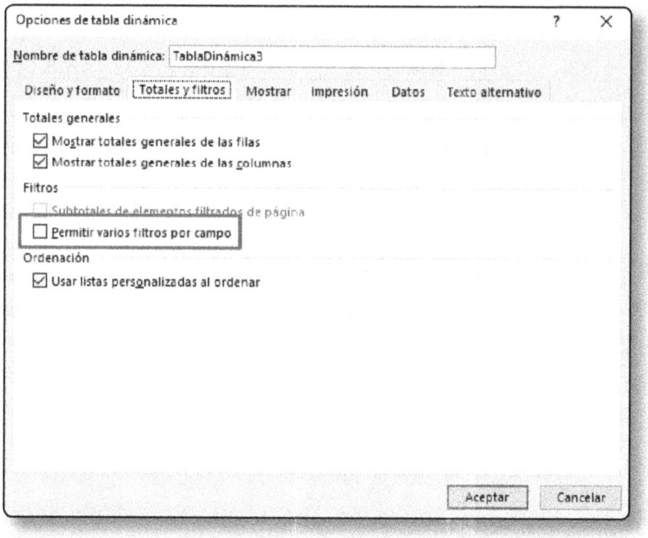

Figura 8.16. Opción "Permitir varios filtros por campo"

- En la pestaña "*Mostrar*" puedes activar o desactivar la casilla ***Mostrar títulos de campo y filtrar listas desplegables***. Si se deselecciona esta opción, Excel no mostrará en la tabla dinámicas los textos de "*Etiquetas de fila*" y "*Etiquetas de columna*" ni, por lo tanto, los iconos con la pequeña flecha que nos permiten acceder a las herramientas de filtro que hemos visto:

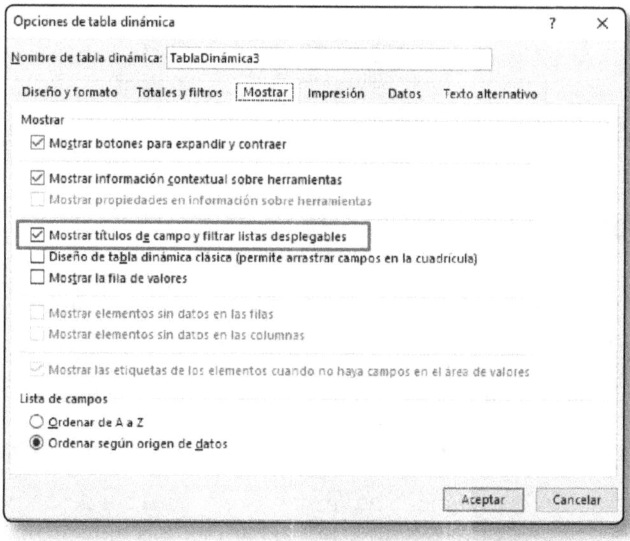

Figura 8.17. Opción "Mostrar títulos de campo y filtrar listas desplegables"

9

SEGMENTACIONES DE DATOS

Otro método para filtrar nuestra tabla dinámica consiste en el uso de segmentaciones de datos, herramienta incluida por primera vez en Excel 2010. La segmentación de un conjunto de datos consiste, tal y como su nombre indica, en segmentar o dividir los datos en grupos menores con características comunes. Así, por ejemplo, si hablamos del comportamiento de compra de los consumidores, parece claro que las necesidades pueden cambiar en función de variables como la edad, el sexo o el nivel de estudios del comprador. Analizar toda la población sin considerar estos grupos individualmente puede suponer llegar a conclusiones sencillamente erróneas. Otro factor relevante es el momento en el que ocurre aquello que estamos analizando, de forma que el tiempo será otro de los elementos clave que podremos filtrar usando las herramientas ofrecidas por Excel. Siguiendo con el ejemplo del comportamiento de compra de los consumidores, parece también obvio que éste no será igual durante las vacaciones de Navidad que durante el resto del año, por poner un ejemplo sencillo, o no será el mismo a las 11 de la mañana –momento en el que muchas personas se encuentran trabajando en sus oficinas– que a las 8 de la tarde. El análisis de segmentos concretos de nuestros datos puede permitirnos descubrir patrones o tendencias que podrían pasar desapercibidos de cualquier otra forma.

Una ventaja de este tipo de segmentaciones de datos es la facilidad de uso que supone al usuario del libro Excel, así como su agradable aspecto gráfico, lo que los convierten en piezas fundamentales a la hora de preparar informes interactivos o cuadros de mando basados en tablas y gráficos dinámicos.

9.1 SEGMENTACIONES DE DATOS

Una segmentación de datos es, básicamente, una ventana en la que se muestran los diferentes valores que toma un campo de nuestra tabla dinámica. Un clic en uno de los valores (o la selección de varios valores simultáneamente) filtrará la tabla –y gráficos dinámicos asociados– de igual forma que si estuviésemos aplicando un filtro a través de cualquier otro método.

Para mostrar las segmentaciones de datos haz un clic en la tabla dinámica con el fin de exponer la pestaña contextual "*Analizar*" y ejecuta el comando "*Analizar>Filtrar>Insertar segmentación de datos*". Se mostrará una ventana de diálogo con la lista completa de campos disponibles en la sección homónima, permitiéndonos seleccionar aquellos que queremos utilizar como criterios de segmentación. En el ejemplo siguiente (figura 9.1) hemos llevado el campo *Ciudad* al área de filas, el campo *Precio* al área de valores, y hemos ejecutado el comando comentado:

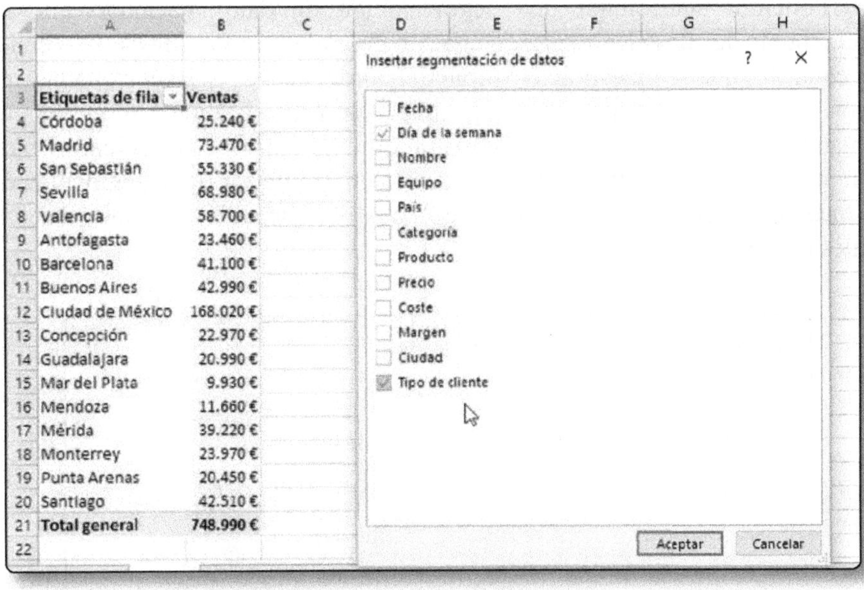

Figura 9.1. Ventana "Insertar segmentación de datos"

Una vez hayamos seleccionado aquellos campos que nos interesen (*Día de la semana* y *Tipo de cliente* en la imagen anterior), tras hacer clic en **Aceptar** se mostrará una segmentación de datos para cada uno de ellos:

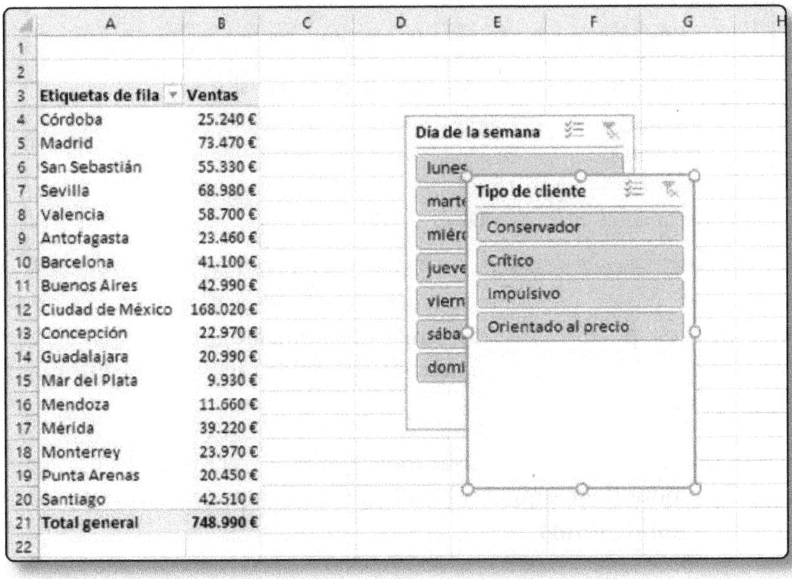

Figura 9.2. Segmentaciones de datos

Podemos seleccionar una segmentación de datos haciendo clic sobre cualquier punto de ella (idealmente en una zona vacía), redimensionarla haciendo uso de los controles que se muestran a lo largo del borde una vez es seleccionada y, como veremos en profundidad más adelante, aplicar un estilo gráfico rápido ejecutando el comando *"Opciones>Estilos de segmentación de datos"* o modificar el número de columnas usadas para mostrar las etiquetas en el interior de la segmentación de datos mediante el comando *"Opciones>Botones>Columnas"*. Veremos éstas y otras opciones más adelante:

También es posible insertar una segmentación de datos ejecutando el comando *"Insertar>Filtros>Segmentación de datos"* tras hacer clic en cualquier lugar de la tabla dinámica.

Un último método para insertar una segmentación de datos es abrir el menú contextual del nombre del campo en la sección de campos y hacer clic en **Agregar como segmentación de datos**:

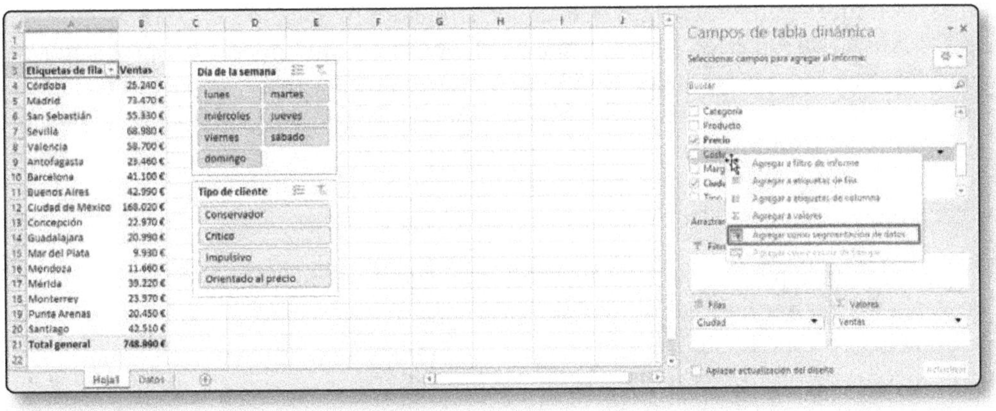

Figura 9.3. Opción de "Agregar como segmentación de datos" de la sección de campos

Un clic en alguna etiqueta de una segmentación de datos provocará la actualización de la tabla dinámica (y de los gráficos dinámicos que tenga asociados) para mostrar solo información extraída de los registros en los que se encuentre la etiqueta en cuestión.

Por defecto, un clic en una segunda etiqueta la selecciona y deselecciona la primera, pero podemos seleccionar más de una etiqueta simultáneamente si, tras hacer clic en la primera, mantenemos la tecla **Control** pulsada mientras hacemos clic en otra u otras etiquetas. También podemos seleccionar la herramienta "*Selección múltiple*" haciendo clic en el icono correspondiente de la cabecera de la segmentación de datos:

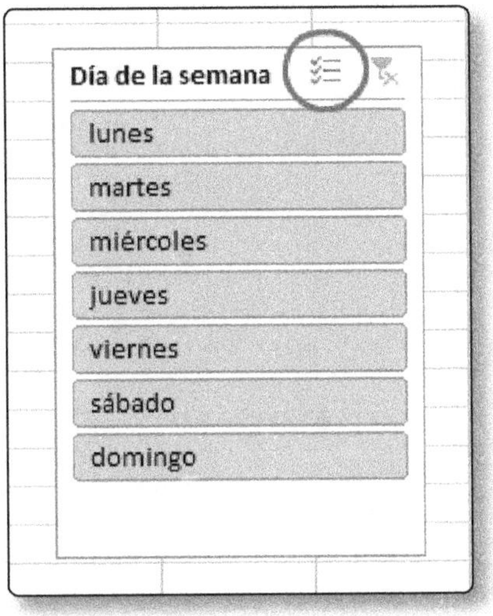

Figura 9.4. Herramienta de "Selección múltiple"

También podemos activar esta herramienta presionando la combinación de teclas **Alt-S**. Mientras esta herramienta esté activa (lo que podrás distinguir por el borde que se mostrará alrededor del icono indicado y su fondo amarillo) cada vez que hagamos clic en una etiqueta no seleccionada, Excel la incluirá en la selección existente y, al contrario, cada vez que hagamos clic en una etiqueta ya seleccionada, Excel la eliminará de la selección existente. Si se eliminan todas las etiquetas de la selección, volverán a seleccionarse todas de forma automática.

También puedes pinchar con el ratón uno de los elementos de la segmentación de datos y arrastrar hasta el último elemento que quieras seleccionar. Esto funciona tanto si la herramienta de "*Selección múltiple*" está activa como si no lo está.

La tabla dinámica, gráficos dinámicos asociados y una segmentación de datos ofrecen contenidos coherentes en todo momento. Así, si seleccionamos una etiqueta en la segmentación de datos, la tabla dinámica y los gráficos dinámicos se actualizan convenientemente. Y al revés: si en la tabla dinámica aplicamos un filtro según cierto criterio, los gráficos dinámicos se actualizarán para reflejar el filtro aplicado y las segmentaciones de datos correspondientes también mostrará las etiquetas adecuadas de forma automática.

Para eliminar el filtro que se esté aplicando a través de una segmentación de datos no tenemos más que hacer clic en el icono **Borrar filtro** que aparece en la esquina superior derecha de la segmentación de datos:

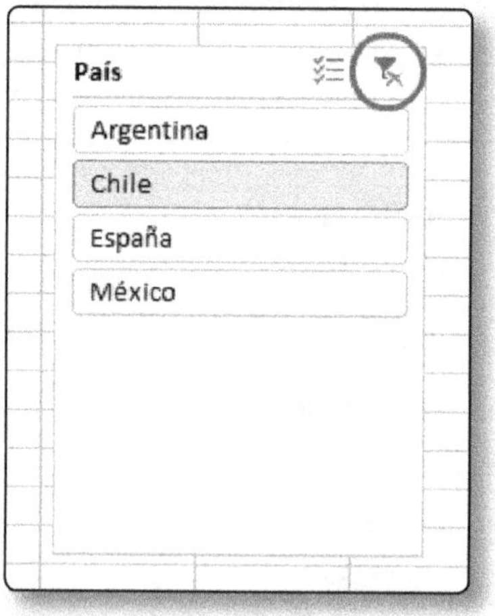

Figura 9.5. Herramienta "Borrar filtro"

Por supuesto, para borrar el filtro también podríamos deseleccionar las etiquetas que estuviesen seleccionadas en la segmentación de datos.

Para eliminar una segmentación de datos tendremos que hacer clic en ella para seleccionarla y presionar la tecla **Suprimir** en el teclado. También podemos hacer clic derecho sobre ella y seleccionar la opción de **Cortar** (como puedes ver, Excel no ofrece una herramienta específica para eliminar una segmentación de datos). Si eliminamos una segmentación de datos que estuviese aplicando algún filtro a la tabla dinámica y gráficos dinámicos asociados, éste se desactivará.

Como adelantamos al principio de esta sección, podemos mover una segmentación de datos pinchándola (por una zona vacía, idealmente por la franja superior) y arrastrándola. También podemos redimensionarla haciendo uso de los controles que aparecen en sus esquinas y aristas. Si la altura no es suficiente para mostrar todos los botones, se mostrará automáticamente una barra de desplazamiento vertical. Esto no ocurre nunca horizontalmente, pues el ancho de los botones y el ancho de la segmentación de datos se ajustan mutuamente de forma automática.

Si, en cualquier momento, volvemos a seleccionar la tabla y ejecutamos el comando *"Analizar>Filtrar>Insertar segmentación de datos"*, volverá a mostrarse la ventana en la que seleccionar los campos para los que crear segmentaciones de datos. Como podemos comprobar, es posible crear más de una segmentación de datos para un mismo campo, aunque, lógicamente, al seleccionar una o varias etiquetas en uno de ellos, las demás instancias de la misma segmentación de datos se actualizan para mostrar la misma selección de etiquetas. Estas segmentaciones de datos relativas al mismo campo sí ofrecen, sin embargo, la posibilidad de tener diseños diferentes, cosa que veremos en breve. En todo caso, no suele resultar excesivamente útil tener más de una segmentación de datos para el mismo campo.

La etiqueta (o las etiquetas) que hayamos seleccionado y estén filtrando la tabla dinámica se muestran con un aspecto gráfico diferente del aplicado a aquellas etiquetas no seleccionadas:

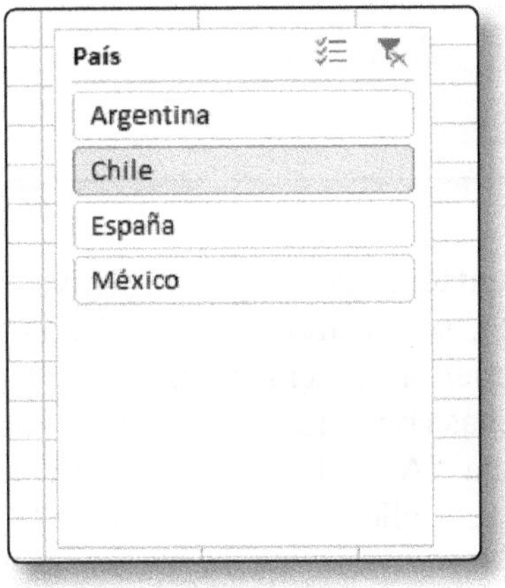

Figura 9.6. Etiqueta de segmentación de datos seleccionada

De esta forma, en la imagen mostrada (figura 9.6) puede observarse cómo la etiqueta *"Chile"* que hemos seleccionado se muestra claramente destacada. El tipo de destaque dependerá del estilo gráfico que hayamos aplicado a la segmentación de datos –veremos más adelante que es posible crear estilos personalizados–.

De forma semejante se muestran con aspecto gráfico diferente aquellas etiquetas que mostrarían una tabla dinámica con datos si las seleccionásemos y aquellas etiquetas que mostrarían una tabla dinámica vacía si las seleccionásemos. Esto puede ocurrir, por ejemplo, cuando tenemos más de una segmentación de datos y aplicamos en una de ellas un filtro que origina que la segunda segmentación de datos muestre etiquetas cuya selección no devolvería ningún registro de nuestro listado de datos (recuerda que los filtros son acumulativos). Así, en el siguiente ejemplo se ha añadido una segmentación de datos para el campo *Fecha* y se ha seleccionado la fecha del *"1 de enero de 2014"*:

⊿	A	B	C	D	E	F	G
1							
2							
3	Etiquetas de fila ▾	Ventas	Fecha			País	
4	Córdoba	150 €					
5	Total general	150 €	01/01/2014		∧	Argentina	
6			02/01/2014			Chile	
7							
8			03/01/2014			España	
9			04/01/2014			México	
10			05/01/2014				
11							
12			06/01/2014				
13			08/01/2014				
14			09/01/2014				
15							
16					∨		
17							

La segunda segmentación de datos (la relativa al país) no está filtrando la tabla dinámica (de hacerlo, se mostraría activo el botón de **Borrar filtro** que se encuentra en la esquina superior derecha de la segmentación de datos), pero puede observarse cómo las etiquetas contenidas en ella no se muestran todas con el mismo aspecto gráfico: la etiqueta "Argentina" se muestra con un color más intenso, indicando que podemos hacer clic en ella para filtrar la tabla dinámica según este país, pero las demás etiquetas de esta segmentación de datos se muestran con un tono pálido, indicando que un clic en ellas filtraría la tabla dinámica de forma tal que ésta se mostraría vacía (simplemente por no haber registros en nuestro listado que cumplan todos los requisitos de filtrado activos). Efectivamente, un clic en la etiqueta correspondiente a "*México*", por ejemplo, muestra la tabla dinámica vacía, pues el día 1 de enero de 2014 no hubo ventas en México:

Figura 9.7. Tabla dinámica vacía

Recuerda que al seleccionar una segmentación de datos se esconde la lista de campos (pues, a pesar de lo que pueda parecer, Excel no considera las segmentaciones de datos como parte de la tabla dinámica). Haz clic en la tabla dinámica nuevamente para que vuelva a mostrarse (o, si ni siquiera así se muestra, tras seleccionar algún elemento de la tabla dinámica, ejecuta el comando "*Analizar>Mostrar>Lista de campos*").

(i) NOTA

Situando la tabla dinámica

A la hora de situar las segmentaciones de datos y las escalas de tiempo que veremos un poco más adelante, deberás tener en cuenta que la tabla dinámica, como ya sabemos, va a ser "dinámica": sus filas y columnas variarán en función de los campos que llevemos a la sección de campos, y podría ocurrir que la tabla dinámica, si crece demasiado, quede por debajo de las segmentaciones de datos y escalas de tiempo, tapando éstas parte de la información. Considerando que, en todo caso, la tabla dinámica va a crecer hacia la derecha (si aumenta el número de columnas) o hacia abajo (si aumenta el número de filas), un buen remedio para este problema es situar los elementos "fijos" (como segmentaciones de datos y escalas de tiempo) por encima y a la izquierda de la tabla dinámica. De esta forma das libertad a la tabla dinámica para crecer cuando lo necesite:

Otra buena sugerencia es configurar la tabla dinámica de forma que el ancho de sus columnas no cambie cuando cambia su contenido (pues estos cambios podrían desconfigurar lo que hubieses situado por encima y por debajo de la tabla dinámica), aunque para esto deberás fijar un ancho de columna que sea suficiente para contener a los datos que vayan a mostrarse, cualesquiera que éstos sean. Veremos la forma de evitar que cambie el ancho de las columnas más adelante, cuando hablemos de las opciones de configuración de las tablas dinámicas.

9.1.1 Ejercicio

Basándose en el fichero de ventas de la empresa (*"Ventas informática.xlsx"*) y usando al menos una segmentación de datos, se desea conocer el margen promedio para cada trimestre entre 2014 y 2016 de los clientes de tipo *"Crítico"*.

9.1.2 Solución del ejercicio

Para dar solución a este ejercicio, vamos a crear una tabla dinámica que muestre el margen promedio por trimestre y, usando una segmentación de datos, filtraremos los datos para mostrar solamente información relativa a los clientes de tipo *"Crítico"*. Sigue los siguientes pasos:

1. Crea la tabla dinámica por cualquiera de los métodos que conoces.

2. Lleva el campo *Fecha* al área de filas y el campo *Margen* al área de valores, aplicándole la operación *"Promedio"*.

3. Tras seleccionar alguno de los años mostrados en la columna *"Etiquetas de fila"*, ejecuta el comando *"Analizar>Campo activo>Expandir el campo"* para mostrar en las filas, no años, sino trimestres.

4. A continuación, creemos la segmentación de datos: con alguna celda de la tabla dinámica seleccionada, ejecuta el comando *"Analizar>Filtrar>Insertar Segmentación de datos"*. En la ventana que se muestra selecciona el campo *Tipo de cliente* y haz clic en **Aceptar**. Si es necesario, mueve la segmentación de datos de forma que no cubra la tabla dinámica.

5. Haz clic en la etiqueta **Crítico** de la segmentación de datos para filtrar la tabla dinámica según este criterio:

	A	B	C	D	E
1					
2					
3	Etiquetas de fila ▾	Promedio de Margen	Tipo de cliente		
4	⊟ 2014				
5	⊞ Trim.1	323 €	Conservador		
6	⊞ Trim.2	580 €			
7	⊞ Trim.3	373 €	Orientado al precio		
8	⊞ Trim.4	406 €			
9	⊟ 2015		Crítico		
10	⊞ Trim.1	413 €			
11	⊞ Trim.2	345 €	Impulsivo		
12	⊞ Trim.3	434 €			
13	⊞ Trim.4	481 €			
14	⊟ 2016				
15	⊞ Trim.1	511 €			
16	⊞ Trim.2	287 €			
17	⊞ Trim.3	385 €			
18	⊞ Trim.4	452 €			
19	Total general	415 €			

9.2 CONFIGURACIÓN DE LAS SEGMENTACIONES DE DATOS

Para modificar la configuración o el aspecto gráfico de una segmentación de datos tenemos que hacer clic en ella para mostrar la pestaña contextual *"Opciones"*. En ésta nos encontramos con diversas herramientas que veremos en los siguientes apartados (en los ejemplos que siguen se ha llevado el campo *Tipo de cliente* al área de filas, el campo *Precio* al área de valores y se ha creado una segmentación de datos para el campo *Ciudad*):

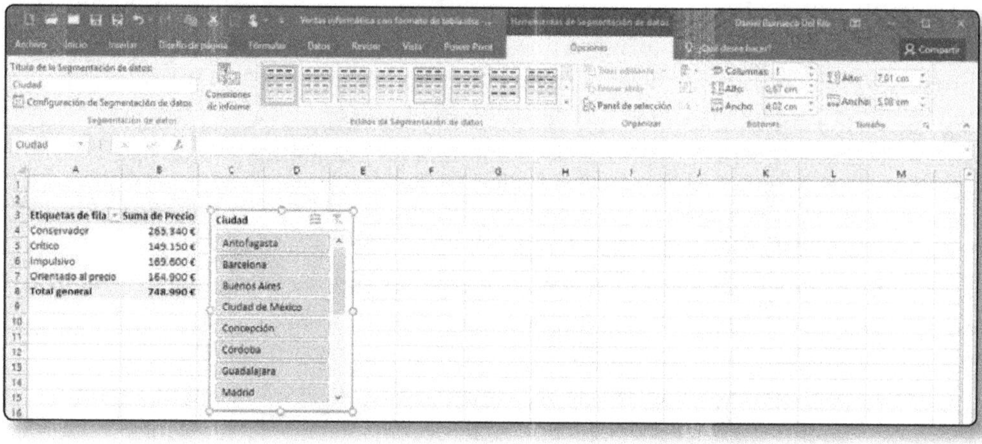

A la izquierda de la cinta de opciones vemos el título que recibe la segmentación de datos, título que se muestra en la parte superior de la ventana de la segmentación de datos. Podemos modificarlo fácilmente sobrescribiendo este texto.

Justo debajo del campo *"Título de la Segmentación de datos"* tenemos un acceso a la ventana de diálogo de *"Configuración de la Segmentación de datos"*. En esta ventana encontramos opciones para definir el nombre de la segmentación de datos y el título (que también es configurable aquí). Estos dos campos son por defecto, iguales, pero podemos configurar en esta ventana textos diferentes:

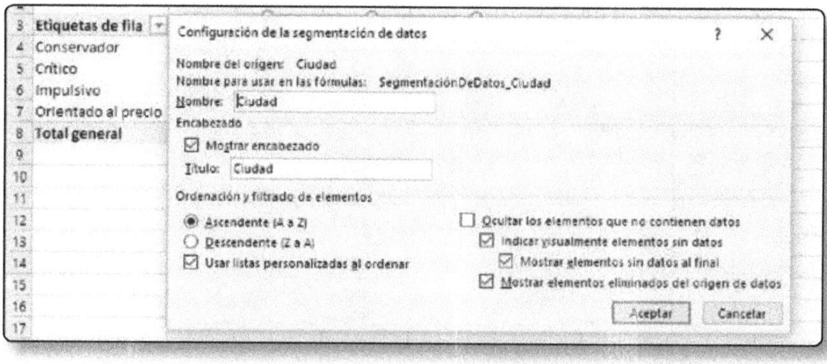

Figura 9.8. Ventana de configuración de la segmentación de datos

El nombre de la segmentación de datos será el texto con el que ésta se represente internamente, y el título, como se ha comentado, es el texto que se muestra en la parte superior de la ventana de la segmentación de datos. Podemos configurar si el título se mostrará en el encabezado de la segmentación de datos seleccionando o no la opción **Mostrar encabezado**.

En esta ventana de diálogo podemos escoger también el criterio de ordenación de las etiquetas que se muestren en la segmentación de datos, ordenación que puede ser ascendente (de la A a la Z), descendente (de la Z a la A) o basarse en el uso de listas personalizadas. Veamos con detalle esta última opción.

En nuestro listado de ventas, el campo *Tipo de cliente* toma los valores *"Conservador"*, *"Crítico"*, *"Impulsivo"* y *"Orientado al precio"* (valores ordenados, por defecto, alfabéticamente), tal y como podemos ver en la columna de encabezados de fila de la tabla dinámica. Este listado de tipos de cliente no ha sido incluido en nuestra instalación de Excel como una lista personalizada. Vamos a crearla y vamos a hacerlo en el orden que nos interese. Para esto vamos a seleccionar el listado de tipos de cliente (rango A4:A7) –por ejemplo, con el ratón–, pinchamos en el borde de la selección con el botón secundario del ratón y arrastramos la selección hasta una zona vacía de nuestra hoja de cálculo, por ejemplo, el rango G4:G7. Por último, en el menú que se muestra seleccionamos la opción de **Copiar aquí solo como valores**:

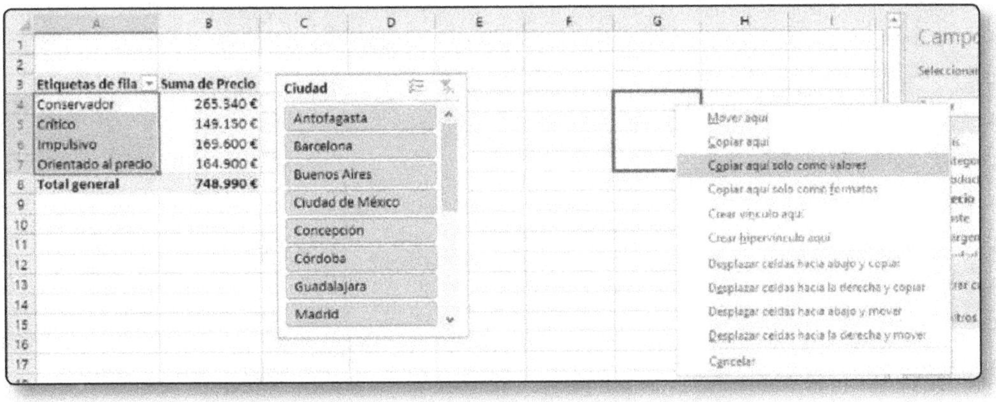

Figura 9.9. Copiando la tabla dinámica como valores

Supongamos ahora que nos interesa ordenar estos tipos según cierto criterio, por ejemplo:

1. Impulsivo
2. Conservador
3. Orientado al precio
4. Crítico

Ordenemos la copia de tipos que acabamos de hacer (la copia situada en el rango G4:G7 de la imagen anterior) según dicho criterio.

(i) NOTA

Ordenación de celdas en un listado

Aunque hay muchas formas de ordenar un listado de celdas según un criterio personalizado, vamos a ver a continuación una que resulta especialmente cómoda, pues nos permite "arrastrar" una celda hasta su nueva ubicación y que el resto de celdas de la lista se mueva automáticamente para hacer sitio a la celda que está siendo movida.

Supongamos que tenemos la lista de tipos de cliente anteriormente mencionada. Supongamos también que el tipo que ocupa la última posición es *"Orientado al precio"* y que queremos moverlo hasta la segunda posición de la lista. Para hacerlo, vamos a seguir los siguientes pasos:

1. Seleccionamos la celda con el texto *"Orientado al precio"* que ocupa, como hemos comentado, la última posición de la lista.

2. Presionamos la tecla **Mayúscula** (y no la soltamos).

3. Movemos el ratón hasta el borde de esta celda (preferiblemente hasta el borde superior o inferior). El cursor deberá cambiar para mostrar cuatro pequeñas flechas.

4. Pinchamos la celda (por el borde al que hemos acercado el ratón) y la arrastramos hacia arriba por la lista.

5. A medida que movemos el cursor entre dos celdas de la lista, se irá mostrando un separador entre las celdas que indica dónde se situaría la celda que estamos moviendo si soltásemos allí el ratón (recuerda que la tecla **Mayúsculas** la mantenemos presionada todo el tiempo):

6. Una vez sitúes el cursor entre la primera y segunda celda, suelta el ratón (y libera la tecla **Mayúsculas**). La celda que estabas moviendo se insertará debajo de la primera celda y el resto de celdas se desplazará hacia abajo para dejar sitio a la celda siendo movida.

Puedes mover las celdas de una en una o en bloques (si quieres mover dos celdas consecutivas simultáneamente, selecciónalas y arrástralas desde uno de sus bordes según se ha explicado).

Ahora que hemos ordenado la lista según el criterio que nos interesaba, la seleccionamos (rango G4:G7) y hacemos clic en "*Archivo>Opciones>Avanzadas*". A continuación buscamos la opción "*Modificar listas personalizadas*" que queda en el grupo de opciones "*General*" (cerca del final del listado de opciones) y hacemos clic en ella:

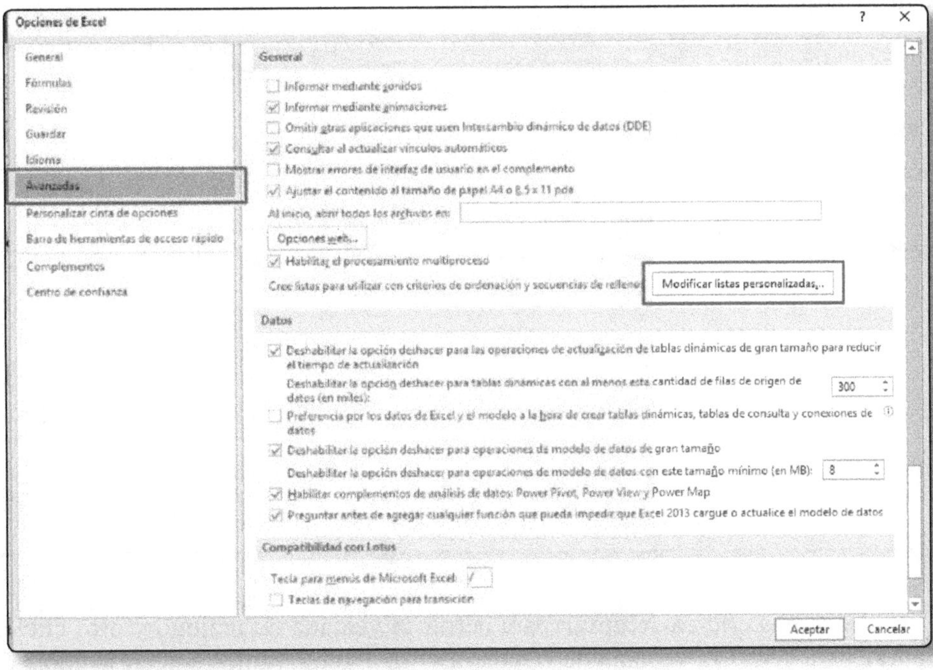

Figura 9.10. Herramienta de modificación de listas personalizadas

Tras lo que se mostrará la ventana de diálogo de "*Listas personalizadas*":

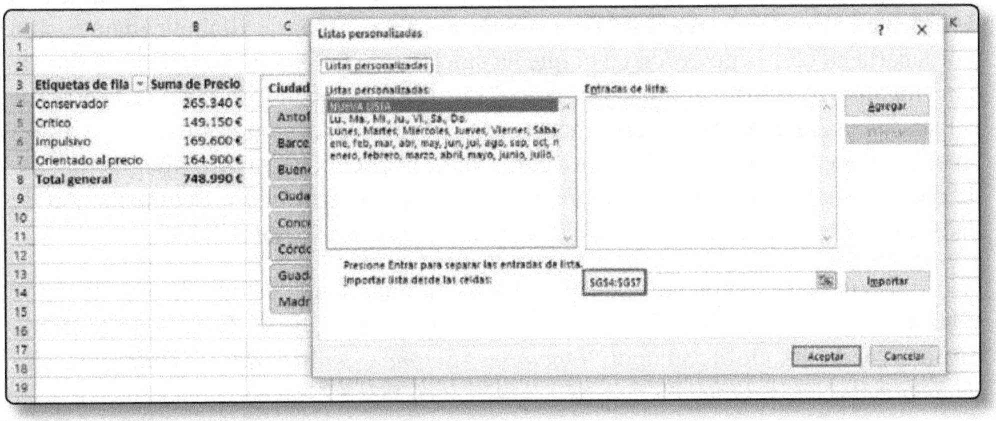

Vemos que el rango $G$4:$G$7 que contiene nuestro listado de tipos de cliente aparece en el recuadro del rango a importar (si no lo estuviera, tendríamos que introducirlo, por ejemplo, cerrando la ventana de diálogo y seleccionándolo con el ratón). Si hacemos clic en **Importar** veremos cómo nuestro listado de tipos de cliente se ha añadido a este libro Excel como *"lista personalizada"* (y en el mismo orden en el que estaba en la hoja de cálculo):

Hacemos clic en **Aceptar** para cerrar la ventana de diálogo y otro clic en **Aceptar** para cerrar la ventana de *"Opciones"* de Excel. Vamos a dejar la copia de los tipos de cliente que hemos hecho en el rango G4:G7 para confirmar que la lista personalizada que acabamos de crear se interpreta correctamente. Ahora, como las etiquetas correspondientes a los tipos de clientes ya no son etiquetas independientes, sino que pertenecen a una lista personalizada (que acabamos de crear), cuando hablemos de ordenar la lista "de la A a la Z" no nos referiremos a ordenarla alfabéticamente, sino a ordenarla en el mismo orden en el que ha sido creada la lista personalizada (esto es, con *"Impulsivo"* en primer lugar y *"Crítico"* en último), y cuando hablemos de ordenar la lista "de la Z a la A" nos referiremos a ordenarla en el orden contrario al que ha sido creada la lista personalizada. Vamos a comprobarlo: creamos una nueva segmentación de datos basada en el campo *Tipo de cliente* (podemos eliminar la segmentación de datos existente basada en el campo *Ciudad* pues ya no va a ser de utilidad).

Si no la tenemos ya seleccionada, seleccionamos la segmentación de datos y abrimos la ventana de *"Configuración de Segmentación de datos"* que tenemos disponible ejecutando el comando *"Opciones>Segmentación de datos>Configuración de Segmentación de datos"*:

Figura 9.11. Opción "Usar listas personalizadas al ordenar"

Asegurémonos, en primer lugar, de que la opción "*Usar listas personalizadas al ordenar*" esté activa (de otra forma el criterio de ordenación sería puramente alfabético). A continuación, seleccionemos la opción **Descendente (Z a A)** y hagamos clic en **Aceptar**:

Podemos ver que, efectivamente, el orden es exactamente el contrario al de la lista que copiamos en el rango G4:G7, es decir, se está aplicando un criterio descendente. Con la segmentación de datos todavía seleccionada, volvamos a abrir la ventana de "*Configuración de Segmentación de datos*" y seleccionemos la opción contraria ("*Ascendente (A a Z)*" en nuestro ejemplo). Si hacemos clic en **Aceptar** confirmaremos que el listado está ordenado exactamente igual que nuestra lista situada en el rango G4:G7:

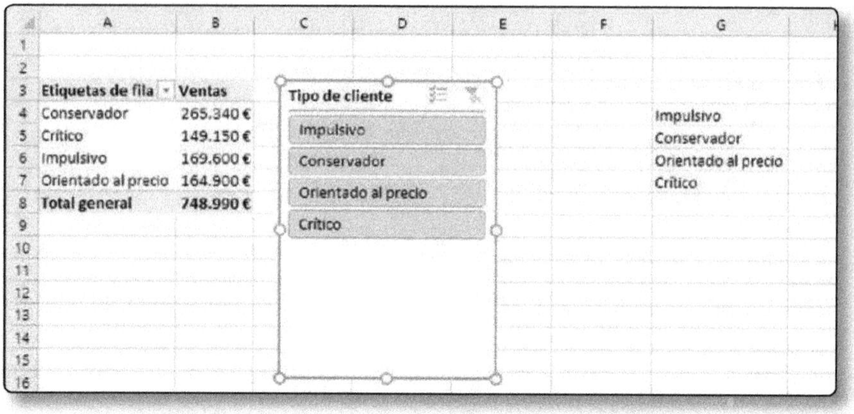

Continuando con las opciones disponibles en la ventana de configuración de la segmentación de datos, tenemos también herramientas para gestionar aquellos elementos que no contienen datos (es decir, aquellos que, al seleccionarlos, provocan que la tabla dinámica se muestre vacía). Estos elementos están formados por aquellas etiquetas que, por cualquier circunstancia, al seleccionarlas se aplicaría a la tabla dinámica un filtro que, unido a los filtros que ya se estén aplicando, provocaría que no se considerase ningún registro de nuestro listado de datos.

También tenemos herramientas para gestionar los elementos eliminados del origen de datos del que se alimenta la tabla dinámica, elementos que, por defecto, se muestran en la segmentación de datos, pero que, lógicamente, el seleccionarlos provoca que la tabla dinámica se muestre vacía al no existir ningún registro que contenga dicha etiqueta:

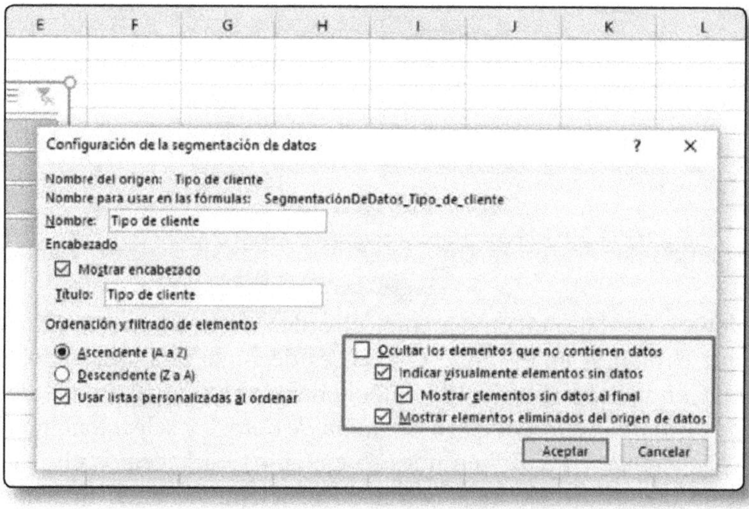

Figura 9.12. Opciones de gestión de elementos sin datos

La primera opción que se nos ofrece (figura 9.12) nos permite simplemente ocultar todos los elementos "que no contengan datos" (pues, como se ha comentado, por defecto se muestran) con independencia del motivo por el que no los contengan (ya sea por corresponder a etiquetas que, debido los filtros que se estén aplicando, provoquen que la tabla dinámica se muestre vacía, o por corresponder a etiquetas eliminadas del origen de datos). Si activamos esta primera opción, las tres opciones siguientes se mostrarán desactivadas.

Si, por el contrario, no ocultamos dichos elementos, podemos:

▼ Aplicarles un estilo que los diferencie de aquellos que sí tienen datos (opción por defecto que ya hemos comentado y que veremos con más detalle en breve).

▼ Mover los elementos sin datos al final de la lista de etiquetas en la segmentación de datos.

▼ Mostrar los elementos eliminados del origen de datos. Es decir, si eliminamos de nuestro libro de cálculo todos los registros que contienen una cierta etiqueta, podemos configurar Excel para que siga mostrando o no la etiqueta aun cuando su selección vaya a dar siempre como resultado una tabla dinámica vacía.

Otra característica de la segmentación de datos sumamente interesante es la gestionada por el comando *"Opciones>Segmentación de datos>Conexiones de informe"*. Al ejecutarlo se nos muestra el conjunto de tablas dinámicas a las que está conectada la segmentación de datos (recuerda que, al hacer clic en cualquier parte de una tabla dinámica, podemos comprobar su nombre en *"Analizar>Tabla dinámica>Nombre de tabla dinámica"*):

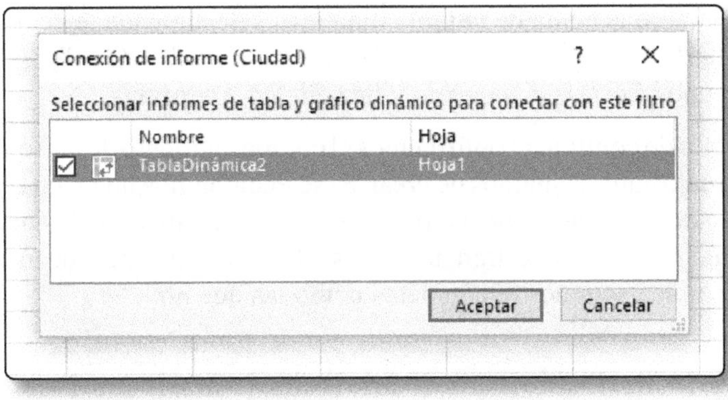

Figura 9.13. Ventana de conexiones de informe

En la imagen anterior, la segmentación de datos *Ciudad* está asociada a la tabla dinámica que tiene por nombre "*TablaDinámica2*".

> **ⓘ NOTA**
>
> Tienes a tu disposición un buen número de las herramientas vistas en el menú contextual de cualquier segmentación de datos (y en el de las escalas de tiempo que veremos un poco más adelante).

9.2.1 Ejercicio

Basándote en el fichero de ventas de la empresa ("*Ventas informática.xlsx*"), crea una tabla dinámica que muestre las ventas por país y dos segmentaciones de datos: una para el campo *Fecha* y otra para el campo *Categoría*, y asegúrate de que ambas segmentaciones de datos se configuran de forma que las etiquetas sin datos no se muestren.

9.2.2 Solución del ejercicio

La solución a este ejercicio pasa sencillamente por configurar correctamente las segmentaciones de datos, para lo que puedes seguir los siguientes pasos:

1. Crea la tabla dinámica por cualquiera de los métodos que conoces.

2. Lleva el campo *País* al área de filas y el campo *Precio* al área de valores (modificando su nombre a *Ventas*).

3. Con alguna celda de la tabla dinámica seleccionada, ejecuta el comando "*Analizar>Filtrar>Insertar Segmentación de datos*", selecciona los campos *Fecha* y *Categoría* y haz clic en **Aceptar**.

Antes de continuar confirmemos el comportamiento de las segmentaciones de datos que acabamos de crear. Si seleccionamos una fecha (por ejemplo, el 1 de enero de 2014) vemos que en la segmentación de datos del campo *Categoría* se muestran tanto las etiquetas que provocan que la tabla dinámica se muestre con datos como las que no:

Por lo que un clic en la etiqueta "*Monitores*", por ejemplo, provoca que la tabla dinámica se muestre vacía. Borra los filtros de las segmentaciones de datos.

4. Teniendo la segmentación de datos de *Categoría* seleccionada, abre su ventana de configuración ejecutando el comando "*Opciones > Segmentación de datos > Configuración de Segmentación de datos*".

5. Selecciona la opción **Ocultar los elementos que no contienen datos** y haz clic en **Aceptar**.

6. Repite el mismo proceso con la segmentación de datos de *Fecha*.

Selecciona nuevamente la fecha "1 de enero de 2014". Podemos ver que en la segmentación de datos de *Categoría* ya solo se muestran las etiquetas que, al seleccionarlas, no muestran una tabla dinámica vacía (es decir, lo que se llama "etiquetas con datos"):

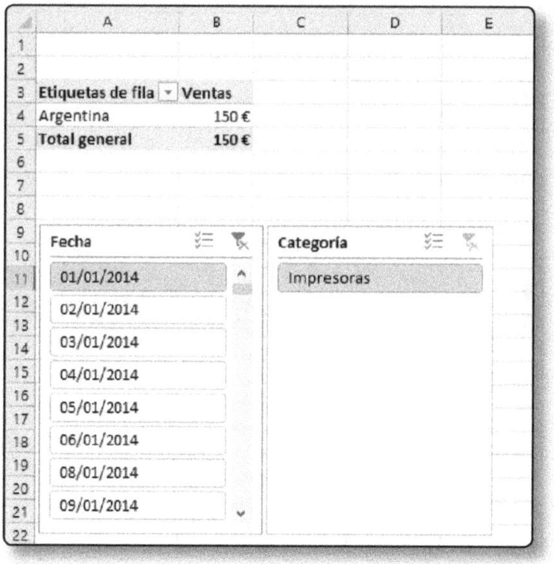

9.3 ESTILOS DE SEGMENTACIONES DE DATOS

Si tenemos una segmentación de datos seleccionada, haciendo clic en un **Estilo de segmentación de datos** en la pestaña de *"Opciones"*, podemos aplicar a nuestra segmentación de datos un estilo gráfico predefinido de entre los que Excel pone a nuestra disposición:

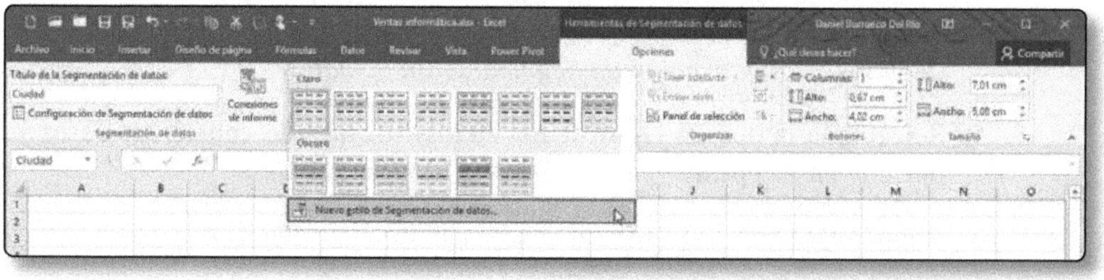

Figura 9.14. Estilos de segmentaciones de datos

Al pie de la galería de estilos encontramos la opción de crear un **Nuevo estilo de segmentación de datos** (figura 9.14). Al hacer clic en esta opción se abre una ventana en la que podemos asignar un nombre al nuevo estilo y nos muestra la lista de los diez elementos de una ventana de segmentación de datos que podemos configurar gráficamente. Probemos estos estilos en la segmentación de datos correspondiente a un conjunto de ciudades:

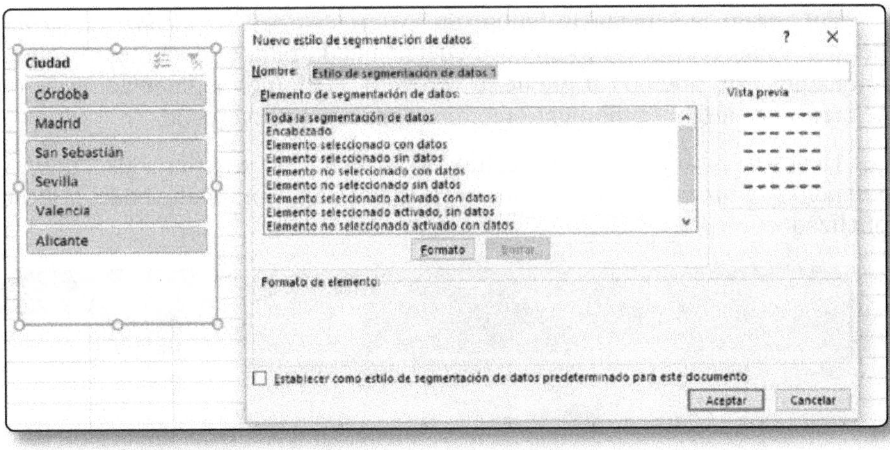

Figura 9.15. Ventana de diálogo "Nuevo estilo de segmentación de datos"

En esta lista de diez elementos se muestran en negrita aquellos a los que se está aplicando algún tipo de formato (inicialmente no se aplica ninguno). A la derecha de la ventana de diálogo se muestra una vista previa en la que podemos ver parte de los cambios que estamos realizando en el formato de la segmentación de datos.

Tras seleccionar algún elemento de la lista podemos hacer clic en el botón **Borrar** para eliminar el formato que se esté aplicando (botón activo solo cuando un elemento se muestra en negrita, esto es, cuando ha recibido algún tipo de formato) o en el botón **Formato**, tras lo que se abrirá la ventana de "*Formato de elemento de segmentación de datos*". El formato aplicable incluye opciones para modificar la fuente (tipo, tamaño, etc.), el borde del elemento y el relleno:

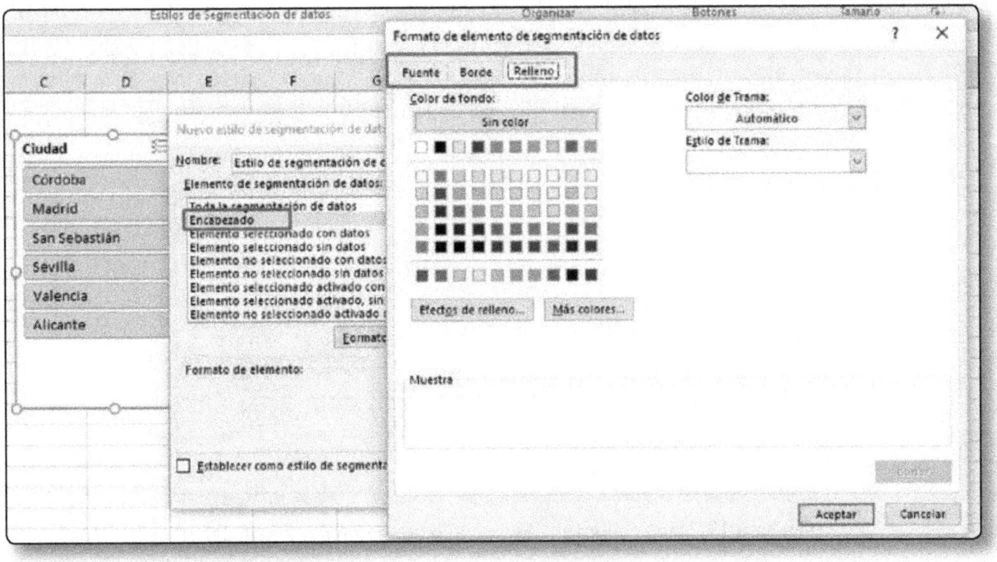

Por último, la ventana de diálogo de "*Nuevo estilo de segmentación de datos*" nos permite establecer el estilo como predeterminado para el documento actual. Si seleccionamos esta opción (al pie de la ventana), cualquier segmentación de datos que se cree a partir de ese momento recibirá el nuevo estilo creado.

Una vez creado un nuevo estilo, se muestra en la galería de "*Estilos de segmentación de datos*" una sección, en la parte superior, incluyendo los estilos personalizados:

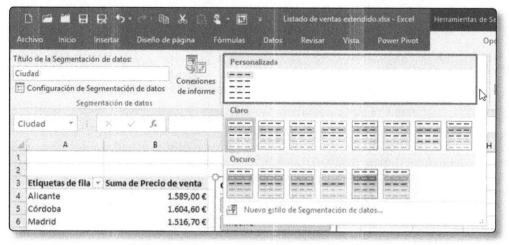

Figura 9.16. Sección de estilos personalizados

Podemos acceder a herramientas adicionales que afectan a un estilo (tanto si es personalizado como si no lo es) abriendo el menú contextual del estilo haciendo clic sobre él con el botón secundario del ratón:

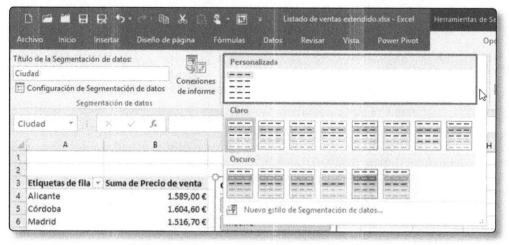

Figura 9.17. Menú contextual de un estilo de segmentación de datos

Vemos que tenemos a nuestra disposición las siguientes herramientas:

▼ **Modificar**. Opción disponible solo para los estilos personalizados que abre la ventana de "*Modificar estilo de segmentación de datos*" (ventana con el mismo contenido que la referida previamente como ventana "*Nuevo estilo de segmentación de datos*"), en la que podemos modificar los estilos aplicados a los diez elementos que se han comentado.

▼ **Duplicar**. Opción que nos permite duplicar el estilo en cuestión. Tras seleccionar esta opción, se abre la ventana "*Modificar estilo de segmentación de datos*", permitiéndonos dar un nombre a la copia del estilo, así como cambiar el formato, si lo deseamos, de los diez elementos de la segmentación de datos susceptibles de recibirlo. Un clic en el botón **Aceptar** confirmará la creación del duplicado del estilo –con los cambios que hayamos realizado a los formatos– o un clic en el botón **Cancelar** cancelará la creación del duplicado. Esta opción está disponible tanto para estilos personalizados como para los que no lo son.

▼ **Eliminar**. Opción disponible solo para los estilos personalizados que lo elimina de la lista de estilos disponibles.

▼ **Establecer como predeterminado**. Opción disponible tanto para estilos personalizados como para los que no lo son, que establece el estilo en cuestión como predeterminado para las nuevas segmentaciones de datos que se creen a partir de ese momento.

▼ **Agregar galería a la barra de herramientas de acceso rápido**. Opción disponible en todos los estilos (personalizados o no) que añade a la barra de herramientas de acceso rápido un icono que da acceso a la galería de estilos (en la que se mostrarán todos los estilos, no solo aquel cuyo menú contextual hemos abierto):

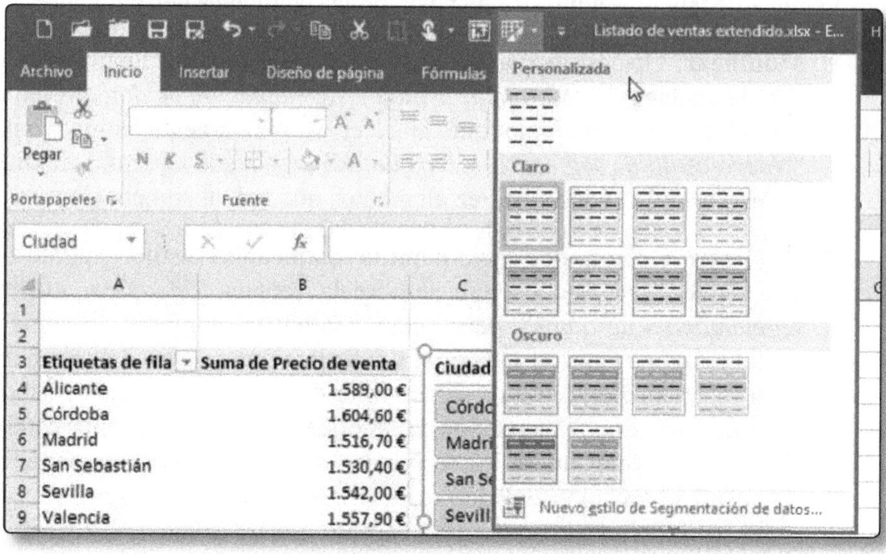

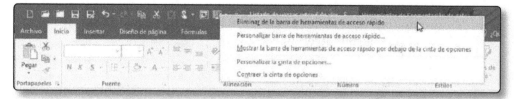

Figura 9.18. Comando "Estilos de Segmentación de datos" agregado a la barra de herramientas de acceso rápido

Una vez añadido este icono a la barra de herramientas de acceso rápido, la opción "*Agregar galería a la barra de herramientas de acceso rápido*" aparecerá inhabilitada para todos los estilos.

Para eliminar este comando de la barra de herramientas de acceso rápido podemos abrir el menú contextual del icono y seleccionar la opción de **Eliminar de la barra de herramientas de acceso rápido**:

Figura 9.19. Eliminando un comando de la barra de herramientas de acceso rápido

Para acceder a estas opciones de "*Modificar*", "*Duplicar*", "*Eliminar*", "*Establecer como predeterminado*" y "*Agregar galería a la barra de herramientas de acceso rápido*" no es necesario desplegar la ventana de estilos disponibles. Podemos acceder a ellas abriendo el menú contextual del estilo que nos interese, dando por sentado que esté visible, por supuesto. En caso contrario podemos hacer uso de los controles de desplazamiento vertical que se muestran a la derecha de la galería:

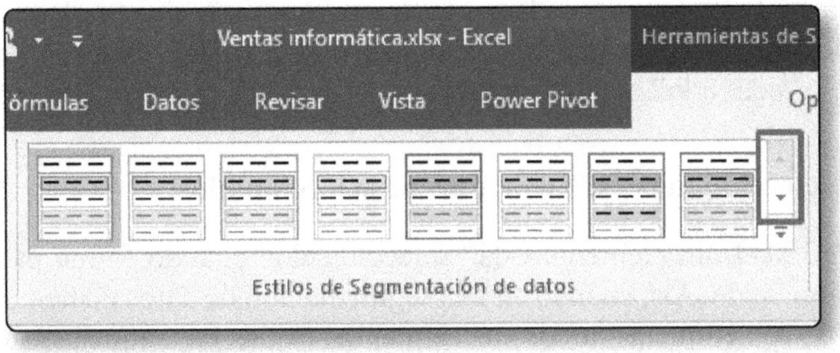

Figura 9.20. Controles de desplazamiento vertical de la galería de estilos

Veamos las opciones que se ofrecen para la personalización de una segmentación de datos en la ya mencionada ventana *"Nuevo estilo de segmentación de datos"*:

▸ **Toda la segmentación de datos**. Con esta opción podemos aplicar un estilo que se aplicará a toda la segmentación de datos, por lo que un color de relleno que fijemos aquí se mostrará como fondo de toda la ventana de la segmentación de datos, o una fuente que se defina aquí se aplicará a toda la segmentación de datos (salvo que para algún otro elemento se defina otro color de relleno u otra fuente distinta).

▸ **Encabezado**. El encabezado es la parte superior de la segmentación de datos en la que se muestra el nombre del campo:

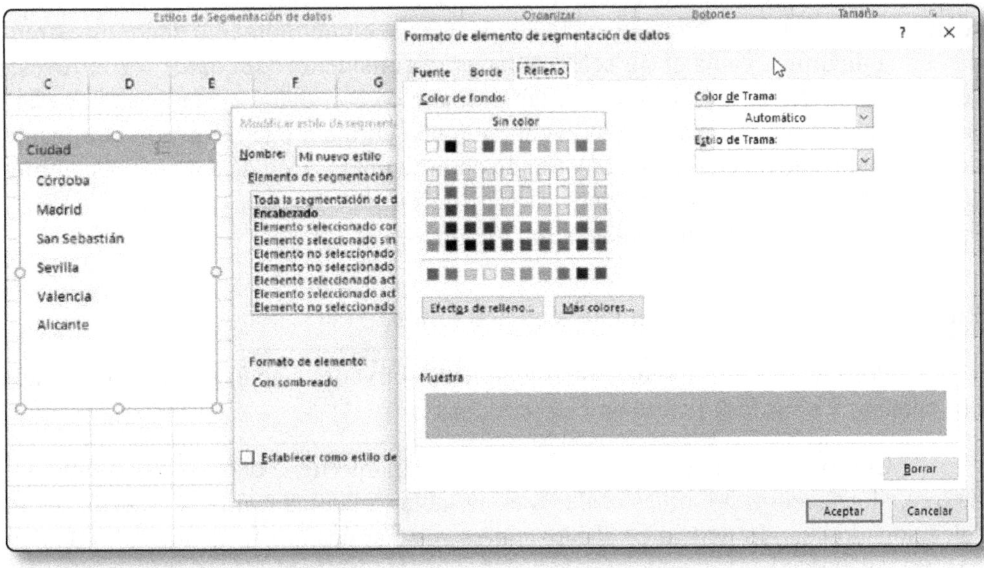

Figura 9.21. Elemento "Encabezado"

Para comprender adecuadamente las opciones que siguen, debemos analizar qué entiende Excel por "elemento seleccionado" o "no seleccionado", "con datos" o "sin datos", y "activado" o "no activado":

Elementos seleccionados vs. Elementos no seleccionados

Para Excel, un elemento está "seleccionado" cuando forma parte del filtro que se esté aplicando. Así, cuando en una segmentación de datos no hemos hecho clic en ninguna de sus etiquetas, todos sus elementos (todas las etiquetas) se consideran seleccionadas pues todas ellas definen el filtro (en este caso, no seleccionar ninguna etiqueta es semejante a seleccionarlas todas, pues se están mostrando en la tabla dinámica los registros que contienen cualquiera de las etiquetas). Si hago clic en una etiqueta, solo esa estará seleccionada. Si hago clic en más de una (haciendo uso de la tecla **Control**, haciendo uso de la herramienta "*Selección múltiple*" o presionando la combinación de teclas **Alt-S**), aquellos elementos en los que haya hecho clic estarán seleccionados, y el resto no.

Elementos con datos vs. Elementos sin datos

Por otro lado, hemos visto como en una segmentación de datos es posible que no todas las etiquetas que se muestran provoquen la aparición de datos en la tabla dinámica (por ejemplo, si estamos filtrando nuestra tabla dinámica para mostrar información de un día concreto, y ese día solo se vendieron impresoras, un clic en la etiqueta correspondiente a la categoría "*Monitores*" provocará que la tabla dinámica se muestre vacía). Pues bien, aquellas etiquetas que, en un momento dado, muestren una tabla dinámica vacía al ser seleccionadas se consideran "sin datos". Y al revés: aquellas etiquetas que muestren una tabla dinámica con datos al ser seleccionadas se consideran "con datos". Ten en cuenta que una etiqueta que haya sido eliminada del origen de datos, pero se esté mostrando en la segmentación de datos será siempre considerada "sin datos", pero que el resto de etiquetas serán consideradas "con datos" o "sin datos" en función del resto de filtros.

Elementos activados vs. Elementos no activados

Por último, para Excel un elemento está activado cuando pasamos el cursor por encima, y no está activado en caso contrario.

Como resumen podemos decir que un elemento tiene datos o no en función de que, al seleccionarlo, muestre datos en la tabla dinámica o no los muestre. Está seleccionado cuando pertenece al filtro que se esté aplicando. Y está activo cuando pasamos el cursor por encima. La primera de estas tres variables –si tiene o no datos–

es la única que depende del resto de filtros y de los datos de origen. Las otras dos variables (si está o no seleccionado y si está o no activado) dependen del usuario.

Estas tres variables nos dan ocho combinaciones distintas que son las que podemos ver en la ventana de "*Nuevo estilo de segmentación de datos*":

Los cuatro elementos superiores se corresponden al estado "no activado" (cuando no pasamos el cursor por encima) y los cuatro inferiores al estado "activado" (cuando pasamos el cursor por encima).

Aunque podemos aplicar el formato que deseemos, debemos saber que Excel aplica colores planos a los datos "no activados" (cuando no se pasa el cursor por encima) y degradados a los "activados" (cuando se pasa el cursor por encima).

9.4 OTRAS OPCIONES DE LAS SEGMENTACIONES DE DATOS

En el grupo "*Organizar*" de la pestaña "*Opciones*" de la cinta de opciones podemos mover en el eje Z los elementos que haya en la hoja Excel. Como probablemente sepas, aquellos elementos susceptibles de mostrarse unos delante de otros (no solo segmentaciones de datos, también gráficas, imágenes, WordArt...) se organizan en un eje perpendicular al monitor, en el que los elementos más próximos a nosotros cubren a los que están más alejados. Con los comandos que tenemos en este grupo podemos mover hacia atrás o hacia adelante estos elementos (y, en este entorno, "mover hacia adelante" significa moverlo hacia nosotros, y "mover hacia atrás" significa alejarlo de nosotros):

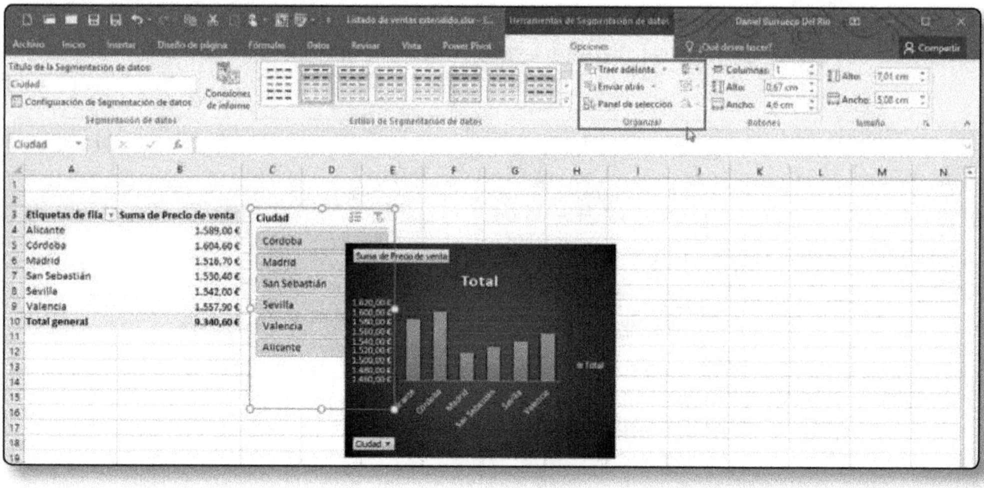

Figura 9.22. Comandos del grupo "Organizar" de la pestaña "Opciones"

En el grupo "*Botones*" podemos escoger el número de columnas en las que se organizarán los elementos de la segmentación de datos, así como la altura y el ancho de los botones. Si se modifica el ancho de los botones también se modifica automáticamente el ancho de la segmentación de datos, pues recordemos que estos dos elementos, el botón y la ventana de la segmentación de datos, ajustan su anchura automáticamente:

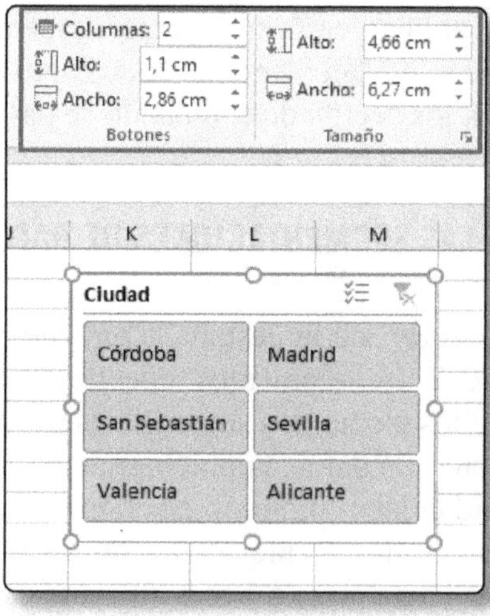

Figura 9.23. Comandos de los grupos "Botones" y "Tamaño" de la pestaña "Opciones"

Por último, en el grupo *"Tamaño"* podemos modificar el alto y el ancho de la ventana de la segmentación de datos con la exactitud que deseemos (nuevamente, si modificamos el ancho de la ventana también modificaremos automáticamente el ancho de los botones).

La altura de los botones y de la ventana son valores independientes, pues las segmentaciones de datos muestran automáticamente una barra de desplazamiento vertical siempre que se necesita, cosa que ya hemos visto que no ocurre horizontalmente.

9.5 ESCALAS DE TIEMPO

Además de poder utilizar segmentaciones de datos o filtros por fecha para limitar las fechas de los datos que se muestran en la tabla dinámica (escogiendo un día concreto, por ejemplo), también podemos usar una escala de tiempo. Ésta consiste en un cuadro que podemos agregar a nuestra tabla dinámica y que nos permite seleccionar un período de tiempo (uno o varios trimestres, un año, varios meses) por el que se filtrarán los datos mostrados en la tabla dinámica. Para que se muestre una escala de tiempo, selecciona cualquier parte de la tabla dinámica y ejecuta el comando *"Analizar>Filtrar>Insertar escala de tiempo"*. En el cuadro de diálogo *"Introducir escalas de tiempo"* se mostrarán todos aquellos campos susceptibles de servir como campo base para la escala de tiempo. Estos campos serán, por lo tanto, aquellos que hagan referencia a fechas, horas, días, meses, días de la semana, etc. Si en este cuadro de diálogo no ves ningún campo disponible, es porque Excel no ha interpretado ninguno de los campos de tu origen de datos como relativo a una escala temporal:

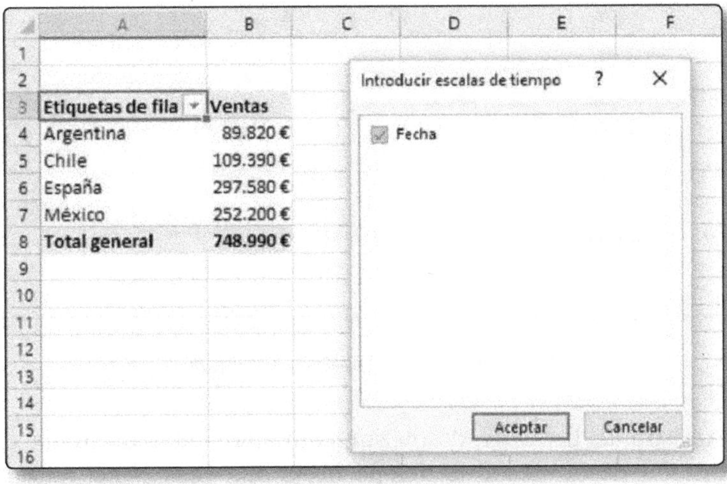

Figura 9.24. . Ventana "Introducir escalas de tiempo"

En la ventana mostrada, selecciona la casilla (o casillas) para las que quieres crear una escala de tiempo (el campo *Fecha* en el ejemplo mostrado en la imagen anterior, correspondiente a una tabla dinámica en la que hemos llevado el campo *País* al área de filas y el campo *Precio* al área de valores). A continuación, haz clic en **Aceptar**:

Figura 9.25. Tabla dinámica y escala de tiempo asociada

Una vez creada la escala de tiempo, podemos filtrar por períodos temporales en cuatro niveles distintos: años, trimestres, meses y días (por defecto, la escala de tiempo muestra períodos mensuales). Así:

1. Haz clic en la flecha junto al nivel de tiempo mostrado en la esquina superior derecha de la ventana y elige el período que desees:

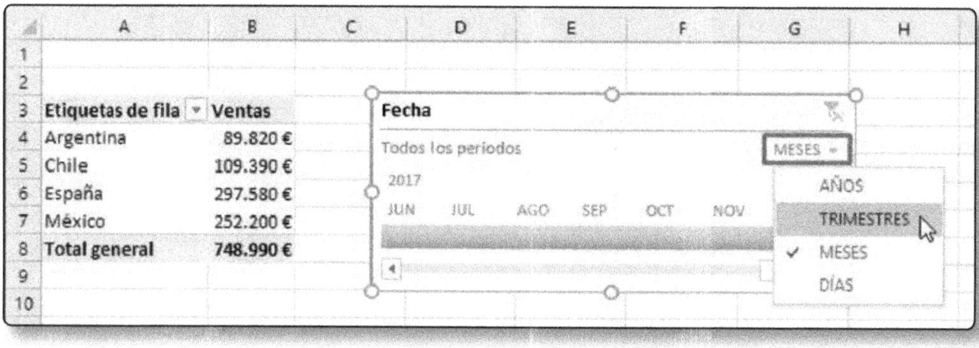

Figura 9.26. Menú de período de filtrado

2. Arrastra la barra de desplazamiento horizontal mostrada en la parte inferior de la escala de tiempo hasta que veas el período que quieres analizar:

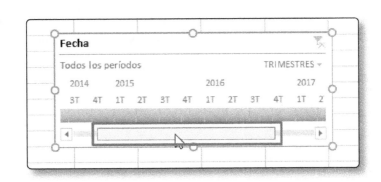

3. En el **control de intervalo de tiempo** (barra azul horizontal mostrada bajo la lista de trimestres en la imagen anterior) haz clic en un período para seleccionarlo, o haz clic en un período y arrástralo para incluir períodos adicionales contiguos.

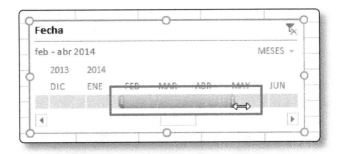

Figura 9.27. Control de intervalo de tiempo

4. Puedes usar los controladores que se muestran en los laterales del área seleccionada para ajustar el intervalo de fechas:

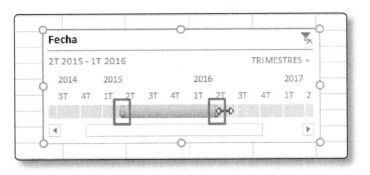

5. Para borrar el filtro aplicado en la escala de tiempo, haz clic en el botón **Borrar filtro** situado en la esquina superior derecha:

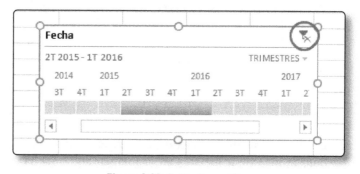

Figura 9.28. Botón Borrar filtro

Al igual que ocurría con las segmentaciones de datos, la tabla dinámica y una escala de tiempos asociada a ella ofrecen contenidos coherentes en todo momento. Así, si seleccionamos un período en la escala de tiempo, la tabla dinámica se va a actualizar convenientemente. Y al revés: si en la tabla dinámica aplicamos un filtro según cierto período temporal, la escala de tiempo también mostrará los períodos de tiempo seleccionados.

Te habrás fijado en que usando la escala de tiempo siempre tendremos que escoger períodos completos (por ejemplo, uno o varios meses, o uno o varios años). Sin embargo, si el filtro temporal se aplica directamente en la tabla dinámica (ya sea a través de un campo llevado al área de filtros o aplicando un filtro por fecha a los campos de filas o de columnas) y el período escogido es continuo, pero no coincide con uno de los períodos seleccionables en la escala de tiempo, ésta mostrará una selección proporcional (selección que no podríamos conseguir usando el control de intervalo de tiempo de la escala de tiempo):

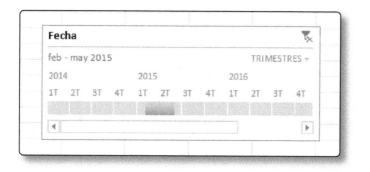

El mismo efecto podemos apreciar si, por ejemplo, en la escala de tiempo seleccionamos como período *"Días"*, realizamos alguna selección y, a continuación, cambiamos el período a *"Meses"*.

Una característica importante de las escalas de tiempo es que solo pueden filtrar por períodos continuos. Por ejemplo, de abril a diciembre de 2016. No es posible filtrar por abril de 2016 y enero de 2017 simultáneamente. Esto significa que si aplicamos el filtro temporal directamente en la tabla dinámica y escogemos un período no continuo (pues en la tabla dinámica sí es posible realizar este tipo de selecciones), la escala de tiempo no se mostrará aplicando –aparentemente– ningún filtro. De esta forma, en el siguiente ejemplo se ha añadido el campo *Fecha* al área de filas de la tabla dinámica y se han seleccionado los trimestres 1 y 2 de cada año, a pesar de lo cual la escala de tiempo muestra todos los períodos sin seleccionar:

Por supuesto, el período temporal por el que se esté filtrando será siempre el último aplicado, con independencia de dónde se haya aplicado, por lo que, en la situación anterior, un clic en uno o varios de los períodos de la escala de tiempo hará que la tabla dinámica se filtre según dicho período:

También es posible insertar una escala de tiempo ejecutando el comando "*Insertar>Filtros>Escala de tiempo*" tras haber seleccionado cualquier celda de la tabla dinámica.

Por último, un clic con el botón secundario del ratón en el nombre del campo en la sección de campos mostrará también la opción de "*Agregar como escala de tiempo*":

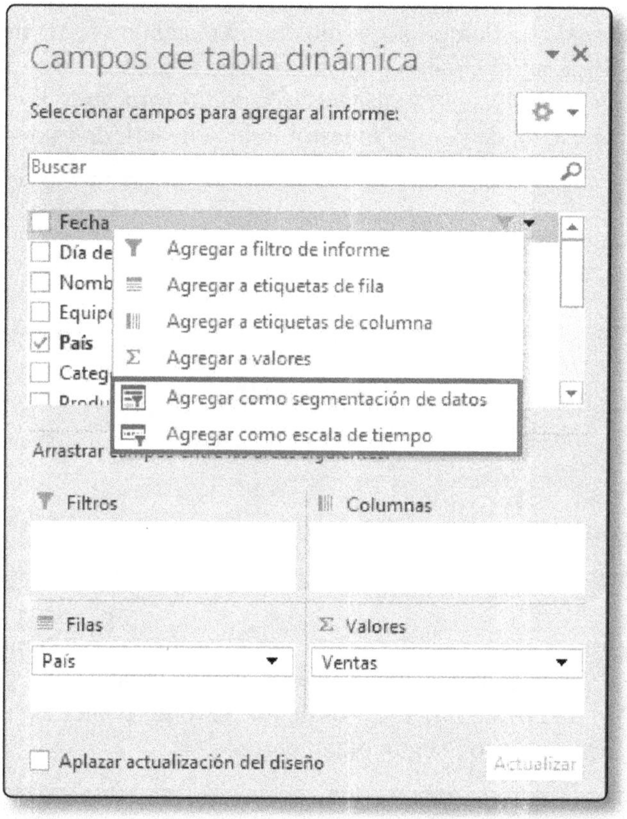

Figura 9.29. Menú contextual del campo Fecha en la sección de campos

En la imagen anterior podemos ver cómo Excel nos ofrece la posibilidad de crear tanto una segmentación de datos como una escala de tiempo a partir del campo *Fecha*: ten en cuenta que cualquier campo susceptible de generar una escala de tiempo también puede ser utilizado para generar una segmentación de datos (lo contrario no es siempre cierto, por supuesto). De esta forma, en la siguiente imagen vemos ambos tipos de elementos creados para el campo *Fecha*:

	A	B	C	D	E	F	G
1							
2			**Fecha**				
3	**Etiquetas de fila** ▾	**Ventas**	Todos los períodos				MESES ▾
4	▣ **2014**			2015			
5	Trim.1	37.050 €	MAR ABR MAY	JUN	JUL AGO SEP O
6	Trim.2	59.970 €					
7	Trim.3	60.390 €					
8	Trim.4	77.500 €	◀			▶
9	▣ **2015**		**Fecha**				
10	Trim.1	50.230 €	Trim.1				
11	Trim.2	61.850 €					
12	Trim.3	51.760 €	Trim.2				
13	Trim.4	83.540 €	Trim.3				
14	▣ **2016**						
15	Trim.1	51.990 €	Trim.4				
16	Trim.2	63.620 €	<01/01/2014				
17	Trim.3	67.990 €					
18	Trim.4	83.100 €	>01/01/2017				
19	**Total general**	**748.990 €**					
20							
21							
22							

Los períodos disponibles en la segmentación de datos son los mismos que los disponibles en la tabla dinámica. Es decir, si en la tabla tenemos agrupadas nuestras fechas por trimestres, la segmentación de datos también mostrará trimestres. Sin embargo, la segmentación de datos no se adapta a cambios en el tipo de agrupación de fechas de la tabla dinámica: si cambiamos la agrupación de fechas de trimestres a meses, por ejemplo, la segmentación de datos ¡simplemente desaparece! Veremos agrupaciones un poco más adelante.

Al igual que ocurría con las segmentaciones de datos, recuerda que al seleccionar una escala de tiempo se esconde la lista de campos.

9.5.1 Ejercicio

Basándose en el fichero de ventas de la empresa (*"Ventas informática.xlsx"*), se pide calcular las ventas medias de los meses abril, mayo, junio y julio de 2016 en la ciudad de Antofagasta.

9.5.2 Solución del ejercicio

Para realizar el análisis indicado, sigue los siguientes pasos:

1. Crea la tabla dinámica por cualquiera de los métodos que conoces.

2. Arrastra el campo *Ciudad* al área de filas y el campo *Precio* al área de valores (al que renombramos a *Ventas*), aplicándole la operación "*Promedio*".

3. Aplica un filtro manual para mostrar en el listado solo la ciudad de Antofagasta (haz un clic en el triángulo que acompaña a la celda con el texto "*Etiquetas de fila*", escribe "anto" en el buscador y haz clic en **Aceptar** (también puedes crear una segmentación de datos para el campo *Ciudad* y seleccionar "*Antofagasta*").

4. Con alguna celda de la tabla dinámica seleccionada, ejecuta el comando "*Analizar>Filtrar>Insertar escala de tiempo*". En la ventana "*Introducir escalas de tiempo*" que se muestra, haz clic en el campo *Fecha* y otro clic en **Aceptar**.

5. En la escala de tiempo, asegúrate de que el período de filtro es "*Meses*". A continuación, usando la barra de desplazamiento horizontal, busca el período que nos interesa (2016). Haz clic en **abril** de 2016 y arrastra la selección hasta julio del mismo año. La tabla dinámica estará mostrando el valor medio de las ventas a lo largo de dicho período:

9.6 CONFIGURACIÓN DE LAS ESCALAS DE TIEMPO

Una vez creada la escala de tiempo podemos adaptar su posición, dimensiones y estilo a nuestras necesidades:

▼ Para mover la escala de tiempo basta con pinchar su cabecera con el botón principal del ratón y arrastrarla hasta la ubicación que deseemos (verás que el cursor muestra cuatro flechas en aquellos lugares en los que puedes pinchar y arrastrar la escala de tiempo).

▼ Para modificarla de tamaño podemos hacer clic en ella y arrastrar los controladores de tamaño que se muestran en sus esquinas y aristas hasta el tamaño que queramos. También podemos, tras seleccionarla, utilizar los controles que tenemos en la cinta de opciones, "*Opciones>Tamaño*". En ellos podemos introducir el alto y el ancho exactos que queremos aplicar a la escala de tiempo:

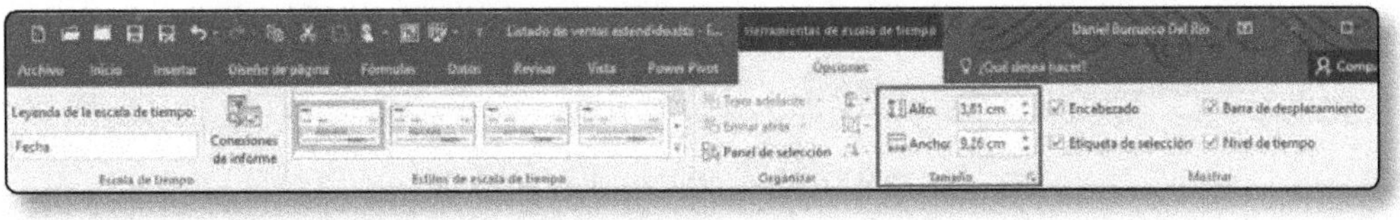

Figura 9.30. Opciones de gestión del tamaño de la escala de tiempo

▼ Para cambiar el estilo de la escala de tiempo, haz clic en ella y elige el estilo que desees en "*Opciones>Estilos de escala de tiempo*".

Como veremos un poco más adelante, es posible crear estilos personalizados tanto creándolos desde cero como duplicando un estilo existente y modificándolo. Los estilos personalizados se muestran en la parte superior de la galería de estilos, bajo el epígrafe "*Personalizada*":

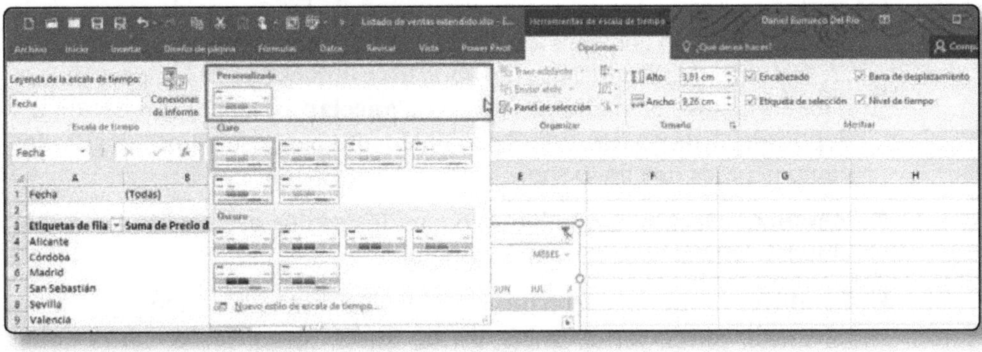

Figura 9.31. Sección de estilos personalizados

Al igual que ocurría con las segmentaciones de datos, podemos acceder a herramientas adicionales que afectan a un estilo (tanto si es personalizado como si no lo es) abriendo el menú contextual del estilo en la galería:

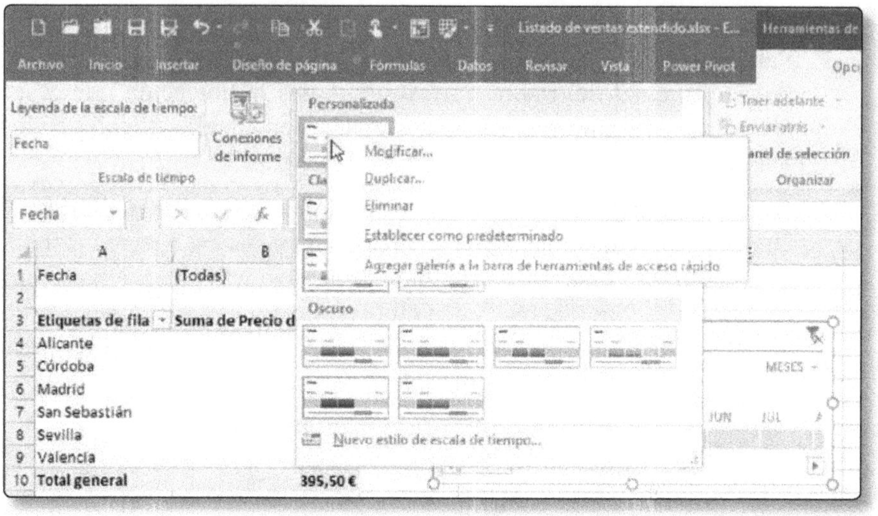

Figura 9.32. Menú contextual de un estilo

Vemos que tenemos a nuestra disposición las siguientes herramientas:

▸ **Modificar**. Opción disponible solo para los estilos personalizados. Abre la ventana de **Modificar estilo de escala de tiempo**, en la que podemos modificar el estilo aplicado a los nueve elementos susceptibles de ser personalizados que veremos un poco más adelante.

▸ **Duplicar.** Opción que nos permite duplicar el estilo seleccionado. Tras seleccionar esta opción, se abre la ventana "*Modificar estilo de escala de tiempo*", permitiéndonos dar un nombre a la copia del estilo, así como cambiar el formato, si lo deseamos, de los nueve elementos de la escala de tiempo comentados. Un clic en el botón **Aceptar** confirmará la creación del duplicado del estilo –con los cambios que hayamos realizado a los formatos– o un clic en el botón **Cancelar** cancelará la creación del duplicado. Esta opción está disponible tanto para estilos personalizados como para los que no lo son.

▸ **Eliminar**. Opción disponible solo para los estilos personalizados que lo elimina de la galería de estilos disponibles.

▸ **Establecer como predeterminado**. Opción disponible tanto para estilos personalizados como para los que no lo son, que establece el estilo en cuestión como predeterminado para las nuevas escalas de tiempo que se creen a partir de ese momento.

▼ **Agregar galería a la barra de herramientas de acceso rápido**. Opción disponible en todos los estilos (personalizados o no) que añade a la barra de herramientas de acceso rápido un icono que da acceso a la galería de estilos (en la que se mostrarán todos los estilos, no solo aquel cuyo menú contextual hemos abierto).

9.7 ESTILOS DE ESCALAS DE TIEMPO

Además de los estilos que ofrece Excel, podemos también definir un estilo nuevo haciendo clic en el enlace Nuevo estilo de escala de tiempo que encontramos en la parte inferior de la galería de estilos que tenemos accesible en *"Opciones>Estilos de escala de tiempo"*:

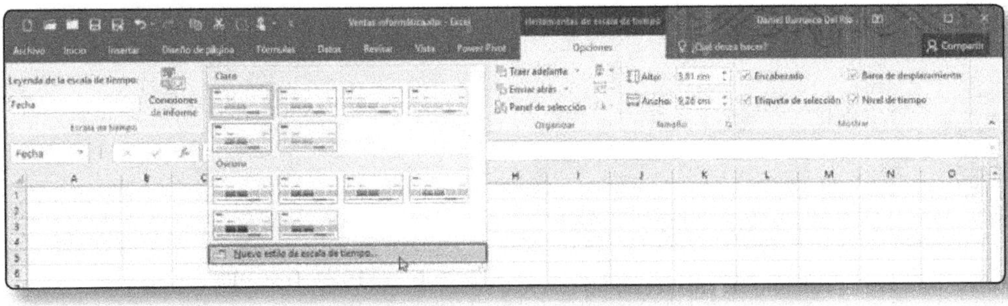

Figura 9.33. Galería de estilos de escalas de tiempo

Tras hacer clic en dicha opción, podremos ver que hay nueve elementos a los que dar formato:

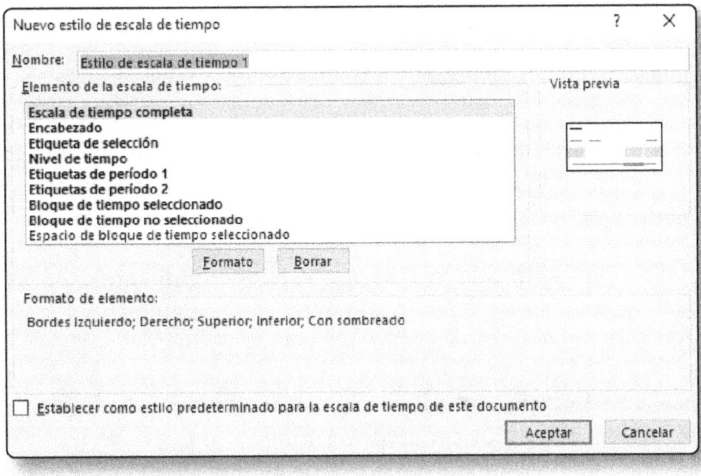

Figura 9.34. Elementos susceptibles de recibir formato en una escala de tiempo

En esta lista se muestran en negrita aquellos elementos a los que se está aplicando ya algún formato (aun siendo un nuevo estilo, verás que se está aplicando algún formato a la práctica totalidad de los elementos). Haciendo clic en el botón **Formato** se abre la ventana de "*Formato de elemento de escala de tiempo*", y haciendo clic en el botón **Borrar** se borra el formato que se esté aplicando al elemento seleccionado. Lógicamente este botón solo está activado para aquellos elementos que se muestran en negrita (y que están recibiendo un formato, por lo tanto).

A la derecha de la ventana se muestra una vista previa de la escala de tiempo con los formatos que se estén aplicando.

El formato que podemos aplicar afectará a la fuente (tipo, tamaño, etc.), al borde y al relleno:

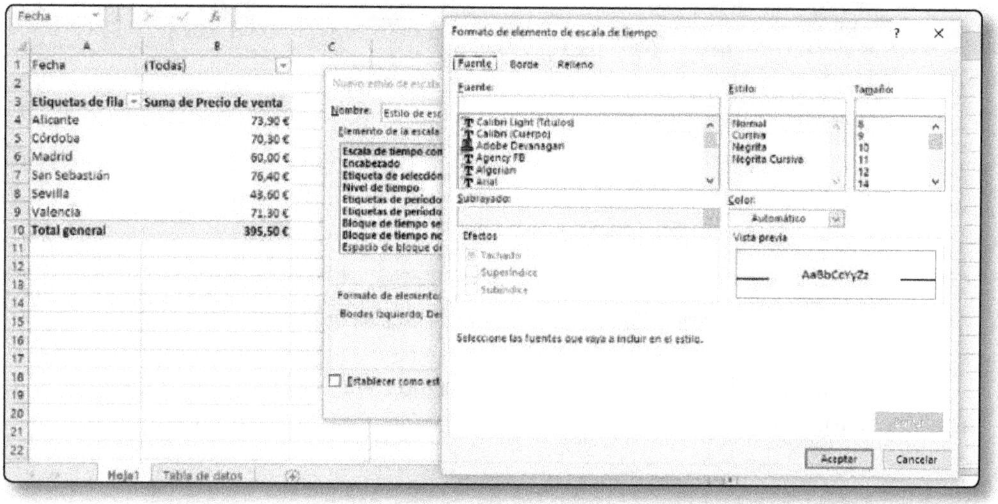

Figura 9.35. Ventana de diálogo "Formato de elemento de escala de tiempo"

Si queremos crear un nuevo estilo que se parezca a uno ya existente, también podemos abrir el menú contextual de dicho estilo y seleccionar la opción **Duplicar** para crear una copia, tal y como se ha comentado en la sección anterior.

Tanto si es un estilo nuevo como si estamos duplicando uno existente, lo primero que podemos hacer es asignar un nombre al nuevo estilo y, a continuación, recorrer los nueve elementos a los que poder aplicar formato:

► **Escala de tiempo completa**. Hace referencia a toda la escala de tiempo. Así, si especificamos un color de fondo o un tipo de letra, se aplicará a todos los elementos de la escala de tiempo (salvo que para algún otro elemento se defina otro color de relleno u otra fuente distinta).

▼ **Encabezado**. Hace referencia a la barra que encabeza la escala de tiempo:

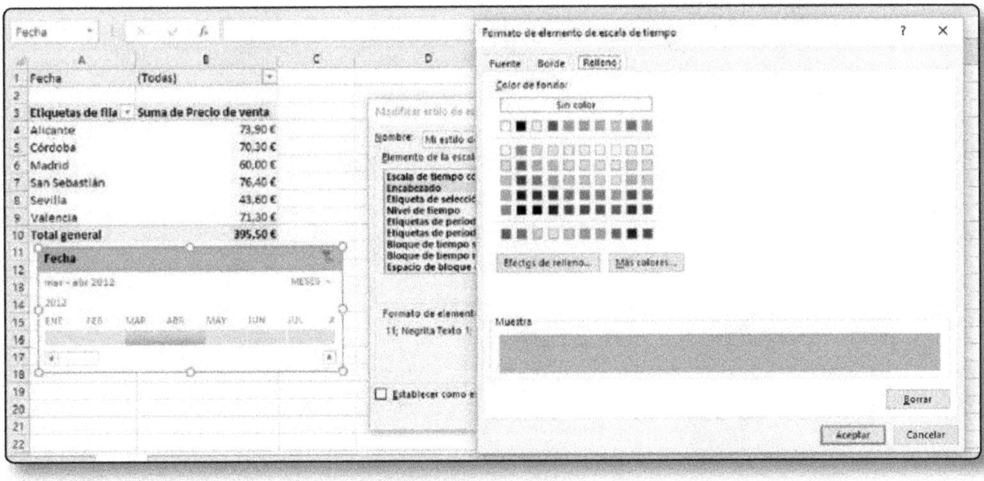

Figura 9.36. Encabezado

▼ **Etiqueta de selección**. Hace referencia a la etiqueta que nos indica la selección realizada. Solo nos permite dar formato a la fuente:

Figura 9.37. Etiqueta de selección

▼ **Nivel de tiempo**. Hace referencia a la etiqueta situada en la esquina superior derecha de la escala de tiempo que indica el nivel escogido (días, meses, trimestres o años). Solo nos permite dar formato a la fuente.

▸ **Etiquetas de período 1**. Hace referencia a la etiqueta superior (de las dos que hay) que indica el período de tiempo mostrado. Solo nos permite dar formato a la fuente:

Figura 9.38. Etiquetas de período

▸ **Etiquetas de período 2**. Hace referencia a la etiqueta inferior (de las dos que hay) que indica el período de tiempo mostrado. Solo nos permite dar formato a la fuente.

▸ **Bloque de tiempo seleccionado**. Hace referencia a los bloques de períodos que hemos seleccionado. Solo nos permite dar formato al borde y al relleno. En los estilos predeterminados estos bloques suelen recibir degradados, lo que los hace más atractivos visualmente:

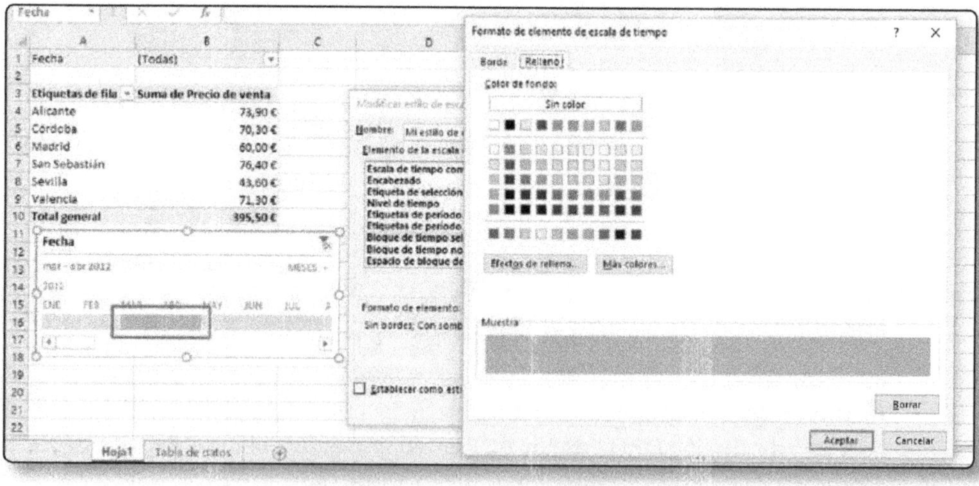

Figura 9.39. Bloque de tiempo seleccionado

▶ **Bloque de tiempo no seleccionado**. Hace referencia a los bloques de períodos que no hemos seleccionado. Solo nos permite dar formato al borde y al relleno:

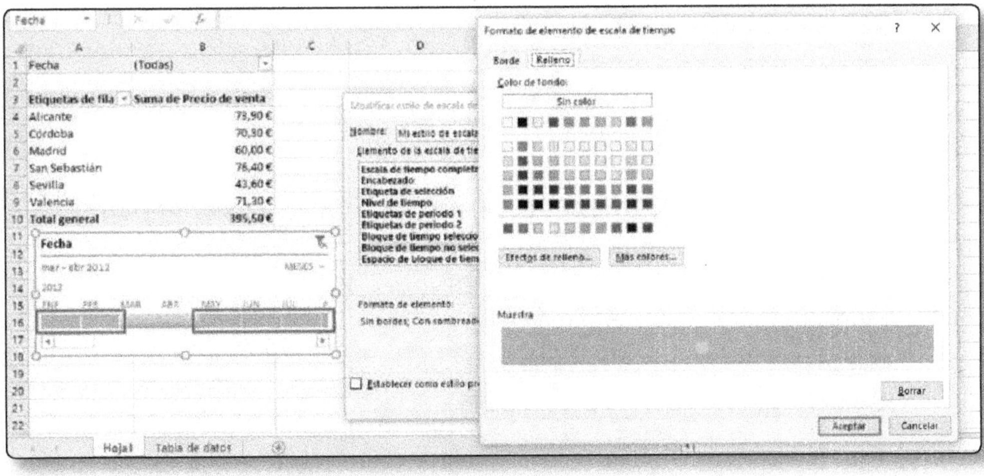

Figura 9.40. Bloque de tiempo no seleccionado

▶ **Espacio de bloque de tiempo seleccionado**. Hace referencia al espacio que queda entre los bloques de períodos seleccionados. Solo nos permite dar formato al relleno. Fíjate en que, por algún motivo, solo se aplica al espacio que queda a la derecha de cada bloque de período, no al que queda a la izquierda:

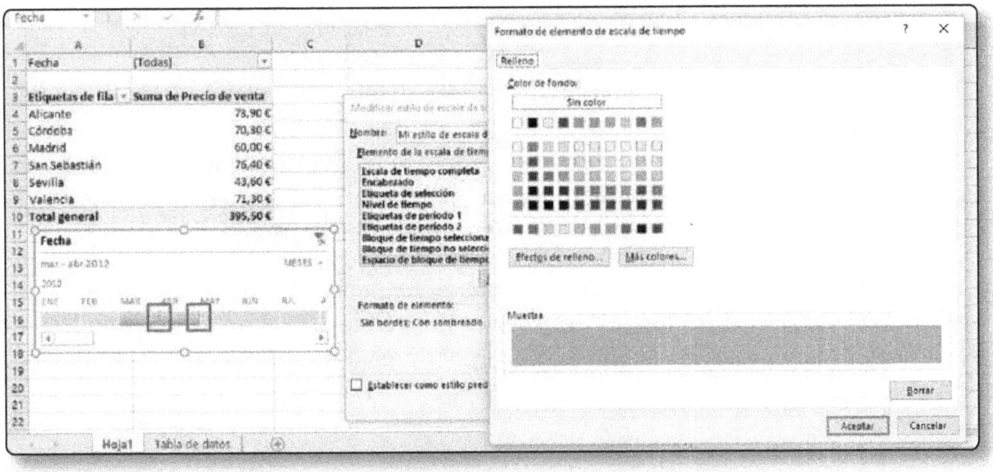

Figura 9.41. Espacio de bloque de tiempo seleccionado

Cuando creamos o modificamos un estilo personalizado (pues ya se ha comentado que los estilos predeterminados no son modificables) podemos activar la casilla de **Establecer como estilo predeterminado para la escala de tiempo de este documento:**

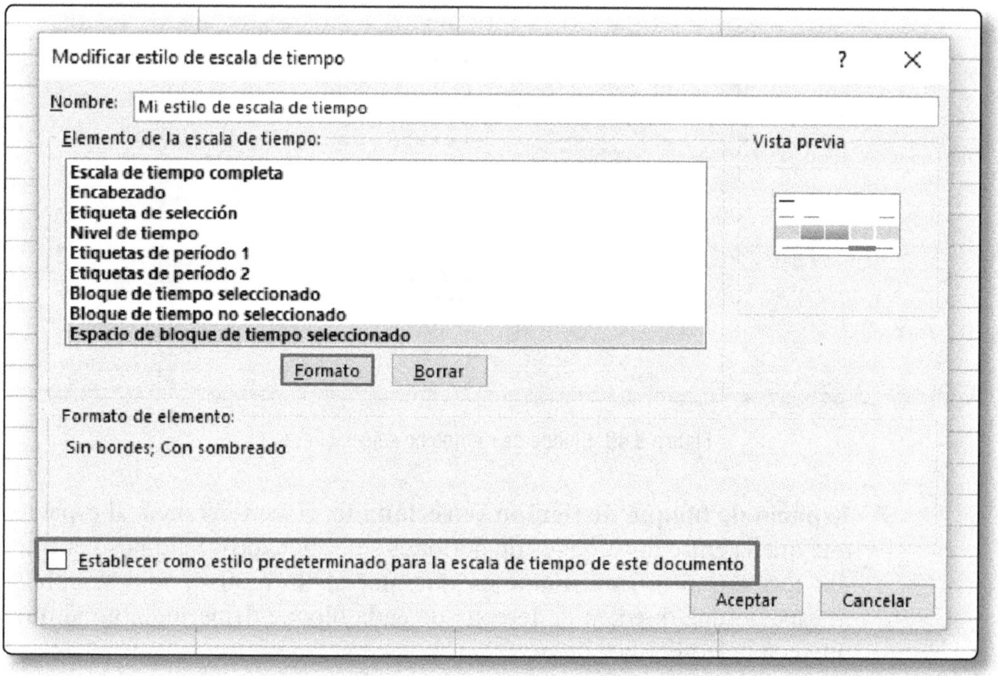

Figura 9.42. Opción "Establecer como estilo predeterminado"

Esto, como indica su nombre, establece dicho estilo como predeterminado para las escalas de tiempo que se creen a partir de ese momento en el libro. Para establecer como predeterminado un estilo, tanto si es personalizado como si no lo es, ya hemos visto que también podemos abrir su menú contextual en la galería de estilos y seleccionar la opción **Establecer como predeterminado**.

En el grupo "*Escala de tiempo*" de la pestaña "*Opciones*" de la cinta de opciones (pestaña visible solo si hemos seleccionado la escala de tiempo) podemos dar un nombre a nuestra escala de tiempo –por defecto recibe el nombre del campo para el que se ha creado–:

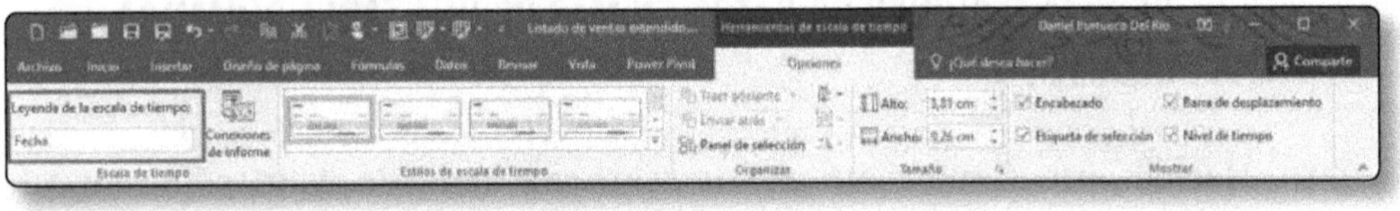

Figura 9.43. Leyenda de la escala de tiempo

En el comando *"Conexiones de informe"* del mismo grupo de comandos podemos ver las tablas dinámicas a las que está conectada la escala de tiempo:

Figura 9.44. Comando "Conexiones de informe"

Siguiendo en la misma pestaña, en el grupo *"Organizar"* podemos mover en el eje Z la escala de tiempo (para ver todas las opciones disponibles deberás tener algún elemento adicional en pantalla, por ejemplo, una imagen o una gráfica).

En el grupo *"Tamaño"* podemos modificar el alto y el ancho de la ventana de la escala de tiempo, y, por último, en el bloque *"Mostrar"* disponemos de casillas de selección que nos permiten activar o desactivar la visualización del encabezado, la barra de desplazamiento horizontal que se muestra en la parte inferior de la escala de tiempo (si es necesaria), la etiqueta de selección y el nivel de tiempo, esto es, el selector que nos permite escoger entre días, meses, trimestres y años. Si no está visible, no será posible modificar dicho nivel, lo que puede ser interesante si, por algún motivo, solo deseamos que el filtrado esté disponible en el nivel original para el que hemos creado la escala de tiempo.

9.8 USO DE SEGMENTACIONES DE DATOS EN MÁS DE UNA TABLA DINÁMICA SIMULTÁNEAMENTE

Hemos visto como tanto en las segmentaciones de datos como en las escalas de tiempo encontramos el comando *"Conexiones de informe"* en la pestaña de *"Opciones"* (pestaña visible solo tras seleccionar la segmentación de datos o la escala de tiempo). Este comando nos indica la tabla (o las tablas) a las que nuestra segmentación de datos o escala de tiempo está conectada:

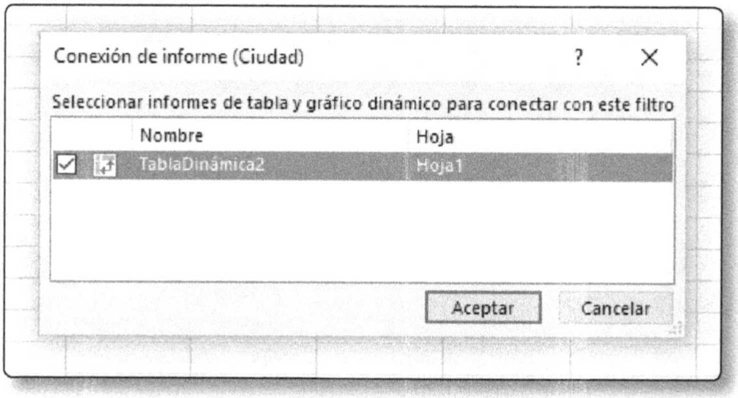

Figura 9.45. Ventana *"Conexión de informe"*

Por defecto, tanto las segmentaciones de datos como las escalas de tiempo están conectadas solo a aquella tabla que teníamos seleccionada en el momento de su creación. Pero si en nuestro libro hay más tablas dinámicas (y no son independientes, cosa que veremos más adelante), al abrir la ventana de *"Conexiones de informe"* veremos el listado completo de tablas dinámicas disponibles en el libro. Conectando una segmentación de datos o una escala de tiempo a más de una tabla nos permite utilizarlas para filtrar datos en ellas de forma simultánea.

Así, por ejemplo, creemos dos tablas dinámicas basadas en nuestro fichero de ventas (*"Ventas informática.xlsx"*), la primera con el campo *País* en el área de filas y el campo *Precio* en el área de valores aplicándole la operación *"Suma"* (campo renombrado a *Ventas*), y la segunda tabla dinámica situada en la celda A10 de la misma hoja de cálculo, con el campo *Categoría* en el área de filas y el campo *Margen* situado en el área de valores aplicándole la operación *"Promedio"* (campo renombrado a *Margen medio*). Damos a la primera tabla dinámica el nombre de *"Ventas por país"* (recuerda: teniendo alguna celda de la tabla dinámica seleccionada, *"Analizar>Tabla dinámica>Nombre de tabla dinámica"*) y a la segunda tabla dinámica, *"Margen medio por categoría"*.

Seleccionamos ahora cualquier celda de la primera tabla dinámica ("*Ventas por país*") y creamos una escala de tiempo a partir del campo fecha (único disponible):

	A	B	C	D	E	F	G
1							
2							
3	Etiquetas de fila ▾	Ventas		Fecha			▽ₓ
4	Argentina	89.820 €		Todos los períodos			MESES ▾
5	Chile	109.390 €		2017			
6	España	297.580 €		JUN JUL AGO SEP OCT NOV DIC			
7	México	252.200 €					
8	Total general	748.990 €					
9				◀			▶
10	Etiquetas de fila ▾	Margen medio					
11	Impresoras	93 €					
12	Monitores	184 €					
13	Portátiles	500 €					
14	Total general	262 €					
15							

Cualquier selección en la escala de tiempo afecta tan solo a la tabla dinámica a la que está conectada (la tabla "*Ventas por país*"). Así puede verse, en la siguiente imagen, cómo, tras seleccionar los meses de enero a marzo de 2016 en la escala de tiempo, la tabla superior se actualiza adecuadamente mientras que la inferior permanece inalterable:

	A	B	C	D	E	F	G
1							
2							
3	Etiquetas de fila ▾	Ventas		Fecha			▽ₓ
4	Argentina	8.910 €		1T 2016			MESES ▾
5	Chile	4.410 €		2015		2016	
6	España	22.560 €		OCT NOV DIC ENE FEB MAR ABR N			
7	México	16.110 €					
8	Total general	51.990 €					
9				◀			▶
10	Etiquetas de fila ▾	Margen medio					
11	Impresoras	93 €					
12	Monitores	184 €					
13	Portátiles	500 €					
14	Total general	262 €					
15							

Si seleccionamos la escala de tiempo y ejecutamos el comando *"Opciones>Escala de tiempo>Conexiones de informe"* vemos cómo la escala de tiempo está conectada apenas a la tabla dinámica que estaba seleccionada cuando se creó (la tabla *"Ventas por país"*):

Si, en dicha ventana, seleccionamos también la casilla correspondiente a la tabla *"Margen medio por categoría"* y hacemos clic en el botón **Aceptar**, habremos conectado la escala de tiempo a ambas tablas dinámicas, provocándose la actualización automática de la segunda tabla dinámica para mostrar datos solo de los meses seleccionados en la escala de tiempo:

Ahora las dos tablas dinámicas se han actualizado para mostrar datos únicamente del período seleccionado. Y, por supuesto, si tuviésemos gráficos dinámicos creados a partir de estas tablas dinámicas, también ellos se actualizarían convenientemente.

Teniendo en cuenta que podemos conectar tanto escalas de tiempo como segmentaciones de datos a dos o más tablas dinámicas simultáneamente, resulta ésta una magnífica opción para la creación de informes de datos. De hecho, las tablas dinámicas a las que podemos conectar una segmentación de datos o una escala de tiempo ni siquiera tienen por qué estar en la misma hoja de cálculo: aun cuando las tablas dinámicas estén dispersas por nuestro libro Excel, al abrir la ventana de conexiones de informe se nos mostrará el listado completo de tablas dinámicas (siempre que sean dependientes) a las que poder conectar la segmentación de datos o la escala de tiempo.

> ### ⓘ NOTA
>
> Cuando replicas una tabla dinámica (por ejemplo, haciendo uso de los atajos de teclado **Control-C** y **Control-V**, todas las segmentaciones de datos y escalas de tiempo que estuviesen asociada a la tabla dinámica original también quedarán asociadas a la copia automáticamente.

9.8.1 Ejercicio

Basándose en el fichero de ventas de la empresa (*"Ventas informática.xlsx"*), se pide crear una tabla dinámica que muestre las ventas por equipo comercial y una segunda tabla dinámica que muestre el margen medio por categoría de producto. A continuación, se desea crear una segmentación de datos que permita escoger un país y una escala de tiempo que permita escoger uno o más trimestres pero que no permita cambiar el nivel de tiempo (es decir, que solo permita escoger trimestres). Tanto la segmentación de datos como la escala de tiempo deberán actualizar simultáneamente ambas tablas dinámicas.

9.8.2 Solución del ejercicio

Comencemos por crear las dos tablas dinámicas para crear posteriormente la segmentación de datos y la escala de tiempo y configurarlas adecuadamente. Sigue los siguientes pasos:

1. Crea la primera tabla dinámica por cualquiera de los métodos que conoces y dale el nombre de ***Ventas por equipo*** (*"Analizar>Tabla dinámica>Nombre de tabla dinámica"*).

2. Lleva el campo *Equipo* al área de filas y el campo *Precio* al área de valores, renombrándolo a *Ventas*.

3. Crea la segunda tabla dinámica en la celda D3 de la misma hoja de cálculo usando cualquiera de los métodos que conoces y dale el nombre de *"Margen por categoría"*.

4. Lleva el campo *Categoría* al área de filas y el campo *Margen* al área de valores, aplicándole la operación "*Promedio*" y renombrándolo a "*Margen medio*".

5. Selecciona la tabla dinámica "*Ventas por equipo*" y crea una segmentación de datos a partir del campo "*País*" ("*Analizar>Filtrar>Insertar Segmentación de datos*").

6. Con la misma tabla dinámica seleccionada, crea una escala de tiempo a partir del único campo disponible, *Fecha* ("*Analizar>Filtrar>Insertar escala de tiempo*").

7. Selecciona la segmentación de datos y abre su ventana de conexiones de informe ("*Opciones>Segmentación de datos>Conexiones de informe*"). Haz clic en la casilla de selección que acompaña a la segunda tabla creada, "*Margen por categoría*". Haz clic en **Aceptar** para confirmar el cambio.

8. Selecciona la escala de tiempo, abre su ventana de conexiones de informe ("*Opciones>Escala de tiempo>Conexiones de informe*"). Haz clic en la casilla de selección que acompaña a la segunda tabla dinámica creada, "*Margen por categoría*". Haz clic en **Aceptar** para confirmar el cambio.

9. Para evitar que pueda modificarse el nivel de tiempo en la escala de tiempo, selecciónala, escoge el nivel de tiempo "*trimestres*" y haz clic en la casilla de selección que hay en "*Opciones>Mostrar>Nivel de tiempo*".

Ahora, la selección de un país o de un período temporal modificará ambas tablas dinámicas. Aplica, si lo deseas, un estilo a la segmentación de datos y a la escala de tiempo para terminar:

	A	B	C	D	E	F
1						
2						
3	Etiquetas de fila ▾	Ventas		Etiquetas de fila ▾	Margen medio	
4	Equipo CHI_01	6.180 €		Impresoras	76 €	
5	Equipo CHI_02	11.530 €		Monitores	194 €	
6	Equipo CHI_03	11.810 €		Portátiles	450 €	
7	**Total general**	**29.520 €**		**Total general**	**229 €**	
8						

Fecha

4T 2014 - 3T 2015   TRIMESTRES ˅

2014   2015   2016

1T 2T 3T 4T   1T 2T 3T 4T   1T 2T 3T 4T

País

Argentina

Chile

España

México

10

AGRUPACIONES DE DATOS

En ocasiones nos encontramos con que las etiquetas que hemos llevado a filas o columnas no muestran el tipo de segmentación que querríamos ver. Por ejemplo, si tenemos una lista de países, tal vez preferiríamos analizarlos en bloques en función de su población, situación geográfica, económica, etc. El poder agruparlos según criterios arbitrarios nos permitiría extraer conclusiones acerca de dichos países considerados como bloques independientes. En otras ocasiones, si, por ejemplo, tenemos una lista de fechas o de horas, los datos pueden ser difícilmente manejables salvo que los agrupemos en bloques de varios días o semanas:

	A	B	C	D	E	F
1						
2						
3	**Etiquetas de fila**	Ventas		**Etiquetas de fila**	Ventas	
4	1 de enero de 2014	150 €		01/01/2014 - 07/01/2014	4.750 €	
5	2 de enero de 2014	220 €		08/01/2014 - 14/01/2014	4.110 €	
6	3 de enero de 2014	600 €		15/01/2014 - 21/01/2014	2.850 €	
7	4 de enero de 2014	2.250 €		22/01/2014 - 28/01/2014	6.700 €	
8	5 de enero de 2014	150 €		29/01/2014 - 04/02/2014	2.300 €	
9	6 de enero de 2014	1.380 €		05/02/2014 - 11/02/2014	1.030 €	
10	8 de enero de 2014	760 €		12/02/2014 - 18/02/2014	1.160 €	
11	9 de enero de 2014	850 €		19/02/2014 - 25/02/2014	1.410 €	
12	10 de enero de 2014	300 €		26/02/2014 - 04/03/2014	2.690 €	
13	11 de enero de 2014	710 €		05/03/2014 - 11/03/2014	1.070 €	
14	12 de enero de 2014	600 €		12/03/2014 - 18/03/2014	2.160 €	
15	14 de enero de 2014	890 €		19/03/2014 - 25/03/2014	3.360 €	
16	17 de enero de 2014	760 €		26/03/2014 - 01/04/2014	3.460 €	
17	18 de enero de 2014	890 €		02/04/2014 - 08/04/2014	4.390 €	
18	19 de enero de 2014	80 €		09/04/2014 - 15/04/2014	1.570 €	
19	20 de enero de 2014	890 €		16/04/2014 - 22/04/2014	4.570 €	
20	21 de enero de 2014	230 €		23/04/2014 - 29/04/2014	8.480 €	
21	22 de enero de 2014	500 €		30/04/2014 - 06/05/2014	2.390 €	
22	23 de enero de 2014	1.040 €		07/05/2014 - 13/05/2014	10.740 €	

Figura 10.1. Comparación de listados de fechas sin agrupar y agrupadas

Las herramientas de agrupación de datos de Excel que vamos a ver en las siguientes secciones nos pueden ayudar en esas circunstancias.

10.1 AGRUPACIÓN DE CAMPOS DE FECHAS

Partamos de una tabla dinámica basada en nuestro listado de ventas en la que hemos llevado el campo *Fecha* al área de filas y el campo *Precio* al área de valores, al que aplicamos la operación "*Suma*".

En función de la versión de Excel que tengas, es posible que el campo *Fecha* ya aparezca agrupado. Para asegurarnos de que partimos de un listado sin agrupar, abre el menú contextual de cualquier valor de la columna que muestre el contenido del campo *Fecha* y selecciona **Desagrupar**. Ahora, la tabla dinámica deberá tener el siguiente aspecto:

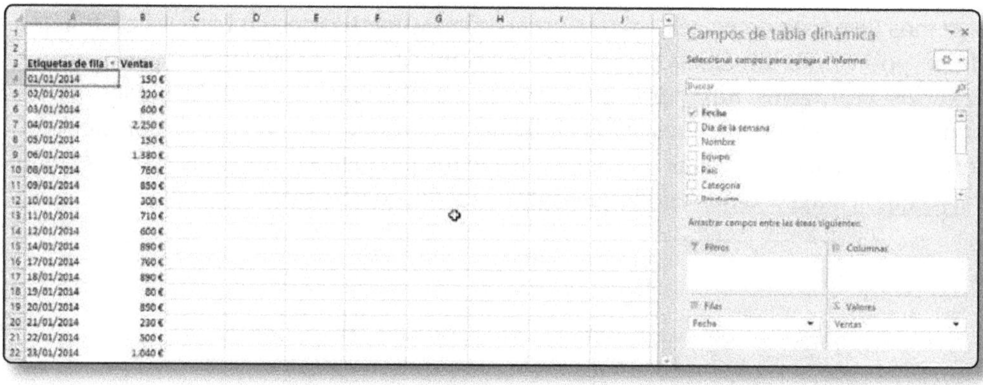

Figura 10.2. Tabla dinámica con fechas sin agrupar

Vemos que se muestra una fila para cada uno de los días y que encontramos también fechas sin ventas (el día 7 de enero, por ejemplo). Nuestro objetivo es agrupar estas fechas en bloques más sencillos de ser analizados o en bloques que nos permitan la identificación de patrones o tendencias de una forma más obvia. Para ello hacemos lo siguiente:

1. En la tabla dinámica hacemos clic con el botón secundario del ratón en cualquier valor del campo de fecha (primera columna de la tabla dinámica) y hacemos clic en **Agrupar**:

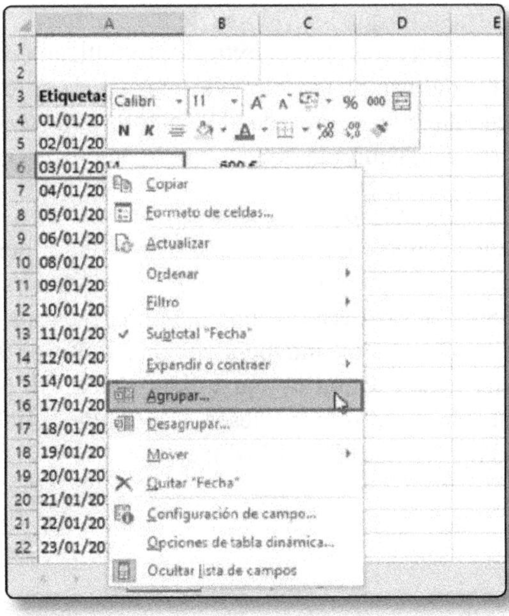

Figura 10.3. Herramienta "Agrupar" accesible en el menú contextual de una etiqueta

La ventana "*Agrupar*" que se muestra nos indica la fecha de comienzo y de terminación de las agrupaciones, y un listado de períodos de agrupación que podemos combinar entre sí:

Figura 10.4. Ventana de diálogo "Agrupar"

2. Confirmamos que los valores de los cuadros "*Comenzar en*" y "*Terminar en*" son correctos. Excel extrae automáticamente esta información de los valores del campo, pero puedes corregirla si lo deseas. Ten simplemente en cuenta que la entrada del cuadro "*Terminar en*" debe ser siempre posterior a la entrada del cuadro "*Comenzar en*".

3. En el cuadro "*Por*", haz clic en uno o varios períodos de fecha y hora para los grupos. Cada clic que hagas en un período lo selecciona (si no estaba seleccionado) o lo deselecciona (si estaba seleccionado). Si solo seleccionas un período, por ejemplo, "*Meses*", los datos se agruparán según el mes, con independencia del año en el que ocurrieron, lo que es una buena forma de consolidar datos. Si, por el contrario, necesitas separar los datos por meses y por años, deberás seleccionar ambos períodos ("*Meses*" y "*Años*"):

⊿	A	B	C
1			
2			
3	**Etiquetas de fila** ▾	**Ventas**	
4	⊟ 2014		
5	ene	19.950 €	
6	feb	5.560 €	
7	mar	11.540 €	
8	abr	19.570 €	
9	may	19.810 €	
10	jun	20.590 €	
11	jul	25.850 €	
12	ago	23.250 €	
13	sep	11.290 €	
14	oct	18.770 €	
15	nov	22.570 €	
16	dic	36.160 €	
17	⊟ 2015		
18	ene	20.320 €	
19	feb	15.510 €	
20	mar	14.400 €	
21	abr	15.820 €	
22	may	20.250 €	

Figura 10.5. Tabla dinámica tras seleccionar las opciones "Meses" y "Años"

Lo mismo ocurre con el resto de períodos: mostrarán información consolidada salvo que seleccionemos un período mayor que desagregue la información.

Como puedes ver, no se incluye la semana como período de agrupación. Si deseas agrupar tus fechas en períodos de 7 días (o de cualquier otro número de días), selecciona como período *"Días"* (asegurándote de que es el único período seleccionado) y selecciona 7 (o el número de días que desees) en el cuadro *"Número de días"*. Ten en cuenta que, en este caso, Excel agrupará las fechas en bloques de 7 días (o del número que hayas seleccionado) a partir del día que hayamos indicado en el cuadro *"Comenzar en"*, y que éste día en cuestión no tiene por qué ser lunes. Si queremos agrupar nuestra información en semanas (consideradas en bloques de lunes a domingo), asegúrate de que el día indicado en el cuadro *"Comenzar en"* corresponde a un lunes (esto será posible aun cuando no tengamos en nuestro listado datos para dicha fecha. Es decir, puedes indicar en el cuadro *"Comenzar en"* el día 4 de enero de 2016, por ejemplo, aun cuando la primera fecha contenida en tu listado de datos sea la del 7 de enero de 2016).

ⓘ NOTA

Averiguando el día de la semana de una fecha

Aunque hay muchas formas de averiguar qué día de la semana se corresponde a una fecha dada (la más simple es abrir el calendario de Windows haciendo clic en la fecha que se muestra en la esquina inferior derecha de la interfaz y buscando el día en cuestión, aunque este método puede hacerse pesado si la fecha no es próxima), Excel incluye la función DIASEM con la que podemos rápidamente averiguar qué día de la semana fue una fecha dada. Su estructura es:

=DIASEM(fecha;tipo)

En esta función, "fecha" es la fecha a analizar (o una referencia a una celda de nuestra hoja de cálculo que contenga una fecha) y "tipo" es un número que nos indica el tipo de resultado a obtener: si incluimos como parámetro el número 1, Excel devolverá un 1 para domingo, 2 para lunes, etc. acabando en 7 para sábado. Si incluimos como parámetro un 2, Excel devolverá un 1 para el lunes, 2 para el martes, etc. hasta 7 para domingo. Por último, si incluimos como parámetro un 3, Excel devolverá un 0 para el lunes, 1 para el martes, etc. hasta 6 para domingo.

De esta forma, si en la celda A4 tenemos la fecha más antigua de nuestro listado y queremos averiguar qué día de la semana era, podemos escribir en cualquier celda vacía de nuestra hoja de cálculo lo siguiente:

=DIASEM(A4;2)

El resultado será, tal y como se ha comentado, un 1 si se trata de un lunes y un 7 si se trata de un domingo. En función de dónde escribamos esta fórmula, es posible que el resultado herede un formato no deseado (por ejemplo, podría mostrarse con el formato de fecha, en lugar de como un simple número. Si te ocurre esto, basta seleccionar la celda conteniendo nuestra fórmula, presionar la combinación de teclas **Control-1** para abrir la ventana de formato de celdas y, en la pestaña *"Número"*, seleccionar la categoría *"General"*.

Como se ha comentado, la opción de "*Número de días*" está disponible solo si el único período seleccionado es "*Días*". Si hemos seleccionado también algún otro período, esta opción aparecerá inhabilitada.

Si, una vez agrupados los valores (por ejemplo, por meses), las etiquetas añadidas por Excel no nos satisfacen completamente (por ejemplo, por mostrar "*ene*" en lugar de "*Enero*"), podemos hacer clic encima de ellas y rescribirlas, o seleccionarlas, presionar la tecla **F2** y modificarlas a nuestro gusto. Ten en cuenta simplemente que, si vuelves a agrupar las etiquetas según cualquier otro criterio, Excel volverá a mostrar las etiquetas por defecto.

Si trabajamos con un modelo de datos –si por ejemplo estamos alimentando nuestra tabla dinámica a partir de dos o más tablas de datos simultáneamente configuradas como modelo de datos, cosa que veremos más adelante– Excel no nos permite agrupar por bloques de días, siendo ésta una limitación contra la que no es posible hacer nada.

10.1.1 Ejercicio

Basándose en el fichero de ventas de la empresa ("*Ventas informática.xlsx*"), se desea mostrar las ventas totales por trimestres.

10.1.2 Solución del ejercicio

Sigue los siguientes pasos:

1. Crea la tabla dinámica por cualquiera de los métodos que conoces.

2. Arrastra el campo *Fecha* al área de filas y el campo *Precio* al área de valores (al que renombramos a *Ventas*).

3. Abre el menú contextual de cualquiera de las celdas que, en la tabla dinámica, contienen un valor del campo *Fecha* (columna A) y haz clic en **Agrupar**.

4. En la ventana que se muestra, asegúrate de que sólo están seleccionadas las opciones de "*Trimestres*" y "*Años*". Haz clic en **Aceptar**:

Etiquetas de fila ⏷	Ventas
⊟ 2014	
Trim.1	37.050 €
Trim.2	59.970 €
Trim.3	60.390 €
Trim.4	77.500 €
⊟ 2015	
Trim.1	50.230 €
Trim.2	61.850 €
Trim.3	51.760 €
Trim.4	83.540 €
⊟ 2016	
Trim.1	51.990 €
Trim.2	63.620 €
Trim.3	67.990 €
Trim.4	83.100 €
Total general	**748.990 €**

10.2 AGRUPACIÓN DE CAMPOS DE NÚMEROS

También es posible agrupar valores numéricos en rangos, lo que nos permite, por ejemplo, crear "distribuciones de frecuencia" en las que se muestra el número de ocurrencias en un rango dado de valores. Para mostrar cómo funciona, basándonos en nuestros datos de ventas, supongamos que queremos obtener la relación entre el margen obtenido por las ventas y el precio del producto para confirmar si hay alguna rotura del patrón habitual (valores excesivamente altos o bajos, etc.). Para esto partimos de una tabla dinámica en la que llevamos el campo *Margen* al área de filas, y el campo *Precio* al área de valores, aplicándole la operación "*Promedio*" y renombrándolo a "*Precio medio*":

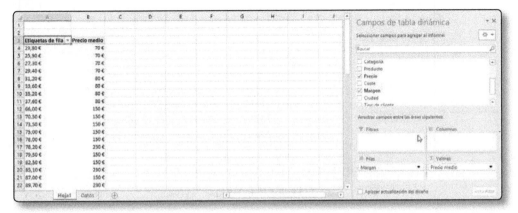

Como podemos comprobar, el listado de posibles valores del campo *Margen* es demasiado largo (pues, en la práctica, posiblemente dependa no solo del producto y de la categoría, sino también del país y tal vez de otras variables), de forma que, si quisiéramos ser capaces de extraer información útil de los datos de los que disponemos en este momento, este listado de valores resultaría muy poco práctico. Sería mucho más conveniente agrupar dichos valores en bloques de 100 €, por poner un ejemplo. Para ello, haz lo siguiente:

1. En la tabla dinámica haz clic con el botón secundario del ratón en cualquier etiqueta del campo que queremos agrupar (la primera columna, en nuestro caso) y haz clic en **Agrupar**.

Se mostrará la ventana de diálogo "*Agrupar*" en la que se indica el valor inferior a partir del que crear los bloques, el valor superior y el tamaño de los bloques:

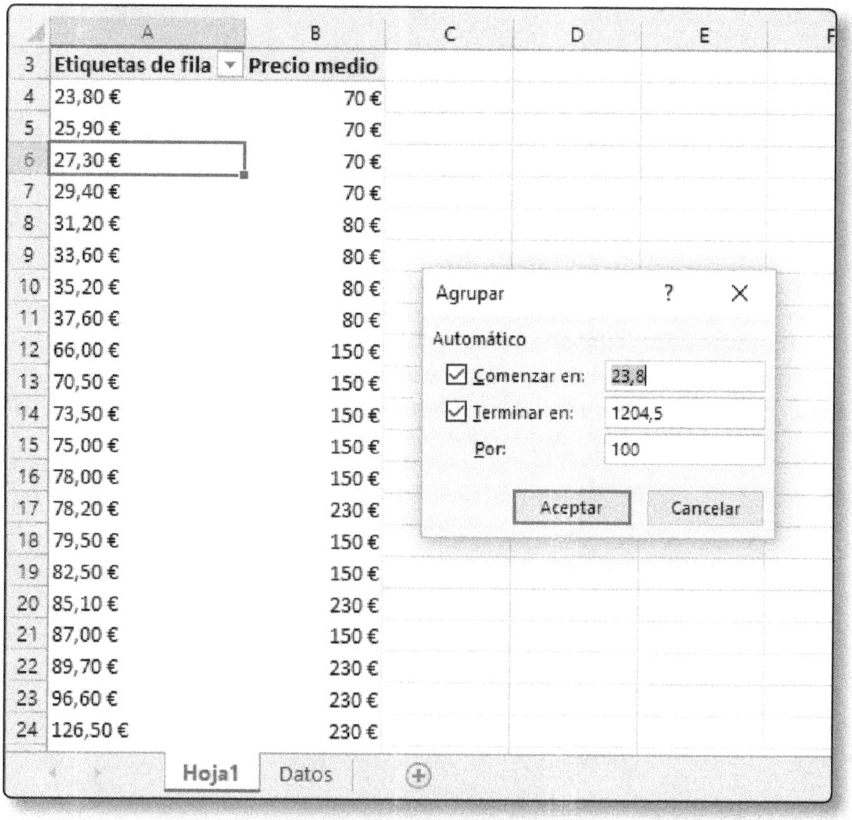

Figura 10.6. Ventana "Agrupar"

2. Confirma que los valores de los cuadros *"Comenzar en"* y *"Terminar en"* son correctos. Al igual que veíamos para las fechas, Excel extrae automáticamente esta información de los valores del campo, pero puedes corregirla si lo deseas. Ten simplemente en cuenta que el valor del cuadro *"Terminar en"* debe ser siempre mayor que el valor del cuadro *"Comenzar en"*. Si, como en este caso, quieres agrupar los valores en bloques de 100€, muy probablemente quieras introducir en el recuadro *"Comenzar en"* el valor 0.

3. Por último, en el cuadro *"Por"*, introduce el número que desees que represente el tamaño de cada bloque, en nuestro caso "100".

4. Haz clic en **Aceptar**:

	A	B
3	**Etiquetas de fila** ▼	**Precio medio**
4	0-100	150 €
5	100-200	328 €
6	200-300	566 €
7	300-400	560 €
8	400-500	815 €
9	500-600	890 €
10	1000-1100	1.650 €
11	1100-1200	1.650 €
12	1200-1300	1.650 €
13	**Total general**	**495 €**
14		

Figura 10.7. Aspecto de la tabla dinámica tras ejecutarse la agrupación en bloques de 100€

Al igual que ocurría antes si, una vez agrupados los valores, las etiquetas añadidas por Excel no nos satisfacen, podemos seleccionarlas y sobrescribirlas, o seleccionarlas, presionar la tecla **F2** y modificarlas a nuestro gusto. Así, en el ejemplo mostrado en la imagen anterior puede resultarnos más conveniente que en lugar de "0-100" se muestre un texto del tipo "0€ - 100€". Ten en cuenta simplemente que, si vuelves a agrupar los datos por cualquier otro criterio, Excel volverá a mostrar las etiquetas por defecto.

Como habrás visto, el tamaño de los bloques es un valor fijo, lo que nos impide agrupar nuestros valores en, por ejemplo, bloques de 50€ para valores de márgenes bajos y en bloques de 100€ para valores mayores. Aunque para este caso siempre podemos recurrir al siguiente método de agrupación: la agrupación de elementos seleccionados que veremos en breve.

Ten en cuenta que, por defecto, las tablas dinámicas no muestran categorías sin datos. Es decir, si en el ejercicio realizado hay agrupaciones (como el bloque "600-700") para las que no hay datos, dicha agrupación no se mostraría en pantalla, distorsionando parcialmente la información transmitida. Por ejemplo, si creamos un gráfico dinámico asociada a nuestra tabla dinámica (dedicaremos una sección completa a los gráficos dinámicos más adelante):

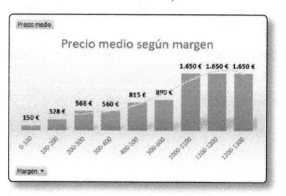

Puede parecer que hay un salto relativamente brusco de precio medio tras la columna de margen correspondiente a los valores 500-600.

Si quieres asegurar que se muestran todos los datos con independencia de su valor, abre, en la tabla dinámica, el menú contextual del campo que deseas configurar y selecciona **Configuración de campo**. En la ventana que se muestra haz clic en la pestaña **Diseño e impresión** y selecciona la opción **Mostrar elementos sin datos**:

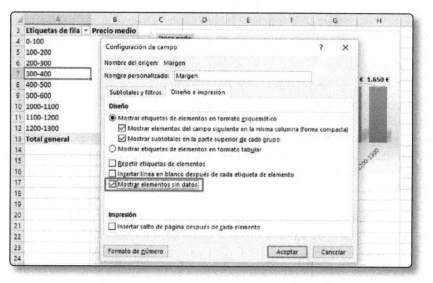

Figura 10.8. Ventana de diálogo "Configuración de campo"

Tras este cambio, la gráfica adopta un aspecto bien diferente, mucho más realista:

Comprobamos ahora que lo que parecía un salto relativamente brusco es, en realidad, una pendiente suave que confirma una relación razonable entre precio y margen en torno al bloque de márgenes "500-600" (no así en el bloque de márgenes de 300 a 400 €, en el que el precio medio cae, pero esto requeriría un análisis adicional).

Por otro lado, fíjate en que, en la imagen anterior, los bloques para los que no hay datos simplemente no se muestran (si se mostrasen con un valor "0" –lo que llevaría a una gráfica semejante– podría llevarnos a conclusiones erróneas).

10.2.1 Ejercicio

Basándose en el fichero de ventas de la empresa ("*Ventas informática.xlsx*"), se desea analizar los costes medios por país para los diferentes rangos de precios de los productos comercializados. Para este análisis los rangos de precios se agruparán en bloques de 100€ y los costes medios se mostrarán como porcentaje con respecto a los costes medios de Chile.

10.2.2 Solución del ejercicio

La solución a este ejercicio pasa por crear una tabla dinámica en la que se muestren en filas los rangos de precios de los productos comercializados y, para cada rango, indicar los costes medios por país (en el formato solicitado). Sigue los siguientes pasos:

244 TABLAS DINÁMICAS CON EXCEL 2016

1. Crea la tabla dinámica por cualquiera de los métodos que conoces.

2. Arrastra el campo *Precio* al área de filas. Para agruparlos en bloques de 100€, abre el menú contextual de cualquiera de los valores mostrados en la tabla dinámica y haz clic en **Agrupar**. En la ventana que se abre escribe un "0" en el recuadro "*Comenzar en*" y asegúrate de que hay un "100" en el cuadro "*Por*". Haz clic en **Aceptar**. Con esto ya tendríamos los rangos de precios que nos pide el ejercicio.

3. A continuación, lleva el campo *Coste* al área de valores, aplícale la operación "*Promedio*" y renómbralo a "*Coste medio*".

4. Como se solicita un análisis por país, lleva el campo *País* al área de columnas.

5. Por último, se pide que los costes medios se muestren como porcentajes respecto a los costes de Chile. Para ello haz un clic con el botón principal del ratón sobre el campo *Coste* en el área de valores y selecciona **Configuración de campo de valor**. Haz clic en la pestaña **Mostrar valores como**, selecciona la opción "*% de*", e indica *País* como campo base y "*Chile*" como elemento base. Haz clic en **Aceptar**:

	A	B	C	D	E	F
1						
2						
3	Coste medio	Etiquetas de columna ▼				
4	Etiquetas de fila ▼	Argentina	Chile	España	México	Total general
5	0-99	93,11%	100,00%	106,28%	96,49%	
6	100-199	90,86%	100,00%	105,83%	94,38%	
7	200-299	93,05%	100,00%	97,84%	93,48%	
8	300-399	92,32%	100,00%	105,45%	97,03%	
9	400-499	90,38%	100,00%	105,77%	96,15%	
10	500-599	91,98%	100,00%	102,37%	97,14%	
11	600-699	89,11%	100,00%	104,16%	97,12%	
12	700-799	88,10%	100,00%	107,14%	95,24%	
13	800-899	89,99%	100,00%	101,14%	97,99%	
14	1600-1699	84,38%	100,00%	109,38%	93,75%	
15	Total general	98,40%	100,00%	108,96%	96,55%	
16						

10.3 AGRUPACIÓN DE ELEMENTOS SELECCIONADOS

Este método de agrupación nos permite agrupar nuestros valores según el criterio que deseemos. El método a seguir consistirá, básicamente, en seleccionar con el ratón los elementos que deseamos que sean agrupados juntos y en crear un grupo a partir de ellos, lo que provocará la creación automática de otros grupos para los restantes elementos (un grupo por elemento), a los que podemos aplicar el mismo método hasta que tengamos creados los grupos que queríamos.

Para mostrar cómo funciona este método, partimos del mismo ejemplo que hemos usado en el método de agrupación anterior: una tabla dinámica en la que llevamos el campo *Margen* al área de filas, y el campo *Precio* al área de valores, aplicándole la operación "*Promedio*" y renombrándolo a "*Precio medio*". Ten en cuenta, en todo caso, que este método funcionaría con cualquier tipo de valores, ya fuesen de texto, de fechas o numéricos. Supongamos que deseamos que los bloques de márgenes sean grupos de 50€ entre 0€ y 100€, y de 100€ de ese valor para arriba.

1. En la tabla dinámica, selecciona dos o más elementos que quieras agrupar juntos. Para ello haz un clic en el primer elemento, y mantén pulsada la tecla **Control** mientras haces clic en el resto de elementos.

    El lugar exacto en el que hagas clic no es irrelevante en absoluto, pues Excel nos ofrece tres tipos de selección (supongamos que estamos seleccionando valores situados en el área de filas):

    - Si hacemos un clic en el centro de la celda, (en cualquier lugar que no sea el extremo izquierdo y los bordes, en realidad) estaremos seleccionando la celda.

    - Si hacemos clic en el extremo izquierdo de la celda (donde el cursor cambia de forma para mostrar una flecha negra que apunta hacia la derecha), seleccionaremos toda la fila de la tabla dinámica:

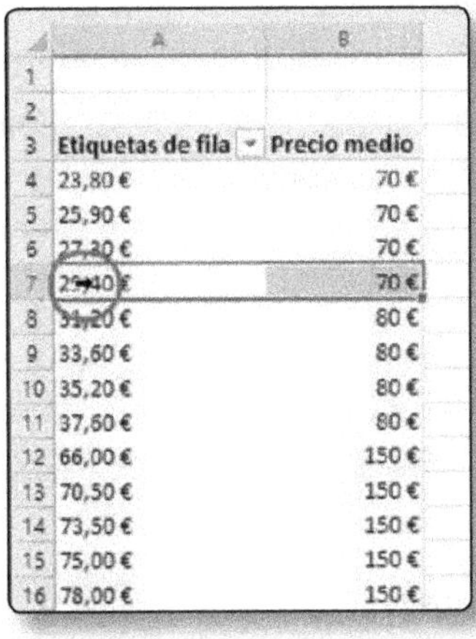

Figura 10.9. Seleccionando una fila de la tabla dinámica

- Si hacemos clic en los bordes superior o inferior de la celda (donde el cursor cambia de forma para mostrar una flecha negra que apunta hacia abajo), seleccionaremos toda la columna:

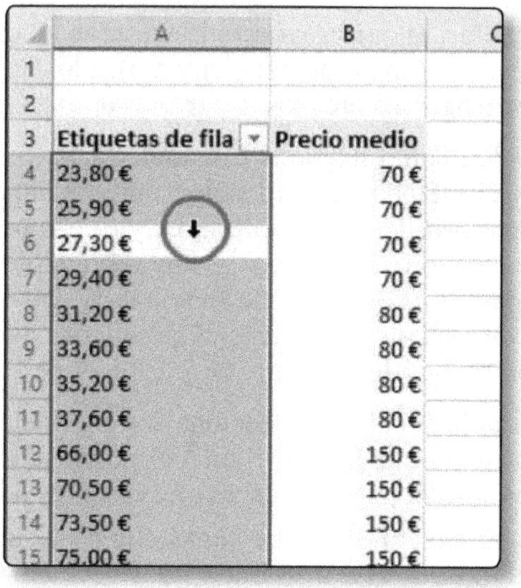

Figura 10.10. Seleccionando una columna de la tabla dinámica

Pues bien, de estos tres tipos de selección nos sirven los dos primeros, pero siempre y cuando no los mezclemos: si seleccionamos una celda haciendo clic en su centro y, a continuación, mientras presionamos **Control**, hacemos clic en otra celda en el momento en el que se muestra la flecha negra que apunta hacia la derecha, se pierde la selección que tuviésemos y se selecciona la fila completa de la tabla dinámica correspondiente a la última celda en la que hemos hecho clic.

Por otro lado, si los valores a seleccionar están contiguos en tu lista, resulta mucho más sencillo pinchar el primero y arrastrar el ratón hasta que hayas seleccionado el último. En nuestro caso queremos seleccionar todos los márgenes hasta 50€ (por cualquiera de los métodos comentados).

2. A continuación, haz clic con el botón secundario en cualquiera de los elementos seleccionados y haz clic en **Agrupar**. También puedes ejecutar el comando "*Analizar>Agrupar>Agrupar selección*":

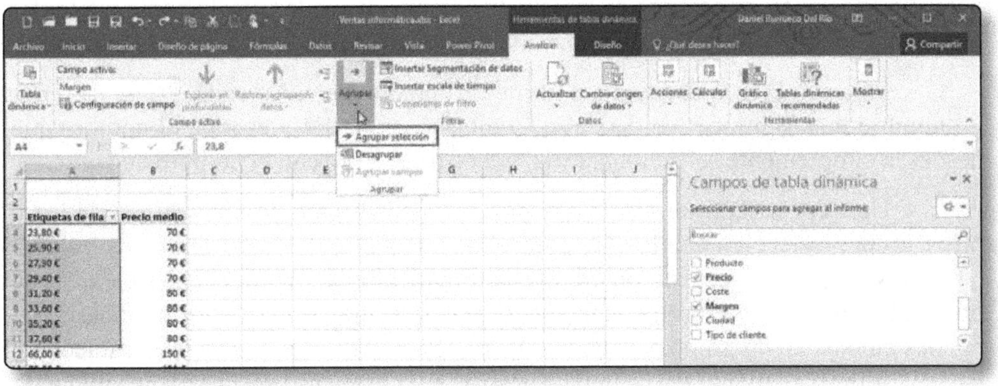

Figura 10.11. El comando "Agrupar selección"

Una vez ejecutamos el comando, la tabla dinámica adopta la siguiente forma:

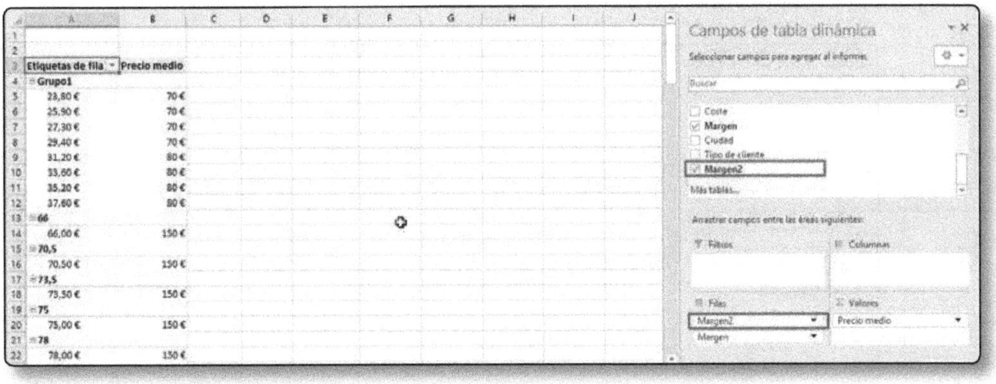

Figura 10.12. Tabla dinámica tras la primera agrupación

Si nos fijamos, se ha creado un "*Grupo1*" que engloba el conjunto de etiquetas que teníamos seleccionadas, y se han creado grupos adicionales para contener al resto de etiquetas (un grupo por cada etiqueta, con el mismo nombre que ésta). Esta estructura es semejante a la que tendríamos si hubiésemos llevado un nuevo campo al área de filas y lo hubiésemos situado por encima del campo *Margen*, campo compuesto por los valores "*Grupo1*", "*66*", "*70,5*", etc. y las etiquetas del campo *Margen* estuviesen repartidas entre estos valores. De hecho, esto es lo que ocurre: cuando se agrupan elementos de esta forma, se crea un nuevo campo basado en el campo que se está agrupando, campo que podemos ver tanto en el área de filas como en la sección de campos. Así, si estamos agrupando elementos del campo *Margen*, se creará un nuevo campo llamado *Margen2*. Este campo, como se ha comentado, se agrega a la sección de campos de la lista de campos, y puedes usarlo como cualquier otro campo a partir de ese momento.

Para cambiar la etiqueta del primer grupo que hemos creado, "*Grupo1*", por un nombre más significativo, haz clic en ella, presiona **F2** y escribe el nombre que desees, o simplemente selecciónala y sobrescribe el texto con el nombre que quieras.

Una vez creado un grupo, puedes agrupar el resto de elementos en otro u otros grupos seleccionándolos (y, para ello, puedes seleccionar tanto los valores como los grupos que acaban de crearse automáticamente para contenerlos, aunque no puedes mezclarlos: o seleccionas valores o seleccionas grupos. Sin embargo, sí puedes pinchar en un grupo o en un elemento –es indiferente– y arrastrar la selección hasta el último elemento que quieras agrupar, y en este caso se están seleccionando tanto grupos como elementos). A continuación, abre el menú contextual de uno de ellos y selecciona **Agrupar**. Así, en la siguiente imagen se han seleccionado los valores de márgenes entre 50€ y 100€ para crear el segundo grupo y se ha abierto el menú contextual de uno de los valores (puede apreciarse en la imagen que se han seleccionado grupos, no valores):

Figura 10.13. Grupos seleccionados antes de crear una nueva agrupación

Una vez hacemos clic en **Agrupar** se mostrará la tabla dinámica con el segundo grupo creado, grupo que también recibe un nombre por defecto (*"Grupo2"*):

	A	B	C
1			
2			
3	Etiquetas de fila ▾	Precio medio	
4	⊟ Grupo1		
5	23,80 €	70 €	
6	25,90 €	70 €	
7	27,30 €	70 €	
8	29,40 €	70 €	
9	31,20 €	80 €	
10	33,60 €	80 €	
11	35,20 €	80 €	
12	37,60 €	80 €	
13	⊟ Grupo2		
14	66,00 €	150 €	
15	70,50 €	150 €	
16	73,50 €	150 €	
17	75,00 €	150 €	
18	78,00 €	150 €	
19	78,20 €	230 €	
20	79,50 €	150 €	
21	82,50 €	150 €	
22	85,10 €	230 €	
23	87,00 €	150 €	
24	89,70 €	230 €	
25	96,60 €	230 €	
26	⊟ 126,5		
27	126,50 €	230 €	
28	⊟ 133,4		
29	133,40 €	230 €	
30	⊟ 138		
31	138,00 €	230 €	
32	⊟ 144,9		
33	144,90 €	230 €	

A continuación, para completar el resto de grupos, deberíamos seguir seleccionando los valores según el criterio explicado (en bloques de 100€ ahora) y agrupándolos hasta tener todos los valores incluidos en bloques personalizados (en la siguiente imagen todos los grupos se muestran contraídos):

	A	B	C
1			
2			
3	Etiquetas de fila ▾	Precio medio	
4	⊞ 0€-50€	74 €	
5	⊞ 51€-100€	189 €	
6	⊞ 101€-200€	328 €	
7	⊞ 201€-300€	566 €	
8	⊞ 301€-400€	560 €	
9	⊞ 401€-500€	815 €	
10	⊞ 501€-600€	890 €	
11	⊞ 1.001€-1.100€	1.650 €	
12	⊞ 1.101€-1.200€	1.650 €	
13	⊞ 1.201€-1.300€	1.650 €	
14	Total general	495 €	

10.3.1 Ejercicio

Basándose en el fichero de ventas de la empresa (*"Ventas informática. xlsx"*), se desea analizar las ventas por países agrupados en bloques: *"Europa"* (con información de España), *"América del Norte"* (con información de México) y *"América del Sur"* (con información de Chile y Argentina).

10.3.2 Solución del ejercicio

Este ejercicio simplemente exige la creación de una tabla dinámica en la que se muestren las ventas por países y la creación de los grupos necesarios. Sigue los siguientes pasos:

1. Crea la tabla dinámica por cualquiera de los métodos que conoces.

2. Lleva el campo *País* al área de filas y el campo *Precio* al área de valores, renombrándolo a *Ventas*.

3. Comencemos creando el grupo *"América del Sur"*. Selecciona **Argentina** en la tabla dinámica, presiona la tecla **Control** y selecciona **Chile**. A continuación, abre el menú contextual de cualquiera de estas dos etiquetas y haz clic en **Agrupar**. Selecciona el nombre *"Grupo1"* correspondiente al grupo que se ha creado con dichos países y sobrescríbelo con el texto *"América del Sur"*.

4. Como los otros dos grupos solo tienen un elemento, simplemente tendremos que modificar los nombres de los grupos creados: *"Europa"* en lugar de *"España"* y *"América del Norte"* en lugar de *"México"*.

5. Para mostrar la información por grupos y no por países, selecciona alguno de los grupos que has creado y ejecuta el comando *"Analizar>Campo activo>Contraer el campo"*:

	A	B
1		
2		
3	**Etiquetas de fila** ▼	**Ventas**
4	⊞ América del Sur	199.210 €
5	⊞ Europa	297.580 €
6	⊞ América del Norte	252.200 €
7	**Total general**	748.990 €
8		

10.4 GRUPOS ANIDADOS

Es posible anidar los grupos (creando "grupos de grupos"). Para ello, tras crear el primer nivel de agrupación, simplemente selecciona los grupos que quieras agrupar en un nivel superior, y sigue el procedimiento visto para la creación de un grupo.

En el siguiente ejemplo se ha creado un segundo nivel de agrupación por encima del creado en el apartado anterior, agrupando los márgenes inferiores y superiores a 1.000€:

	A	B	C
1			
2			
3	**Etiquetas de fila** ▾	**Precio medio**	
4	⊟ **0€ - 1.000€**		
5	⊞ **0€-50€**	74 €	
6	⊞ **51€-100€**	189 €	
7	⊞ **101€-200€**	328 €	
8	⊞ **201€-300€**	566 €	
9	⊞ **301€-400€**	560 €	
10	⊞ **401€-500€**	815 €	
11	⊞ **501€-600€**	890 €	
12	⊞ **1.001€-1.100€**		
13	⊞ **1.101€-1.200€**		
14	⊞ **1.201€-1.300€**		
15	⊟ **1.001€ - 2.000€**		
16	⊞ **0€-50€**		
17	⊞ **51€-100€**		
18	⊞ **101€-200€**		
19	⊞ **201€-300€**		
20	⊞ **401€-500€**		
21	⊞ **1.001€-1.100€**	1.650 €	
22	⊞ **1.101€-1.200€**	1.650 €	
23	⊞ **1.201€-1.300€**	1.650 €	
24	**Total general**	495 €	
25			

Puedes ver que, en este caso, se han incluido todos los grupos del primer nivel como elementos de los grupos del segundo nivel, aunque no todos con datos (por ejemplo, de los grupos de primer nivel incluidos en el grupo de segundo nivel "*1.001€ - 2.000€*", solo se muestran con datos los que se seleccionaron para crear este grupo: los de 1.000€ o más).

10.5 AGRUPACIÓN DE ELEMENTOS SELECCIONADOS CON CAMPOS ANIDADOS

Si queremos agrupar elementos (por el método de "selección") pertenecientes a campos anidados, el procedimiento es semejante al visto. Así, en el siguiente ejemplo tenemos en el área de filas los campos *Día de la semana* y, por debajo, *Categoría*, y hemos llevado el campo *Precio* al área de valores, aplicándole la operación "*Suma*":

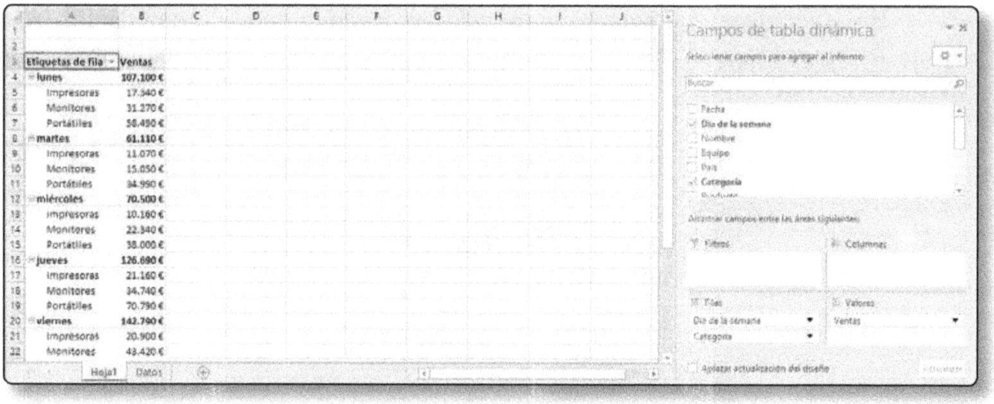

Figura 10.14. Tabla dinámica con campos anidados

En este tipo de casos podemos optar por agrupar elementos del primer nivel o del segundo –no es posible mezclarlos, tampoco tendría mucho sentido–. De esta forma, si optamos por agrupar dos elementos del primer nivel (dos elementos del campo *Día de la semana*) tendríamos que seleccionarlos:

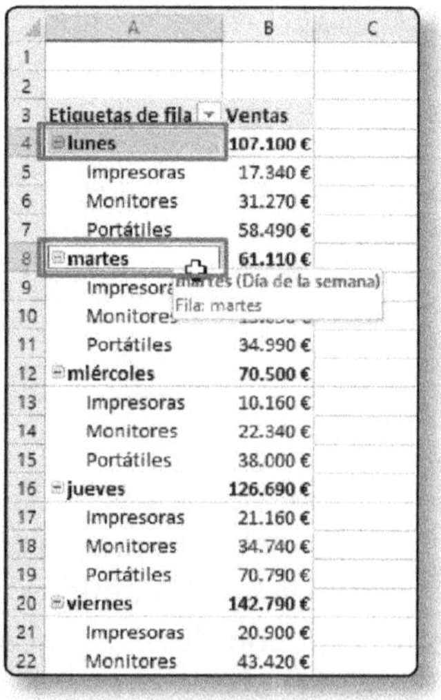

Figura 10.15. Tabla dinámica tras seleccionar dos elementos del campo del primer nivel del área de filas

Y abrir el menú contextual de uno de ellos y seleccionar **Agrupar**. El resultado sería el siguiente:

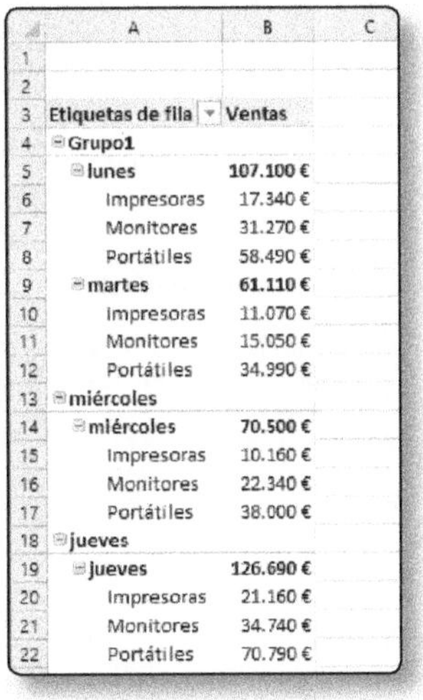

	A	B
1		
2		
3	**Etiquetas de fila**	**Ventas**
4	**Grupo1**	
5	**lunes**	**107.100 €**
6	Impresoras	17.340 €
7	Monitores	31.270 €
8	Portátiles	58.490 €
9	**martes**	**61.110 €**
10	Impresoras	11.070 €
11	Monitores	15.050 €
12	Portátiles	34.990 €
13	**miércoles**	
14	**miércoles**	**70.500 €**
15	Impresoras	10.160 €
16	Monitores	22.340 €
17	Portátiles	38.000 €
18	**jueves**	
19	**jueves**	**126.690 €**
20	Impresoras	21.160 €
21	Monitores	34.740 €
22	Portátiles	70.790 €

Figura 10.16. Agrupación de dos elementos del campo de primer nivel del área de filas

Es decir, se habrá creado un grupo (que recibe el nombre por defecto de *"Grupo1")* y se incluyen en él los datos de los dos días. Los valores para cada categoría no se consolidan, sino que se mantienen para cada día por separado.

Si lo que queremos es, partiendo de la tabla dinámica inicial, agrupar dos elementos del segundo nivel, el procedimiento sería semejante. Habría que comenzar por seleccionar los elementos, haciendo un clic en el primero (*"Impresoras"*, en el ejemplo mostrado en la siguiente imagen), presionando la tecla **Control** y haciendo clic en otro elemento del segundo nivel, por ejemplo, en *"Portátiles"*:

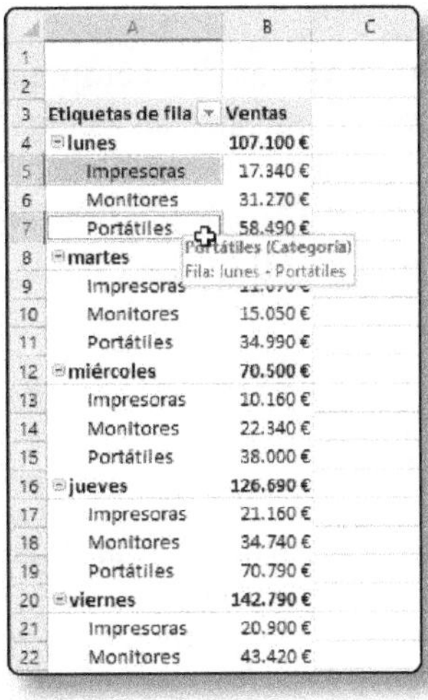

	A	B
1		
2		
3	**Etiquetas de fila**	**Ventas**
4	**lunes**	**107.100 €**
5	Impresoras	17.340 €
6	Monitores	31.270 €
7	Portátiles	58.490 €
8	**martes**	
9	Impresoras	
10	Monitores	15.050 €
11	Portátiles	34.990 €
12	**miércoles**	**70.500 €**
13	Impresoras	10.160 €
14	Monitores	22.340 €
15	Portátiles	38.000 €
16	**jueves**	**126.690 €**
17	Impresoras	21.160 €
18	Monitores	34.740 €
19	Portátiles	70.790 €
20	**viernes**	**142.790 €**
21	Impresoras	20.900 €
22	Monitores	43.420 €

Figura 10.17. Tabla dinámica tras la selección de un segundo elemento del campo de segundo nivel

Solo nos resta abrir el menú contextual de cualquiera de los elementos seleccionados y, a continuación, hacer clic en **Agrupar**:

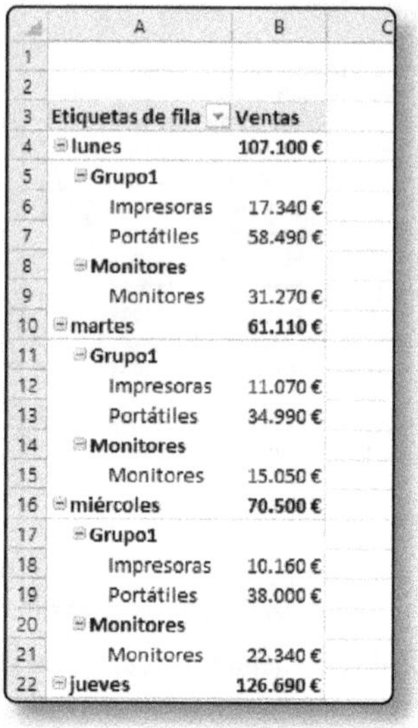

	A	B
1		
2		
3	**Etiquetas de fila**	**Ventas**
4	**lunes**	**107.100 €**
5	**Grupo1**	
6	Impresoras	17.340 €
7	Portátiles	58.490 €
8	**Monitores**	
9	Monitores	31.270 €
10	**martes**	**61.110 €**
11	**Grupo1**	
12	Impresoras	11.070 €
13	Portátiles	34.990 €
14	**Monitores**	
15	Monitores	15.050 €
16	**miércoles**	**70.500 €**
17	**Grupo1**	
18	Impresoras	10.160 €
19	Portátiles	38.000 €
20	**Monitores**	
21	Monitores	22.340 €
22	**jueves**	**126.690 €**

Figura 10.18. Tabla dinámica tras agrupar dos elementos de segundo nivel

Como puede apreciarse, se crea una agrupación de elementos de segundo nivel (en este caso formada por las categorías "*Impresoras*" y "*Portátiles*") y se crean agrupaciones individuales para el resto de categorías (solo una en nuestro ejemplo).

10.5.1 Ejercicio

Basándose en el fichero de ventas de la empresa ("*Ventas informática.xlsx*"), se pide crear una tabla dinámica que muestre las ventas por país. Cada país aparecerá desglosado por tipo de cliente (ambos campos mostrados en la misma columna), y como tipos de cliente se desea mostrar los "*Orientados al precio*" y "*Otros*", agrupando éste último a los otros tres tipos de cliente ("*Conservador*", "*Crítico*" e "*Impulsivo*").

10.5.2 Solución del ejercicio

Una primera opción sería crear una tabla dinámica en la que llevásemos el campo *País* al área de filas y el campo *Tipo de cliente* al área de columnas, analizando el campo *Precio*, pero el enunciado especifica que tanto el campo *País* como el campo *Tipo de cliente* deberán mostrarse en la misma columna, de forma que sigue los siguientes pasos:

1. Crea la tabla dinámica por cualquiera de los métodos que conoces.

2. Lleva los campos *País* y *Tipo de cliente*, en este orden, al área de filas y el campo *Precio* (renombrado a *Ventas*) al área de valores.

3. Selecciona las etiquetas "*Conservador*", "*Crítico*" e "*Impulsivo*" (una etiqueta de cada tipo) de cualquier parte de la columna A.

4. Abre el menú contextual de cualquiera de los elementos seleccionados y haz clic en **Agrupar**.

5. Renombra el grupo "*Grupo1*" y llámalo "*Otros*" (para ello, simplemente selecciona una de las apariciones del texto "*Grupo1*" y escribe encima "*Otros*").

6. Contrae todo el campo *Otros* para que solo se muestre información de los dos tipos de clientes pedidos: los "orientados al precio" y los "otros" (para ello selecciona una de las apariciones de la etiqueta "*Otros*" y ejecuta el comando "*Analizar>Campo activo>Contraer el campo*".

	A	B
1		
2		
3	Etiquetas de fila	Ventas
4	⊟Argentina	89.820 €
5	⊞Otros	73.720 €
6	⊞Orientado al precio	16.100 €
7	⊟Chile	109.390 €
8	⊞Otros	81.220 €
9	⊞Orientado al precio	28.170 €
10	⊟España	297.580 €
11	⊞Otros	229.840 €
12	⊞Orientado al precio	67.740 €
13	⊟México	252.200 €
14	⊞Otros	199.310 €
15	⊞Orientado al precio	52.890 €
16	Total general	748.990 €
17		

10.6 DESAGRUPANDO DATOS AGRUPADOS

Para quitar una agrupación, haz clic con el botón secundario del ratón en la etiqueta de cualquiera de los grupos creados y haz clic en **Desagrupar**. También puedes seleccionar con el ratón la etiqueta de un grupo y ejecutar el comando "*Analizar>Agrupar>Desagrupar*":

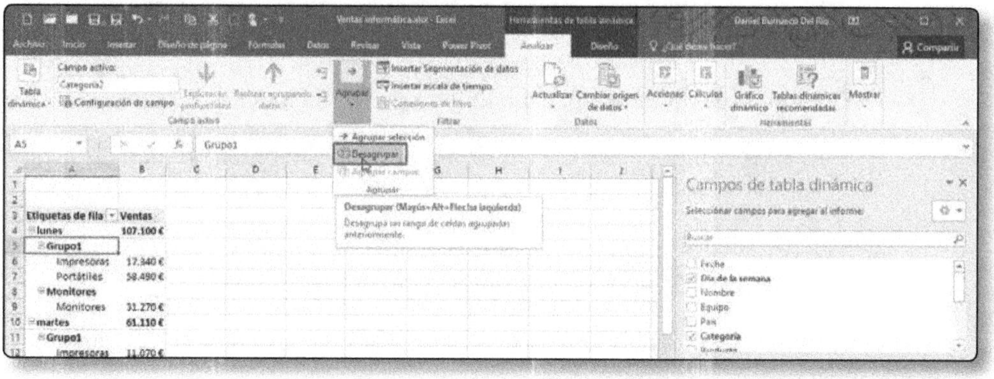

Figura 10.19. El comando "Desagrupar"

Si desagrupas campos numéricos o de fecha y hora, se eliminarán todas las agrupaciones de ese campo. Por el contrario, si desagrupas un grupo de elementos seleccionados, solo se desagrupan los elementos de dicho grupo. El campo creado para representar al grupo no desaparecerá de la lista de campos hasta que todos los grupos del campo estén desagrupados.

11

CONFIGURANDO UNA TABLA DINÁMICA

Después de crear el informe de tabla dinámica, agregar campos, determinar el nivel de detalle que queremos, ordenar, filtrar y agrupar los datos, es posible que deseemos mejorar el diseño y el formato de la tabla dinámica para facilitar su lectura y hacerla más atractiva. Además, también podemos aplicarle un formato condicional para resaltar aún más los valores que nos interesan.

11.1 OPCIONES DE TABLA DINÁMICA

Comencemos viendo algunas características configurables que afectan al aspecto y usabilidad de la tabla dinámica.

Si seleccionamos cualquier elemento de la tabla dinámica y ejecutamos el comando "*Analizar>Tabla dinámica>Opciones*", se abrirá la ventana de diálogo "*Opciones de tabla dinámica*":

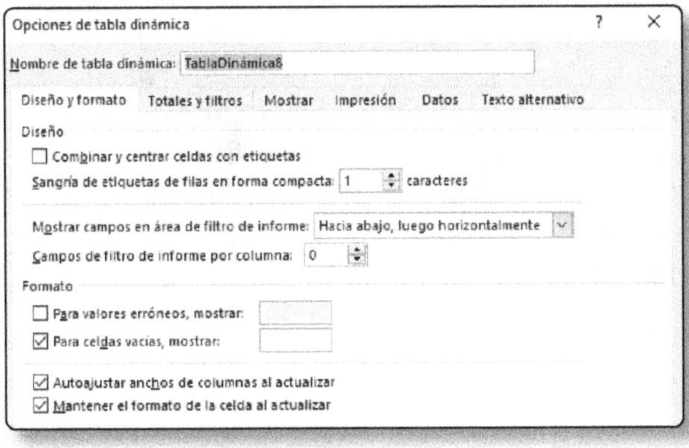

Figura 11.1. Ventana de opciones de tabla dinámica

Para acceder a esta ventana también podemos hacer clic en cualquier punto de la tabla dinámica con el botón secundario del ratón y seleccionar **Opciones de tabla dinámica**. En esta ventana podremos aplicar las siguientes configuraciones:

11.1.1 Pestaña Diseño y formato

▶ En esta pestaña nos encontramos con la opción *"Combinar y centrar celdas con etiquetas"* lo que, como su nombre indica, va a combinar y centrar todas las celdas que contienen etiquetas correspondientes a los campos situados en el área de columnas (no en los campos de filas). Así, la siguiente imagen se corresponde con una tabla dinámica en la que se ha habilitado la opción de *"Combinar y centrar celdas con etiquetas"*:

Puede verse cómo las etiquetas de la cabecera de la tabla dinámica (los textos de categorías y de tipo de cliente) aparecen combinadas (el texto *"Impresoras"* ocupando el rango B4:E4, por ejemplo) y centradas.

▶ Podemos también configurar cómo se mostrarán los campos en el área de filtro (cambios visibles solo si hay dos o más campos en dicha área), herramienta denominada *"Mostrar campos en área de filtro de informe"*. Las opciones son *"Hacia abajo, luego horizontalmente"* (opción activa por defecto) y *"Horizontalmente, luego hacia abajo"*. Para ver esta opción en funcionamiento, partamos de una tabla dinámica vacía, llevemos el campo *Día de la semana* al área de filas, el campo *Precio* al área de valores, y cuatro campos al área de filtros: *País, Ciudad, Categoría* y *Tipo de cliente*. Por defecto, los filtros se muestran en una única columna, uno debajo del otro:

	A	B
1	País	(Todas) ▼
2	Ciudad	(Todas) ▼
3	Categoría	(Todas) ▼
4	Tipo de cliente	(Todas) ▼
5		
6	**Etiquetas de fila** ▼	**Ventas**
7	lunes	107.100 €
8	martes	61.110 €
9	miércoles	70.500 €
10	jueves	126.690 €
11	viernes	142.790 €
12	sábado	159.180 €
13	domingo	81.620 €
14	**Total general**	**748.990 €**
15		

Figura 11.2. Disposición por defecto de los filtros

Si seleccionamos la opción **Horizontalmente, luego hacia abajo** en el menú desplegable "*Mostrar campos en área de filtro de informe*" de la ventana de opciones (y confirmamos los cambios haciendo clic en **Aceptar**) veremos cómo, efectivamente, los filtros se sitúan en una única línea horizontal:

	A	B	C	D	E	F	G	H	I	J	K	L
1												
2												
3												
4	País	(Todas) ▼		Ciudad (Todas) ▼			Categoría (Todas) ▼			Tipo de cliente (Todas) ▼		
5												
6	**Etiquetas de fila** ▼	**Ventas**										
7	lunes	107.100 €										
8	martes	61.110 €										
9	miércoles	70.500 €										
10	jueves	126.690 €										
11	viernes	142.790 €										
12	sábado	159.180 €										
13	domingo	81.620 €										
14	**Total general**	**748.990 €**										
15												

Figura 11.3. Filtros dispuestos horizontalmente

La utilidad de estas opciones queda más clara todavía cuando configuramos la opción denominada "*Campos de filtro de informe por columna*" (o "*por fila*", en función de qué hayamos seleccionado en la herramienta anterior), situada justo debajo:

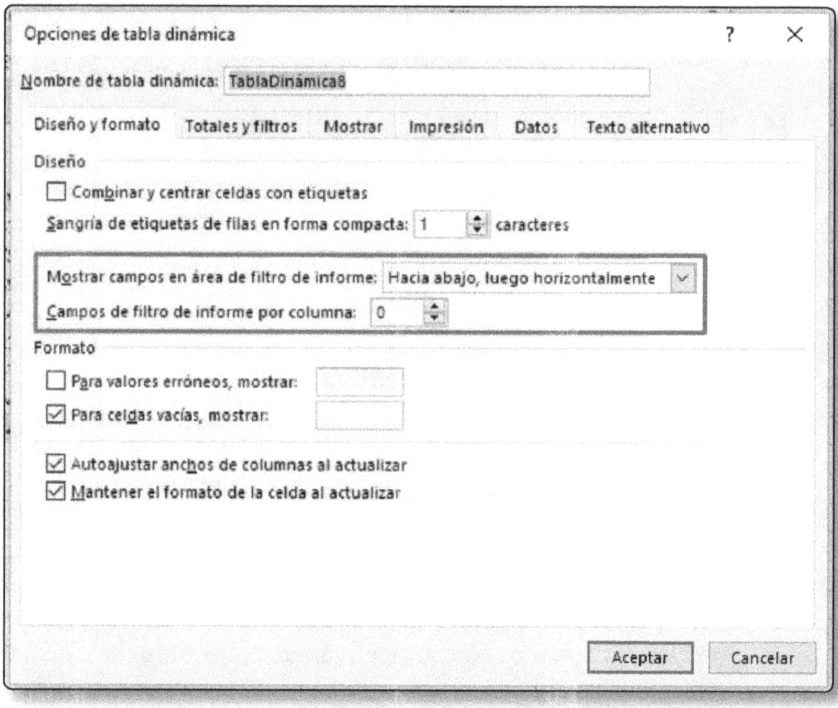

Figura 11.4. Herramientas de gestión de disposición de filtros

Por defecto, el valor de este campo es cero, lo que Excel interpreta mostrando todos los campos de filtro en una única columna o en una única fila. Si configuramos este control con cualquier otro número, Excel creará tantas columnas o filas para los campos de filtro como sea necesario para evitar mostrar, en cada columna o fila, un número de campos mayor que el configurado. Para ordenar estos campos en las diferentes columnas, Excel sigue la regla que le hayamos indicado: mostrando los campos hacia abajo en la primera columna y, cuando se alcance el número máximo de campos a mostrar, pasando a la parte superior de la segunda columna, u horizontalmente, disponiéndolos en la parte superior de cada columna y pasando a continuación a la siguiente fila de campos. Veámoslo en la práctica. Si configuramos el campo *"Mostrar campos en área de filtro de informe"* con el valor *"Hacia abajo, luego horizontalmente"* y el campo *"Campos de filtro de informe por columna"* con el valor 3, tendremos:

◢	A	B	C	D	E	F
1						
2	País	(Todas) ▾		Tipo de cliente (Todas) ▾		
3	Ciudad	(Todas) ▾				
4	Categoría	(Todas) ▾				
5						
6	**Etiquetas de fila** ▾	**Ventas**				
7	lunes	107.100 €				
8	martes	61.110 €				
9	miércoles	70.500 €				
10	jueves	126.690 €				
11	viernes	142.790 €				
12	sábado	159.180 €				
13	domingo	81.620 €				
14	**Total general**	**748.990 €**				
15						

Vemos que Excel ha comenzado a mostrar los campos de filtro verticalmente hasta que ha alcanzado el número máximo que hemos configurado (tres), tras lo que ha seguido mostrando los filtros restantes (uno solo, en nuestro caso) en la siguiente columna.

Si ahora configuramos el campo *Mostrar campos en área de filtro de informe* con el valor "*Horizontalmente, luego hacia abajo*" y dejamos en el campo *Campos de filtro de informe por fila* el número tres:

◢	A	B	C	D	E	F	G	H	I
1									
2									
3	País	(Todas) ▾		Ciudad (Todas) ▾			Categoría (Todas) ▾		
4	Tipo de cliente	(Todas) ▾							
5									
6	**Etiquetas de fila** ▾	**Ventas**							
7	lunes	107.100 €							
8	martes	61.110 €							
9	miércoles	70.500 €							
10	jueves	126.690 €							
11	viernes	142.790 €							
12	sábado	159.180 €							
13	domingo	81.620 €							
14	**Total general**	**748.990 €**							
15									

Vemos que Excel ha comenzado a mostrar los campos de filtro horizontalmente hasta que, de nuevo, ha alcanzado el número máximo que hemos configurado, tras lo que ha seguido mostrando los filtros restantes en la siguiente fila.

▶ De vuelta a la ventana de *"Opciones de tabla dinámica"*, podemos configurar la tabla dinámica de forma que se muestre un valor o texto específico en aquellas celdas que contengan valores erróneos. Para ello selecciona la casilla **Para valores erróneos, mostrar:** y escribe el texto o el valor que quieras que se muestre.

▶ De forma semejante, podemos mostrar un texto o valor en las celdas vacías. Ten en cuenta que mostrar, por ejemplo, un cero en lugar de una celda vacía cuando en la tabla se están mostrando valores, hace más agradable a la vista la tabla dinámica, pero ¡un cero no es lo mismo que la inexistencia de datos! Por poner un ejemplo, si queremos saber el beneficio que supone vender un producto en una tienda y no tenemos datos para esa combinación producto-tienda, mostrando un cero estamos transmitiendo el mensaje de que dicho producto supone beneficio cero (es decir, las ganancias igualan las pérdidas), lo que puede llevarnos a deducir que no resulta rentable su comercialización cuando, en realidad, puede que simplemente dicho producto no esté a la venta en la tienda (de ahí que no aparezcan datos) y, precisamente, resulte conveniente ponerlo a la venta para explotar su potencial, que puede ser muy elevado. En estas circunstancias tal vez resulte mucho más adecuado mostrar un texto de "n/a" ("no es aplicable") o semejante.

▶ La opción de *"Autoajustar anchos de columnas al actualizar"* provoca que el ancho de las columnas ocupadas por la tabla dinámica se ajuste automáticamente según su contenido cada vez que se actualicen los datos. Esto puede ser útil si debajo o por encima de la tabla dinámica no hay más información (ya sean datos, otras tablas dinámicas, segmentaciones de datos, gráficos, etc.). Si la hay, puede que encuentres poco conveniente que estas columnas cambien su ancho sin tu control, pues dicho cambio provocará modificaciones en las proporciones de todo lo que haya en su vertical. En un caso como éste resulta mucho más conveniente desactivar esta opción:

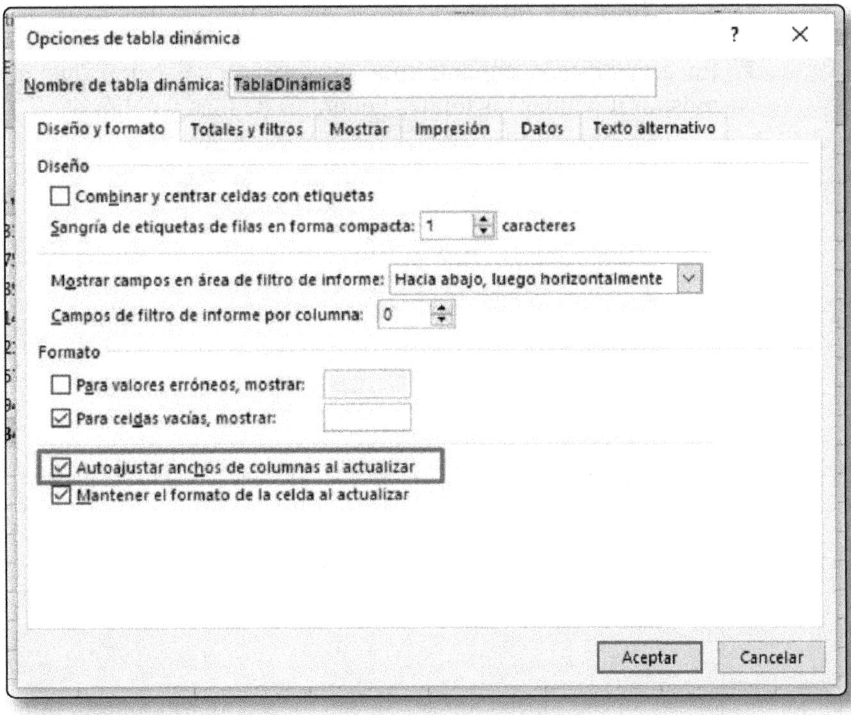

Figura 11.5. Opción "Autoajustar anchos de columnas al actualizar"

Otro caso en el que también puede resultar más conveniente desactivar esta opción es cuando los campos de tu tabla dinámica no van a cambiar y puedes prever el ancho mínimo necesario para que todas las columnas se vean correctamente. En este caso resultará mucho más agradable a la vista el tener un ancho homogéneo para todas las columnas en lugar de que cada una se adapte simplemente a su contenido.

▼ Cuando aplicamos un formato especial a una celda (por ejemplo, aplicándole un color de fondo), éste formato se pierde cada vez que se actualizan los datos. Para evitar esto y conseguir que se mantengan los formatos aplicados, selecciona la opción **Mantener el formato de la celda al actualizar**, opción situada justo debajo de la anterior.

11.1.2 Pestaña Totales y filtros

▸ En esta pestaña encontramos cuadros de selección que nos permiten mostrar u ocultar los totales generales de filas y columnas:

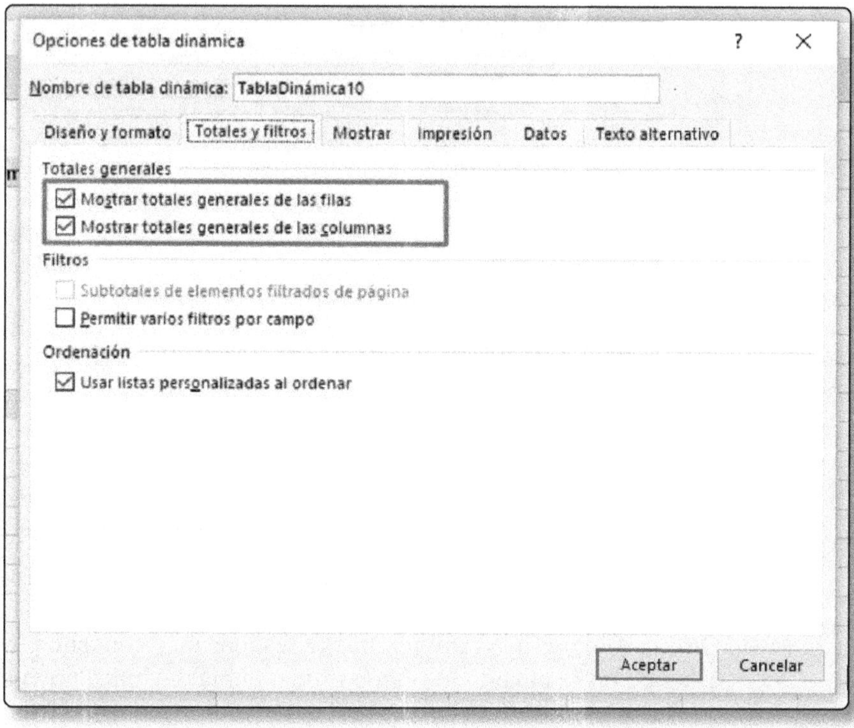

Ilustración 197. Opciones para gestionar la visualización de los totales de filas y columnas

Este comportamiento también es controlable mediante el comando situado en la pestaña "*Diseño>Diseño>Totales generales*":

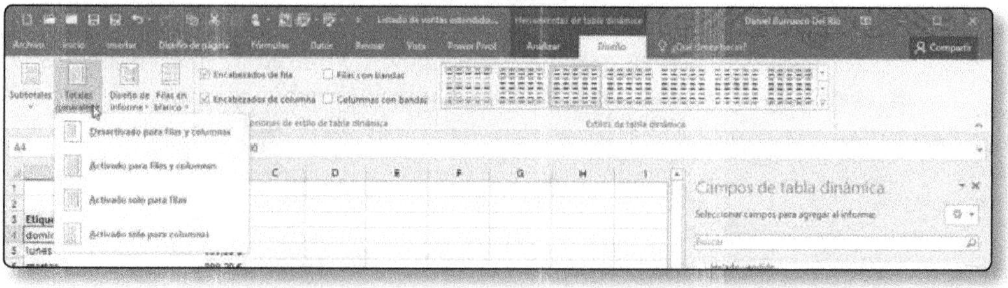

Figura 11.6. El comando "Totales generales"

▼ Podemos activar o desactivar la posibilidad de tener varios filtros por campo, cosa que ya hemos mencionado anteriormente.

▼ Y, por último, podemos permitir el uso de listas personalizadas al ordenar, como también hemos visto ya. Desactivar esta opción supone poder ordenar las listas de elementos solo alfabéticamente (si son de texto), de mayor a menor y viceversa (si son números) o de más antiguo a más reciente y viceversa (si son fechas u horas).

11.1.3 Pestaña Mostrar

▼ Podemos mostrar los botones que ya hemos comentado para expandir o contraer los campos anidados seleccionando la opción **Mostrar botones para expandir y contraer**. De esta forma, recordemos que si tenemos dos campos anidados en el área de filas, *Día de la semana* y *Categoría*, por ejemplo, veremos que en el campo superior (*Día de la semana* en este caso) aparece un control con la imagen de un signo menos (-) junto a cada etiqueta de día de la semana que nos permite contraer ese bloque de datos:

Figura 11.7. Controles de contracción de campos

Una vez contraído aparece un signo + para expandirlo:

	A	B	C
1			
2			
3	**Etiquetas de fila** ▼	**Ventas**	
4	⊞ lunes	107.100 €	
5	⊟ martes	61.110 €	
6	Impresoras	11.070 €	
7	Monitores	15.050 €	
8	Portátiles	34.990 €	
9	⊟ miércoles	70.500 €	
10	Impresoras	10.160 €	
11	Monitores	22.340 €	
12	Portátiles	38.000 €	
13	⊟ jueves	126.690 €	
14	Impresoras	21.160 €	
15	Monitores	34.740 €	
16	Portátiles	70.790 €	

Podemos expandir o contraer los diferentes elementos uno a uno o seleccionar una etiqueta haciendo clic en ella y ejecutar el comando *"Analizar>Campo activo>Expandir el campo"* o el comando *"Analizar>Campo activo>Contraer el campo"*, lo que provoca que el campo seleccionado se expanda o se contraiga para todas las etiquetas:

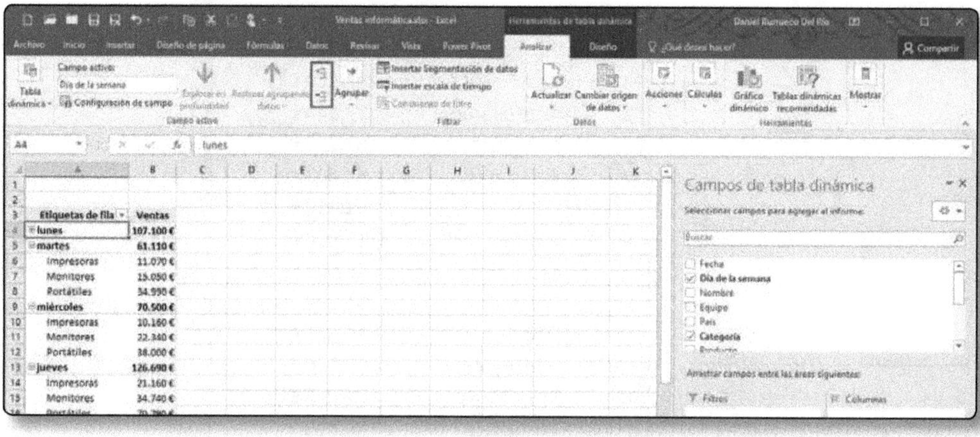

Figura 11.8. Comandos "Expandir el campo/Contraer el campo"

Si tenemos más de dos campos anidados, el comportamiento es semejante, pudiendo expandir o contraer todos aquellos campos que tienen por debajo algún otro campo.

▶ Con la opción *"Mostrar información contextual sobre herramientas"* de la pestaña *"Mostrar"* podemos controlar que, al mover el cursor del ratón por encima de las celdas de la tabla dinámica, se muestre una pequeña ventana flotante con información de la celda sobre la que nos encontremos:

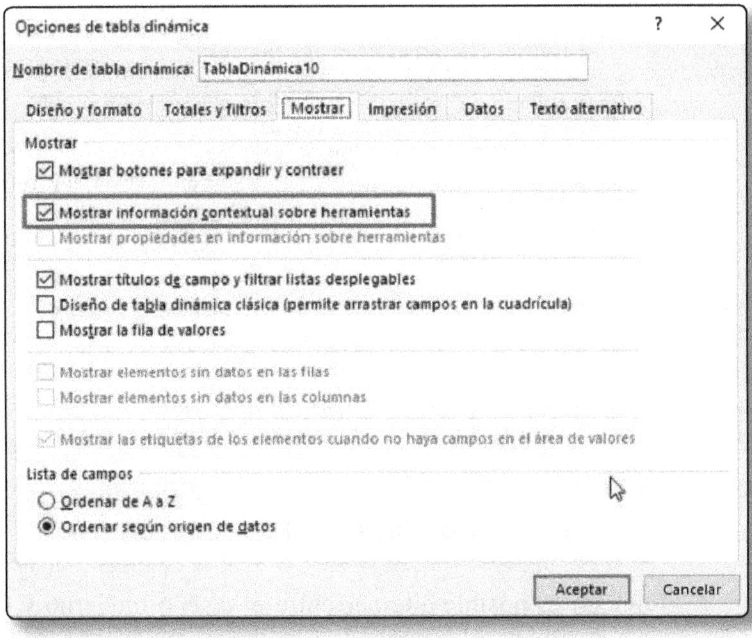

Figura 11.9. Opción de "Mostrar información contextual sobre herramientas"

De esta forma, si movemos el ratón por encima de la celda conteniendo el total de ventas del lunes, vemos como Excel muestra una pequeña ventana indicándonos el nombre del campo (*Ventas*), el valor que contiene y la fila a la que representa:

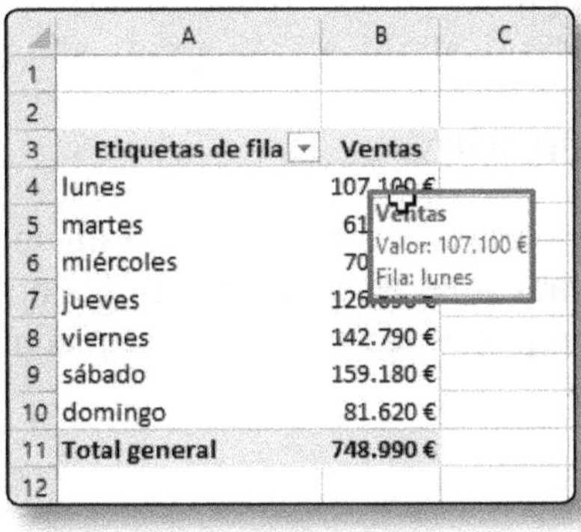

Figura 11.10. Ventana mostrando información contextual de una celda

▼ Marcando la opción **Mostrar títulos de campo y filtrar listas desplegables** se muestran en la tabla dinámica los textos *"Etiquetas de fila"* y *"Etiquetas de columna"* junto con la herramienta de filtrado. Esta opción ya ha sido comentada en una lección anterior:

	A	B	C	D	E	F
1						
2						
3	Ventas	Etiquetas de columna ▼				
4	Etiquetas de fila ▼	Impresoras	Monitores	Portátiles	Total general	
5	lunes	17.340 €	31.270 €	58.490 €	107.100 €	
6	martes	11.070 €	15.050 €	34.990 €	61.110 €	
7	miércoles	10.160 €	22.340 €	38.000 €	70.500 €	
8	jueves	21.160 €	34.740 €	70.790 €	126.690 €	
9	viernes	20.900 €	43.420 €	78.470 €	142.790 €	
10	sábado	17.730 €	44.140 €	97.310 €	159.180 €	
11	domingo	14.240 €	21.370 €	46.010 €	81.620 €	
12	**Total general**	**112.600 €**	**212.330 €**	**424.060 €**	**748.990 €**	
13						

Figura 11.11. Celdas "Etiquetas de fila" y "Etiquetas de columna"

▼ También es posible alternar entre el diseño moderno y el clásico de la tabla dinámica seleccionando o no la opción **Diseño de tabla dinámica clásica.**

▼ En la parte inferior de esta pestaña encontramos la opción que controla el orden de los campos en la sección de campos *Ordenados de A a Z*, es decir, alfabéticamente, u *Ordenar según origen de datos*, es decir, según estén dispuestos en la tabla o el origen de los datos del que se alimenta la tabla dinámica, opción también ya vista.

11.1.4 Pestaña Impresión

En esta pestaña nos encontramos con opciones que afectan a la impresión del documento: mostrar o no en la impresión los botones para expandir o contraer campos, repetir las etiquetas de fila en cada página impresa o imprimir los títulos.

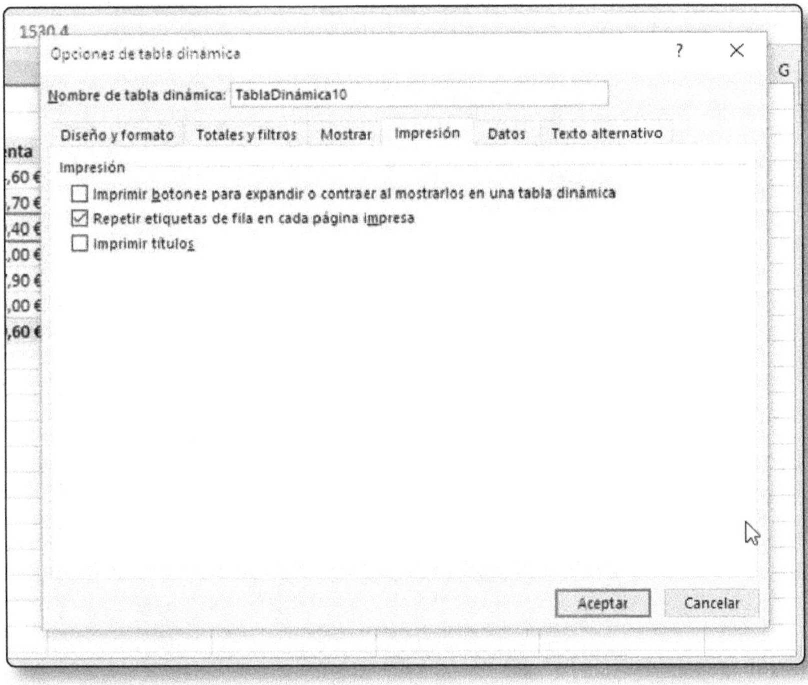

Figura 11.12. Pestaña "Impresión" de la ventana de opciones de la tabla dinámica

11.1.5 Pestaña Datos

En esta pestaña encontramos las siguientes opciones de configuración:

▶ La opción "*Guardar datos de origen con el archivo*", opción activa por defecto, controla el uso que hace Excel de los datos una vez son leídos del origen de datos. Esta opción activada hace que junto al libro Excel se guarden los datos leídos, tanto si son de una fuente externa como si no lo son. Esto significa que, si estás alimentando tu tabla dinámica desde un fichero Access externo, por ejemplo, una vez has leído los datos puedes guardar tu libro y abrirlo posteriormente aun cuando no tengas a tu disposición el fichero Access en cuestión, pues los datos se mantendrán en el libro de cálculo. Obviamente esto funcionará mientras no pidas a Excel que actualice dichos datos pues, en ese momento, resultará imprescindible disponer de la conexión al fichero Access:

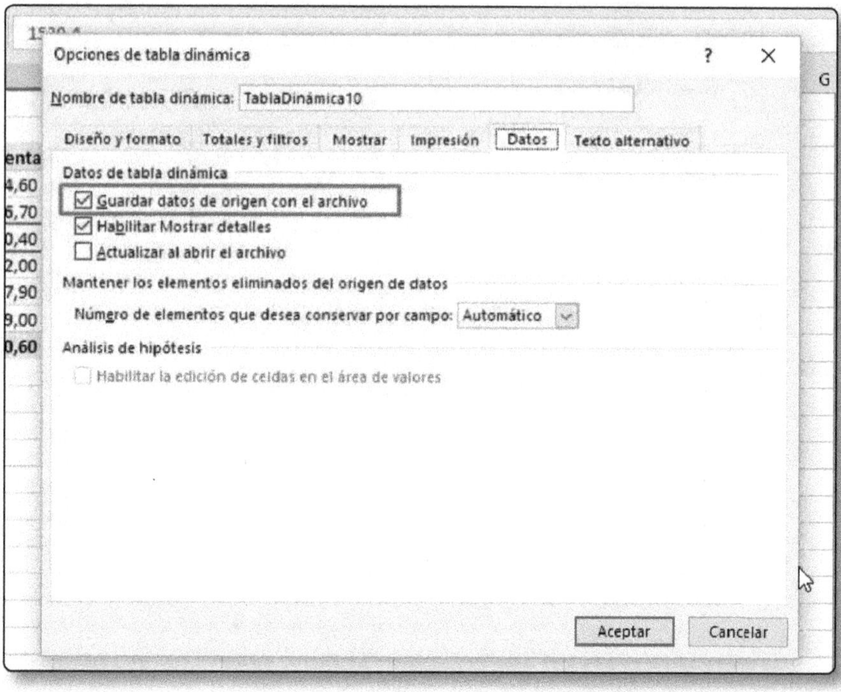

Figura 11.13. Opción "Guardar datos de origen con el archivo"

▸ La opción "*Habilitar Mostrar detalles*", tal y como ya hemos visto al presentar las tablas dinámicas, nos permite hacer un doble clic sobre una celda y que Excel cree una nueva hoja de cálculo con el listado de los registros que están volcando datos en dicha celda.

▸ La opción "*Actualizar al abrir el archivo*", desactivada por defecto, fuerza que el informe de tabla dinámica se actualice automáticamente cada vez que el libro Excel se abra.

▸ A continuación nos encontramos con una opción que nos permite especificar cómo gestionar los elementos eliminados del origen de datos. Si recuerdas, comentamos en la lección de segmentación de datos que la desaparición de una etiqueta del listado de datos que alimenta la tabla dinámica (es decir, la desaparición de los registros que contengan dicha etiqueta) no supone que esta etiqueta desaparezca de la tabla dinámica: en función del contexto, la etiqueta puede aparecer sin datos, simplemente. Con esta herramienta gestionamos precisamente esta opción, pudiendo escoger entre dejar que Excel decida de forma automática cuántas de esas etiquetas conservar, no conservar ninguna etiqueta o conservar el mayor número posible:

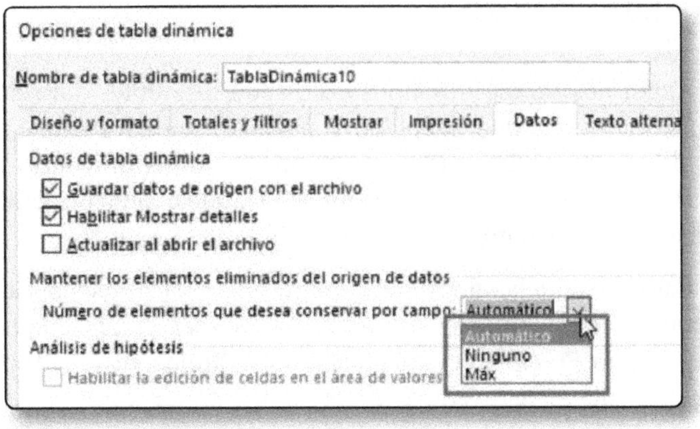

Figura 11.14. Herramienta de gestión de elementos eliminados del origen de datos

Si no deseamos que se conserven elementos eliminados, basta con escoger **Ninguno**.

11.1.6 Pestaña Texto alternativo

▶ En esta pestaña podemos configurar un título y una descripción para representar nuestra tabla dinámica. Tal y como se indica en la propia ventana de opciones, esta información es útil para personas con dificultades visuales o cognitivas que quizá no puedan ver o entender la tabla:

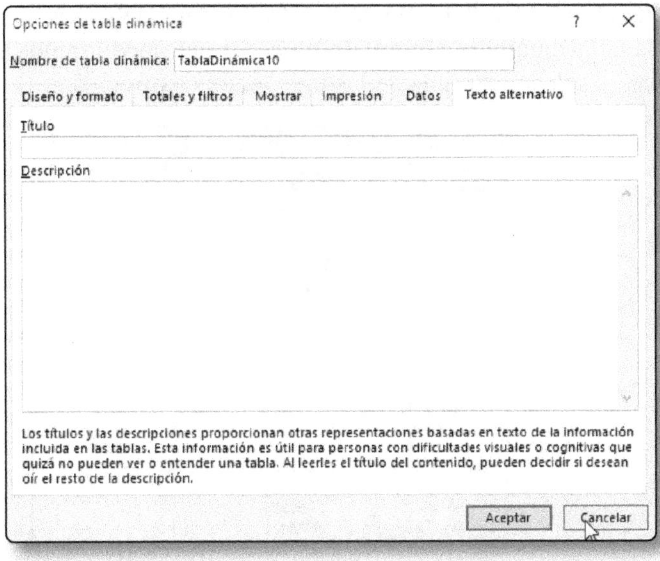

Figura 11.15. Pestaña "Texto alternativo" de la ventana de opciones de la tabla dinámica

11.2 DISEÑO DE INFORME

Excel nos ofrece tres tipos de diseño diferentes para nuestros informes de tabla dinámica, cada uno adaptado a unas necesidades específicas. Estos diseños ofrecen diferencias más evidentes cuando estamos anidando dos o más campos en filas y la elección correcta del diseño a aplicar puede facilitar notablemente la interpretación de los datos contenidos en la tabla dinámica.

Para mostrar las diferencias entre uno y otro diseño vamos a partir de una tabla dinámica que contiene los campos *Categoría* y *Tipo de cliente* en el área de filas, y el campo *Precio* en el área de campos, aplicándose la función *"Suma"*:

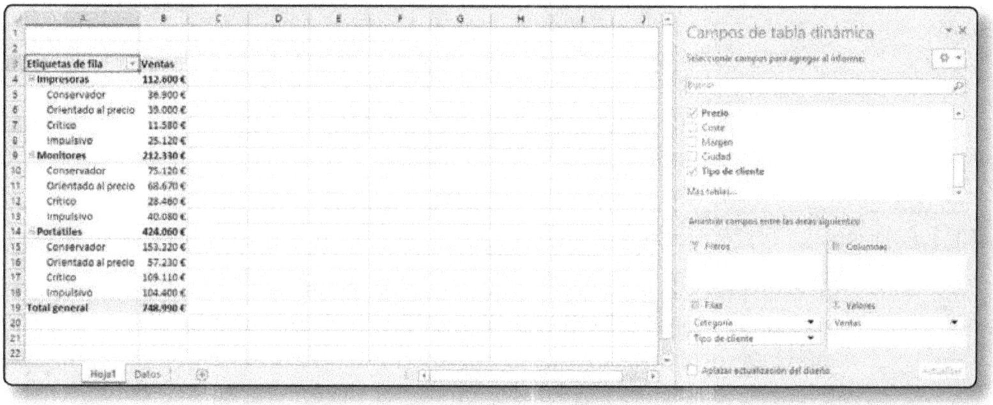

Para modificar el diseño de nuestro informe debemos hacer clic en cualquier celda de la tabla dinámica, abrir el desplegable que encontramos en *"Diseño>Diseño de informe"* y seleccionar una de las tres opciones ofrecidas:

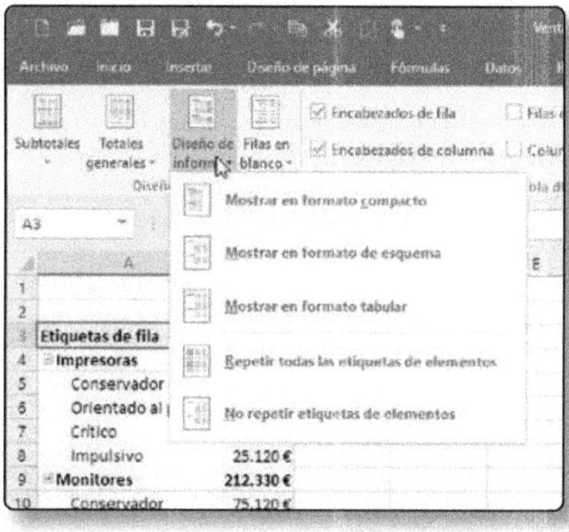

Figura 11.16. Diseños de informe disponibles

▼ **Mostrar en formato compacto**. Ésta es la opción que se aplica por defecto al crear la tabla dinámica. En este diseño todos los elementos de los campos anidados se muestran en la misma columna (columna A en la siguiente imagen), aplicándose una cierta sangría a los elementos de los campos anidados, dejando de esta forma más espacio para los datos numéricos. Las etiquetas de filas muestran botones para "*Expandir*" y "*Contraer*" que nos permiten mostrar u ocultar los detalles:

	A	B
3	**Etiquetas de fila** ▼	**Ventas**
4	⊟ **Impresoras**	112.600 €
5	Conservador	36.900 €
6	Orientado al precio	39.000 €
7	Crítico	11.580 €
8	Impulsivo	25.120 €
9	⊟ **Monitores**	212.330 €
10	Conservador	75.120 €
11	Orientado al precio	68.670 €
12	Crítico	28.460 €
13	Impulsivo	40.080 €
14	⊟ **Portátiles**	424.060 €
15	Conservador	153.320 €
16	Orientado al precio	57.230 €
17	Crítico	109.110 €
18	Impulsivo	104.400 €
19	**Total general**	**748.990 €**

Figura 11.17. Tabla dinámica mostrada con la opción de "Mostrar en formato compacto"

▼ **Mostrar en formato de esquema** crea un esquema de los datos de forma que los elementos se clasifican de forma jerárquica en diferentes columnas (los elementos del campo de primer nivel se muestran en la primera columna de la tabla dinámica, los elementos del campo de segundo nivel en la segunda columna, etc.). Esto implica, por ejemplo, que las etiquetas de diferentes campos se van a mostrar en diferentes filas (en la imagen que se muestra a continuación, figura 11.18, la etiqueta "*Impresoras*" y la etiqueta "*Conservador*" que se muestra justo debajo van a mostrarse siempre en dos filas distintas). Con este diseño queda reflejada de una forma mucho más evidente la relación jerárquica entre unos elementos y otros a costa de dejar menos sitio para los valores:

Figura 11.18. Tabla dinámica mostrada con la opción de "Mostrar en formato de esquema"

▶ Por último, **Mostrar en formato tabular** muestra todos los datos en formato de tabla, usando una columna para cada campo, lo que facilita la copia de las celdas a otra hoja de cálculo o a otros programas. Como puedes ver, en este caso las etiquetas de diferentes campos no se muestran en filas diferentes (la etiqueta "*Impresoras*" se muestra en la misma fila que la primera instancia de la etiqueta "*Conservador*"):

Figura 11.19. Tabla dinámica mostrada con la opción de "Mostrar en formato tabular"

En los formatos de **esquema** o **tabular** tenemos la opción adicional de
"*Repetir todas las etiquetas de elementos*" para mostrar las etiquetas de los elementos
en todas las filas:

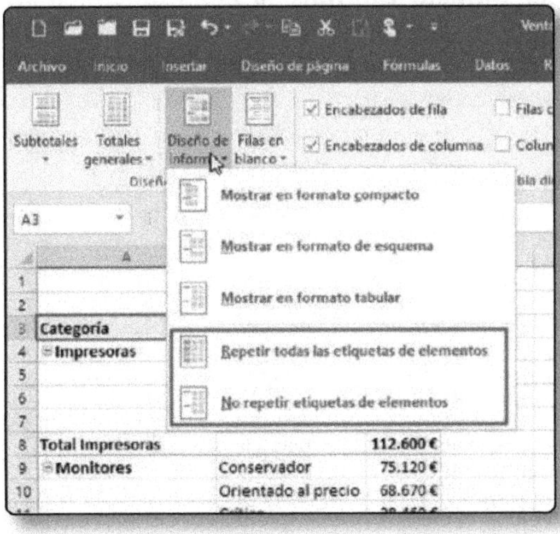

Figura 11.20. Opción "Repetir todas las etiquetas de elementos"

Esto es especialmente útil si vamos a copiar el contenido de la tabla dinámica
a otra hoja de cálculo o a otro programa y pensamos reordenar las filas.

En el caso del formato de **esquema**, esta opción activada provocaría que la
tabla dinámica se mostrase de la siguiente forma:

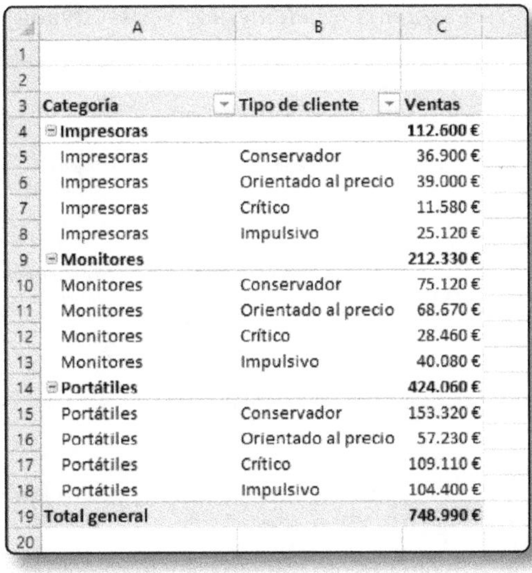

Figura 11.21. Formato "Esquema" con la opción "Repetir todas las etiquetas de elementos""activada

Como puedes ver, la columna A se completa repitiendo el elemento de primer nivel en todas las celdas vacías.

En el caso del formato **tabular**, la tabla dinámica se mostraría, con esta opción activa, de la siguiente forma:

Categoría	Tipo de cliente	Ventas
Impresoras	Conservador	36.900 €
Impresoras	Orientado al precio	39.000 €
Impresoras	Crítico	11.580 €
Impresoras	Impulsivo	25.120 €
Total Impresoras		112.600 €
Monitores	Conservador	75.120 €
Monitores	Orientado al precio	68.670 €
Monitores	Crítico	28.460 €
Monitores	Impulsivo	40.080 €
Total Monitores		212.330 €
Portátiles	Conservador	153.320 €
Portátiles	Orientado al precio	57.230 €
Portátiles	Crítico	109.110 €
Portátiles	Impulsivo	104.400 €
Total Portátiles		424.060 €
Total general		748.990 €

Figura 11.22. Formato "Tabular" con la opción "Repetir todas las etiquetas de elementos" activada

Nuevamente, la activación de esta opción se plasma en la repetición de los elementos de primer nivel en todas las celdas vacías de la columna A.

Se muestra a continuación la misma tabla con los tres tipos de diseño (con la opción "*Repetir todas las etiquetas de elementos*" desactivada):

FORMATO COMPACTO		FORMATO DE ESQUEMA			FORMATO TABULAR		
Etiquetas de fila	Ventas	Categoría	Tipo de cliente	Ventas	Categoría	Tipo de cliente	Ventas
Impresoras	112.600 €	Impresoras		112.600 €	Impresoras	Conservador	36.900 €
Conservador	36.900 €		Conservador	36.900 €		Crítico	11.580 €
Crítico	11.580 €		Crítico	11.580 €		Impulsivo	25.120 €
Impulsivo	25.120 €		Impulsivo	25.120 €		Orientado al precio	39.000 €
Orientado al precio	39.000 €		Orientado al precio	39.000 €	Total Impresoras		112.600 €
Monitores	212.330 €	Monitores		212.330 €	Monitores	Conservador	75.120 €
Conservador	75.120 €		Conservador	75.120 €		Crítico	28.460 €
Crítico	28.460 €		Crítico	28.460 €		Impulsivo	40.080 €
Impulsivo	40.080 €		Impulsivo	40.080 €		Orientado al precio	68.670 €
Orientado al precio	68.670 €		Orientado al precio	68.670 €	Total Monitores		212.330 €
Portátiles	424.060 €	Portátiles		424.060 €	Portátiles	Conservador	153.320 €
Conservador	153.320 €		Conservador	153.320 €		Crítico	109.110 €
Crítico	109.110 €		Crítico	109.110 €		Impulsivo	104.400 €
Impulsivo	104.400 €		Impulsivo	104.400 €		Orientado al precio	57.230 €
Orientado al precio	57.230 €		Orientado al precio	57.230 €	Total Portátiles		424.060 €
Total general	748.990 €	Total general		748.990 €	Total general		748.990 €

Figura 11.23. Ejemplos de diseño

> **ⓘ NOTA**
>
> Fíjate en que, teniendo una celda de la tabla dinámica seleccionada, al abrir el desplegable que tenemos en "*Diseño>Diseño>Diseño de informe*" no hay ninguna indicación del tipo de diseño que se está aplicando a tu tabla dinámica, por lo que deberás acostumbrarte a reconocerlo por la disposición de las etiquetas.

11.3 SUBTOTALES, TOTALES GENERALES Y FILAS EN BLANCO

Para adaptar aún más la información mostrada en la tabla dinámica a nuestras necesidades, podemos cambiar la forma en la que se muestran los subtotales y los totales generales, así como gestionar la presencia de líneas en blanco que faciliten la lectura de la tabla dinámica. Para ello disponemos de tres herramientas en el grupo de comandos "*Diseño>Diseño*" (recuerda que la pestaña de "*Diseño*" solo será visible una vez selecciones alguna celda de la tabla dinámica):

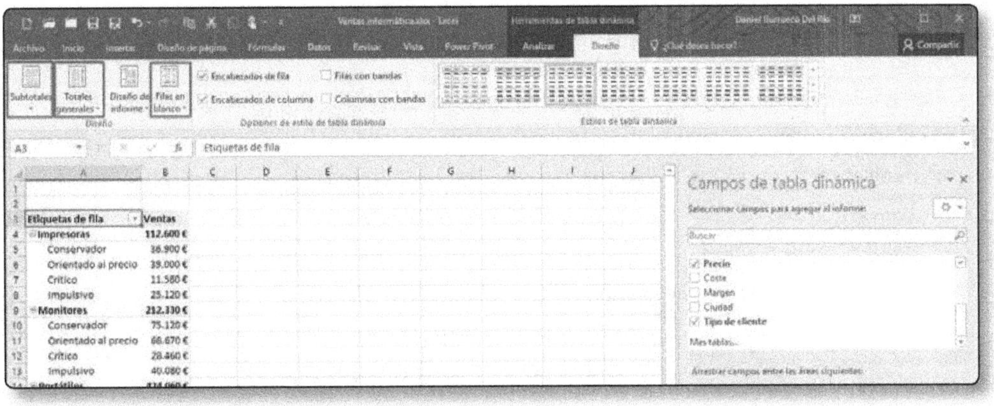

Figura 11.24. Comandos de gestión de subtotales, totales generales y filas en blanco

11.3.1 Subtotales

El comando "*Diseño>Diseño>Subtotales*" nos permite configurar la forma en que se muestran los subtotales para cada campo. Las opciones disponibles son "*No mostrar subtotales*", "*Mostrar todos los subtotales en la parte inferior del grupo*" y "*Mostrar todos los subtotales en la parte superior del grupo*" –opción por defecto–. Para ver cómo influyen estas opciones en función del tipo de formato que se aplique a la tabla dinámica, se muestran a continuación estas tres opciones aplicadas a los tres diseños de tabla dinámica disponibles (compacto, de esquema y tabular):

Opción "No mostrar subtotales":

Figura 11.25. Ejemplos de tablas dinámicas sin subtotales

Opción "Mostrar todos los subtotales en la parte inferior del grupo":

Figura 11.26. Ejemplos de tablas dinámicas con subtotales en la parte inferior del grupo

Opción "Mostrar todos los subtotales en la parte superior del grupo":

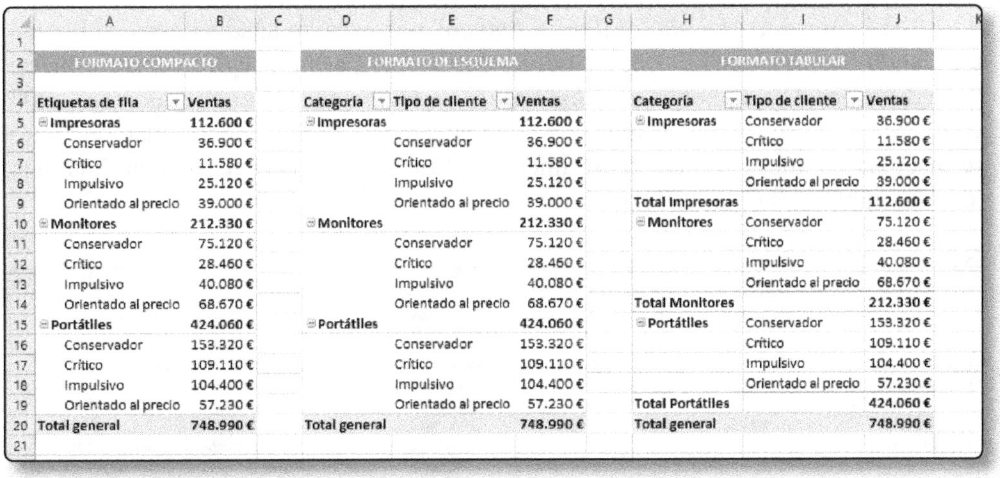

FORMATO COMPACTO			FORMATO DE ESQUEMA				FORMATO TABULAR		
Etiquetas de fila ▾	Ventas		Categoría ▾	Tipo de cliente ▾	Ventas		Categoría ▾	Tipo de cliente ▾	Ventas
⊟Impresoras	112.600 €		⊟Impresoras		112.600 €		⊟Impresoras	Conservador	36.900 €
Conservador	36.900 €			Conservador	36.900 €			Crítico	11.580 €
Crítico	11.580 €			Crítico	11.580 €			Impulsivo	25.120 €
Impulsivo	25.120 €			Impulsivo	25.120 €			Orientado al precio	39.000 €
Orientado al precio	39.000 €			Orientado al precio	39.000 €		Total Impresoras		112.600 €
⊟Monitores	212.330 €		⊟Monitores		212.330 €		⊟Monitores	Conservador	75.120 €
Conservador	75.120 €			Conservador	75.120 €			Crítico	28.460 €
Crítico	28.460 €			Crítico	28.460 €			Impulsivo	40.080 €
Impulsivo	40.080 €			Impulsivo	40.080 €			Orientado al precio	68.670 €
Orientado al precio	68.670 €			Orientado al precio	68.670 €		Total Monitores		212.330 €
⊟Portátiles	424.060 €		⊟Portátiles		424.060 €		⊟Portátiles	Conservador	153.320 €
Conservador	153.320 €			Conservador	153.320 €			Crítico	109.110 €
Crítico	109.110 €			Crítico	109.110 €			Impulsivo	104.400 €
Impulsivo	104.400 €			Impulsivo	104.400 €			Orientado al precio	57.230 €
Orientado al precio	57.230 €			Orientado al precio	57.230 €		Total Portátiles		424.060 €
Total general	748.990 €		Total general		748.990 €		Total general		748.990 €

Figura 11.27. Ejemplos de tablas dinámicas con subtotales en la parte superior del grupo

Comprobamos que, en el formato tabular, los subtotales siempre se muestran en la parte inferior del grupo.

11.3.2 Totales generales

Las opciones disponibles en *"Diseño>Diseño>Totales generales"* nos van a permitir gestionar la forma en que se muestran los totales generales. Las opciones disponibles son *"Desactivados para filas y columnas"*, *"Activado para filas y columnas"* –opción por defecto–, *"Activado solo para filas"* y *"Activado solo para columnas"*:

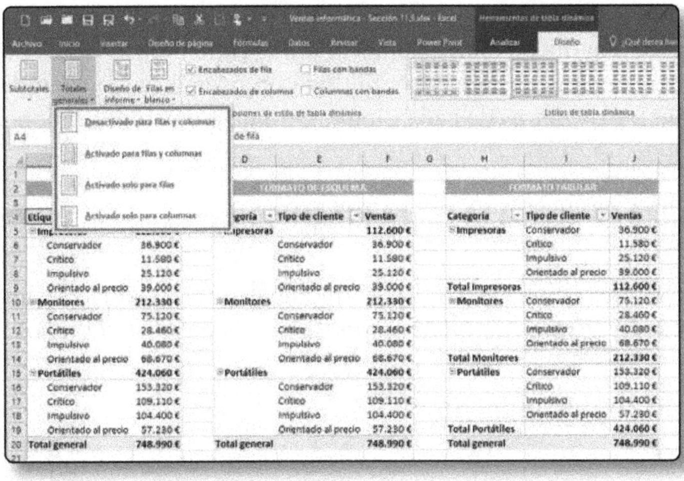

Figura 11.28. Opciones disponibles en el comando "Totales generales"

11.3.3 Filas en blanco

El comando *"Diseño>Filas en blanco"* nos permite añadir líneas en blanco separando cada bloque de datos y hacer, de esta forma, más legible el informe de tabla dinámica. Las opciones son *"Insertar fila en blanco después de cada elemento"* y *"Quitar línea en blanco después de cada elemento"*. Vemos a continuación cómo se insertan las líneas en blanco en función del tipo de formato de la tabla dinámica (con los subtotales en la parte superior):

Figura 11.29. Ejemplos de tablas dinámicas con filas en blanco

Como ves, la fila en blanco se inserta tras cada bloque correspondiente a un elemento de primer nivel en este caso. Si tuviésemos más campos anidados, la línea en blanco se insertaría detrás de cada bloque de datos (con independencia del nivel).

11.4 APLICANDO ESTILOS A LA TABLA DINÁMICA

Una vez seleccionado cualquier elemento de la tabla dinámica tenemos acceso al comando *"Estilos de tabla dinámica"* de la pestaña *"Diseño"*:

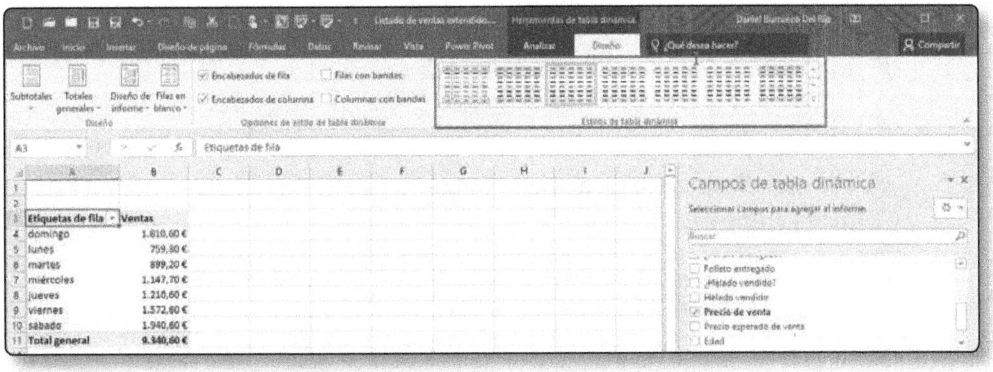

Figura 11.30. Galería "Estilos de tabla dinámica"

Aquí podemos aplicar a nuestra tabla dinámica un estilo predefinido de entre los muchos que incluye Excel. Mueve el ratón por encima de los estilos para ver en tiempo real cómo quedaría tu tabla dinámica una vez aplicado. Haz uso de los controles que se muestran a la derecha de la galería para visualizar otras filas de estilos o despliega la galería completa:

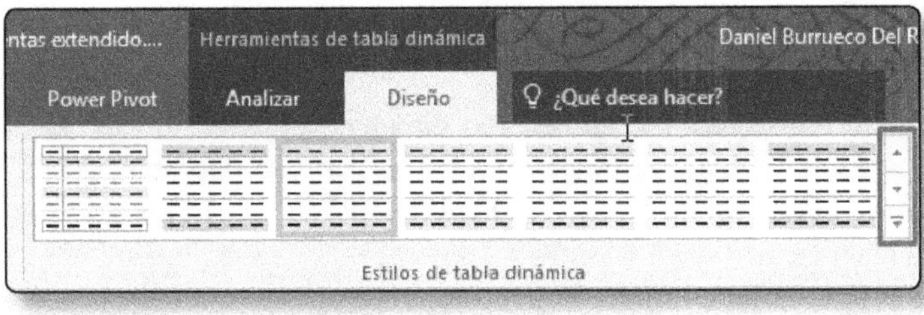

Para hacer efectiva la aplicación del estilo, haz un clic en el estilo que desees.

Junto a estos estilos tenemos el grupo de comandos *"Opciones de estilo de tabla dinámica"* en la misma pestaña contextual:

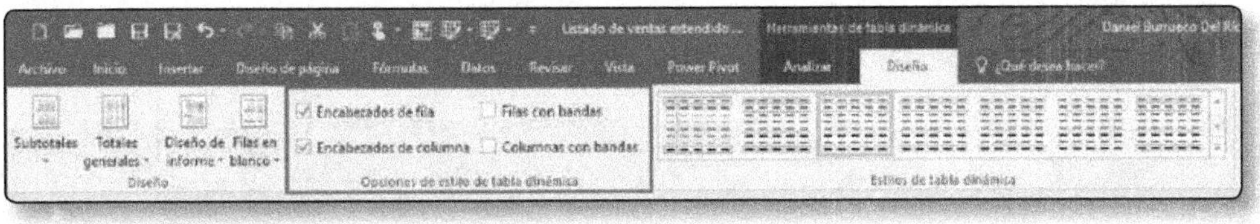

Figura 11.31. Grupo de comandos "Opciones de estilo de tabla dinámica"

En él encontramos cuatro casillas de selección que nos permiten:

▸ Mostrar un formato diferente para los encabezados de fila.

▸ Mostrar un formato diferente para los encabezados de columna.

▸ Mostrar filas con bandas (incluyendo un formato diferente para las filas pares e impares).

▸ Mostrar columnas con bandas (también incluyendo un formato diferente para las columnas pares e impares).

Todas estas opciones ayudan a hacer más sencilla la lectura de la tabla dinámica. El formato concreto que se aplica a cada uno de estos cuatro elementos (encabezados de fila, encabezados de columna, filas pares e impares, y columnas pares e impares) depende del estilo que se esté aplicando a la tabla dinámica. Así, por ejemplo, hay estilos en los que el formato aplicado a filas pares e impares es el mismo, con lo que la selección de la opción "*Mostrar filas con bandas*" no se hace apreciable.

ⓘ **NOTA**

Un error común es aplicar a nuestra tabla dinámica un estilo en el que las filas (o columnas) pares e impares se muestran con un formato diferente sin recordar que éste no se aplicará si no seleccionamos la opción "*Filas con bandas*" (o "*Columnas con bandas*") en el grupo de comandos mencionado.

Ten en cuenta que el conjunto de estilos disponibles depende del tema gráfico y del conjunto de colores que se esté aplicando a tu libro Excel. En la pestaña "*Diseño de página*", grupo "*Temas*" podemos escoger tanto el tema general a aplicar, como el conjunto de colores, fuentes y efectos que queremos que se apliquen. No olvides que estos cambios afectan al conjunto del libro Excel, no solo a tu tabla dinámica:

Figura 11.32. Grupo de comandos "Temas" de la pestaña "Diseño de página"

Volviendo a la galería de estilos que Excel nos ofrece en la pestaña *"Diseño"*, si ninguno de los estilos disponibles satisface nuestras necesidades, podemos crear uno nuevo haciendo clic en la opción **Nuevo estilo de tabla dinámica** que encontramos al final del menú desplegable de la galería *"Estilos de tabla dinámica"*:

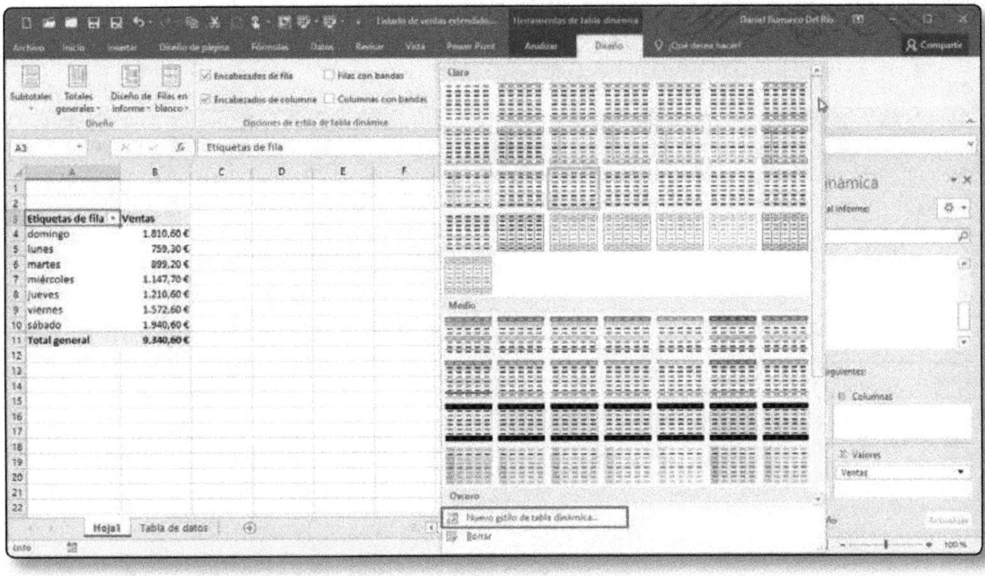

Figura 11.33. Galería de estilos

Otra alternativa es abrir el menú contextual de cualquier estilo predefinido, duplicarlo (con lo que se crea un estilo personalizado idéntico al original) y modificar la copia.

En cualquier caso, al crear un estilo nuevo, al duplicar uno existente o al modificar un estilo personalizado se abre la ventana *"Modificar estilo de tabla dinámica"* que, como indica su nombre, nos da acceso a los elementos de la tabla dinámica susceptibles de recibir un formato personalizado:

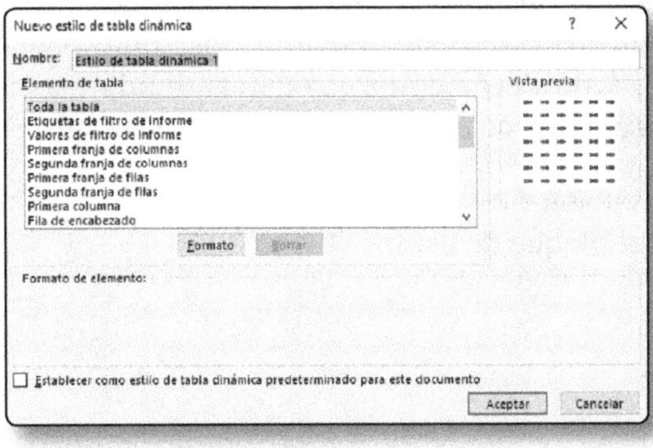

Figura 11.34. La ventana "Modificar estilo de tabla dinámica"

Lo primero que nos muestra es el nombre que se aplica al estilo, nombre que podemos modificar en cualquier momento. A continuación, nos muestra los 25 elementos a los que poder aplicar un estilo gráfico personalizado, con una vista previa de la tabla dinámica a la derecha. Una vez hacemos clic en el botón **Aceptar**, el estilo personalizado se muestra en la parte superior de la galería de *"Estilos de tabla dinámica"*, en el grupo *"Personalizada"*:

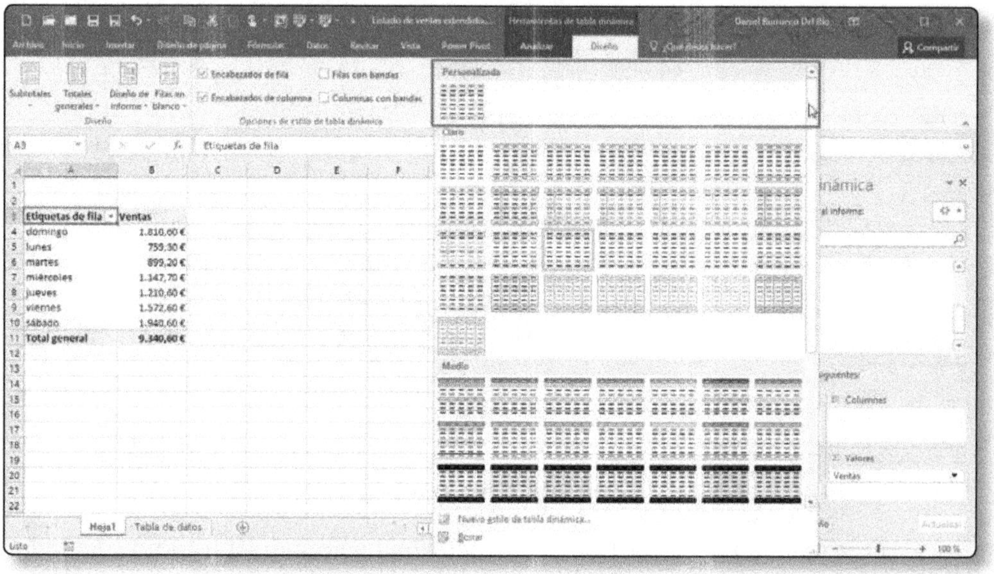

Figura 11.35. Estilos personalizados

Para editar un estilo no tenemos más que hacer un clic con el botón secundario del ratón sobre él y seleccionar la opción **Modificar** -opción disponible solo para los estilos personalizados, al igual que le ocurre a la opción de **Eliminar**-. Por el contrario, las opciones de *"Duplicar"* y de *"Establecer como predeterminado"* están disponibles tanto para los estilos predeterminados como para los personalizados. Activar la opción de **Establecer como predeterminado** hace que cualquier tabla dinámica que se cree a partir de ese momento reciba ese estilo por defecto.

La única excepción a estas reglas es el estilo *"Ninguna"*, estilo que ocupa la primera posición en el bloque de estilos *"Claro"*:

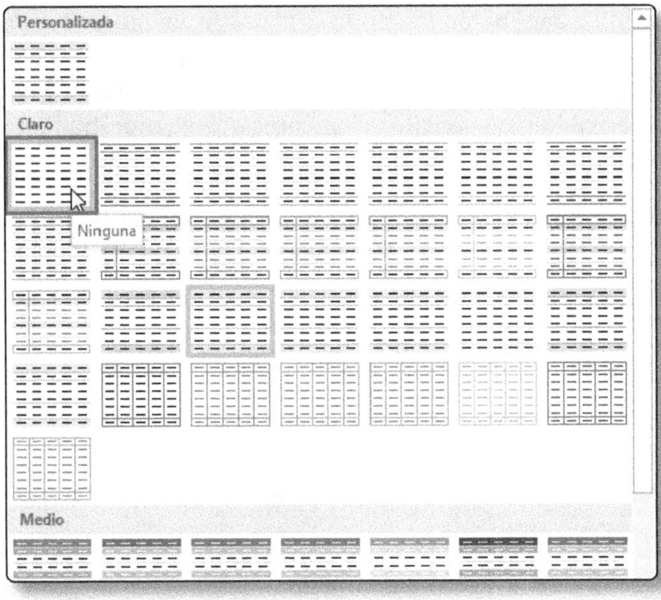

Figura 11.36. El estilo "Ninguna"

Este estilo no aplica ningún formato a ningún elemento de la tabla dinámica (podemos considerarlo una forma de borrar el estilo que se esté aplicando), por lo que no se permite duplicarlo (si queremos crear un estilo desde cero, podemos simplemente crear un nuevo estilo con la opción "*Nuevo estilo de tabla dinámica*").

En la ventana de modificación de estilo de tabla dinámica se muestran en negrita aquellos elementos a los que se está aplicando algún tipo de formato:

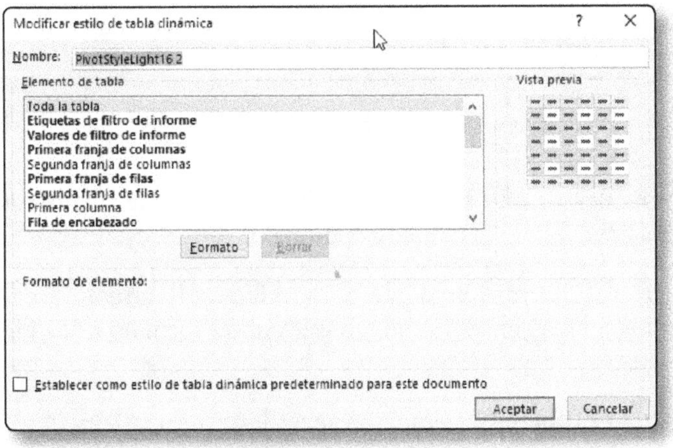

Figura 11.37. Ventana "Modificar estilo de tabla dinámica" mostrando elementos (en negrita) a los que se ha aplicado un formato

Haciendo clic en el botón **Formato** se abre la ventana de *"Formato de celdas"* en la que poder aplicar el formato deseado, y haciendo clic en el botón **Borrar** se borra el formato que se esté aplicando al elemento seleccionado. Lógicamente este botón solo está activado para aquellos elementos que se muestran en negrita (y que están recibiendo algún tipo de formato).

Veamos los 25 elementos a los que podemos aplicar un formato específico. El formato que podemos aplicar afecta, en general, a la fuente (tamaño, color, etc.), al borde y al relleno:

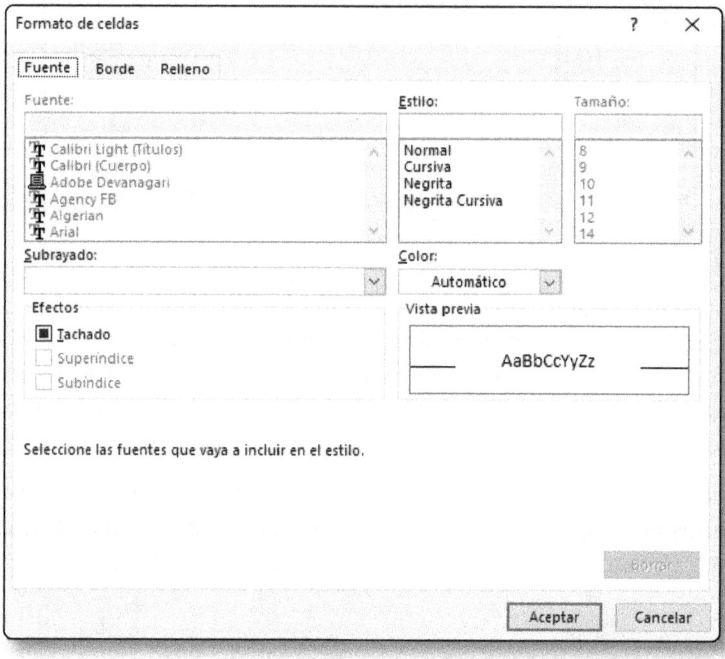

Figura 11.38. La ventana "Formato de celdas"

Como puedes ver, no podemos modificar el tipo de fuente (que se gestiona desde la pestaña *"Inicio"* de la cinta de opciones).

Para que resulte más evidente cómo afecta el formato a cada uno de los elementos, vamos a crear un estilo nuevo e ir dando formato a los elementos uno a uno.

▶ **Toda la tabla**: el formato que se aplique a este elemento afecta a toda la tabla, salvo a aquellos elementos a los que se esté aplicando un formato específico.

▶ **Etiquetas de filtro de informe**: hace referencia a la etiqueta de los campos que están situados en el área de filtros.

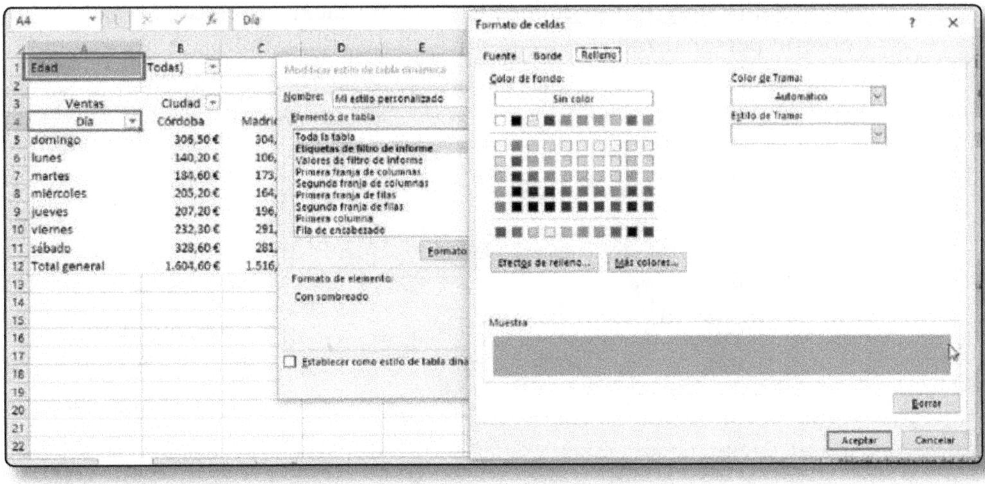

Figura 11.39. Etiquetas de filtro de informe

▶ **Valores de filtro de informe**: hace referencia al valor escogido en los campos que están situados en el área de filtros.

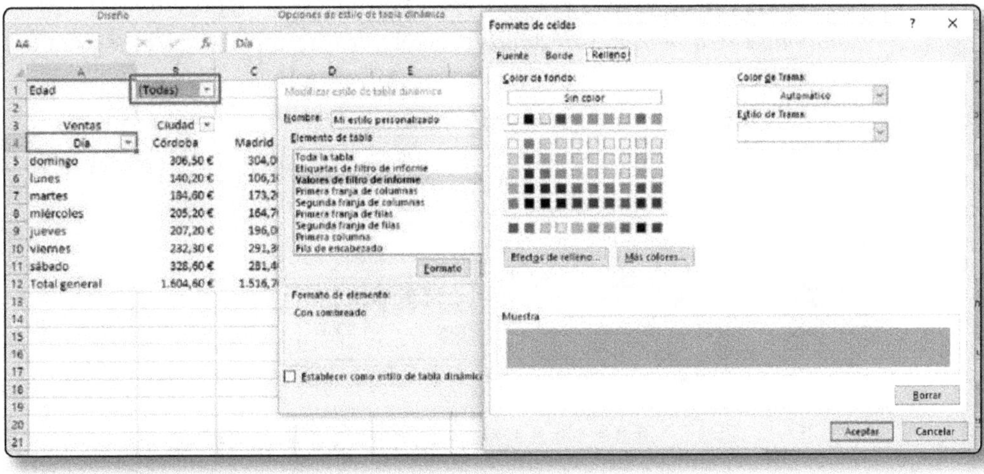

Figura 11.40. Valores de filtro de informe

▼ **Primera franja de columnas**: columnas que ocupan las franjas impares de los campos del área de columnas. Es posible especificar el número de columnas que ocupa cada franja impar (pueden ser más de una), lo que resulta muy útil cuando queremos destacar las columnas según un criterio personalizado.

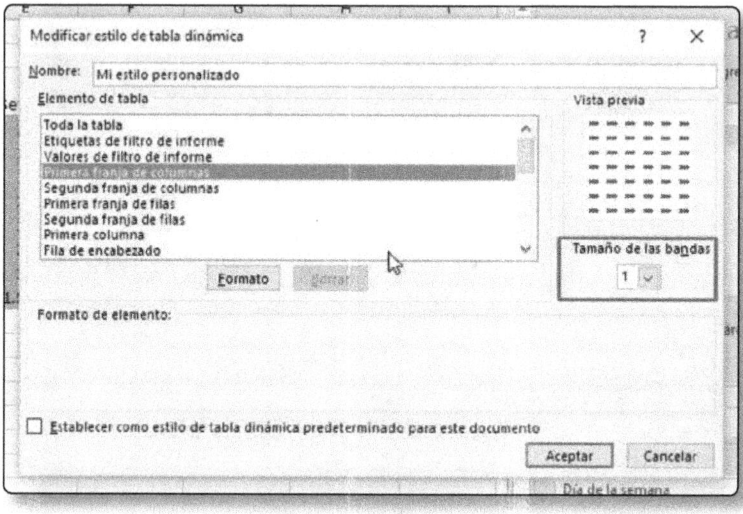

Figura 11.41. Primera franja de columnas

Recuerda activar la opción *"Diseño>Opciones de estilo de tabla dinámica>Columnas con bandas"* para ver este formato (y el siguiente) aplicado:

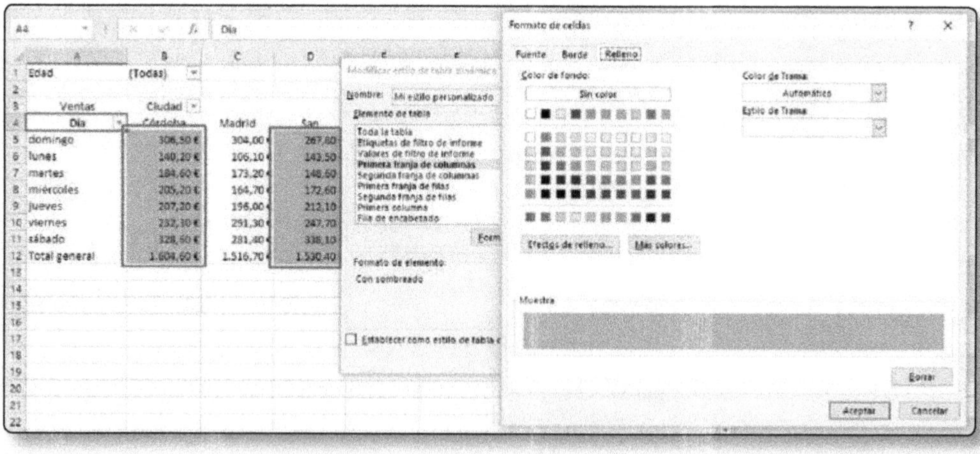

Figura 11.42. Primera franja de columnas

▼ **Segunda franja de columnas**: columnas que ocupan las franjas pares de los campos del área de columnas. También es posible especificar el número de columnas que ocupa cada franja par.

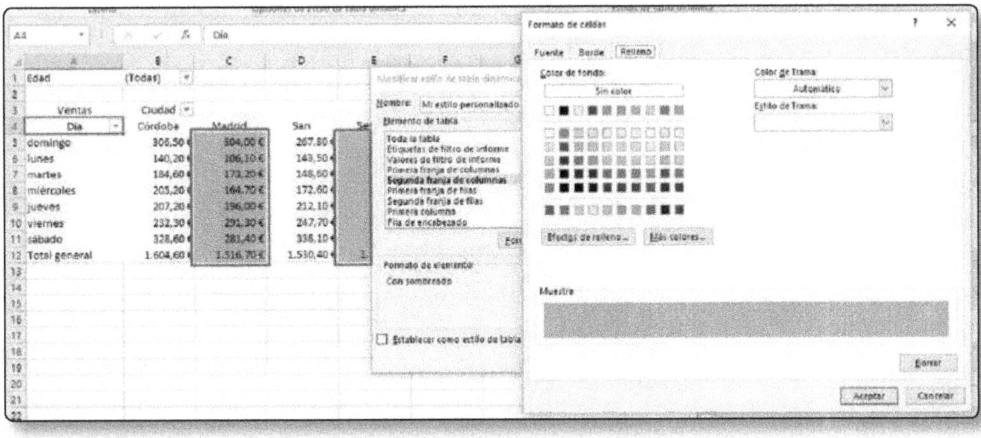

Figura 11.43. Segunda franja de columnas

▼ **Primera franja de filas**: filas que ocupan las franjas impares de los campos del área de filas. Al igual que con las columnas, es posible especificar el número de filas que ocupa cada franja impar. Recuerda aquí también activar la opción *"Diseño>Opciones de estilo de tabla dinámica>Filas con bandas"* para ver este formato (y el siguiente) aplicado.

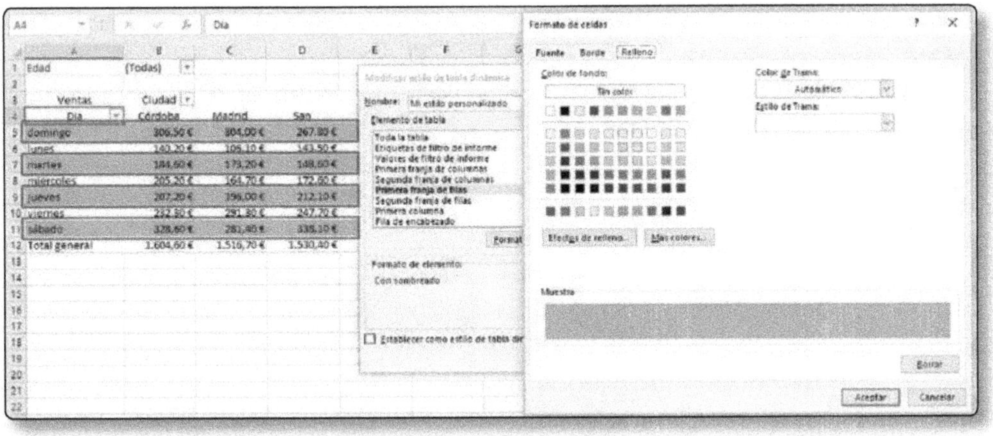

Figura 11.44. Primera franja de filas

▶ **Segunda franja de filas**: filas que ocupan las franjas pares de los campos del área de filas. También es posible especificar el número de filas que ocupa cada franja par.

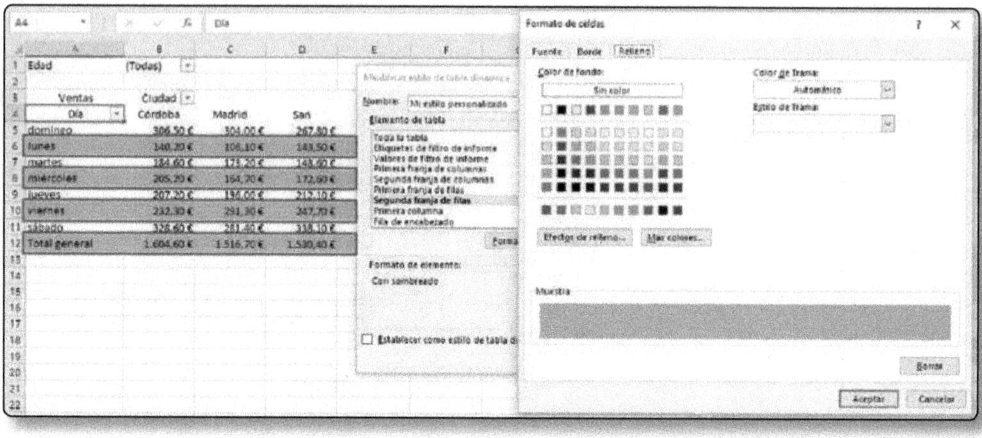

Figura 11.45. Segunda franja de filas

▶ **Primera columna**: columna de los campos de filas. En el diseño compacto esta columna es, efectivamente, una columna. En los diseños en formato de esquema y tabular, esta "primera columna" ocupa tantas columnas como campos se hayan incluido en el área de filas.

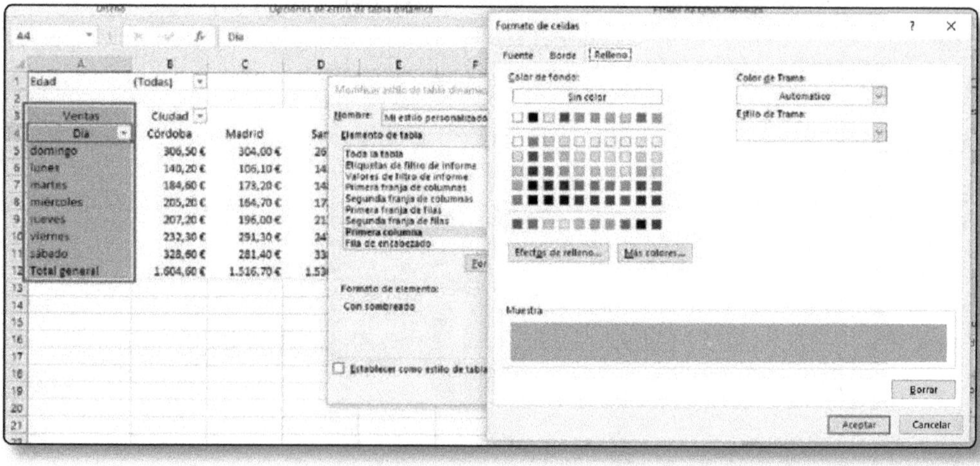

Figura 11.46. Primera columna

▼ **Fila de encabezado:** filas (tantas como haya en la tabla dinámica, a pesar del nombre de este elemento) con los encabezados de los campos situados en el área de columnas.

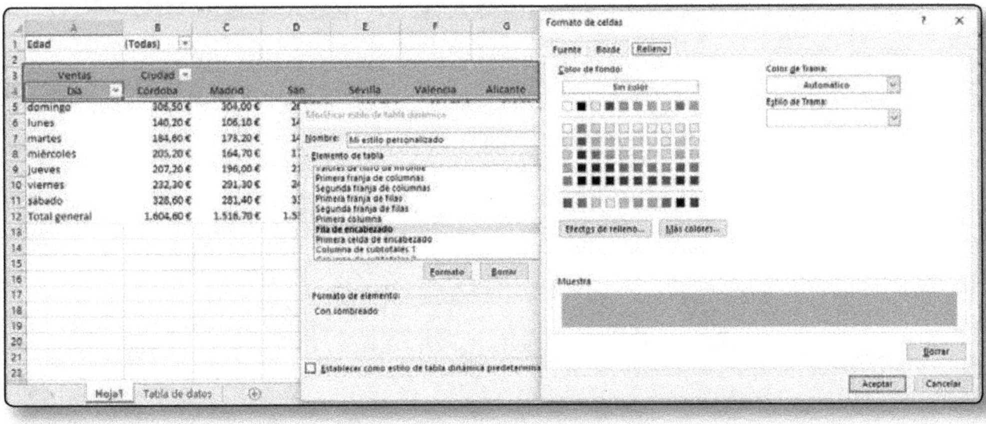

Figura 11.47. Fila de encabezado

▼ **Primera celda de encabezado**: hace referencia a las celdas (pueden ser varias, como en el ejemplo que se muestra a continuación) que quedan por encima de la etiqueta *"Etiquetas de fila"* de la primera columna (o de las primeras columnas, en los diseños de formato de esquema y tabular).

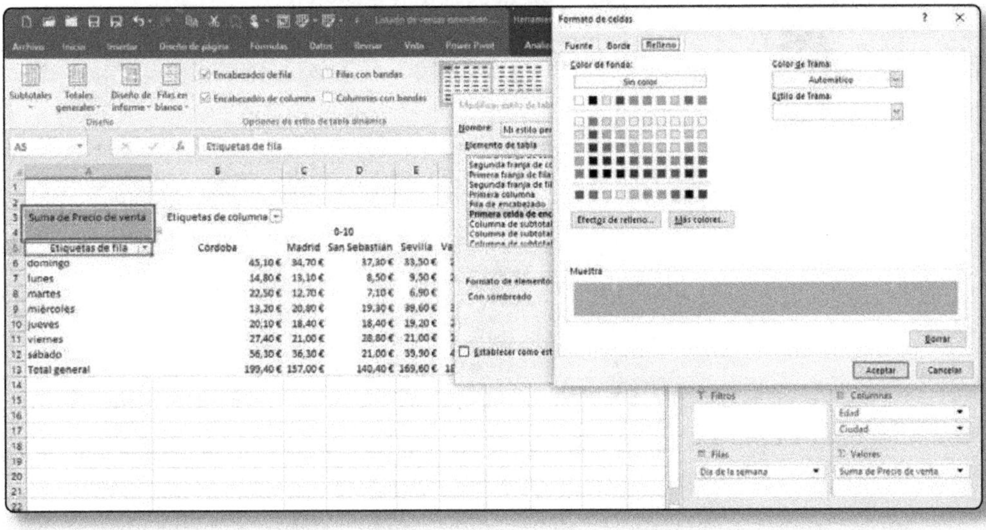

Figura 11.48. Primera celda de encabezado

▶ **Columna de subtotales 1**: columna con los subtotales del campo del área de columnas situado en la primera posición.

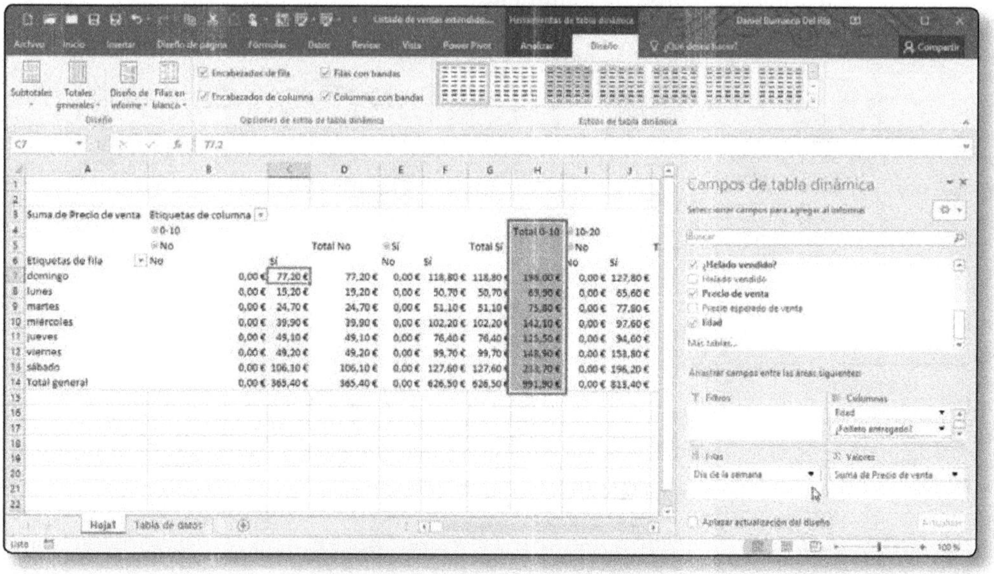

Figura 11.49. Columna de subtotales 1

▶ **Columna de subtotales 2:** Columna con los subtotales del campo del área de columnas situado en la segunda posición.

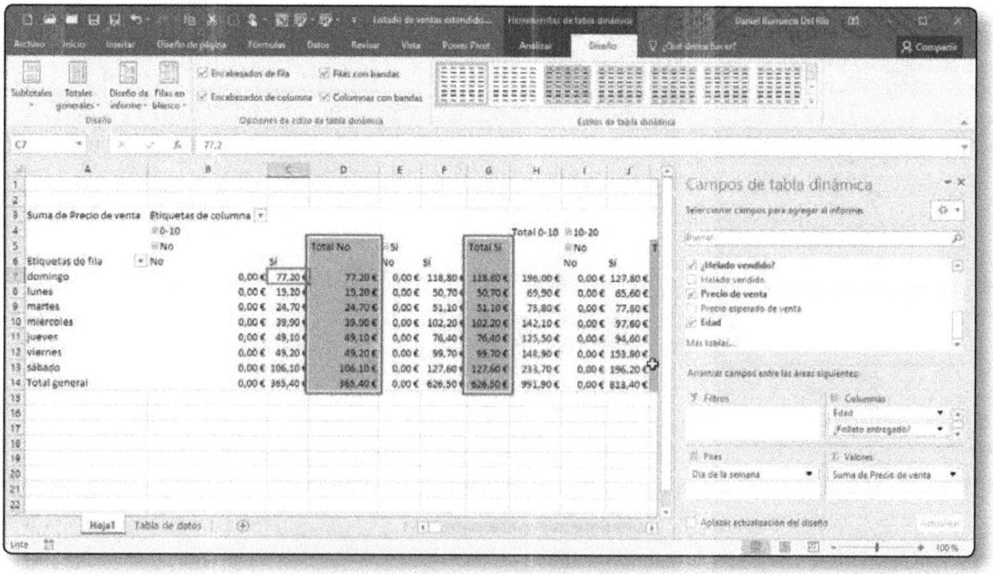

Figura 11.50. Columna de subtotales 2

▼ **Columna de subtotales 3:** columna con los subtotales del campo del área de columnas situado en la tercera posición (subtotales que aparecerían si añadiésemos un cuarto campo al área de columnas).

▼ **Fila en blanco**: posiblemente debería hacer referencia a las líneas en blanco que pueden insertarse entre bloques de datos, pero en la práctica incluye todas las filas desde la primera línea en blanco hasta el final, sin incluir la fila de totales, lo que le resta bastante utilidad.

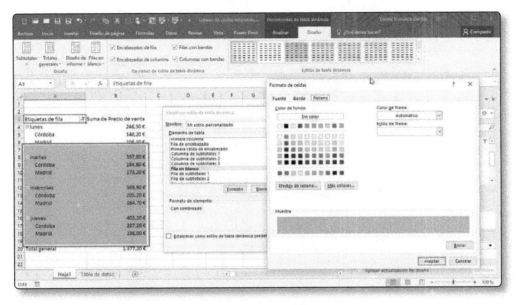

Figura 11.51. Fila en blanco

▼ **Fila de subtotales 1**: fila con los subtotales del campo del área de filas situado en la primera posición. Solo es perceptible cuando los subtotales se muestran en la parte inferior (siempre son perceptibles, por lo tanto, en el formato tabular). Obviamente, para que se muestren filas de subtotales necesitamos tener al menos dos campos anidados en el área de filas.

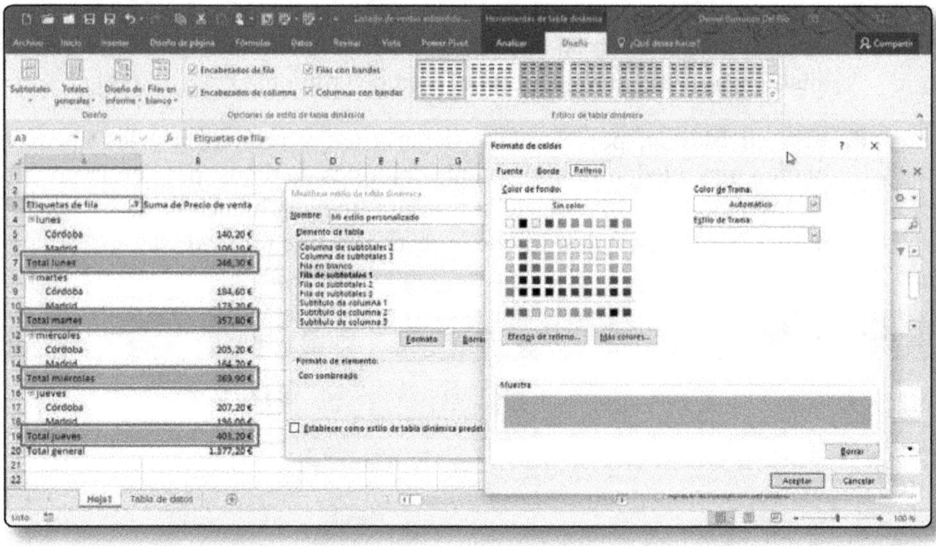

Figura 11.52. Fila de subtotales 1

� **Fila de subtotales 2**: fila con los subtotales del campo del área de filas situado en la segunda posición. Al igual que en el caso anterior, solo es perceptible cuando los subtotales se muestran en la parte inferior (siempre son perceptibles, por lo tanto, en el formato tabular). Para que se muestren las filas de subtotales para el campo situado en la segunda posición del área de filas necesitamos anidar al menos tres campos en dicha área.

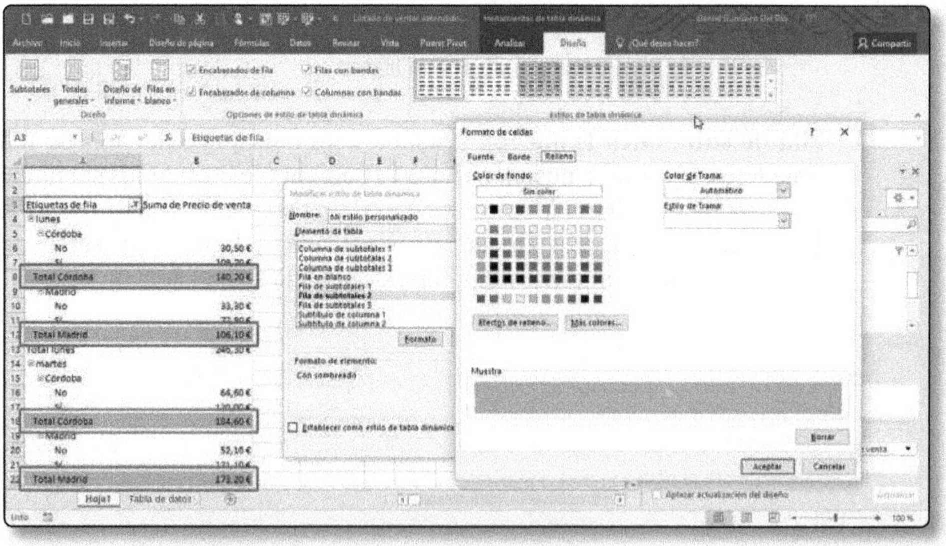

Figura 11.53. Fila de subtotales 2

▼ **Fila de subtotales 3**: fila con los subtotales del campo del área de filas situado en la tercera posición. También en este caso solo es perceptible cuando los subtotales se muestran en la parte inferior (siempre son perceptibles, por lo tanto, en el formato tabular). Para ver estos subtotales tendríamos que añadir un nuevo campo al área de filas.

▼ **Subtítulo de columna 1**: etiqueta de la fila de encabezado correspondiente al campo situado en la primera posición del área de columnas.

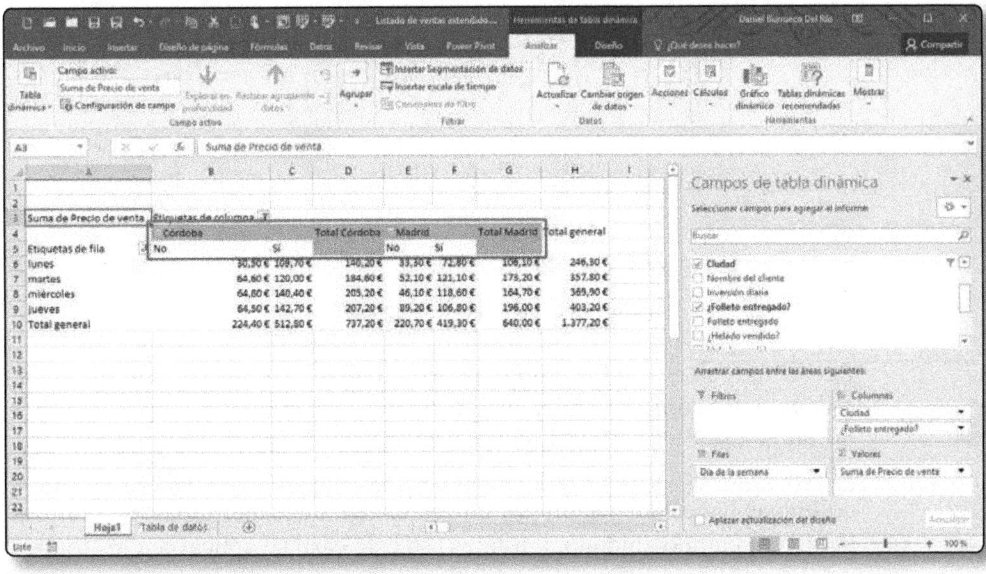

Figura 11.54. Subtítulo de columna 1

Como puede apreciarse, se aplica el formato a las etiquetas del campo situado en primera posición (el campo *Ciudad* en el ejemplo de la imagen): etiquetas con el nombre de la ciudad, celdas vacías por corresponder a encabezados de columnas del campo anidado por debajo, y totales de ciudades.

▼ **Subtítulo de columna 2**: etiqueta de la fila de encabezado correspondiente al campo situado en la segunda posición del área de columnas.

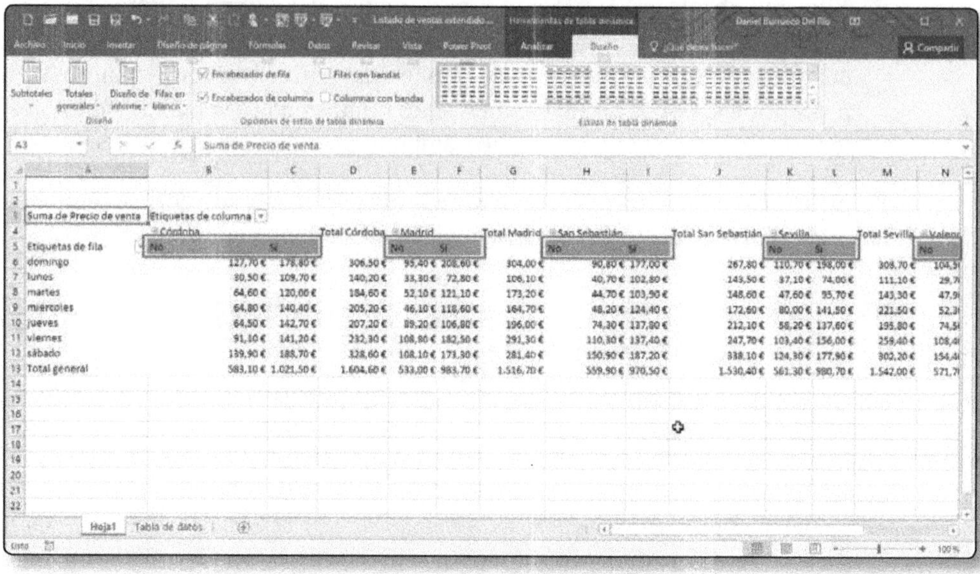

Figura 11.55. Subtítulo de columna 2

Puede apreciarse, tal y como ocurría con el elemento "*Subtítulo de columna 1*", cómo se aplica este formato a las etiquetas –en este caso a las etiquetas "Sí" y "No" que toma el campo situado en segundo nivel–, y –tal y como veríamos si añadiésemos un tercer campo al área de columnas–, a celdas vacías por corresponder a encabezados de columnas del tercer campo anidado, y totales (en este caso se aplicaría a los totales del segundo campo).

▼ **Subtítulo de columna 3**: etiqueta de la fila de encabezado correspondiente al campo situado en la tercera posición del área de columnas. Podemos hacer los mismos comentarios que hemos hecho al respecto de los dos elementos anteriores.

▼ **Subtítulo de fila 1**: etiqueta de la primera columna correspondiente al campo situado en la primera posición del área de filas.

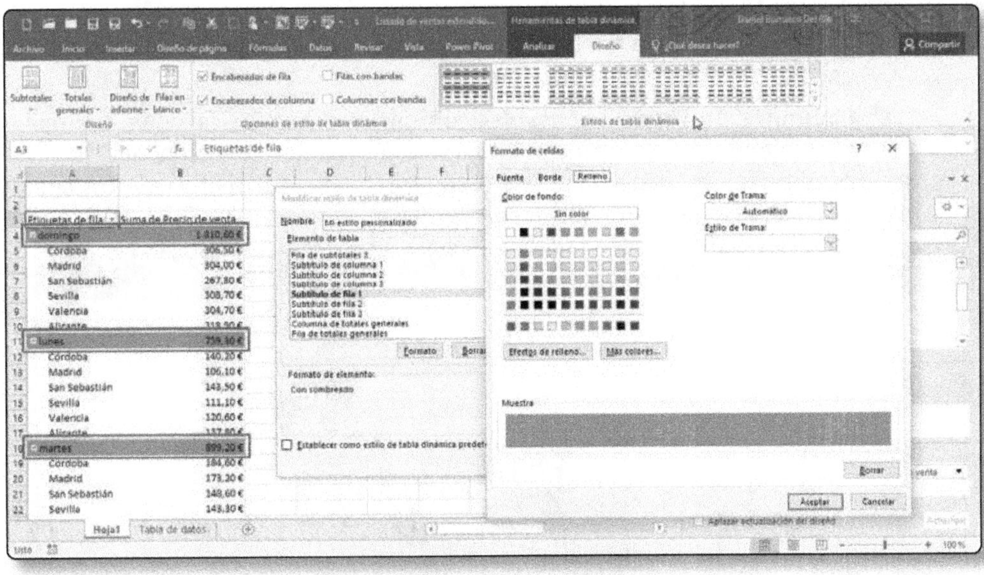

Figura 11.56. Subtítulo de fila 1

En este caso vemos que se aplica el formato a las etiquetas –y valores– del campo *Día de la semana*.

▶ **Subtítulo de fila 2**: etiqueta de la primera columna correspondiente al campo situado en la segunda posición del área de filas.

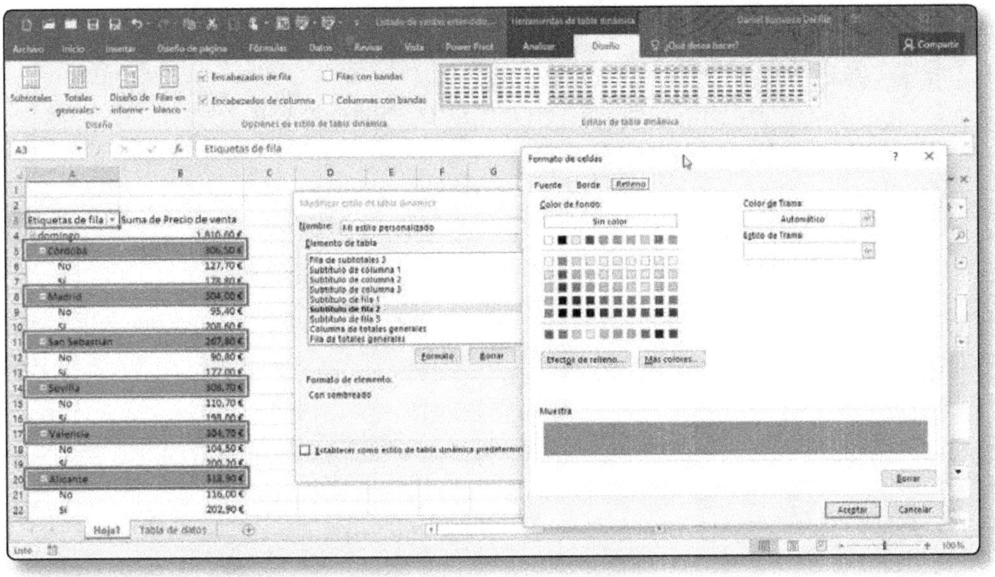

Figura 11.57. Subtítulo de fila 2

▶ **Subtítulo de fila 3**: etiqueta de la primera columna correspondiente al campo situado en la tercera posición del área de filas. Mismos comentarios que para los dos casos anteriores.

▶ **Columna de totales generales**: última columna de la tabla dinámica conteniendo los totales de filas (si está visible: recuerda que puedes configurar la visibilidad de este elemento mediante el comando "*Diseño>Diseño>Totales generales*").

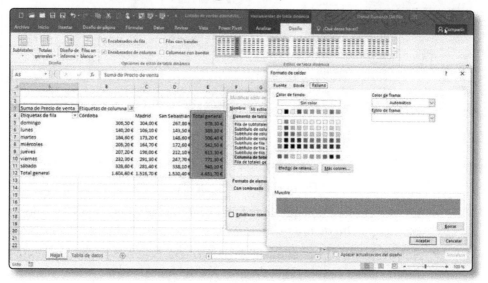

Figura 11.58. Columna de totales generales

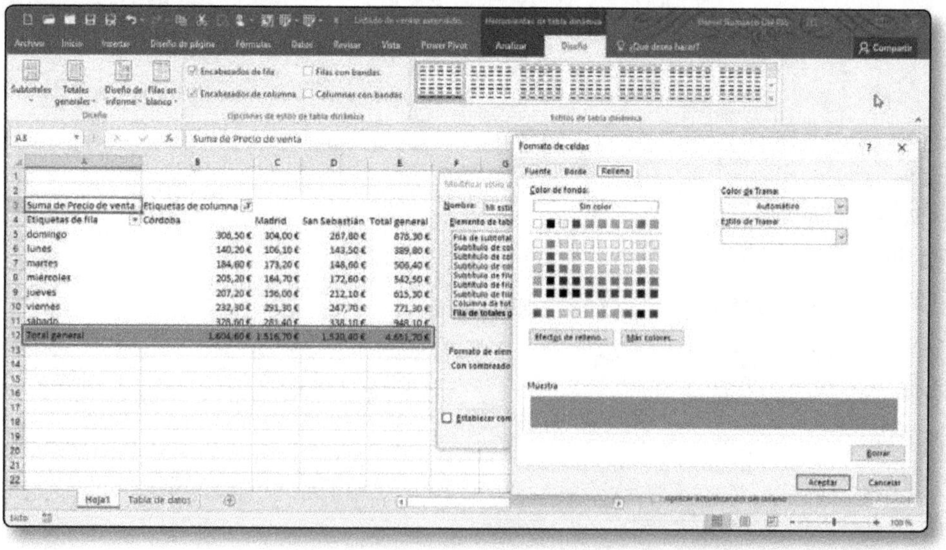

Figura 11.59. Fila de totales generales

▶ **Fila de totales generales**: Última fila de la tabla dinámica conteniendo los totales de columnas (si está visible: la visibilidad de este elemento también se controla mediante el comando *"Diseño>Diseño>Totales generales"*).

En la parte inferior del menú desplegable de la galería *"Estilos de tabla dinámica"* encontramos la opción *"Borrar"*, que elimina cualquier formato que se esté aplicando a la tabla dinámica:

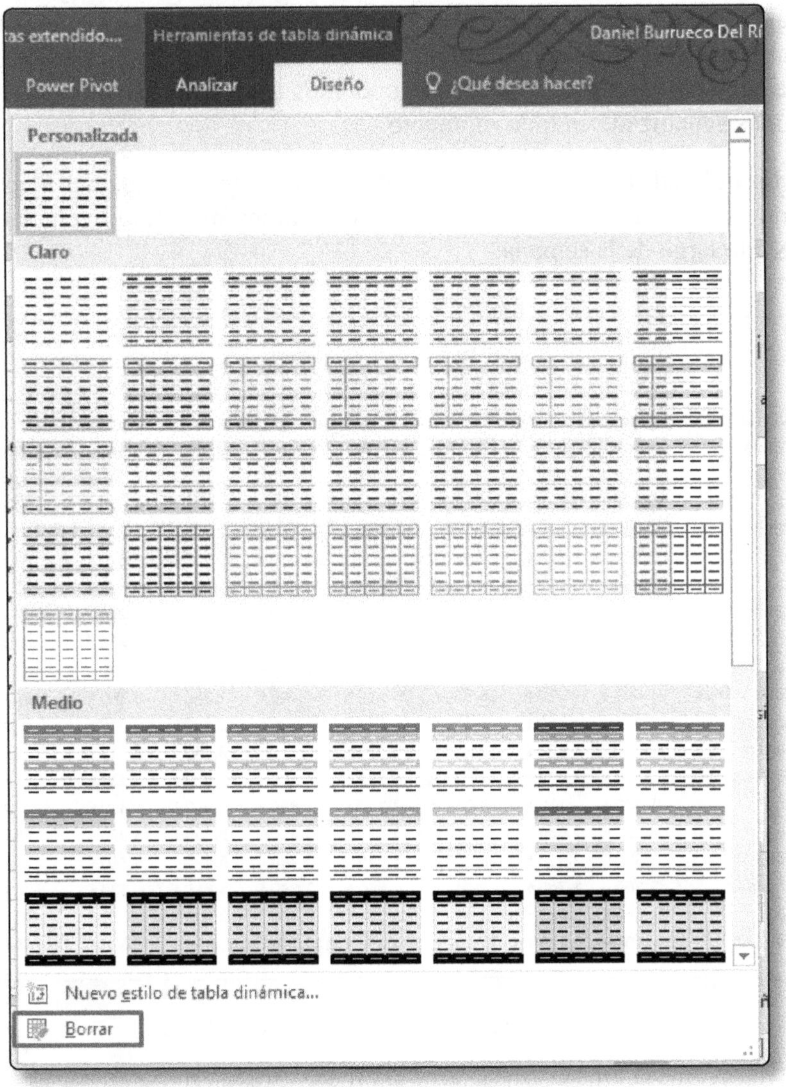

Figura 11.60. Herramienta "Borrar"

11.5 APLICANDO FORMATO CONDICIONAL

El formato condicional permite responder visualmente a preguntas específicas sobre los datos, así como identificar patrones y tendencias. Se consigue resaltando automáticamente celdas o rangos de celdas que cumplen unos determinados criterios, como contener valores por debajo de la media o los 10 valores más altos o más bajos. Un buen ejemplo de este tipo de herramienta son los mapas de calor en los que las celdas reciben un color entre, por ejemplo, el blanco y el rojo, en función de su valor, permitiéndonos rápidamente identificar aquellos rangos de celdas más significativos. Estos formatos condicionales se aplican automáticamente cada vez que se actualizan los datos, por lo que podemos estar seguros de estar viendo la versión más actualizada en todo momento.

La utilidad de este tipo de formato es evidente en cualquier ejemplo, por simple que sea. Considera la siguiente tabla dinámica mostrando ventas en varias ciudades a lo largo de la semana:

Ventas	Día							
Ciudad	lunes	martes	miércoles	jueves	viernes	sábado	domingo	Total general
Córdoba	3.300 €	1.680 €	380 €	4.570 €	5.090 €	6.520 €	3.700 €	25.240 €
Madrid	10.380 €	7.610 €	5.510 €	10.430 €	16.300 €	15.220 €	8.020 €	73.470 €
San Sebastián	8.910 €	5.300 €	3.770 €	10.230 €	7.710 €	10.600 €	8.810 €	55.330 €
Sevilla	7.720 €	5.120 €	7.750 €	14.290 €	12.170 €	13.310 €	8.620 €	68.980 €
Valencia	7.040 €	5.880 €	7.300 €	9.820 €	13.340 €	13.210 €	2.110 €	58.700 €
Antofagasta	5.260 €	1.020 €	380 €	5.450 €	6.330 €	1.590 €	3.430 €	23.460 €
Barcelona	6.610 €	5.310 €	5.720 €	6.050 €	5.640 €	7.320 €	4.450 €	41.100 €
Buenos Aires	8.620 €	3.270 €	2.620 €	6.220 €	7.210 €	7.610 €	7.440 €	42.990 €
Ciudad de México	21.000 €	12.210 €	16.950 €	25.510 €	35.440 €	41.760 €	15.150 €	168.020 €
Concepción	3.800 €	150 €	3.150 €	4.070 €	5.090 €	3.380 €	3.330 €	22.970 €
Guadalajara	3.690 €	1.600 €	1.680 €	1.370 €	6.700 €	3.840 €	2.110 €	20.990 €
Mar del Plata	620 €	3.370 €	420 €	4.190 €	560 €	620 €	150 €	9.930 €
Mendoza	1.360 €	150 €	2.020 €	2.910 €	860 €	3.030 €	1.330 €	11.660 €
Mérida	8.220 €	2.680 €	5.870 €	3.820 €	5.310 €	9.350 €	3.970 €	39.220 €
Monterrey	3.110 €	2.510 €	3.200 €	1.570 €	3.780 €	6.490 €	3.310 €	23.970 €
Punta Arenas	3.800 €	1.760 €	1.140 €	4.680 €	2.580 €	5.610 €	880 €	20.450 €
Santiago	3.660 €	1.490 €	2.640 €	11.510 €	8.680 €	9.720 €	4.810 €	42.510 €
Total general	107.100 €	61.110 €	70.500 €	126.690 €	142.790 €	159.180 €	81.620 €	748.990 €

Figura 11.61. Tabla dinámica sin formato condicional

Aunque tenemos los datos delante de nosotros y podemos realizar un análisis visual para comparar cómo varían las ventas de un día a otro o intentar percibir las diferencias entre ciudades, consideremos la misma tabla dinámica tras aplicar un formato condicional que modifique el color de la celda en función del total de ventas:

	A	B	C	D	E	F	G	H	I
1									
2									
3	**Ventas**	**Día** ▾							
4	**Ciudad** ▾	**lunes**	**martes**	**miércoles**	**jueves**	**viernes**	**sábado**	**domingo**	**Total general**
5	Córdoba	3.300 €	1.680 €	380 €	4.570 €	5.090 €	6.520 €	3.700 €	25.240 €
6	Madrid	10.380 €	7.610 €	5.510 €	10.430 €	16.300 €	15.220 €	8.020 €	73.470 €
7	San Sebastián	8.910 €	5.300 €	3.770 €	10.230 €	7.710 €	10.600 €	8.810 €	55.330 €
8	Sevilla	7.720 €	5.120 €	7.750 €	14.290 €	12.170 €	13.310 €	8.620 €	68.980 €
9	Valencia	7.040 €	5.880 €	7.300 €	9.820 €	13.340 €	13.210 €	2.110 €	58.700 €
10	Antofagasta	5.260 €	1.020 €	380 €	5.450 €	6.330 €	1.590 €	3.430 €	23.460 €
11	Barcelona	6.610 €	5.310 €	5.720 €	6.050 €	5.640 €	7.320 €	4.450 €	41.100 €
12	Buenos Aires	8.620 €	3.270 €	2.620 €	6.220 €	7.210 €	7.610 €	7.440 €	42.990 €
13	Ciudad de México	21.000 €	12.210 €	16.950 €	25.510 €	35.440 €	41.760 €	15.150 €	168.020 €
14	Concepción	3.800 €	150 €	3.150 €	4.070 €	5.090 €	3.380 €	3.330 €	22.970 €
15	Guadalajara	3.690 €	1.600 €	1.680 €	1.370 €	6.700 €	3.840 €	2.110 €	20.990 €
16	Mar del Plata	620 €	3.370 €	420 €	4.190 €	560 €	620 €	150 €	9.930 €
17	Mendoza	1.360 €	150 €	2.020 €	2.910 €	860 €	3.030 €	1.330 €	11.660 €
18	Mérida	8.220 €	2.680 €	5.870 €	3.820 €	5.310 €	9.350 €	3.970 €	39.220 €
19	Monterrey	3.110 €	2.510 €	3.200 €	1.570 €	3.780 €	6.490 €	3.310 €	23.970 €
20	Punta Arenas	3.800 €	1.760 €	1.140 €	4.680 €	2.580 €	5.610 €	880 €	20.450 €
21	Santiago	3.660 €	1.490 €	2.640 €	11.510 €	8.680 €	9.720 €	4.810 €	42.510 €
22	**Total general**	107.100 €	61.110 €	70.500 €	126.690 €	142.790 €	159.180 €	81.620 €	748.990 €
23									

Figura 11.62. Tabla dinámica con formato condicional

En este segundo caso es prácticamente instantáneo entender cómo se reparten las ventas y cuáles son las ciudades con cifras más altas.

En general, el formato condicional cambia el aspecto de un rango de celdas en función del resultado de la evaluación de una regla. Si la condición (o condiciones) impuesta por la regla se cumple, se aplica el formato y, en caso contrario, se aplica el formato por defecto. Así, por ejemplo, la regla para aplicar un cierto color de fondo puede ser que el valor de la celda "esté por encima del promedio de las celdas siendo evaluadas".

Podemos aplicar a cada celda más de una regla, siendo cada una de ellas responsable de la aplicación de un formato condicional distinto. Así, en el ejemplo de la siguiente imagen se muestra la ventana "*Administrador de reglas de formato condicionales*" ("*Inicio>Estilos>Formato condicional>Administrar reglas...*") donde podemos ver que se están aplicando tres reglas que se muestran en diferentes filas:

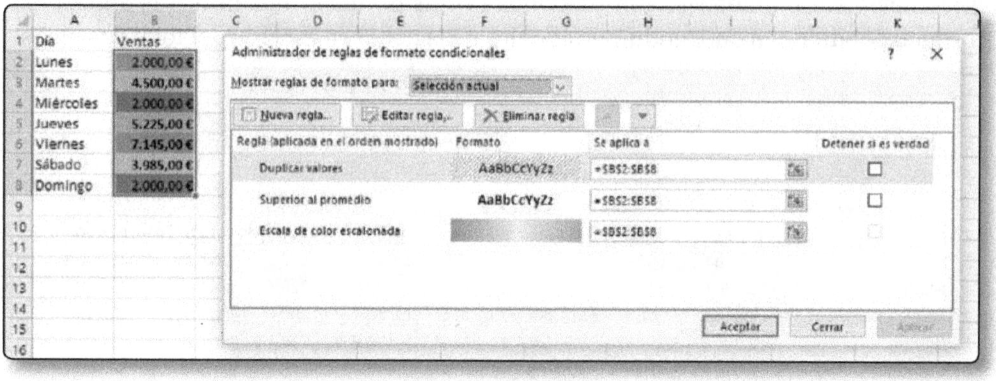

Figura 11.63. Administrador de reglas de formato condicional

A la izquierda de cada fila encontramos el nombre de la regla –nombre que Excel aplica automáticamente–. En la parte superior de la ventana podemos ver el rango de celdas para el que estamos viendo las reglas de formato condicional (*"Selección actual"* en este caso, que se corresponde con el rango B2:B8, tal y como podemos comprobar por el marco que este rango de celdas recibe en la hoja de cálculo). Ten en cuenta que podríamos haber seleccionado una única celda del rango B2:B8 y, al abrir la ventana de administración de formato condicional, se seguirían mostrando las mismas tres reglas (es decir, al abrir este administrador no se seleccionan de forma automática los rangos que reciben formato condicional, sino que, al contrario, seleccionamos un rango primero, abrimos el administrador y en él Excel nos muestra el formato condicional que dicho rango está recibiendo). En la columna encabezada por la etiqueta *"Se aplica a"* sí podemos ver a qué rango se aplica cada una de las reglas (en este ejemplo, el rango al que se aplica cada regla coincide con el rango que hemos seleccionado, B2:B8, pero no tendría por qué ser así):

▶ La primera regla (la situada en la parte superior de la lista, *"Duplicar valores"*) aplica una trama a aquellas celdas que contengan valores duplicados (dentro del rango B2:B8).

▶ La segunda regla (*"Superior al promedio"*) aplica el formato *"negrita"* a aquellas celdas cuyo valor sea superior al promedio.

▶ La tercera y última regla (*"Escala de color escalonada"*) aplica un color entre el rojo y el verde en función del valor de la celda.

Por defecto, se evalúa la primera regla (la superior) y, si se cumple, se aplica su formato. A continuación, se evalúa la segunda regla y, si se cumple, se aplica su formato, y así sucesivamente. Podemos, sin embargo, forzar que la evaluación de reglas se detenga, si una de ellas se cumple, marcando la casilla de selección que hay a la derecha de cada fila. De esta forma, si marcamos la casilla correspondiente a la segunda regla y hacemos clic en el botón **Aplicar**:

La tercera regla no se aplicaría nunca a aquellas celdas que contuviesen valores superiores al promedio (es decir, no se aplicaría a aquellas celdas que cumpliesen la segunda regla, que son las que se muestran en negrita en la columna B de la imagen). Por ejemplo, la celda B7 cumple la condición de contener un valor superior al promedio, recibe, por lo tanto, el formato "*negrita*", y no se le aplica la tercera regla (que asigna un color de fondo en función del valor).

Es importante entender que estas reglas se aplican celda por celda (no "regla por regla"). Para entender esto modifiquemos ligeramente el ejemplo mostrado en la imagen anterior; en ella podíamos ver que las tres reglas se aplicaban al rango B2:B8, pero si modificamos la segunda para incluir solo las celdas del rango B2:B6, y hacemos clic en el botón **Aplicar**:

Vemos cómo la celda B7 sí está recibiendo el formato condicional aplicado por la tercera regla, pues esta celda no está siendo considerada en la segunda regla y, por lo tanto, el proceso no se detiene aun cuando se cumpla. De hecho, vemos todo más claro si cerramos el administrador de reglas de formato condicionales, seleccionamos solo la celda B7 y volvemos a abrir el administrador:

Podemos comprobar que, efectivamente, esta celda en particular no está recibiendo la que llamábamos "segunda regla", por lo que el proceso no se detiene en ningún paso y la regla que aplica la escala de color escalonada siempre se va a considerar.

El formato condicional para un informe de tabla dinámica tiene algunas diferencias con respecto al formato condicional que se aplica a un rango de celdas o a una tabla de Excel, haciéndolo ligeramente más complejo, pues una tabla dinámica es, como bien indica su nombre, dinámica, está diseñada para ser modificada sobre la marcha, añadir y quitar campos, o anidarlos, o filtrar datos, y resulta necesario saber cómo estos cambios afectan al formato condicional para configurarlo adecuadamente.

Así, deberemos saber que el formato condicional se mantiene aun cuando se cambie el diseño del informe o se filtre, oculte, contraigan o expandan niveles siempre que no se eliminen los campos del área de campos de los datos que se están evaluando.

Posiblemente, lo más complejo a considerar a la hora de aplicar formato condicional a una tabla dinámica sea el concepto de **ámbito de aplicación**. Entendemos por ámbito de aplicación al conjunto de celdas a las que se aplica la regla que define un formato condicional. En el caso más habitual de aplicar el formato condicional a una simple tabla Excel, el ámbito de aplicación es fijo y se determina a la hora de definir la regla. Así, en los ejemplos que hemos visto, el ámbito de aplicación era el rango B2:B8. En una tabla dinámica el concepto de ámbito de aplicación es algo más complejo –a la vez que más potente–.

Para empezar, debemos saber que, en una tabla dinámica, el ámbito de aplicación del formato condicional es configurable y, posiblemente, esta configuración sea la decisión más compleja a tomar. Para ver cómo se aplica y las opciones disponibles, vamos a partir de una tabla dinámica en la que situamos los campos *País* y *Categoría* (en este orden) en el área de filas, el campo *Tipo de cliente* en el área de columnas y el campo *Precio* en el área de valores, aplicándole la operación "*Suma*". Renombramos, además, las celdas con los textos "*Etiquetas de fila*" y "*Etiquetas de columna*", y escribimos *País* y *Tipo de cliente*, respectivamente. Previendo la posibilidad de que existan combinaciones de campos para los que las ventas sean nulas –y solo para hacer la explicación más sencilla–, configuramos la tabla dinámica de forma que muestre ceros en lugar de celdas vacías ("*Analizar>Tabla dinámica>Opciones>Diseño y formato>Para celdas vacías, mostrar:*").

País	Conservador	Orientado al precio	Crítico	Impulsivo	Total general
Argentina	39.770 €	16.100 €	13.920 €	20.030 €	89.820 €
Impresoras	3.480 €	5.820 €	1.360 €	4.890 €	15.550 €
Monitores	9.870 €	6.090 €	3.190 €	2.930 €	22.080 €
Portátiles	26.420 €	4.190 €	9.370 €	12.210 €	52.190 €
Chile	35.760 €	28.170 €	22.160 €	23.300 €	109.390 €
Impresoras	5.500 €	8.800 €	1.050 €	2.590 €	17.940 €
Monitores	11.920 €	10.330 €	2.370 €	6.820 €	31.440 €
Portátiles	18.340 €	9.040 €	18.740 €	13.890 €	60.010 €
España	93.410 €	67.740 €	59.100 €	77.330 €	297.580 €
Impresoras	13.930 €	12.860 €	2.330 €	10.410 €	39.530 €
Monitores	21.560 €	28.290 €	11.140 €	16.290 €	77.280 €
Portátiles	57.920 €	26.590 €	45.630 €	50.630 €	180.770 €
México	96.400 €	52.890 €	53.970 €	48.940 €	252.200 €
Impresoras	13.990 €	11.520 €	6.840 €	7.230 €	39.580 €
Monitores	31.770 €	23.960 €	11.760 €	14.040 €	81.530 €
Portátiles	50.640 €	17.410 €	35.370 €	27.670 €	131.090 €
Total general	265.340 €	164.900 €	149.150 €	169.600 €	748.990 €

Como el formato condicional tiene como objetivo la aplicación de un formato en función del valor contenido en la celda, parece obvio que, en nuestro caso, queremos que el formato se aplique a las celdas que contengan valores del campo *Precio*:

	A	B	C	D	E	F
1						
2						
3	Ventas	Tipo de cliente ▾				
4	País ▾	Conservador	Orientado al precio	Crítico	Impulsivo	Total general
5	⊟ Argentina	39.770 €	16.100 €	13.920 €	20.030 €	89.820 €
6	Impresoras	3.480 €	5.820 €	1.360 €	4.890 €	15.550 €
7	Monitores	9.870 €	6.090 €	3.190 €	2.930 €	22.080 €
8	Portátiles	26.420 €	4.190 €	9.370 €	12.210 €	52.190 €
9	⊟ Chile	35.760 €	28.170 €	22.160 €	23.300 €	109.390 €
10	Impresoras	5.500 €	8.800 €	1.050 €	2.590 €	17.940 €
11	Monitores	11.920 €	10.330 €	2.370 €	6.820 €	31.440 €
12	Portátiles	18.340 €	9.040 €	18.740 €	13.890 €	60.010 €
13	⊟ España	93.410 €	67.740 €	59.100 €	77.330 €	297.580 €
14	Impresoras	13.930 €	12.860 €	2.330 €	10.410 €	39.530 €
15	Monitores	21.560 €	28.290 €	11.140 €	16.290 €	77.280 €
16	Portátiles	57.920 €	26.590 €	45.630 €	50.630 €	180.770 €
17	⊟ México	96.400 €	52.890 €	53.970 €	48.940 €	252.200 €
18	Impresoras	13.990 €	11.520 €	6.840 €	7.230 €	39.580 €
19	Monitores	31.770 €	23.960 €	11.760 €	14.040 €	81.530 €
20	Portátiles	50.640 €	17.410 €	35.370 €	27.670 €	131.090 €
21	Total general	265.340 €	164.900 €	149.150 €	169.600 €	748.990 €

Figura 11.64. Celdas con valores del campo Precio

De forma que seleccionamos con el ratón cualquiera de estas celdas. Por ejemplo, la celda B6 correspondiente a la fila *"Argentina>Impresoras"* y columna *"Conservador"*. Ahora abrimos el *"A*dministrador de reglas de formato condicionales" ("Inicio>Estilos>Formato condicional>Administrar reglas"):

Tal y como cabría esperar, inicialmente no hay ninguna regla que se esté aplicando a *"Esta tabla dinámica"* (opción seleccionada por defecto, como vemos en la parte superior de la ventana del administrador). Vamos a crear una regla: hacemos clic en el botón **Nueva regla….**

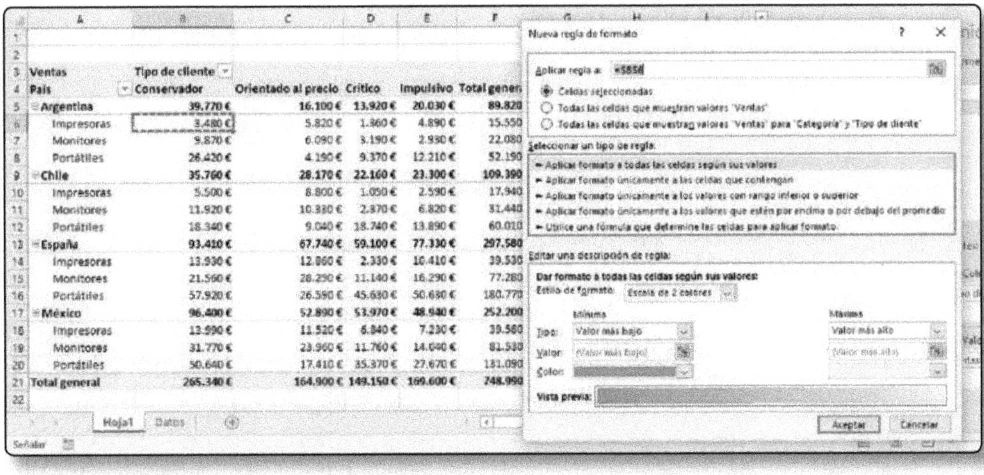

Figura 11.65. Ventana "Nueva regla de formato"

En la parte superior de la ventana "*Nueva regla de formato*" se muestra el rango que habíamos seleccionado (la celda B6 en nuestro ejemplo) y las opciones disponibles para el ámbito de aplicación de la nueva regla:

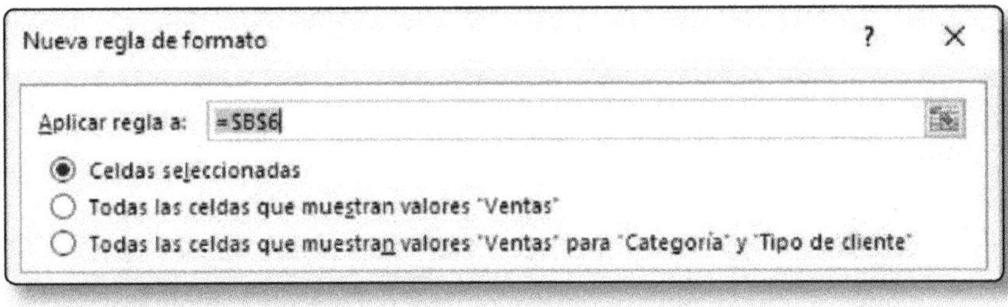

Figura 11.66. Ámbitos de aplicación disponibles para la nueva regla

Estas tres opciones son las siguientes:

11.5.1 Celdas seleccionadas

En este caso el formato condicional se va a aplicar solamente al rango indicado. Si hacemos clic en **Aceptar** y, a continuación, a **Aplicar**, vemos el resultado:

País	Conservador	Orientado al precio	Crítico	Impulsivo	Total general
Argentina	39.770 €	16.100 €	13.920 €	20.030 €	89.820 €
Impresoras	3.480 €	5.820 €	1.360 €	4.85...	
Monitores	9.870 €	6.090 €	3.190 €	2.9...	
Portátiles	26.420 €	4.190 €	9.370 €	12.2...	
Chile	35.760 €	28.170 €	22.160 €	23.3...	
Impresoras	5.500 €	8.800 €	1.050 €	2.5...	
Monitores	11.920 €	10.330 €	2.370 €	6.8...	
Portátiles	18.340 €	9.040 €	18.740 €	13.8...	
España	93.410 €	67.740 €	59.100 €	77.3...	
Impresoras	13.930 €	12.860 €	2.330 €	10.4...	
Monitores	21.560 €	28.290 €	11.140 €	16.2...	
Portátiles	57.920 €	26.590 €	45.630 €	50.6...	
México	96.400 €	52.890 €	53.970 €	48.9...	
Impresoras	13.990 €	11.520 €	6.840 €	7.2...	
Monitores	31.770 €	23.960 €	11.760 €	14.0...	
Portátiles	50.640 €	17.410 €	35.370 €	27.6...	
Total general	265.340 €	164.900 €	149.150 €	169.6...	748.990 €

Administrador de reglas de formato condicionales
Mostrar reglas de formato para: Esta tabla dinámica
Nueva regla... | Editar regla... | Eliminar regla
Regla (aplicada en el orden mostrado) | Formato | Se aplica a | Detener si es verdad
Escala de color escalonada | =$B$6
Aceptar | Cerrar | Aplicar

Es importante saber que por "celda seleccionada" Excel no interpreta "celda B6" de forma literal, sino la celda que muestra el valor del campo *Precio* para la combinación *"País = Argentina, Categoría = Impresoras y Tipo de cliente = Conservador"*. De esta forma, si añadimos el campo *Día de la semana* al área de filas y lo situamos entre el campo *País* y el campo *Categoría*, vemos que la celda que recibe el formato cambia de localización:

País	Conservador	Orientado al precio	Crítico	Impulsivo	Total general
Argentina	39.770 €	16.100 €	13.920 €	20.030 €	89.820 €
lunes	6.340 €	1.320 €	1.260 €	5.180 €	13.900 €
Impresoras	0 €	0 €	0 €	1.270 €	1.270 €
Monitores	1.360 €	560 €	170 €	740 €	3.030 €
Portátiles	4.980 €	560 €	890 €	3.170 €	9.600 €
martes	2.990 €	380 €	2.110 €	2.990 €	8.470 €
Impresoras	80 €	80 €	460 €	600 €	
Monitores	570 €	300 €	0 €	740 €	
Portátiles	2.540 €	0 €	1.650 €	1.650 €	
miércoles	2.640 €	2.060 €	170 €	370 €	
Impresoras	80 €	460 €	0 €		
Monitores	0 €	1.000 €	170 €	370 €	
Portátiles	2.640 €	0 €	0 €		
jueves	5.780 €	3.320 €	5.170 €	3.620 €	
Impresoras	1.140 €	2.050 €	750 €	150 €	
Monitores	1.240 €	710 €	0 €	370 €	
Portátiles	2.900 €	560 €	4.420 €	3.100 €	
viernes	6.650 €	2.080 €	0 €	4.990 €	
Impresoras	1.810 €	530 €	0 €	1.860 €	
Monitores	2.070 €	790 €	0 €	560 €	
Portátiles	2.770 €	760 €	0 €	2.770 €	
sábado	10.150 €	5.480 €	1.320 €	830 €	17.780 €
Impresoras	150 €	2.400 €	0 €	680 €	3.230 €
Monitores	3.400 €	1.560 €	560 €	150 €	5.670 €
Portátiles	6.600 €	1.520 €	760 €	0 €	8.880 €
domingo	5.220 €	1.660 €	3.690 €	2.050 €	12.620 €
Impresoras	300 €	300 €	150 €	530 €	1.280 €
Monitores	930 €	570 €	1.890 €	0 €	3.390 €
Portátiles	3.990 €	790 €	1.650 €	1.520 €	7.950 €
Chile	35.760 €	28.170 €	22.160 €	23.300 €	109.390 €
lunes	7.460 €	3.230 €	2.410 €	3.420 €	16.520 €
Impresoras	1.590 €	1.730 €	0 €	540 €	3.860 €
Monitores	3.460 €	1.500 €	0 €	770 €	5.730 €
Portátiles	2.410 €	0 €	2.410 €	2.110 €	6.930 €

Administrador de reglas de formato condicionales
Mostrar reglas de formato para: Esta tabla dinámica
Nueva regla... | Editar regla... | Eliminar regla
Regla (aplicada en el orden mostrado) | Formato | Se aplica a | Detener si es verdad
Escala de color escalonada | =$D$11:$D$7;$D$15:$D$19;$D$23;...
Aceptar | Cerrar | Aplicar

Ahora el formato se aplica no a una, sino a varias celdas (exactamente a una por cada día de la semana del bloque correspondiente al país *"Argentina"*). Para entender el motivo basta fijarse en que todas las celdas que reciben el formato responden al perfil *"País = Argentina, Categoría = Impresoras y Tipo de cliente = Conservador"*. Sencillamente, al añadir el nuevo campo hemos replicado el número de celdas con este perfil.

Si eliminamos el campo *Día de la semana* para dejar la tabla dinámica como estaba y contraemos el campo *País* (recuerda que, para esto, puedes seleccionar una celda que contenga el nombre de un país en la primera columna de la tabla dinámica y usar el comando *"Analizar>Campo activo>Contraer el campo"*):

	A	B	C	D	E	F
1						
2						
3	Ventas	Tipo de cliente ▾				
4	País ▾	Conservador	Orientado al precio	Crítico	Impulsivo	Total general
5	⊞ Argentina	39.770 €	16.100 €	13.920 €	20.030 €	89.820 €
6	⊞ Chile	35.760 €	28.170 €	22.160 €	23.300 €	109.390 €
7	⊞ España	93.410 €	67.740 €	59.100 €	77.330 €	297.580 €
8	⊞ México	96.400 €	52.890 €	53.970 €	48.940 €	252.200 €
9	Total general	265.340 €	164.900 €	149.150 €	169.600 €	748.990 €
10						

No vemos ninguna celda que esté recibiendo el formato definido pues no hay celdas visibles que respondan al perfil *"País = Argentina, Categoría = Impresoras y Tipo de cliente = Conservador"*.

11.5.2 Celdas con valores

Para aplicar esta segunda opción, que aparece con el nombre de *"Todas las celdas que muestran valores [Nombre del campo del área de valores]"*, podemos volver a expandir el campo *País* que contrajimos en el ejemplo anterior, seleccionamos nuevamente la celda B6 (pues queremos aplicar esta segunda opción en las mismas circunstancias), abrimos el administrador ejecutando el comando *"Inicio>Estilos>Formato condicional>Administrar reglas..."*, seleccionamos la regla que hemos creado haciendo clic en ella y hacemos clic en el botón **Editar regla.** La segunda opción que se nos muestra es la de *"Todas las celdas que muestran valores 'Ventas'"*. Es decir, el segundo ámbito de aplicación del formato condicional estaría formado por todas las celdas que muestren valores del campo que hemos situado en el área de valores –el campo *Precio* en nuestro ejemplo, renombrado a *Ventas*–.

Esto significa, para empezar, que cualquier campo que situemos en las áreas de filas o de columnas va a "heredar" el formato condicional, pues todos los campos de dichas áreas van a mostrarse en la tabla dinámica como filas o columnas mostrando valores de ventas, ya sea mostrando simples valores, subtotales o totales.

Si seleccionamos esta segunda opción, hacemos clic en **Aceptar** y otro clic en **Aplicar**, podemos ver el resultado:

	A	B	C	D	E	F	G
1							
2							
3	Ventas	Tipo de cliente ▾					
4	País ▾	Conservador	Orientado al precio	Crítico	Impulsivo	Total general	
5	⊟Argentina	39.770 €	16.100 €	13.920 €	20.030 €	89.820 €	
6	Impresoras	3.480 €	5.820 €	1.360 €	4.890 €	15.550 €	
7	Monitores	9.870 €	6.090 €	3.190 €	2.930 €	22.080 €	
8	Portátiles	26.420 €	4.190 €	9.370 €	12.210 €	52.190 €	
9	⊟Chile	35.760 €	28.170 €	22.160 €	23.300 €	109.390 €	
10	Impresoras	5.500 €	8.800 €	1.050 €	2.590 €	17.940 €	
11	Monitores	11.920 €	10.330 €	2.370 €	6.820 €	31.440 €	
12	Portátiles	18.340 €	9.040 €	18.740 €	13.890 €	60.010 €	
13	⊟España	93.410 €	67.740 €	59.100 €	77.330 €	297.580 €	
14	Impresoras	13.930 €	12.860 €	2.330 €	10.410 €	39.530 €	
15	Monitores	21.560 €	28.290 €	11.140 €	16.290 €	77.280 €	
16	Portátiles	57.920 €	26.590 €	45.630 €	50.630 €	180.770 €	
17	⊟México	96.400 €	52.890 €	53.970 €	48.940 €	252.200 €	
18	Impresoras	13.990 €	11.520 €	6.840 €	7.230 €	39.580 €	
19	Monitores	31.770 €	23.960 €	11.760 €	14.040 €	81.530 €	
20	Portátiles	50.640 €	17.410 €	35.370 €	27.670 €	131.090 €	
21	Total general	265.340 €	164.900 €	149.150 €	169.600 €	748.990 €	
22							

Hoja1 | Datos

Vemos que, efectivamente, cualquier celda que muestra valores del campo *Ventas* recibe el formato, incluyendo subtotales, totales de filas y columnas, y el total general. Que se incluyan subtotales, totales de filas y columnas y el total general no es, en general, buena noticia, pues, en función del formato que estemos aplicando, la presencia de estos valores puede desvirtuar el formato condicional. Así, en el ejemplo anterior, podríamos esperar del formato condicional que sirviese para identificar rápidamente los países y categorías con más ventas para cada tipo de cliente –en este caso–, no que todas las celdas recibiesen el color correspondiente al valor más bajo y el total general el color correspondiente al valor más alto. La consecuencia de todo esto es que, para que esta opción tenga alguna utilidad con el tipo de formato condicional que estamos aplicando, debemos eliminar de nuestra tabla dinámica tanto los subtotales como los totales. Si lo hacemos, el resultado es el siguiente:

	A	B	C	D	E	F
1						
2						
3	**Ventas**	**Tipo de cliente** ▾				
4	**País** ▾	**Conservador**	**Orientado al precio**	**Crítico**	**Impulsivo**	
5	⊟**Argentina**					
6	Impresoras	3.480 €	5.820 €	1.360 €	4.890 €	
7	Monitores	9.870 €	6.090 €	3.190 €	2.930 €	
8	Portátiles	26.420 €	4.190 €	9.370 €	12.210 €	
9	⊟**Chile**					
10	Impresoras	5.500 €	8.800 €	1.050 €	2.590 €	
11	Monitores	11.920 €	10.330 €	2.370 €	6.820 €	
12	Portátiles	18.340 €	9.040 €	18.740 €	13.890 €	
13	⊟**España**					
14	Impresoras	13.930 €	12.860 €	2.330 €	10.410 €	
15	Monitores	21.560 €	28.290 €	11.140 €	16.290 €	
16	Portátiles	57.920 €	26.590 €	45.630 €	50.630 €	
17	⊟**México**					
18	Impresoras	13.990 €	11.520 €	6.840 €	7.230 €	
19	Monitores	31.770 €	23.960 €	11.760 €	14.040 €	
20	Portátiles	50.640 €	17.410 €	35.370 €	27.670 €	
21						

Figura 11.67. Tabla dinámica tras eliminar subtotales y totales generales

Esto sí sirve para comunicar visualmente de forma efectiva cómo se distribuyeron las ventas en cada país según la categoría y tipo de cliente.

Si añadimos un tercer campo al área de filas, por ejemplo, el campo *Día de la semana* y lo situamos al final de la lista de campos que hay en dicha área:

	A	B	C	D	E	F
64	⊟ Monitores					
65	lunes	1.980 €	4.030 €	1.550 €	1.130 €	
66	martes	1.870 €	2.120 €	1.300 €	1.560 €	
67	miércoles	3.820 €	3.070 €	0 €	1.350 €	
68	jueves	4.560 €	6.290 €	1.330 €	2.550 €	
69	viernes	2.590 €	3.710 €	3.210 €	5.250 €	
70	sábado	4.820 €	7.440 €	2.570 €	1.400 €	
71	domingo	1.920 €	1.630 €	1.180 €	3.050 €	
72	⊟ Portátiles					
73	lunes	10.920 €	2.670 €	7.230 €	4.520 €	
74	martes	7.750 €	3.790 €	1.450 €	5.310 €	
75	miércoles	5.340 €	2.140 €	5.380 €	3.730 €	
76	jueves	6.200 €	4.380 €	9.700 €	8.840 €	
77	viernes	8.640 €	5.010 €	6.530 €	16.060 €	
78	sábado	16.200 €	6.920 €	7.290 €	7.850 €	
79	domingo	2.870 €	1.680 €	8.050 €	4.320 €	
80	⊟ México					
81	⊟ Impresoras					
82	lunes	3.180 €	1.050 €	670 €	680 €	
83	martes	1.670 €	1.030 €	0 €	1.120 €	
84	miércoles	1.590 €	850 €	300 €	680 €	
85	jueves	2.270 €	1.960 €	830 €	1.520 €	
86	viernes	3.540 €	3.160 €	3.840 €	830 €	
87	sábado	980 €	2.180 €	1.200 €	970 €	
88	domingo	760 €	1.290 €	0 €	1.430 €	
89	⊟ Monitores					
90	lunes	6.420 €	4.160 €	1.180 €	2.060 €	
91	martes	1.870 €	1.190 €	620 €	1.770 €	
92	miércoles	4.940 €	2.180 €	990 €	370 €	
93	jueves	6.010 €	1.410 €	3.500 €	1.040 €	
94	viernes	4.990 €	6.190 €	3.020 €	3.720 €	
95	sábado	5.210 €	7.540 €	1.270 €	3.530 €	
96	domingo	2.330 €	1.290 €	1.180 €	1.550 €	
97	⊟ Portátiles					
98	lunes	8.410 €	2.800 €	2.510 €	2.900 €	
99	martes	1.650 €	2.900 €	5.180 €	0 €	
100	miércoles	5.310 €	2.540 €	4.420 €	3.530 €	
101	jueves	8.020 €	1.520 €	2.840 €	1.350 €	

Podemos comprobar cómo las nuevas filas resultantes de desglosar cada combinación de los campos *País* y *Categoría* según el día de la semana también reciben el formato, pues, por supuesto, cumplen el requisito de mostrar valores del campo *Precio* (en la imagen anterior se muestra la parte de la tabla dinámica en la que las diferencias de valores son mayores –a partir de la fila 64–, para destacar el formato condicional).

Los ejemplos que estamos viendo para esta segunda opción hacen referencia siempre a "*valores de Ventas*", pues la celda B6 que indicamos en la ventana de

"*Editar regla de formato*" contenía un valor de dicho campo. Pero si contuviese un valor de otro tipo se haría referencia al campo correspondiente. Veamos esto con un ejemplo: creemos una nueva tabla dinámica en el mismo libro de cálculo basada en los mismos datos de ventas y añadamos el campo *Ciudad* al área de filas, el campo *Tipo de cliente* al área de columnas y los campos *Precio* y *Margen* al área de valores, aplicándoles las operaciones "*Suma*" y "*Promedio*", respectivamente. Modifiquemos también algunas etiquetas de encabezados para limitar el espacio ocupado y mejorar la legibilidad de la tabla; cambiemos *Etiquetas de fila* por *Ciudad*, *Etiquetas de columna* por *Tipo de cliente*, *Suma de Precio* por *Ventas* y *Promedio de Margen* por *Margen medio* (en estos últimos dos cambios, si los has realizado modificando directamente las etiquetas de la tabla dinámica, habrás visto que no hay más que modificar una instancia de la etiqueta, el resto se modifica automáticamente). Demos también formato de moneda a los campos *Precio* (ahora llamado *Ventas* en el área de valores) y *Margen*:

Ahora seleccionemos la celda C6 (celda que contiene el margen medio en la ciudad de "*Antofagasta*" para clientes tipo "*Conservador*"), abramos el "*Administrador de reglas de formato condicionales*" ("*Inicio>Estilos>Formato condicional>Administrar reglas*") y, a continuación, hagamos un clic en el botón **Nueva regla**. Veremos, en la ventana del administrador, que las tres opciones que se nos muestran hacen referencia al valor del campo *Margen medio*:

Pero, si modificamos el contenido del campo *Aplicar regla a:* e incluimos una referencia a la celda B6 (cosa que podemos hacer corrigiendo directamente en la ventana el rango mencionado, cambiando la "C" por una "B"), veremos que las opciones hacen referencia ahora al campo *Ventas*. Otra opción para incluir una referencia a la celda B6 es hacer un clic en el botón de **contraer ventana**, hacer un clic en la celda **B6** y hacer un clic en el botón de **expandir ventana** para volver a mostrar el administrador:

Figura 11.68. Botón *Contraer ventana*

11.5.3 Celdas con valores para campos específicos

Para ver en funcionamiento esta tercera opción, que se muestra con el nombre *"Todas las celdas que muestran valores [Nombre del campo del área de valores] para [Nombre del campo del área de filas] y [Nombre del campo del área de columnas]"*, creemos una nueva tabla dinámica y añadamos los campos *País* y *Categoría* (en este orden) al área de filas, el campo *Tipo de cliente* al área de columnas y el campo *Precio* al área de valores, aplicándole la función "Suma", dándole formato de moneda y renombrándolo a *Ventas*. Por último, asegúrate de que se están mostrando los subtotales "en la parte superior del grupo" y los totales generales tanto para filas como para columnas. Y, como comentamos, previendo que haya celdas sin datos, asegurémonos de mostrar ceros en ellas.

Si seleccionamos la celda C6, mostramos nuevamente el *"Administrador de reglas de formato condicionales"* y creamos una nueva regla, vemos la tercera opción que, en nuestro caso, es *"Todas las celdas que muestran valores 'Ventas' para 'Categoría' y 'Tipo de cliente'"*. Ahora estamos aplicando –con respecto a la opción anterior– una condición adicional: que la celda, además de contener valores de *Ventas*, corresponda a intersecciones de los campos *Categoría* y *Tipo de cliente*. Seleccionemos esta tercera opción, hagamos clic en **Aceptar** y otro clic en **Aplicar**:

	A	B	C	D	E	F
1						
2						
3	Ventas	Etiquetas de columna ▾				
4	Etiquetas de fila ▾	Conservador	Orientado al precio	Crítico	Impulsivo	Total general
5	⊟Argentina	39.770 €	16.100 €	13.920 €	20.030 €	89.820 €
6	Impresoras	3.480 €	5.820 €	1.360 €	4.890 €	15.550 €
7	Monitores	9.870 €	6.090 €	3.190 €	2.930 €	22.080 €
8	Portátiles	26.420 €	4.190 €	9.370 €	12.210 €	52.190 €
9	⊟Chile	35.760 €	28.170 €	22.160 €	23.300 €	109.390 €
10	Impresoras	5.500 €	8.800 €	1.050 €	2.590 €	17.940 €
11	Monitores	11.920 €	10.330 €	2.370 €	6.820 €	31.440 €
12	Portátiles	18.340 €	9.040 €	18.740 €	13.890 €	60.010 €
13	⊟España	93.410 €	67.740 €	59.100 €	77.330 €	297.580 €
14	Impresoras	13.930 €	12.860 €	2.330 €	10.410 €	39.530 €
15	Monitores	21.560 €	28.290 €	11.140 €	16.290 €	77.280 €
16	Portátiles	57.920 €	26.590 €	45.630 €	50.630 €	180.770 €
17	⊟México	96.400 €	52.890 €	53.970 €	48.940 €	252.200 €
18	Impresoras	13.990 €	11.520 €	6.840 €	7.230 €	39.580 €
19	Monitores	31.770 €	23.960 €	11.760 €	14.040 €	81.530 €
20	Portátiles	50.640 €	17.410 €	35.370 €	27.670 €	131.090 €
21	Total general	265.340 €	164.900 €	149.150 €	169.600 €	748.990 €
22						

Vemos algunos importantes cambios con respecto a la opción anterior, cambios derivados del nuevo perfil de celda al que va dirigido este formato condicional:

Para empezar, los subtotales no reciben el formato, aunque, según lo explicado, el motivo es relativamente obvio. Fijémonos en la celda B5, que muestra el valor 39.770€ correspondientes al total de ventas en Argentina a clientes conservadores. Esta celda cumple la condición de mostrar valores del campo *Ventas* y la condición de corresponder a un valor del campo *Tipo de cliente* (*Conservador*). Sin embargo, no cumple la tercera, pues no corresponde a ningún valor del campo *Categoría* (pues se trata de un subtotal que agrega todas las categorías). Es por este motivo que esta celda no recibe el formato condicional.

Lo mismo ocurre con los totales de fila y de columna (y con el total general, común a ambos). La celda F21, por ejemplo, que muestra el valor 748.990€ cumple la primera condición, pues muestra valores del campo *Ventas*, pero no cumple ninguna de las otras dos: la celda no corresponde ni al campo *Categoría* ni al campo *Tipo de cliente*.

Es decir, con esta tercera opción tanto los subtotales como los totales (incluyendo el total general) quedarían excluidos del ámbito de aplicación del formato condicional.

Veamos cómo se comportaría la tabla dinámica si añadimos un tercer campo al área de filas. Tal y como hicimos con la segunda opción, agreguemos el campo *Día de la semana* al final de la lista de campos:

	A	B	C	D	E	F	G
1							
2							
3	Ventas	Etiquetas de columna					
4	Etiquetas de fila	Conservador	Orientado al precio	Crítico	Impulsivo	Total general	
5	Argentina	39.770 €	16.100 €	13.920 €	20.030 €	89.820 €	
6	Impresoras	3.480 €	5.820 €	1.360 €	4.890 €	15.550 €	
7	lunes	0 €	0 €	0 €	1.270 €	1.270 €	
8	martes	80 €	80 €	460 €	600 €	1.220 €	
9	miércoles	0 €	460 €	0 €	0 €	460 €	
10	jueves	1.140 €	2.050 €	750 €	150 €	4.090 €	
11	viernes	1.810 €	530 €	0 €	1.660 €	4.000 €	
12	sábado	150 €	2.400 €	0 €	680 €	3.230 €	
13	domingo	300 €	300 €	150 €	530 €	1.280 €	
14	Monitores	9.870 €	6.090 €	3.190 €	2.930 €	22.080 €	
15	lunes	1.360 €	560 €	370 €	740 €	3.030 €	
16	martes	370 €	300 €	0 €	740 €	1.410 €	
17	miércoles	0 €	1.600 €	370 €	370 €	2.340 €	
18	jueves	1.740 €	710 €	0 €	370 €	2.820 €	
19	viernes	2.070 €	790 €	0 €	560 €	3.420 €	
20	sábado	3.400 €	1.560 €	560 €	150 €	5.670 €	
21	domingo	930 €	570 €	1.890 €	0 €	3.390 €	
22	Portátiles	26.420 €	4.190 €	9.370 €	12.210 €	52.190 €	

Comprobamos que las nuevas filas resultantes del desglose de los valores existentes no reciben el formato condicional. Fijémonos en una de las nuevas celdas: la celda B15, por ejemplo, que contiene 1.360€ correspondientes a las ventas de monitores a clientes conservadores realizadas en lunes en Argentina, cumple dos de las tres reglas (contiene un valor de *Ventas* y se corresponde al campo *Tipo de cliente*), pero no se corresponde al campo *Categoría*, sino a *Día de la semana*.

En la práctica, cada una de estas tres opciones tiene utilidad en función de nuestras necesidades, por lo que no conviene descartar ninguna por parecernos demasiado general o por aplicarse a filas o columnas que no son de nuestro interés.

11.5.4 Estilos de formato condicional

Ejecutando el comando *"Inicio>Estilos>Formato condicional>Nueva regla"* podemos especificar con alto grado de detalle el estilo que queremos aplicar a las celdas. En todo caso, Excel nos ofrece la posibilidad de aplicar un estilo predefinido a las celdas que tengamos seleccionadas, aunque deberemos tener en cuenta que el ámbito de aplicación del mismo será siempre *"Celdas seleccionadas"*. Excel agrupa estos estilos predefinidos en cinco bloques:

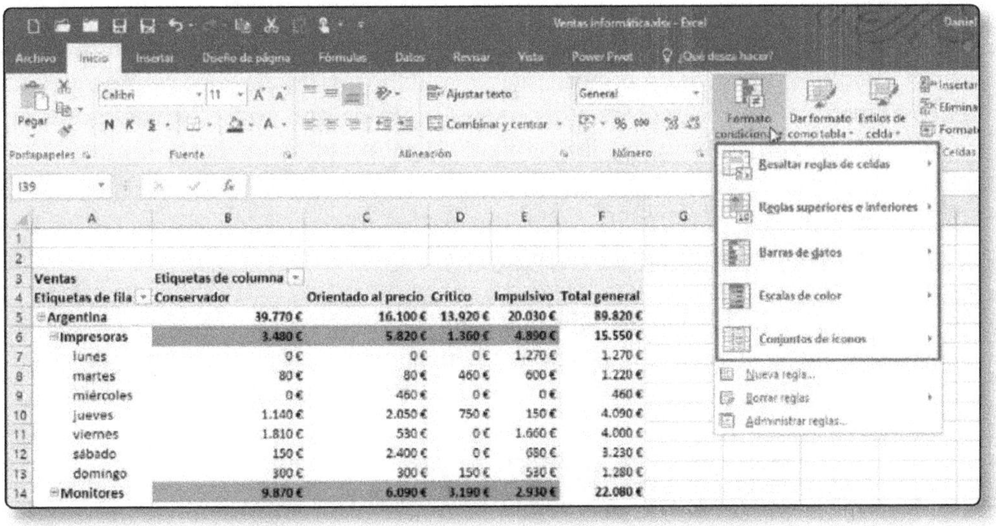

Figura 11.69. Estilos predefinidos de formato condicional

11.5.4.1 RESALTAR REGLAS DE CELDAS

Este bloque de estilos va a resaltar aquellas celdas que cumplan una condición simple, del tipo "el valor contenido es mayor que cierta cifra", "el valor está entre dos cifras" o "el texto contenido en la celda incluye ciertas letras":

Figura 11.70. Grupo "Resaltar reglas de celdas"

Podemos escoger el formato a aplicar a aquellas celdas que cumplan la condición configurada de entre un listado de estilos predefinidos que modifican la fuente, el color de la celda o el borde de la celda. En todo caso, Excel nos ofrece la posibilidad de aplicar un formato personalizado en que podemos configurar el formato del contenido de la celda (formato de número, fecha, etc.), la fuente, el borde y el relleno.

11.5.4.2 REGLAS SUPERIORES E INFERIORES

Este segundo bloque de estilos va a aplicar un formato específico a aquellas celdas que contengan valores que supongan un extremo desde cierto punto de vista: los valores más elevados, los más bajos, los que estén por encima del promedio, etc.

Figura 11.71. Grupo "Reglas superiores e inferiores"

A pesar del nombre de algunos de estos estilos ("*10 superiores*"), podemos configurar el número de elementos a los que se va a aplicar el estilo (por ejemplo, a los 17 superiores). Al igual que ocurría con los estilos de tipo "*Resaltar reglas de celdas*", podemos escoger el formato a aplicar entre un pequeño listado de estilos predefinidos que modifican la fuente, el color de la celda o el borde de la celda, con la opción adicional de aplicar un formato personalizado en el que podemos configurar el formato del contenido de la celda (formato de número, fecha, etc.), la fuente, el borde y el relleno.

11.5.4.3 BARRAS DE DATOS

El bloque de estilos *"Barras de datos"* va a añadir una barra horizontal alineada a la izquierda en el interior de cada celda, siendo su longitud proporcional al valor contenido en ella:

Figura 11.72. Grupo "Barras de datos"

Podemos escoger entre barras con relleno degradado o relleno sólido, no siendo configurable nada más que el color de la barra salvo que accedamos a la herramienta *"Nueva regla de formato"* para disponer de todas las opciones posibles.

11.5.4.4 ESCALAS DE COLOR

Este bloque de estilos aplica un color de fondo a las celdas que dependerá del valor contenido en cada una de ellas. Algunas de las opciones disponibles aplican un color a cada extremo y colores intermedios al resto de celdas, y otras aplican tres colores: uno a cada extremo y otro al valor promedio, aplicándose colores intermedios a éstos al resto de celdas.

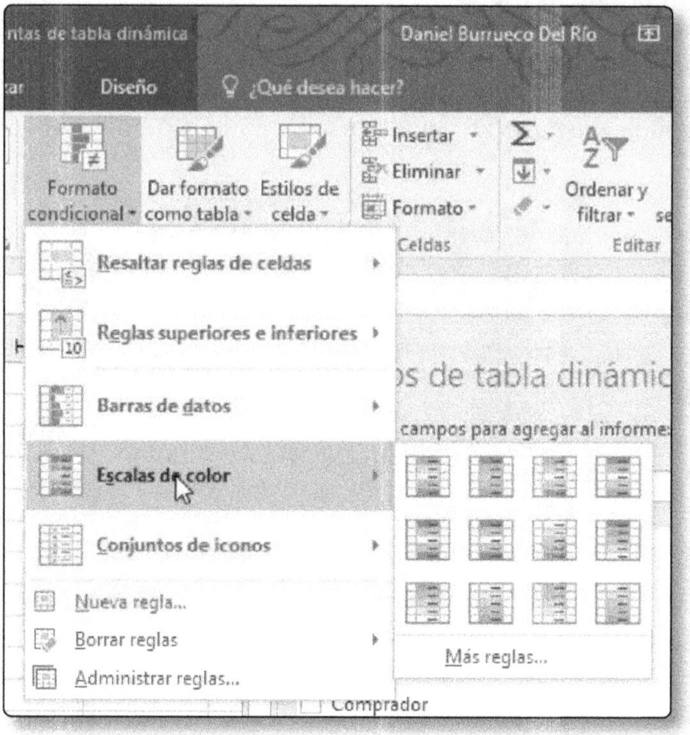

Figura 11.73. Grupo "Escalas de color"

Los colores disponibles son los visibles en la galería, no siendo posible personalizarlos (salvo, nuevamente, accediendo a la herramienta *"Nueva regla de formato"*).

11.5.4.5 CONJUNTOS DE ICONOS

Este último bloque de estilos añade un icono a la izquierda de cada celda, icono que dependerá del valor contenido en ella.

Figura 11.74. Grupo "Conjuntos de iconos"

Al igual que ocurría en los dos bloques anteriores, no será posible personalizar estos estilos salvo que se acceda a la herramienta "*Nueva regla de formato*".

11.5.5 Edición y borrado del formato condicional

Para editar o borrar un formato condicional ejecuta el comando "*Inicio> Estilos>Formato condicional>Administrar reglas*". Escoge la opción adecuada en el desplegable "*Mostrar reglas de formato para*" para asegurarte de que se muestra la regla a editar o borrar (frecuentemente la opción "*Esta hoja*" es la adecuada pues muestra todas las reglas que se estén aplicando en la hoja de cálculo que tengamos abierta), selecciona en la lista la regla y haz clic en el botón **Editar regla** o **Eliminar regla**:

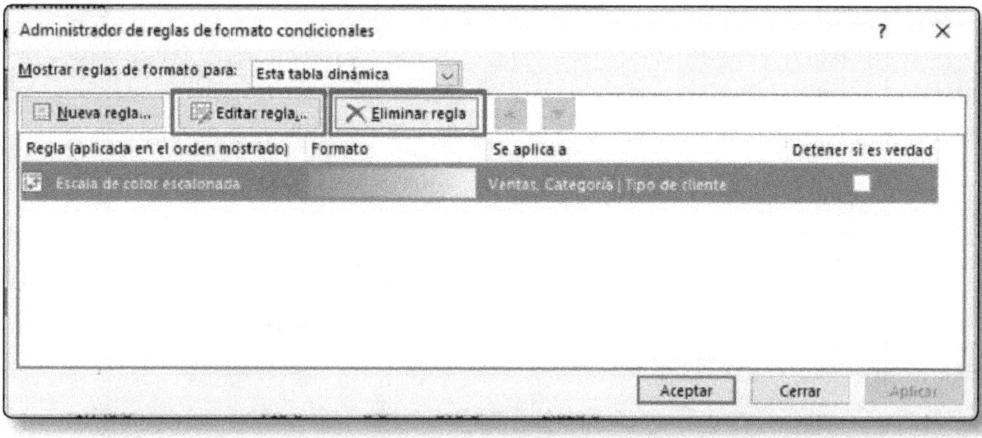

Figura 11.75. Herramientas de edición y eliminación de reglas de formato condicional

11.5.6 Ejercicio

Basándose en el fichero de ventas de la empresa ("*Ventas informática.xlsx*"), se pide mostrar en una tabla dinámica las ventas por trimestre en cada uno de los países en los que la empresa opera (mostrando el eje temporal horizontalmente). Se desea destacar (con un color de fondo a elegir) aquellos trimestres en los que las ventas hayan sido iguales o superiores al 75% del valor máximo de ventas en un trimestre.

11.5.7 Solución del ejercicio

La tabla dinámica a crear deberá llevar a las áreas filas y/o columnas a los campos *País* y *Fecha*. Como se especifica que el eje de tiempo debe mostrarse horizontalmente, llevaremos el campo *Fecha* al área de columnas. Sigue los siguientes pasos:

1. Crea la tabla dinámica por cualquiera de los métodos que conoces.

2. Lleva el campo *País* al área de filas y el campo *Fecha* al área de columnas. Expande (o contrae) el campo *Fecha* para que muestre trimestres (no años ni meses). Lleva el campo *Precio* al área de valores.

3. Aplica ahora el formato condicional: teniendo seleccionada alguna celda con datos de ventas, abre el administrador de reglas de formato condicionales, haz clic en **Nueva regla** y selecciona la tercera opción relativa al ámbito de aplicación (*"Todas las celdas que muestran valores 'Ventas' para 'País' y 'Trimestre'"*).

4. Selecciona el tipo de regla **Aplicar formato únicamente a los valores con rango inferior o superior**.

5. En el recuadro *"Editar una descripción de regla"* selecciona **superior** (deseamos aplicar el estilo a los trimestres que más ventas hayan supuesto) escribe "25" (pues solo deseamos destacar los trimestres cuyas ventas supongan el 25% superior) y asegúrate de que la casilla *"% del rango seleccionado para"* está seleccionada. Deja la selección por defecto en el último desplegable (*"todos los valores"*).

6. Haz clic en el botón **Formato**, define el formato a aplicar (un color de relleno, según pide el enunciado) y haz clic en **Aceptar** para confirmar el formato.

7. Haz clic en el botón **Aceptar** para confirmar la creación de la nueva regla de formato.

8. Por último, haz clic en el botón **Aceptar** del administrador de reglas de formato condicionales para cerrar la ventana y aplicar el formato:

	A	B	C	D	E	F	G	H	I	J	K	L	M	N
1														
2														
3	Ventas	Etiquetas de columna												
4		⊟2014				⊟2015				⊟2016				Total general
5		⊟Trim.1	⊟Trim.2	⊟Trim.3	⊟Trim.4	⊟Trim.1	⊟Trim.2	⊟Trim.3	⊟Trim.4	⊟Trim.1	⊟Trim.2	⊟Trim.3	⊟Trim.4	
6	Etiquetas de fila													
7	Argentina	2.630 €	4.920 €	6.750 €	8.920 €	7.550 €	5.710 €	7.730 €	5.700 €	8.910 €	9.060 €	11.210 €	10.730 €	89.820 €
8	Chile	4.030 €	13.160 €	8.110 €	8.530 €	7.190 €	6.460 €	7.340 €	13.530 €	4.410 €	10.950 €	11.890 €	13.790 €	109.390 €
9	España	17.460 €	23.350 €	23.940 €	34.020 €	18.750 €	24.450 €	21.100 €	32.620 €	22.560 €	25.010 €	25.060 €	29.260 €	297.580 €
10	México	12.930 €	18.540 €	21.590 €	26.030 €	16.740 €	25.230 €	15.590 €	31.690 €	16.110 €	18.600 €	19.830 €	29.320 €	252.200 €
11	Total general	37.050 €	59.970 €	60.390 €	77.500 €	50.230 €	61.850 €	51.760 €	83.540 €	51.990 €	63.620 €	67.990 €	83.100 €	748.990 €
12														

El valor máximo de ventas es de 34.020€, correspondiente al cuarto trimestre de 2014 en España, por lo que el formato condicional se estará aplicando a todos los trimestres cuyas ventas hayan sido iguales o superiores al 75% de dicha cantidad (34.020€ x 75% = 25.515€), tal y como pedía el enunciado del ejercicio.

12

CAMPOS Y ELEMENTOS CALCULADOS

En ocasiones necesitamos mostrar en nuestro informe de tabla dinámica campos o elementos que no existen en nuestros datos fuente pero que son calculables a partir de ellos. Excel nos permite crear y agregar a nuestra tabla dinámica este tipo de objetos, denominados **campos calculados** y **elementos calculados**, respectivamente.

12.1 CAMPOS CALCULADOS

El concepto de campo calculado es sumamente potente aun cuando la implementación que se ha realizado de esta herramienta en Excel limita notablemente su utilidad.

Revisemos, en primer lugar, el concepto de campo calculado. Tal y como hemos visto, nuestra tabla dinámica se va a alimentar de datos provenientes de una tabla formada por campos que representamos en columnas. Un campo, desde este punto de vista, no es más que un concepto (por ejemplo, el *Precio* de un producto) que representa un conjunto de valores (las cantidades que hemos cobrado a nuestros clientes) y que podemos desglosar automáticamente según otro campo (el día de la semana), o cruzando dos o más campos de nuestra tabla dinámica. Por ejemplo, si llevamos el campo *Día de la semana* al área de filas y el campo *Precio* al área de valores, ya sabemos que la tabla dinámica va a mostrar el listado de días de la semana junto con la suma de los precios de venta para cada uno de los días (como sabemos, puede ser la suma u otra operación). La gran ventaja de este concepto de "campo" es que podemos llevarlo al área de valores de la tabla dinámica y confiar en que se va a desglosar adecuadamente según todas las etiquetas que se estén mostrando en filas y columnas (etiquetas que, como ya sabemos, son los valores que ciertos campos toman en nuestro origen de datos).

La realidad nos dice, sin embargo, que no todos los "campos" que querríamos usar se encuentran en nuestro origen de datos. Por ejemplo, podemos tener en el origen de datos los campos de *Precio* y de *Coste* pero no el campo *Beneficio*, aun cuando resulte obvio que podríamos calcularlo para cada venta como la diferencia de los mencionados campos:

$$\text{Beneficio} = \text{Precio} - \text{Coste}$$

Esta definición del concepto "*Beneficio*" es lo que llamamos "*Campo calculado*". Podemos imaginarnos un campo calculado, por lo tanto, como la definición –mediante una fórmula como la anterior– de un concepto basado en otros conceptos existentes.

Los campos calculados dan como resultado siempre valores y, como tales, irán siempre destinados al área de valores de la tabla dinámica, donde las etiquetas de fila y de columna que los rodean determinarán el contexto para el que hay que calcular el valor en cada caso. La potencia del concepto reside en que, al igual que ocurre con los campos que ya existen en nuestro origen de datos, al tratarse de una fórmula basada en campos existentes, el campo calculado también va a desglosarse correctamente según los campos que haya en las áreas de filas y de columnas.

Comencemos por diferenciar entre campos calculados implícitos y explícitos.

12.1.1 Campos calculados implícitos

Un campo calculado implícito se crea en Excel cuando se arrastra un campo, como *Precio*, al área de valores. Dado que Excel genera los campos calculados implícitos de forma automática, es posible que no seamos conscientes de que se ha creado un nuevo campo calculado. Pero si examinamos los campos incluidos en la sección de campos de la tabla dinámica, podremos ver que el campo *Precio* es, de hecho, un campo calculado denominado "*Suma de Precio*", cuya fórmula es un sumatorio del campo "*Precio*", y aparece con este nombre en el área de valores de la lista de campos de tabla dinámica y en la propia tabla dinámica:

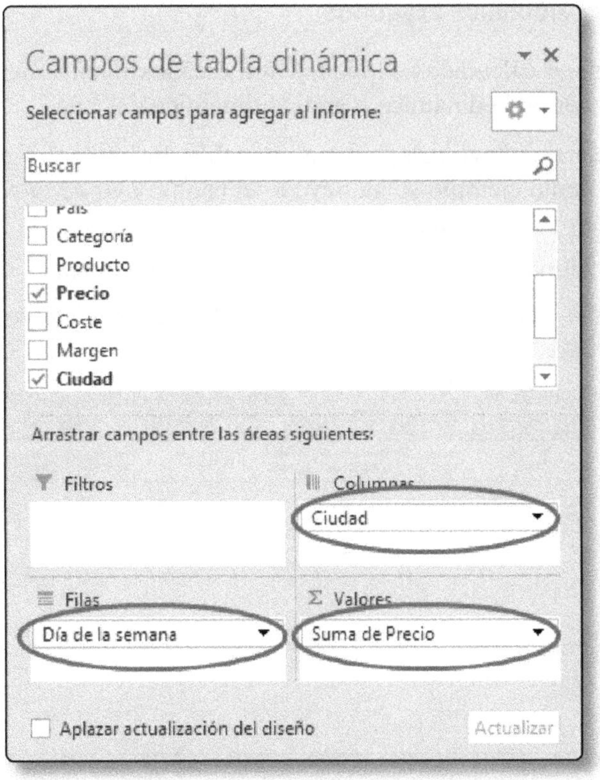

Figura 12.1. Campos calculados implícitos

En cualquier caso, al ser su creación automática, normalmente no prestaremos excesiva atención a este tipo de campos calculados. Los campos calculados implícitos, obviamente, solo pueden ser usados en la tabla dinámica en que se basa.

> **ⓘ NOTA**
>
> Por motivos que se explicarán a continuación, los campos calculados explícitos en Excel tienen importantes carencias que no los hacen demasiado útiles, por lo que, en la práctica, la mayoría de los campos que usemos en nuestra tabla dinámica serán implícitos. Otra cosa son las denominadas "*Medidas*" en Power Pivot y Power BI (elementos que podríamos considerar "equivalentes" a los campos calculados explícitos de las tablas dinámicas). Estos elementos carecen de las limitaciones de los campos calculados de Excel y, de hecho, son tan potentes que se convierten en elementos clave para el correcto análisis de nuestros datos, hasta el punto de ser los únicos campos que deberían ser usados en el análisis.

12.1.2 Campos calculados explícitos

Los campos calculados explícitos son creados manualmente y pueden ser usados en cualquier tabla dinámica o gráfico dinámico del libro.

Para crear un nuevo campo, crea una tabla dinámica y sigue los siguientes pasos (en el siguiente ejemplo se ha llevado el campo *Día de la semana* al área de filas y el campo *Precio* al área de valores):

1. Selecciona cualquier elemento de la tabla dinámica.

2. Ejecuta el comando *"Analizar>Cálculos>Campos, elementos y conjuntos>Campo calculado"*:

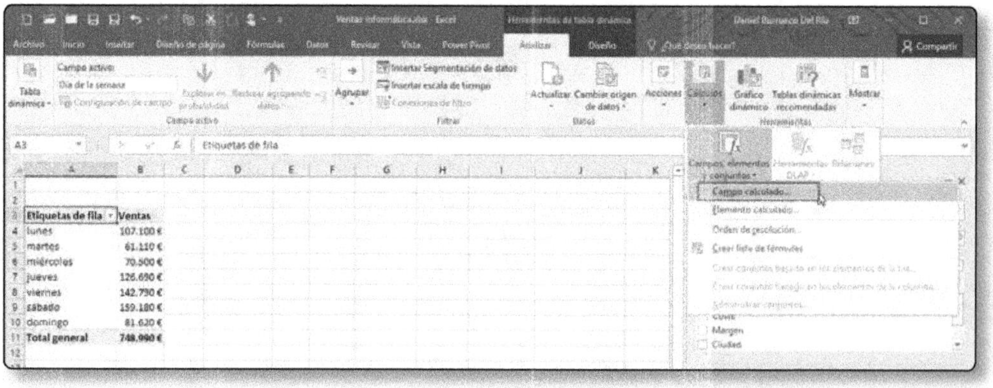

Figura 12.2. Comando "Campo calculado"

3. Se mostrará la ventana de diálogo *"Insertar campo calculado"*:

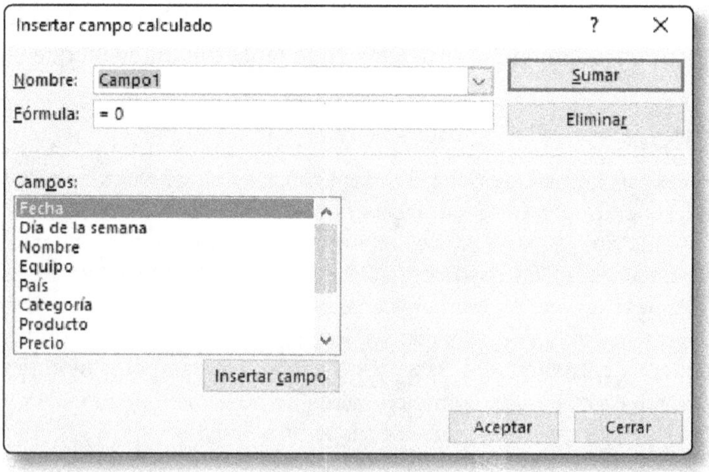

Figura 12.3. Ventana de diálogo "Insertar campo calculado"

4. Escribe el nombre que quieres dar a tu campo calculado en el recuadro *"Nombre"* (por defecto, Excel asigna un nombre genérico como *"Campo1"*). Escribamos, por ejemplo, *Beneficio*.

5. En el recuadro *"Fórmula"*, escribe la fórmula que quieres asociar al campo calculado. Puedes hacer doble clic sobre cualquiera de los campos mostrados en la lista **Campos** para insertarlo en el lugar donde esté el cursor o puedes también hacer un clic sobre un campo y, a continuación, otro clic en el botón **Insertar campo**). Es posible utilizar tantos campos como deseemos y usar operaciones aritméticas o lógicas, pero no podemos incluir referencias a celdas o rangos, ni incluir nombres (de celdas o rangos) o matrices. Escribamos, por ejemplo:

$$= Precio - Coste$$

Tal vez veas que, cuando se añade un campo en la fórmula haciendo doble clic sobre su nombre o usando el botón **Insertar campo** se agrega en la fórmula un espacio en blanco antes del nombre del campo. Puedes dejarlo con toda tranquilidad pues los espacios en blanco antes o después del nombre de un campo son ignorados.

6. Cuando hayas terminado, haz clic en **Aceptar**.

Automáticamente se añadirá el campo al área de valores de la lista de campos y a la tabla dinámica:

Una vez creado un campo calculado, es posible eliminarlo o modificar su fórmula. Para ello:

1. Selecciona cualquier elemento de la tabla dinámica.

2. Abre la ventana *"Insertar campo calculado"* ejecutando el comando *"Analizar>Cálculos>Campos, elementos y conjuntos>Campo calculado"*.

3. Abre el desplegable que hay a la derecha del recuadro *"Nombre"* y selecciona el campo calculado que quieres eliminar o modificar:

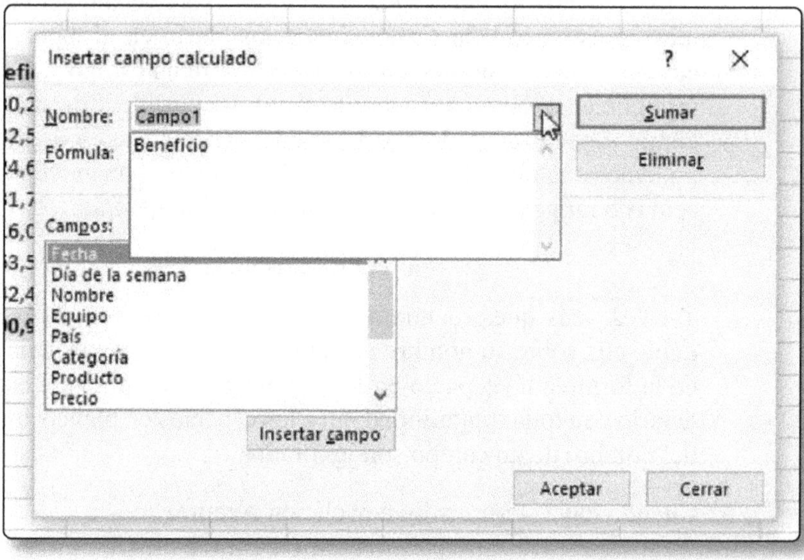

Figura 12.4. Ventana de diálogo "Insertar campo calculado"

4. Si deseas eliminarlo, haz clic en el botón **Eliminar**. Si, por el contrario, quieres modificar su fórmula, puedes hacerlo en el recuadro *"Fórmula"* y hacer clic en el botón **Modificar** para confirmar los cambios y dejar la ventana *"Insertar campo calculado"* abierta, o en **Aceptar** para confirmar los cambios y cerrar la ventana. Si deseas cancelar la modificación o la eliminación, puedes hacer un clic en el botón **Cerrar**.

5. Una vez hayas terminado, haz clic en **Aceptar**.

A la hora de dar nombre a un campo calculado deberás tener en cuenta que éste no puede estar ya en uso en la tabla dinámica.

Una vez hemos creado el campo calculado, podemos usarlo en nuestra tabla dinámica tal y como haríamos con cualquier otro campo. Como puedes ver se trata de un concepto muy potente: podemos crear fórmulas que nos permitan extraer información adicional de nuestros datos y que van a desglosarse automáticamente en la tabla dinámica. La mala noticia es que la implementación de los campos calculados en Excel, tal y como comentábamos al comienzo de la sección, limita notablemente su utilidad, y es que Excel siempre aplica la función suma a los campos que componen la expresión del campo calculado antes de realizar el cálculo, y eso no siempre es lo que deseamos. Veámoslo con un ejemplo. Supongamos el campo calculado de *Beneficio* que ya hemos comentado:

$$Beneficio = Precio - Coste$$

Partamos de una tabla dinámica en la que ya lo hemos creado, lo hemos llevado al área de valores, y supongamos que hemos llevado el campo *Día de la semana* al área de filas y el campo *Categoría* al área de columnas:

El campo calculado funciona como uno esperaría: en la celda B5, por ejemplo, el beneficio mostrado es de 7.129,40€, que se corresponde con la suma de beneficios generados por las ventas de impresoras en lunes. Haciendo un doble clic en dicha celda, tal y como ya sabemos, Excel crea una nueva hoja de cálculo en la que se muestran, en una tabla, los registros del origen de datos que alimentan esta celda (funcionalidad que llamábamos "*Mostrar detalle*"):

En dicha tabla podemos seleccionar con el ratón la columna correspondiente al precio (columna H) y vemos en la barra de estado que suma 17.340€. Si repetimos el mismo proceso con la columna correspondiente al coste (columna I), la suma es de 10.210,6€, por lo que la diferencia (esto es, el beneficio) es de 17.340€ - 10.210,6€ = 7.129,40€, exactamente la cifra mostrada en la tabla dinámica.

Ahora bien, veamos cuál es el proceso seguido por Excel para dicho cálculo. Una vez que determina el contexto de la celda ("*Día de la semana*" = "lunes" y "*Categoría*" = "*Impresoras*") y extrae del origen de datos el conjunto de registros que cumplen esta condición, considera la fórmula a calcular:

$$\text{Beneficio} = \text{Precio} - \text{Coste}$$

Se trata de una diferencia de dos términos, el precio de venta y el coste de comercialización. Pues bien, considera el primero (*Precio*) y aplica la función "S*uma*" a los valores de dicho campo en el conjunto de registros considerados (suma que ya hemos visto que es de 17.340€). A continuación, considera el segundo (*Coste*) y aplica también la función "S*uma*" a los valores de dicho campo en el conjunto de registros considerados (suma que ya hemos visto que es de 10.210,6€). Finalmente realiza el cálculo:

$$\text{Beneficio} = 17.340€ - 10.210,6€ = 7.129,40€$$

Todo correcto hasta aquí. Pero planteémonos ahora otro ejemplo. Supongamos una sencilla tabla de datos en la que incluimos el producto vendido, el precio del producto y la cantidad vendida, tabla de datos en la que solo tenemos seis registros (fichero "*Campos calculados.xlsx*"):

	A	B	C
1	Producto	Precio	Cantidad
2	A	15	1
3	B	10	2
4	A	15	2
5	C	5	3
6	A	15	3
7	B	10	1
8			

Querríamos crear una tabla dinámica en la que se mostrase, para cada producto, los ingresos, definidos como:

$$\text{Ingresos} = \text{Precio} * \text{Cantidad}$$

Fijémonos en el producto A, simplemente:

	A	B	C
1	Producto	Precio	Cantidad
2	A	15	1
3	B	10	2
4	A	15	2
5	C	5	3
6	A	15	3
7	B	10	1
8			

Se han realizado tres ventas, la primera ha supuesto unos ingresos de 15€ (15€ x 1 producto vendido), la segunda de 30€ (15€ x 2 productos vendidos) y la tercera de 45€ (15€ x 3 productos vendidos), total 90€.

Creemos entonces la tabla dinámica y el campo calculado *Ingresos*:

Insertar campo calculado   ?   ✕

Nombre: Ingresos   ∨   Sumar

Fórmula: = Precio * Cantidad   Eliminar

Campos:
```
Producto
Precio
Cantidad
```

Insertar campo

Aceptar   Cerrar

Una vez creado el campo calculado, Excel automáticamente lo lleva al área de valores de la tabla dinámica. Llevemos nosotros al área de filas el campo *Producto*:

	A	B
1		
2		
3	**Etiquetas de fila**	**Suma de Ingresos**
4	A	270
5	B	60
6	C	15
7	**Total general**	**840**

Los ingresos del producto A deberían ser 90€ ¡pero aparecen 270€! ¿Qué ha ocurrido exactamente? Revisemos el proceso seguido por Excel en el cálculo:

Ingresos = Precio * Cantidad

En primer lugar, ha evaluado el contexto en el que realizar el cálculo. Para el caso de la celda B4 el contexto queda definido por "*Producto = A*", de forma que ha considerado los registros de la tabla de datos que cumplen dicho requisito (tres registros, tal y como hemos comentado). A continuación, ha considerado el primer campo involucrado en la fórmula (*Precio*) ¡y ha aplicado la operación suma a los valores de dicho campo!, dando como resultado 45€ (15€ + 15€ + 15€). Después ha considerado el segundo campo (*Cantidad*) y ha vuelto a aplicar la operación suma a los valores de dicho campo, resultando 6 (1 + 2 + 3). Por último, ha multiplicado ambos resultados (45€ x 6) obteniendo el valor de 270€ que vemos en la tabla dinámica.

Obviamente este resultado no es el que queríamos y, desafortunadamente, la mayor parte de los campos calculados que querríamos crear involucran operaciones cuyo resultado no sería correcto.

Y este problema no tiene solución dentro del ámbito de las tablas dinámicas. Por supuesto podríamos añadir (a mano) una nueva columna a nuestro origen de datos en la que se calcule el beneficio como el producto de los campos *Precio* y *Cantidad*, pero esto supone tener que modificar el origen de datos casi cada vez que queramos crear un campo calculado.

ⓘ NOTA

Este problema –así como otras limitaciones existentes en el uso de funciones con tablas dinámicas– quedan resueltos en Power Pivot, ya sea en su versión complemento Excel o en el producto Power BI –pues en ambos casos el núcleo del software es Power Pivot –. Esta tecnología incluye un lenguaje de modelado de datos denominado **DAX** (*Data Analysis Expressions*), lenguaje sumamente potente –y complejo– que nos permite realizar virtualmente cualquier tipo de operación con nuestros datos, incluyendo operaciones de "inteligencia de tiempo" capaces de realizar cálculos en diferentes períodos (cálculos del tipo "un año atrás", etc.).

12.1.3 Ejercicio

Basándose en el fichero de ventas de la empresa ("*Ventas informática.xlsx*"), se desea mostrar las ventas por países en 2016 y realizar una estimación de los ingresos totales para 2017 suponiendo que las ventas aumenten un 10%.

12.1.4 Solución del ejercicio

Para resolver este ejercicio necesitaremos crear un campo calculado para la estimación de ventas en 2017. Sigue los siguientes pasos:

1. Crea la tabla dinámica por cualquiera de los métodos que conoces.

2. Lleva el campo *País* al área de filas y el campo *Precio* al área de valores, renombrándolo a *Ventas*.

3. Teniendo alguna celda de la tabla dinámica seleccionada, ejecuta el comando "*Analizar>Cálculos>Campos, elementos y conjuntos>Campo calculado*".

4. En la ventana "*Insertar campo calculado*" escribe el nombre del campo calculado que vamos a crear (por ejemplo, "Estimación de ventas 2017") e introduce la fórmula

   =Precio*1,1.

5. Haz clic en **Aceptar** para confirmar la creación del campo calculado. Excel llevará automáticamente el nuevo campo al área de valores.

6. Para confirmar que la estimación de ventas se está realizando sobre las cifras de 2016, crea una escala de tiempo ("*Analizar>Filtrar>Insertar escala de tiempo*") y selecciona dicho año:

	A	B	C
1			
2			
3	Etiquetas de fila	Ventas	Suma de Estimación de ventas 2017
4	Argentina	39.910 €	43.901,00 €
5	Chile	41.040 €	45.144,00 €
6	España	101.890 €	112.079,00 €
7	México	83.860 €	92.246,00 €
8	Total general	266.700 €	293.370,00 €
9			
10	Fecha		
11	2016		AÑOS
12			
13	2014 2015 2016 2017		
14			
15			
16			
17			

12.2 ELEMENTOS CALCULADOS

Excel también permite la creación de elementos calculados. Éstos son registros no incluidos en los datos fuente pero que podrían ser calculados a partir de ellos. Para crear un elemento calculado haz lo siguiente (seguimos usando el ejemplo del apartado anterior):

1. Selecciona una etiqueta cualquiera de un campo situado en el área de filas o de columnas al que desees añadir un elemento calculado. Así, si queremos añadir un elemento calculado a la lista de días, seleccionaríamos la etiqueta de un día cualquiera:

	Día de la semana	Suma de Precio	Suma de Beneficio
	lunes	107.100 €	56.130,20 €
	martes	61.110 €	31.982,50 €
	miércoles	70.500 €	36.824,60 €
	jueves	126.690 €	66.731,70 €
	viernes	142.790 €	74.616,00 €
	sábado	159.180 €	86.063,50 €
	domingo	81.620 €	43.542,40 €
	Total general	748.990 €	395.890,90 €

2. Ejecuta el comando *"Analizar>Cálculos>Campos, elementos y conjuntos>Elemento calculado"*.

3. Se abrirá la ventana de diálogo *"Insertar elemento calculado"*:

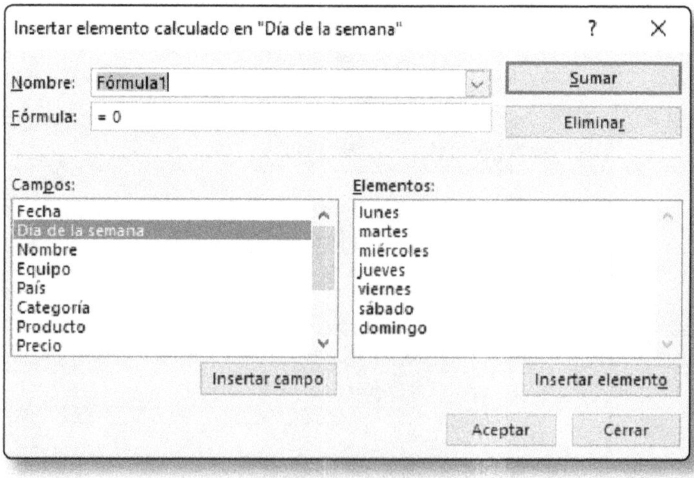

Figura 12.5.

Como podemos ver, ya en el nombre de la ventana se nos indica el campo en el que se va a insertar el nuevo elemento (el campo *Día de la semana* en nuestro ejemplo).

4. Escribe el nombre que quieres dar al elemento calculado en el recuadro *Nombre*. Por ejemplo "*Fin de semana*".

5. En el recuadro "*Fórmula*", escribe la fórmula que quieres asociar al elemento calculado. Puedes hacer doble clic sobre cualquiera de los campos mostrados en la lista **Campos**, un clic para seleccionar un campo y mostrar la lista de etiquetas que toma dicho campo en el cuadro de la derecha (lista "elementos"), o un clic sobre cualquiera de los elementos que aparecen en esta lista para insertarlo en el lugar donde esté el cursor (también puedes hacer un clic sobre un campo y pulsar el botón **Insertar campo**, o sobre un elemento y pulsar **Insertar elemento**). Puedes utilizar tantos campos y elementos como desees y operaciones aritméticas o lógicas, pero no puedes incluir referencias a celdas o rangos, incluir nombres (de celdas o rangos) o matrices. En nuestro caso, incluyamos la siguiente fórmula:

$$= \text{sábado} + \text{domingo}$$

6. Cuando hayas terminado, haz clic en **Aceptar**:

▲	A	B	C
1			
2			
3	Día de la semana ▼	Suma de Precio	Suma de Beneficio
4	lunes	107.100 €	56.130,20 €
5	martes	61.110 €	31.982,50 €
6	miércoles	70.500 €	36.824,60 €
7	jueves	126.690 €	66.731,70 €
8	viernes	142.790 €	74.616,00 €
9	sábado	159.180 €	86.063,50 €
10	domingo	81.620 €	43.542,40 €
11	Fin de semana	240.800 €	129.605,90 €
12	Total general	989.790 €	525.496,80 €
13			

Figura 12.6. Tabla dinámica con el elemento calculado

Como puedes ver, se trata de una opción muy útil, por ejemplo, para destacar la información relativa a varios elementos juntos sin ocultar los originales. Sin embargo, ten en cuenta que estás creando elementos nuevos que se añadirán, por ejemplo, a los subtotales y totales generales.

Podemos modificar o eliminar un elemento calculado con la misma facilidad con la que lo hacíamos con los campos calculados: basta ejecutar el comando "*Analizar>Cálculos>Campos, elementos y conjuntos>Elemento calculado*", seleccionar en el desplegable que se muestra a la derecha del recuadro "*Nombre*" el elemento calculado que queremos modificar o eliminar, y hacer clic en el botón **Eliminar** –si queremos eliminarlo– o editar su fórmula y, a continuación, hacer clic en **Modificar** o en **Aceptar** para confirmar los cambios (en el primer caso se mantendrá abierta la ventana y en el segundo se cerrará). Un clic en **Cerrar** cancela el proceso de edición o de eliminación.

Los elementos calculados son registros, no campos, por lo que no pueden llevarse a la sección de áreas.

12.2.1 Ejercicio

Basándose en el fichero de ventas de la empresa ("*Ventas informática.xlsx*") y partiendo de la misma tabla dinámica generada en esta sección, se desea mostrar las ventas por día de la semana y añadir un nuevo registro que represente los días "de diario" (de lunes a viernes).

12.2.2 Solución del ejercicio

1. Crea la tabla dinámica por cualquiera de los métodos que conoces (paso ya realizado).

2. Lleva el campo *Día de la semana* al área de filas y el campo *Precio* al área de valores, renombrándolo a *Ventas* (paso ya realizado, así como la creación del campo calculado *Beneficio* y del elemento calculado "*Fin de semana*").

3. Ejecuta el comando "*Analizar>Cálculos>Campos, elementos y conjuntos>Elemento calculado*".

4. Escribe el nombre del nuevo elemento calculado (por ejemplo, "*Diario*").

5. Escribe la fórmula:

   =lunes+ martes+ miércoles+ jueves+ viernes

6. Haz clic en **Aceptar**. El nuevo registro se asignará automáticamente al área de valores:

	A	B	C
1			
2			
3	**Etiquetas de fila** ▾	**Ventas**	**Suma de Beneficio**
4	lunes	107.100 €	56.130,20 €
5	martes	61.110 €	31.982,50 €
6	miércoles	70.500 €	36.824,60 €
7	jueves	126.690 €	66.731,70 €
8	viernes	142.790 €	74.616,00 €
9	sábado	159.180 €	86.063,50 €
10	domingo	81.620 €	43.542,40 €
11	Fin de semana	240.800 €	129.605,90 €
12	Diario	508.190 €	266.285,00 €
13	**Total general**	**1.497.980 €**	**791.781,80 €**
14			

12.3 ORDEN DE RESOLUCIÓN

Si el valor de una celda de una tabla dinámica se actualiza con dos o más elementos calculados, Excel nos ofrece una herramienta que nos permite escoger el orden en el que aquellos se van a calcular, estableciéndose el valor definitivo de la celda usando siempre la última fórmula calculada. Para ver cómo funciona, partamos de la tabla dinámica usada en la sección anterior –tabla dinámica a la que habíamos añadido los elementos calculados *"Fin de semana"* y *"Diario"*:

	A	B	C
1			
2			
3	**Día de la semana** ▾	**Suma de Precio**	**Suma de Beneficio**
4	lunes	107.100 €	56.130,20 €
5	martes	61.110 €	31.982,50 €
6	miércoles	70.500 €	36.824,60 €
7	jueves	126.690 €	66.731,70 €
8	viernes	142.790 €	74.616,00 €
9	sábado	159.180 €	86.063,50 €
10	domingo	81.620 €	43.542,40 €
11	Fin de semana	240.800 €	129.605,90 €
12	Diario	508.190 €	266.285,00 €
13	**Total general**	**1.497.980 €**	**791.781,80 €**
14			

A continuación, ejecuta el comando *"Analizar>Cálculos>Campos, elementos y conjuntos>Orden de resolución"*. Se mostrará la ventana *"Orden de resolución de elemento calculado"* en la que se muestra el conjunto de elementos calculados y el orden en el que se van a aplicar. Allí donde una celda se actualice con más de una fórmula, el valor final será fijado por la fórmula con el mayor orden de resolución:

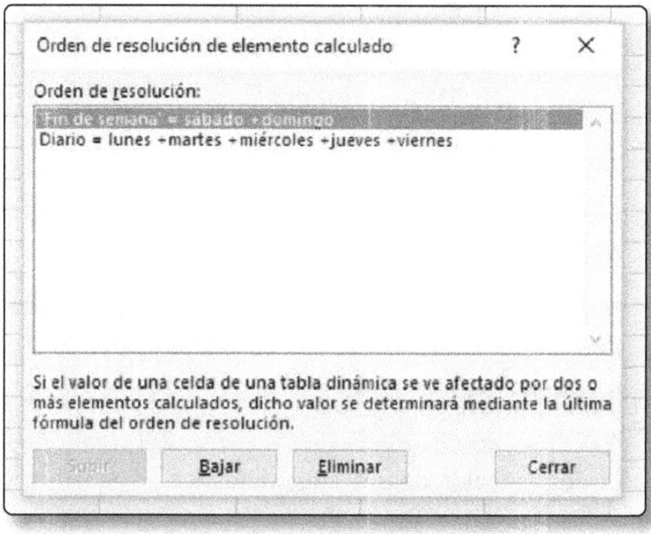

Figura 12.7. Ventana de diálogo "Orden de resolución de elemento calculado"

En nuestro ejemplo se mostrarán los dos elementos calculados que hemos creado, y en el orden en el que han sido creados: en primer lugar, el elemento calculado *"Fin de semana"* y a continuación, el elemento calculado *"Diario"*.

Si deseamos modificar este orden, basta con hacer clic en uno de los elementos calculados y hacer clic en los botones **Subir** o **Bajar** para moverlo por la lista. Una vez hayamos terminado, bastará con hacer clic en **Cerrar** para confirmar los cambios.

12.4 CREACIÓN DE LISTA DE FÓRMULAS

La herramienta de creación de lista de fórmulas nos permite visualizar, en una nueva hoja de cálculo, todas las fórmulas involucradas en la definición de campos y elementos calculados. Para acceder a ella ejecuta el comando *"Analizar>Cálculos>Campos, elementos y conjuntos>Crear lista de fórmulas"*:

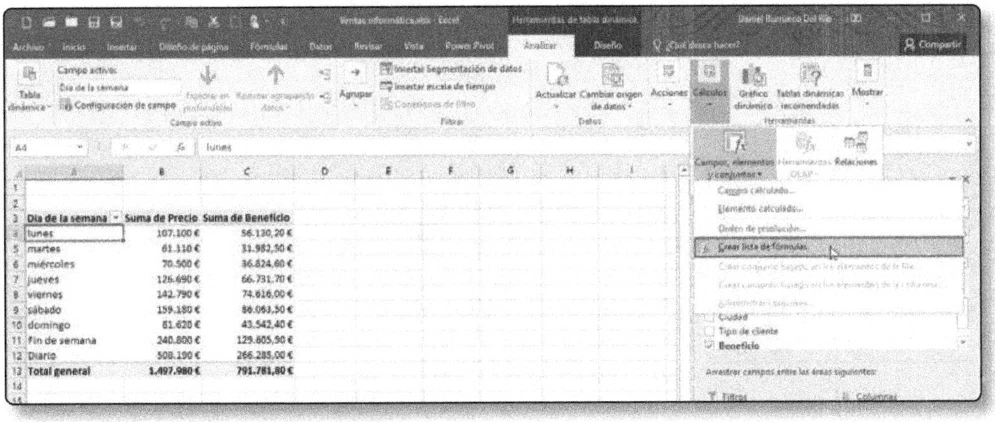

Figura 12.8. Comando "Crear lista de fórmulas"

Excel creará una nueva hoja de cálculo en la que se mostrarán los campos calculados y los elementos calculados, ordenados según el orden de resolución establecido. Para cada campo o elemento calculado se indica la fórmula que lo define:

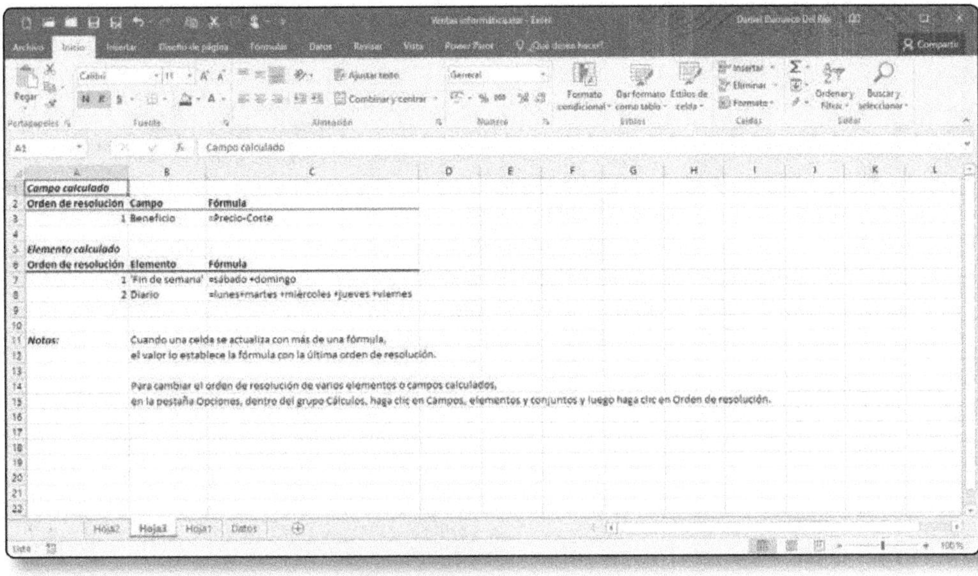

Figura 12.9. Lista de fórmulas

13

DEPENDENCIA E INDEPENDENCIA DE TABLAS DINÁMICAS

Por defecto, cuando pedimos a Excel que cree una tabla dinámica a partir de una fuente de datos, Excel carga los datos leídos en memoria, y crea la tabla dinámica a partir de esa copia de datos. Es por esto, por ejemplo, que cuando cambian los datos fuente, la tabla dinámica no se actualiza automáticamente: tenemos que realizar una actualización manual –con lo que pedimos a Excel que vuelva a leer los datos de origen y a actualizar la copia que de ellos tenía en memoria–.

Cuando creamos nuevas tablas dinámicas a partir de dicha fuente de datos, Excel, por defecto, las crea a partir de los datos que tiene en memoria. De esta forma se consumen menos recursos del ordenador y se agilizan los cálculos. Además, esto nos permite utilizar segmentaciones de datos o escalas de tiempo y, tal y como hemos visto, asociarlas a todas esas tablas dinámicas simultáneamente si así lo deseamos.

Esto, sin embargo, tiene consecuencias adicionales negativas. Una de ellas es que las agrupaciones –de fechas, por ejemplo– se aplican a todas las tablas simultáneamente, aunque no lo deseemos.

Para mostrar esto vamos a partir de nuestro listado de ventas y vamos a crear dos tablas dinámicas a partir de él. Ambas tendrán el campo *Fecha* en el área de filas, y llevaremos el campo *Precio* al área de valores de la primera tabla dinámica, y el campo *Margen* al área de valores de la segunda, aplicándoles las operaciones "*Suma*" y "*Promedio*" respectivamente. A la tabla dinámica que incluye la suma del precio la llamamos **Ventas** ("*Analizar>Tabla dinámica>Nombre de tabla dinámica*") y a la segunda la llamamos **Margen**:

Vemos que, por defecto, Excel incluye por encima del campo *Fecha* del área de filas los campos implícitos *Años* y *Trimestres*.

Si, en estas circunstancias, modificamos el tipo de agrupación de una de las tablas dinámicas, veremos cómo el cambio se aplica a ambas. Para comprobarlo abrimos, en tabla dinámica **Ventas**, el menú contextual de cualquiera de las celdas conteniendo un año, hacemos clic en **Agrupar** y, en la ventana "*Agrupar*" que se muestra, deseleccionamos "*Trimestres*" y hacemos clic en **Aceptar**:

Confirmamos que, efectivamente, aun no deseando que la agrupación de la tabla dinámica **Margen** cambiase, se ha aplicado el mismo tipo de agrupación que hemos dado a la tabla dinámica **Ventas**.

Sin embargo, esta dependencia es la que nos permite utilizar segmentaciones de datos o escalas de tiempo simultáneamente con las tablas dinámicas. Recordemos el proceso a seguir: selecciona cualquier celda de la tabla dinámica **Ventas**. Inserta una segmentación de datos ejecutando el comando *"Analizar>Filtrar>Insertar segmentación de datos"* y escogiendo *Tipo de cliente*; y una escala de tiempo volviendo a seleccionar una celda de la tabla **Ventas**, y ejecutando el comando *"Analizar>Filtrar>Insertar escala de tiempo"* y seleccionando *Fecha*:

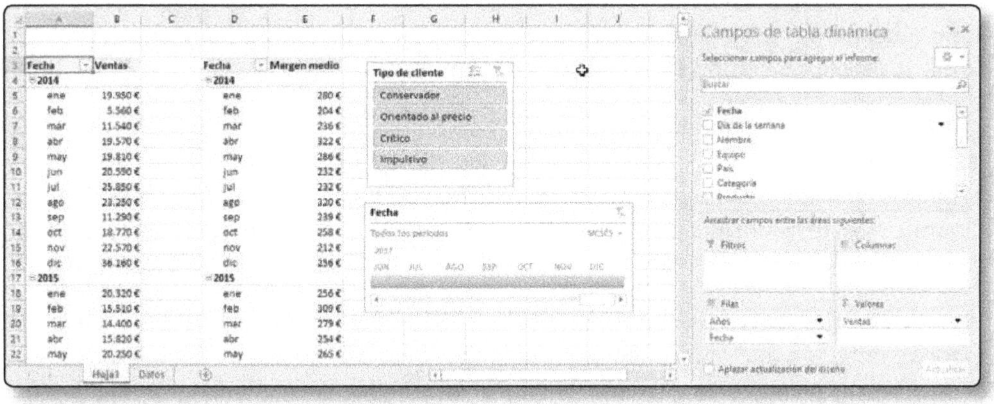

Selecciona la segmentación de datos y ejecuta el comando *"Opciones>Segmentación de datos>Conexiones de informe"*. Se muestran las dos tablas dinámicas que hemos creado, y vemos que la segmentación de datos está asociada a la tabla **Ventas**:

Figura 13.1. Ventana "Conexión de informe"

Selecciona también la tabla **Margen** y haz clic en **Aceptar**.

Repite el proceso para la escala de tiempo: la seleccionamos, ejecutamos el comando *"Opciones>Escala de tiempo>Conexiones de informe"*, se mostrarán las dos tablas dinámicas con **Ventas** seleccionada, seleccionamos también la tabla dinámica **Margen** y confirmamos haciendo clic en **Aceptar**.

Ahora, la selección de uno o más tipos de comprador en la segmentación de datos o la selección de un período de tiempo en la escala de tiempo afecta simultáneamente a las dos tablas dinámicas, pues tanto la segmentación de datos como la escala de tiempo están asociados a ambas.

El hecho de que una agrupación (de fechas, en el ejemplo visto) afecte a las dos tablas dinámicas –aun cuando no sea lo que deseamos– o el hecho de que podamos conectar una segmentación de datos o una escala de tiempo a las dos tablas dinámicas ocurre porque las tablas son, por defecto, dependientes: comparten la misma copia de datos en memoria y hay características que afectan a todas ellas.

La alternativa consiste en crear tablas independientes: éstas tienen el inconveniente de que consumen más recursos (memoria y procesador), los accesos no son tan rápidos y no pueden compartir segmentaciones de datos o escalas de tiempos, pero podemos configurarlas de forma completamente independiente, por lo que, en cada caso, deberemos escoger el tipo adecuado en función de nuestras necesidades.

Curiosamente no hay en la cinta de opciones ningún comando que nos permita crear una tabla dinámica escogiendo el tipo de dependencia, pero sí hay un comando que podemos agregar a nuestra barra de herramientas de acceso rápido o a nuestra cinta de opciones que nos ofrece esta funcionalidad: el *"Asistente para tablas y gráficos dinámicos"*, comando que ya hemos visto en el curso.

Una vez añadido a la barra de herramientas de acceso rápido o a la cinta de opciones, sigamos los siguientes pasos:

1. Seleccionamos cualquier celda de nuestro listado de ventas. Esto no es imprescindible, pero nos evita tener que indicar más adelante dónde se encuentran los datos que queremos usar para alimentar nuestra tabla dinámica.

2. Ejecutamos el asistente para tablas y gráficos dinámicos. Se abrirá la ventana homónima indicando que nos encontramos en el primer paso de un total de tres:

En este primer paso debemos indicar a Excel dónde se encuentran los datos que queremos usar como origen de datos de la tabla dinámica que estamos creando (en nuestro caso es una lista de datos de Microsoft Excel, de forma que dejamos la opción por defecto). Debemos también indicar el tipo de informe a crear: o una tabla dinámica o un informe de gráfico dinámico (que incluirá también una tabla dinámica). En nuestro caso dejamos también la primera opción seleccionada (*"Tabla dinámica"*). Hacemos clic en **Siguiente**.

3. En el segundo paso le indicamos la localización exacta de los datos a usar:

Al haber iniciado el asistente teniendo seleccionada una celda de la tabla de datos, Excel nos ofrece por defecto dicha tabla como origen de datos. En cualquier otro caso deberemos indicar a Excel el rango que queremos usar. Hacemos clic en **Siguiente**.

4. En el tercer y último paso, indicamos dónde queremos que se inserte el nuevo informe: en una hoja de cálculo nueva o en una hoja de cálculo existente. Dejamos la primera opción seleccionada y hacemos clic en **Finalizar**:

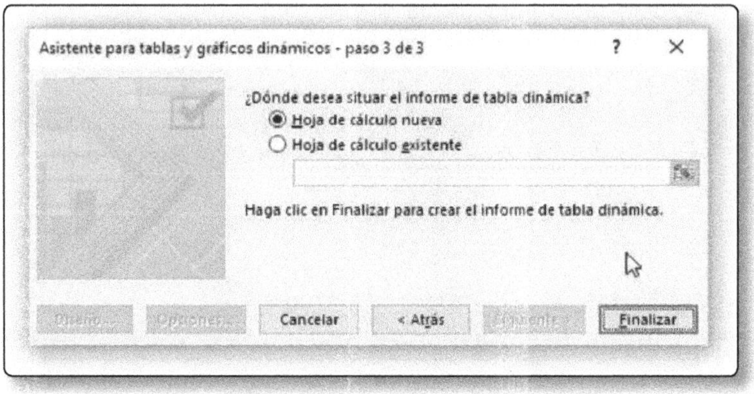

Comprobaremos que Excel crea una nueva hoja de cálculo ("*Hoja2*") y sitúa una tabla dinámica vacía en ella. Llevemos el campo *Fecha* al área de filas y el campo *Precio* al área de valores (aplicando la operación "*Suma*" y renombrando el campo a *Ventas*). Por último, demos a la tabla dinámica el nombre **Ventas - Independiente**.

Repitamos ahora el proceso:

1. Seleccionamos una celda de la tabla de datos.

2. Ejecutamos el asistente para tablas y gráficos dinámicos.

3. En el primer paso dejamos las opciones por defecto ("*Lista de datos*" y "*Tabla dinámica*"). Hacemos clic en **Siguiente**.

4. En el segundo paso dejamos también el rango sugerido por defecto (nuestra tabla de datos). Hacemos clic en **Siguiente**.

5. Excel nos muestra entonces una ventana de diálogo en la que nos informa de las opciones que tenemos: podemos escoger la opción de crear una tabla dinámica dependiente, con lo que usaremos menos memoria –además de otras ventajas que hemos comentado ya– o crearla independiente. Si hacemos clic en el botón **Sí** se creará una tabla dinámica dependiente, y si hacemos clic en el botón **No** se creará una tabla dinámica independiente:

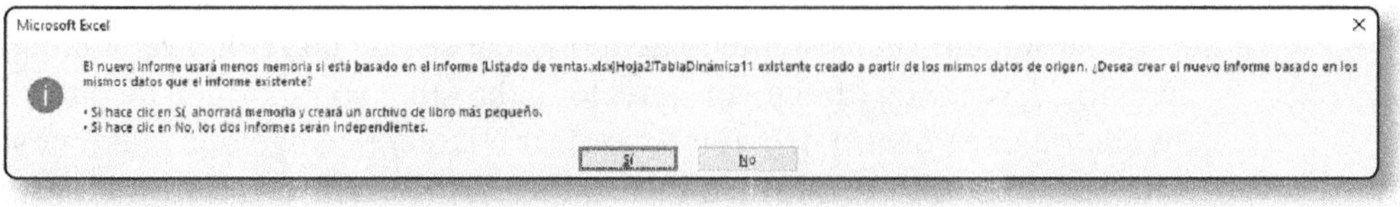

Figura 13.2. Notificación de selección de dependencia de tablas

6. Hagamos clic en **No** para forzar la creación de una tabla dinámica independiente.

7. En el tercer paso, escojamos la opción *"Hoja de cálculo existente"* y seleccionemos la celda D3 de la hoja de cálculo *"Hoja2"* que se había creado, para tener las últimas dos tablas dinámicas creadas juntas.

8. Hacemos clic en **Finalizar**.

Se creará la segunda tabla dinámica a la que vamos a llevar el campo *Fecha* al área de filas y el campo *Margen* al área de valores (con la operación *"Promedio"*). Por último, demos a esta tabla dinámica el nombre de ***Margen – Independiente***:

	A	B	C	D	E
1					
2		↖			
3	Etiquetas de fila ▾	Ventas		Etiquetas de fila ▾	Promedio de Margen
4	⊞ 2014	234.910 €		⊞ 2014	257 €
5	⊞ 2015	247.380 €		⊞ 2015	263 €
6	⊞ 2016	266.700 €		⊞ 2016	265 €
7	Total general	748.990 €		Total general	262 €
8					

Modifiquemos ahora el tipo de agrupación que se está aplicando a la tabla ***Ventas – Independiente***: abrimos el menú contextual de cualquier celda que contenga una etiqueta de año, seleccionamos **Agrupar** y dejemos seleccionado únicamente *"Meses"*. Hacemos clic en **Aceptar** y vemos el resultado:

	A	B	C	D	E	F
1						
2						
3	Etiquetas de fila ▾	Ventas		Etiquetas de fila ▾	Promedio de Margen	
4	ene	67.560 €		⊞ 2014	257 €	
5	feb	30.660 €		⊞ 2015	263 €	
6	mar	41.050 €		⊞ 2016	265 €	
7	abr	52.630 €		Total general	262 €	
8	may	64.080 €				
9	jun	68.730 €				
10	jul	68.360 €				
11	ago	67.130 €				
12	sep	44.650 €				
13	oct	57.610 €				
14	nov	77.530 €				
15	dic	109.000 €				
16	Total general	748.990 €				
17						

Ahora el criterio de agrupación solo afecta a la tabla dinámica a la que lo hemos aplicado, lo que nos da plena libertad para configurar las dos tablas dinámicas como deseemos.

Vamos a crear ahora una segmentación de datos y una escala de tiempo. Con cualquier celda de la tabla dinámica *Ventas – Independiente* seleccionada, ejecutamos el comando *"Analizar>Filtrar>Insertar segmentación de datos"*, seleccionamos *Tipo de cliente* y hacemos clic en **Aceptar**. A continuación, volvemos a seleccionar la tabla dinámica *Ventas – Independiente*, ejecutamos el comando *"Analizar>Filtrar>Insertar escala de tiempo"*, seleccionamos *Fecha* y hacemos clic en **Aceptar**. Seleccionamos ahora la segmentación de datos y abrimos las conexiones de informe (comando *"Opciones>Segmentación de datos>Conexiones de informe"*):

En este caso solo se nos muestra la propia tabla para la que se creó la segmentación de datos, no existiendo la posibilidad de conectarla a ninguna otra. Si repetimos el mismo proceso con la escala de tiempo (seleccionándola y abriendo su ventana de conexiones de informe) veremos que también muestra únicamente la propia tabla dinámica.

Es decir, dos tablas dinámicas independientes pueden ser configuradas de forma independiente pero no pueden compartir segmentaciones de datos ni escalas de tiempo.

Pensemos un momento en las tablas dinámicas que hemos creado hasta ahora:

▼ Inicialmente creamos dos tablas dinámicas (tablas dinámicas *Ventas* y *Margen*, situadas en la hoja de cálculo *"Hoja1"*) usando el comando que tenemos en la cinta de opciones *"Insertar>Tablas>Tabla dinámica"*. Estas tablas dinámicas son dependientes una de la otra.

▼ A continuación, creamos otra tabla dinámica (*Ventas – Independiente*, situada en la hoja de cálculo *"Hoja2"*) usando el *"Asistente para tablas y gráficos dinámicos"*. Al crearla, Excel no nos preguntó si deseábamos que fuese o no independiente de otra tabla dinámica, pero acabamos de comprobar (viendo las conexiones de informe de la segmentación de datos y de la escala de tiempo que hemos creado) que esta tabla es independiente de todas las demás (incluyendo las dos primeras que habíamos creado, pues no aparecía ninguna de ellas en la ventana de conexiones de informe).

▸ Por último, hemos creado una cuarta tabla dinámica (***Margen – Independiente,*** también situada en la hoja de cálculo "*Hoja2*") usando también el asistente para tablas y gráficos dinámicos. Al crearla, Excel sí nos preguntó si deseábamos que fuese dependiente o independiente, y escogimos esta última opción. La pregunta que nos podemos estar haciendo ahora es ¿independiente de qué, exactamente?, ¿de todas las tablas dinámicas –incluyendo las dos primeras–? ¿o solo de la tercera? Vamos a comprobarlo seleccionando la segmentación de datos que creamos para las dos primeras tablas (las situadas en la hoja de cálculo "*Hoja1*") y abriendo su ventana de conexiones de informe: vemos que no se nos ofrece la posibilidad de conectarla a la cuarta tabla, por lo que podemos deducir que dicha tabla fue creada independiente de todas las demás.

Pues bien, podemos ahora afirmar que Excel ha creado tres bloques de tablas dinámicas: las creadas usando el comando "*Insertar>Tablas>Tabla dinámica*" (tablas dinámicas que van a ser siempre dependientes), la primera tabla dinámica creada usando el asistente para tablas y gráficos dinámicos (que siempre es independiente) y la segunda tabla dinámica creada usando el asistente para tablas y gráficos dinámicos que, en nuestro caso, fue configurada como independiente también.

Si ahora seleccionamos una celda de la tabla de datos, ejecutamos de nuevo el asistente para tablas y gráficos dinámicos, aceptamos las opciones por defecto de los pasos 1 y 2, y, a la pregunta de si deseamos que la nueva tabla sea dependiente, respondemos que **Sí**, Excel nos mostrará un listado de las tablas dinámicas existentes para que escojamos con cuál de ellas queremos que nuestra nueva tabla dinámica comparta la dependencia:

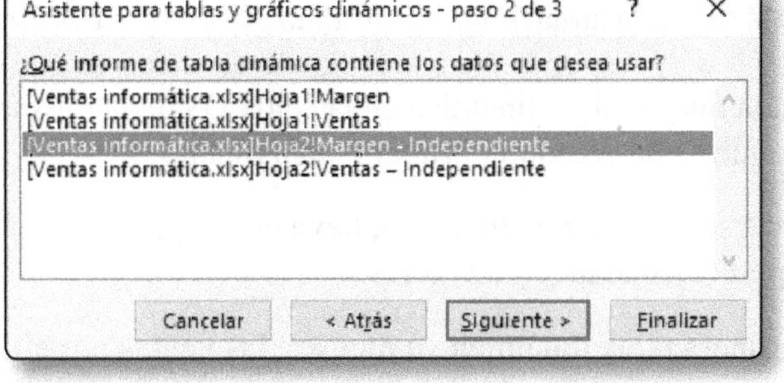

Figura 13.3. Listado de tablas dinámicas disponibles

Ahora ya sabemos que, tanto si escogemos la primera opción del listado (tabla dinámica *Margen*) como la segunda (tabla dinámica *Ventas*) los datos a compartir con la nueva tabla dinámica que estamos creando serán los mismos (pues esas dos tablas dinámicas son dependientes entre sí). Aun así, Excel las muestra en el listado por separado.

> ### (i) NOTA
> Recuerda que el asistente para tablas y gráficos dinámicos también puede ejecutarse mediante la combinación de teclas **Alt-T-B**.

13.4.1 Ejercicio

Basándose en el fichero de ventas de la empresa (*"Ventas informática.xlsx"*), se pide mostrar un listado de ventas por año y un segundo listado de ventas por trimestre.

13.4.2 Solución del ejercicio

Como se piden dos listados (que vamos a proporcionar mediante tablas dinámicas) que implican fechas y vemos que la agrupación a aplicar a cada una no es la misma, tendremos que crear dos tablas dinámicas independientes para poder configurarlas de forma diferente:

1. Crea la primera tabla dinámica usando el *"Asistente para tablas y gráficos dinámicos"*.

2. Lleva el campo *Fecha* al área de filas y el campo *Precio* al área de valores.

3. Crea la segunda tabla dinámica usando el *"Asistente para tablas y gráficos dinámicos"* y responde **No** a la pregunta de si deseas que sea dependiente. Sitúa la nueva tabla dinámica en la celda D3 de la misma hoja de cálculo en la que se ha creado la primera tabla dinámica.

4. En esta segunda tabla dinámica, lleva el campo *Fecha* al área de filas y el campo *Precio* al área de valores.

5. La primera tabla dinámica ya muestra las ventas por años, por lo que no es necesario modificar nada.

6. Configuremos ahora la segunda tabla dinámica: abre el menú contextual de cualquier celda que contenga una fecha, selecciona la opción **Agrupar** y, en la ventana que se muestra, selecciona solo las opciones "*Trimestres*" y "*Años*".

7. Haz clic en **Aceptar**. Las dos tablas dinámicas muestran ya la información solicitada en el enunciado del ejercicio:

	A	B	C	D	E
1					
2					
3	Etiquetas de fila ▾	Ventas		Etiquetas de fila ▾	Ventas
4	⊞ 2014	234.910 €		⊟ 2014	
5	⊞ 2015	247.380 €		Trim.1	37.050 €
6	⊞ 2016	266.700 €		Trim.2	59.970 €
7	Total general	748.990 €		Trim.3	60.390 €
8				Trim.4	77.500 €
9				⊟ 2015	
10				Trim.1	50.230 €
11				Trim.2	61.850 €
12				Trim.3	51.760 €
13				Trim.4	83.540 €
14				⊟ 2016	
15				Trim.1	51.990 €
16				Trim.2	63.620 €
17				Trim.3	67.990 €
18				Trim.4	83.100 €
19				Total general	748.990 €
20					

14

RANGOS DE CONSOLIDACIÓN MÚLTIPLE

La consolidación de datos constituye una forma eficaz de combinar datos de distintos orígenes en un mismo informe de datos dinámicos. Por ejemplo, si tenemos tablas con cifras de ventas de las diferentes oficinas de nuestra empresa indicando qué modelos de productos se venden en qué países, podemos usar una consolidación de datos para resumir esas cifras en un informe de ventas corporativo.

En el siguiente ejemplo (fichero "*Rangos de consolidación múltiple.xlsx*") tenemos cuatro oficinas repartidas en tres ciudades (Madrid, Córdoba y dos oficinas en Segovia) y vemos que los seis modelos disponibles (de aquello que estemos vendiendo) se venden en seis países distintos, aunque no todas las oficinas venden a todos los países:

	A	B	C	D	E	F
1			Oficina de Madrid			
2	País	Modelo 1	Modelo 2	Modelo 3		
3	Francia	10	15	7		
4	Alemania	8	0	15		
5	Brasil	21	11	7		
6	Dinamarca	4	8	3		
7						
8			Oficina 1 de Segovia			
9	País	Modelo 1	Modelo 2	Modelo 4		
10	Francia	8	12	13		
11	Alemania	10	14	5		
12	Brasil	8	12	3		
13	Bélgica	10	4	7		
14						
15			Oficina de Córdoba			
16	País	Modelo 5				
17	Italia	8				
18	Chile	11				
19						
20			Oficina 2 de Segovia			
21	País	Modelo 2	Modelo 4	Modelo 5	Modelo 6	
22	Portugal	6	2	17	11	
23	Alemania	10	14	5	4	
24	Chile	11	9	4	12	
25						

Si solo dispusiéramos de las cuatro tablas de ventas vistas, sería difícil obtener conclusiones o datos globales salvo que realizásemos un pesado trabajo manual para unificar en una única lista de datos toda esta información y generar posteriormente una tabla dinámica a partir de ella. La consolidación que nos permiten las tablas dinámicas nos va a dar la oportunidad de obtener el total de ventas y de poder filtrar los datos con pocos clics de ratón.

14.1 CONFIGURACIÓN DEL ORIGEN DE DATOS

Cada uno de los rangos de datos a consolidar debe organizarse en formato de tabla, idealmente incluyendo en la primera fila y en la primera columna todos los nombres de aquellos datos que queremos consolidar. De esta forma, las cuatro tablas de datos vistas en nuestro ejemplo deberían, idealmente, incluir en la fila superior los nombres de los seis modelos a la venta, y en la columna de la izquierda, los nombres de los países donde se venden nuestros productos. Si un nombre no está presente en todas las tablas, Excel presupone que dicho nombre existe también en aquellas tablas en las que no aparece, pero con valores igual a 0.

Los nombres extraídos de la cabecera de las columnas se volcarán como cabeceras de columnas en el informe consolidado (en nuestro caso los nombres de los modelos de productos), y los nombres que aparezcan como cabeceras de filas se volcarán como cabeceras de filas en el informe consolidado (en nuestro caso los nombres de los países).

No es posible consolidar datos de tablas que incluyan filas o columnas con subtotales o totales, pero alrededor de cada rango puede haber títulos u otros datos (como veremos más adelante, pues podremos seleccionar exactamente las celdas que forman cada rango a incluir.

14.2 CAMPOS DE PÁGINA

La consolidación de datos puede emplear los llamados "campos de página". Éstos se mostrarán en la tabla dinámica como filtros (es decir, como campos situados en el área de filtros) que nos permitirán mostrar los datos consolidados provenientes de unos rangos de datos y no de otros, tal y como haríamos con cualquier tabla dinámica.

Así, por ejemplo, si el responsable de ventas de nuestra empresa vuelca los datos de ventas en rangos de datos cada dos o tres semanas —sin una frecuencia concreta—, al final del trimestre podemos encontrarnos con, por ejemplo, seis rangos de datos que queremos consolidar sin que exista ningún criterio que nos permita diferenciar un rango de otro: simplemente fueron creados en momentos distintos para contener información de las ventas acaecidas desde el último rango de datos creado. En un caso así no tiene sentido plantearse la existencia de campos de página (de filtros) pues no serían de utilidad, de forma que consolidaríamos los datos de ventas sin crear campos de página.

Sin embargo, si nuestra empresa tiene oficinas en cuatro ciudades y cada una de ellas genera un rango de datos con información de ventas, sí puede tener sentido consolidar dicha información y añadir como filtro la ciudad de la que provienen los datos. Esto nos permitiría visualizar todos los datos o solamente los de una o dos ciudades, por poner un ejemplo. En este caso consolidaríamos los datos creando un campo de página (es decir, un filtro, la ciudad de la que provienen).

Un ejemplo en el que tendría sentido incluir dos campos de página sería cuando dispusiéramos de datos de ventas de cada una de nuestras cuatro oficinas para varios años. En este caso podríamos incluir un primer filtro que nos permitiese escoger la oficina (u oficinas) cuyos datos queremos analizar y un segundo filtro que nos permitiese escoger el año a analizar.

Excel nos va a permitir incluir hasta cuatro campos de página lo que supondría tener cuatro criterios distintos para diferenciar unos rangos de datos de otros.

Vamos a ver algunos ejemplos a continuación.

14.3 CONSOLIDACIÓN DE RANGOS DE CELDAS SIN CAMPOS DE PÁGINA

Para consolidar rangos de datos se utiliza el *"Asistente para tablas y gráficos dinámicos"*. A lo largo del proceso de configuración podremos escoger el número de campos de página a incluir. En este primer ejemplo optaremos por no emplearlos. Tienes los datos que vamos a usar en el fichero *"Rangos de consolidación múltiple. xlsx"*.

Para realizar esta consolidación sigue los siguientes pasos:

1. Haz clic en cualquier celda que no forme parte de un informe de tabla dinámica.

2. Inicia el asistente para tablas y gráficos dinámicos usando el icono que hemos situado en la barra de herramientas de acceso rápido o en la cinta de opciones, o presionando la combinación de teclas **Alt-T-B**.

3. En el paso 1 del asistente escoge la opción de "*Rangos de consolidación múltiples*":

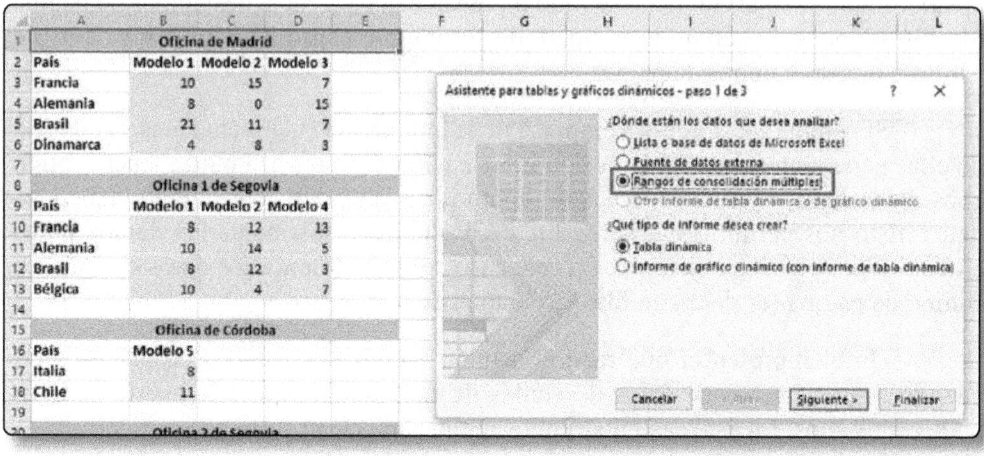

Figura 14.1. Paso 1 del asistente para tablas y gráficos dinámicos

Haz clic en **Siguiente**.

4. En el paso 2a (en las consolidaciones de datos el paso 2 se desglosa en otros dos: 2a y 2b) tendríamos que seleccionar la primera opción (**Crear un solo campo de página**) si quisiéramos crear un único campo de página o la segunda (**Campos de página personalizados**) para escoger en el siguiente paso entre 0 y 4 campos de página:

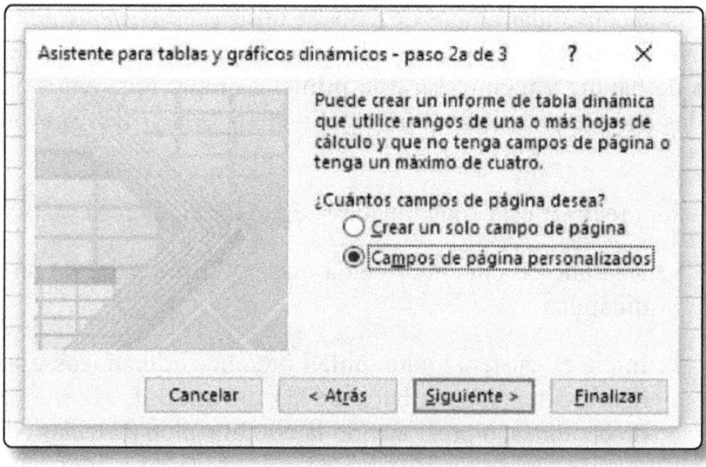

Figura 14.2. Paso 2a del asistente para tablas y gráficos dinámicos

Haz clic en esta segunda opción y, a continuación, otro clic en **Siguiente**.

5. En el paso 2b tenemos que decirle a Excel dónde están los rangos a consolidar y el número de campos de página a incluir:

Figura 14.3. Paso 2b del asistente para tablas y gráficos dinámicos

El proceso de agregación de los rangos a consolidar es sencillo: selecciona el primero de los rangos usando el ratón (el rango A2:D6 en nuestro ejemplo) y haz clic en **Agregar**. El rango en cuestión se mostrará en el recuadro "*Todos los rangos*" (figura 14.4) y Excel quedará a la espera de que añadamos otro rango (o pasemos a la siguiente fase del proceso). Si lo necesitas puedes contraer la ventana del asistente (haciendo clic en el icono *"Contraer ventana"* que hay en el extremo derecho del recuadro *"Rango"),* seleccionar el rango y volver a expandir la ventana del asistente:

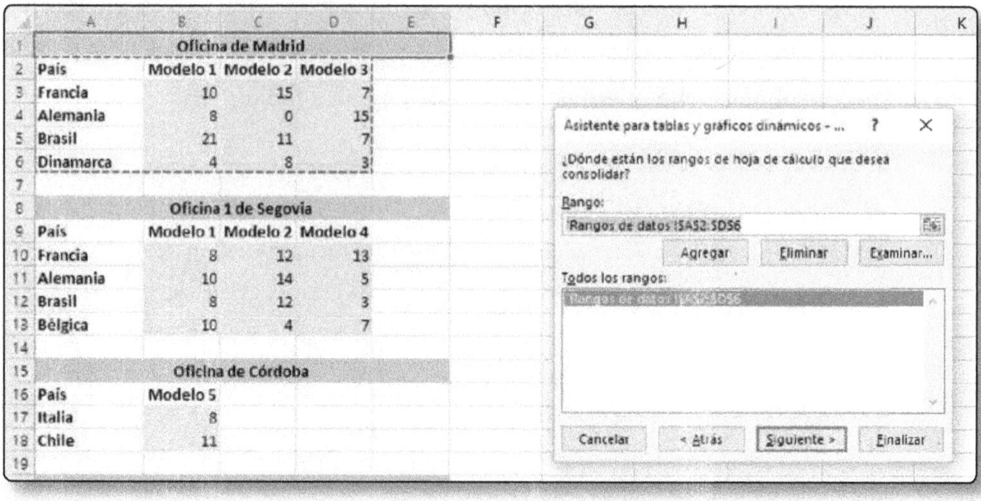

Figura 14.4. Asistente tras seleccionar el primer rango

A la hora de seleccionar cada rango ten en cuenta que solo hay que seleccionar los datos y las cabeceras de filas y columnas. Así, en el ejemplo mostrado en la imagen anterior se incluyen etiquetas (del tipo "Oficina de Madrid") por encima del rango que no hay que seleccionar.

Añade los cuatro rangos siguiendo el procedimiento visto:

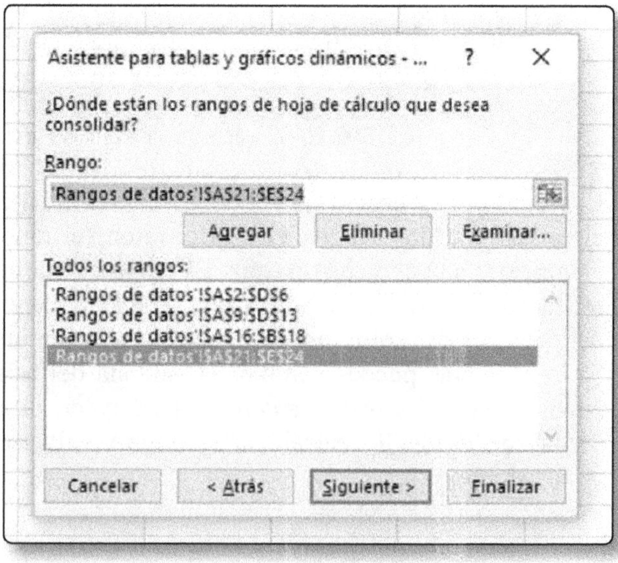

Figura 14.5. Asistente tras seleccionar los cuatro rangos

Fíjate en que, al no incluir todos los rangos el mismo número de columnas ni de filas (pues no incluyen datos de los mismos modelos ni de los mismos países), los rangos que hemos agregado tienen tamaños dispares. El segundo rango es el A9:D13, el tercero es el A16:B18 y el cuarto es el A21:E24.

6. Selecciona el número de campos de página que deseas (en este caso ninguno). Haz clic en **Siguiente**.

7. En el paso 3 del asistente escoge la localización del nuevo informe de tabla dinámica, por ejemplo, una hoja de cálculo nueva, y haz clic en **Finalizar**:

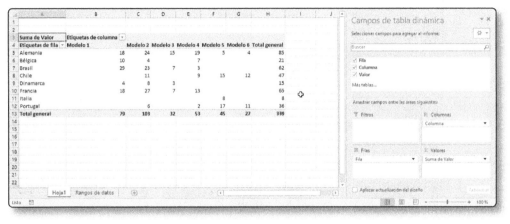

Figura 14.6. Resumen consolidado

Excel crea la tabla dinámica, da un nombre genérico a los campos creados conteniendo las etiquetas de filas, de columnas y de valores extraídos de nuestros rangos de datos (campos *Fila*, *Columna* y *Valor* en la sección de áreas del ejemplo de la imagen anterior, respectivamente), lleva el campo *Fila* al área de filas, el campo *Columna* al área de columnas y el campo *Valor* al área de valores, aplicándole la función *"Suma"*, y en el cuerpo de la tabla dinámica se muestra el listado de ventas consolidado, tal y como queríamos. Fíjate que, en este primer caso, la tabla dinámica no incluye ningún campo en el área de filtros (los que hemos llamado *"Campos de página"*).

Podemos modificar el nombre de estos campos haciendo clic sobre ellos en la sección de áreas, seleccionando **Configuración de campo** y sobrescribiendo el texto que aparece en el recuadro *"Nombre personalizado"*:

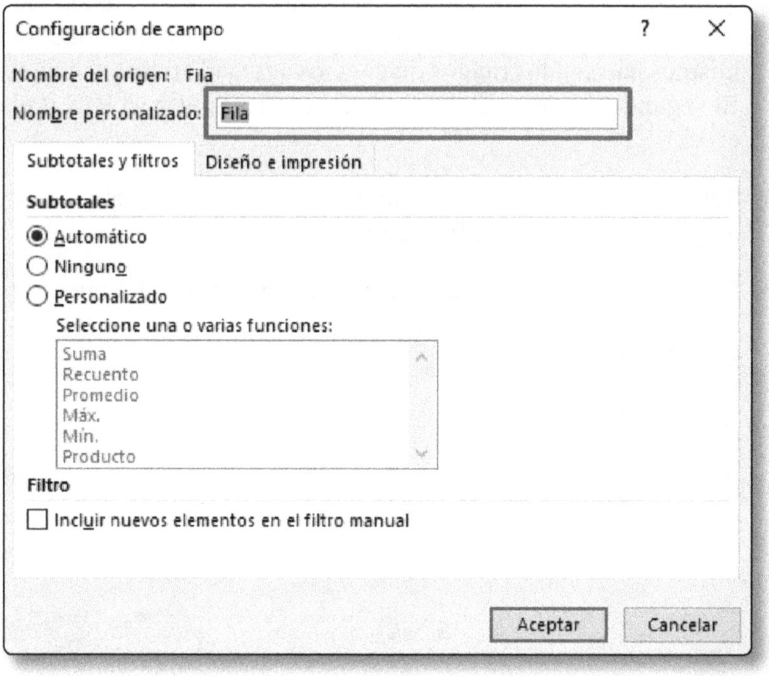

Figura 14.7. Ventana de configuración de campo

También podríamos, simplemente, seleccionar las celdas de la tabla dinámica conteniendo sus nombres y escribir encima los nuevos.

14.4 CONSOLIDACIÓN DE RANGOS DE CELDAS CON UN CAMPO DE PÁGINA

Realicemos un segundo ejemplo basándonos en los mismos datos (fichero "*Rangos de consolidación múltiple.xlsx*"), en esta ocasión incluyendo un campo de página. Para esto necesitamos un criterio de segmentación de nuestros rangos de datos, es decir, algo que nos permita diferenciar un rango de otro. En nuestro ejemplo ese criterio va a ser la oficina de la que provienen los datos. Sigue los siguientes pasos:

1. Haz clic en cualquier celda que no forme parte de un informe de tabla dinámica.

2. Inicia el asistente para tablas y gráficos dinámicos usando el icono que hemos situado en la barra de herramientas de acceso rápido o en la cinta de opciones, o presionando la combinación de teclas **Alt-T-B**.

3. En el paso 1 del asistente escoge la opción de **Rangos de consolidación múltiples**. Haz clic en **Siguiente**.

4. En el paso 2a selecciona la opción **Campos de página personalizados** (veremos poco más adelante la diferencia de esta opción con respecto a la de *"Crear un solo campo de página"*). A continuación, haz clic en **Siguiente**.

5. En el paso 2b agrega los cuatro rangos de celdas tal y como hicimos en el ejemplo anterior.

6. Selecciona un campo de página. Tenemos que añadir ahora a cada uno de los cuatro rangos que hemos agregado la etiqueta que lo va a representar en el filtro de la tabla dinámica. Para ello seleccionamos el primer rango introducido (haciendo clic en la primera línea que añadido al en el listado *"Todos los rangos"*) y escribimos en el recuadro *"Campo uno"* su etiqueta, por ejemplo, "Madrid" (el primer rango representaba datos de dicha oficina):

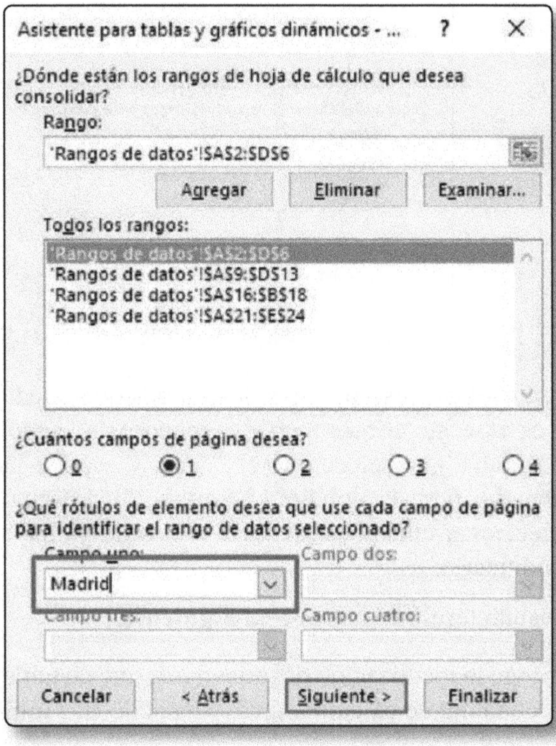

Figura 14.8. Asistente tras introducir la etiqueta que va a representar al primer rango

A continuación, seleccionamos el segundo de los rangos y escribimos en el recuadro *"Campo uno"* su etiqueta, por ejemplo, "Segovia 1" (los datos de este rango representan la información disponible de la oficina "Oficina 1 de Segovia"):

Repite el proceso para los dos rangos que quedan: selecciona el tercero y escribe su etiqueta en el recuadro *"Campo uno"* (con el nombre "Córdoba"), y selecciona el cuarto y escribe su etiqueta en el mismo recuadro (con el nombre "Segovia 2"). En cualquier momento puedes seleccionar cualquier rango, aun cuando ya haya recibido su etiqueta, y modificarla.

Cuando termines haz clic en **Siguiente**.

7. Escoge la localización del nuevo informe de tabla dinámica, por ejemplo, en una hoja de cálculo nueva, y haz clic en **Finalizar**:

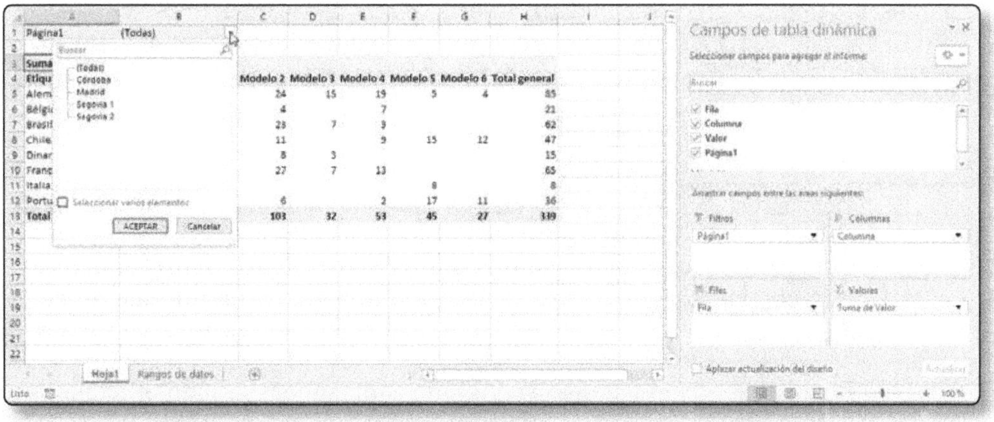

Figura 14.9. Resumen consolidado con un campo de página

Al haber incluido un campo de página, Excel va a añadir un campo (que recibe, por defecto, el nombre "*Página1*") en el área de filtros. Este campo, tal y como puede verse en la imagen anterior, va a tomar como valores las etiquetas que hayamos añadido a cada uno de los rangos. Si seleccionamos una de las etiquetas en este menú desplegable, se filtrará la tabla dinámica para mostrar los datos solo del rango en cuestión.

Puedes cambiar el nombre del campo que se ha llevado al área de filtros de dos formas:

▸ Seleccionando la celda con su etiqueta (celda A1 en la imagen anterior) y escribiendo el nombre que desees.

▸ Haciendo un clic con el botón principal del ratón en el nombre del campo en el área de filtros, seleccionando **Configuración de campo** y escribiendo el nombre que desees en el recuadro "*Nombre personalizado*"

Dos cuestiones a considerar: En el paso 2a escogimos la opción "*Campos de página personalizados*" en lugar de la opción aparentemente más obvia de "*Crear un solo campo de página*". Lo hicimos así porque la primera opción (la que escogimos) nos permite dar nombre a las etiquetas que van a representar a cada rango en nuestra tabla dinámica, mientras que la segunda opción asigna etiquetas por defecto (del tipo "*Etiqueta1*", "*Etiqueta2*", etc.) que no siempre resultan tan amigables ni útiles.

La segunda cuestión tiene que ver con las etiquetas que hemos utilizado para representar a cada uno de los rangos de datos. En el ejemplo visto hemos considerado "*Madrid*", "*Córdoba*" y dos etiquetas para Segovia: "*Segovia 1*" y "*Segovia 2*" pues teníamos dos oficinas en dicha ciudad y –por algún motivo– queríamos ser capaces de filtrar los datos de cada una de ellas. Sin embargo, es posible repetir la misma etiqueta ("*Segovia*") en ambos rangos de datos y la tabla dinámica consolidará los datos de ambos rangos cuando filtremos según dicho criterio. Veámoslo en la práctica.

Comencemos con los mismos rangos de datos que hemos utilizado hasta ahora y sigamos los siguientes pasos:

1. Haz clic en cualquier celda que no forme parte de un informe de tabla dinámica.

2. Inicia el asistente para tablas y gráficos dinámicos usando el icono que hemos situado en la barra de herramientas de acceso rápido o en la cinta de opciones, o presionando la combinación de teclas **Alt-T-B**.

3. En el paso 1 del asistente escoge la opción de **Rangos de consolidación múltiples**. Haz clic en **Siguiente**.

4. En el paso 2a selecciona la opción **Campos de página personalizados** y haz clic en **Siguiente**.

5. En el paso 2b agrega los cuatro rangos de celdas.

6. A continuación, selecciona **1 campo de página** y asigna las etiquetas que van a representar a los cuatro rangos de datos: "*Madrid*" al primer rango, "*Segovia*" al segundo, "*Córdoba*" al tercero y "*Segovia*" (nuevamente) al cuarto. Haz clic en **Siguiente**.

7. Escoge la localización del nuevo informe de tabla dinámica, en este caso en la celda G1 de la misma hoja de cálculo en la que tenemos los rangos de datos, y haz clic en **Finalizar**:

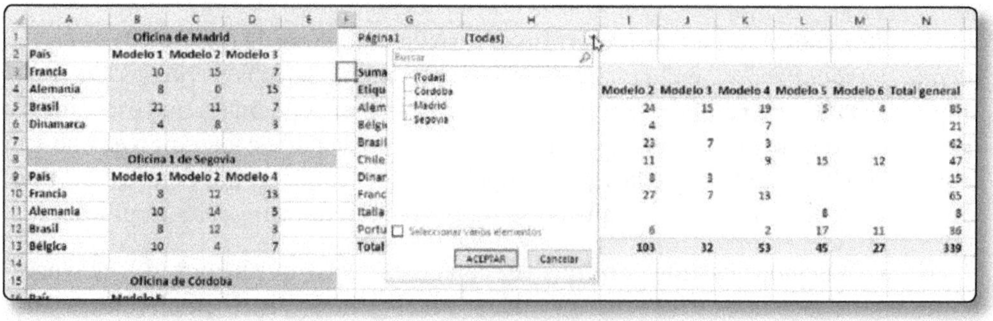

Figura 14.10. Etiquetas disponibles en el filtro

El filtro de la tabla dinámica incluye ahora solo las tres etiquetas que hemos asignado a nuestros rangos de datos. Seleccionemos en dicho filtro "Segovia" y veamos el resultado:

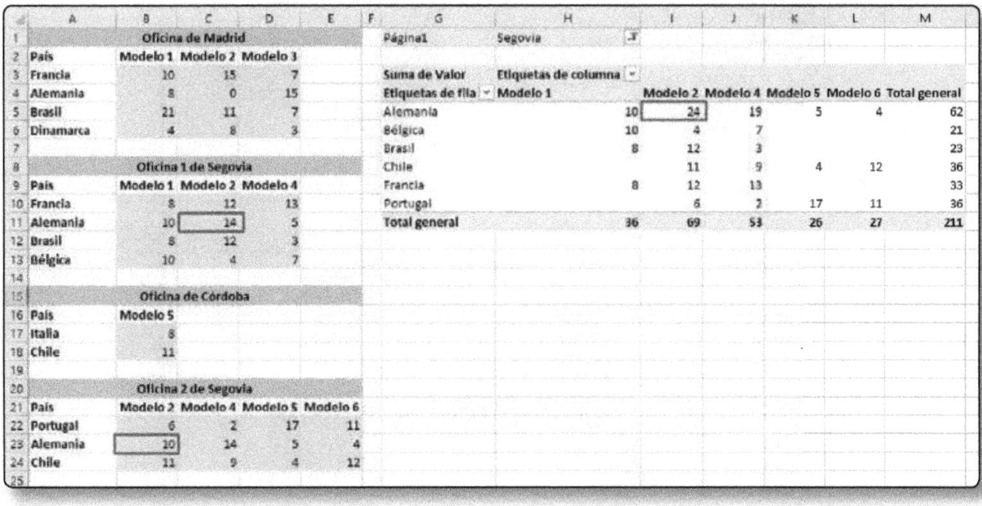

	Oficina de Madrid			
País	**Modelo 1**	**Modelo 2**	**Modelo 3**	
Francia	10	15	7	
Alemania	8	0	15	
Brasil	21	11	7	
Dinamarca	4	8	3	
	Oficina 1 de Segovia			
País	**Modelo 1**	**Modelo 2**	**Modelo 4**	
Francia	8	12	13	
Alemania	10	14	5	
Brasil	8	12	3	
Bélgica	10	4	7	
	Oficina de Córdoba			
País	**Modelo 5**			
Italia	8			
Chile	11			
	Oficina 2 de Segovia			
País	**Modelo 2**	**Modelo 4**	**Modelo 5**	**Modelo 6**
Portugal	6	2	17	11
Alemania	10	14	5	4
Chile	11	9	4	12

Página1	**Segovia**					
Suma de Valor	**Etiquetas de columna**					
Etiquetas de fila	**Modelo 1**	**Modelo 2**	**Modelo 4**	**Modelo 5**	**Modelo 6**	**Total general**
Alemania	10	24	19	5	4	62
Bélgica	10	4	7			21
Brasil	8	12	3			23
Chile		11	9	4	12	36
Francia	8	12	13			33
Portugal		6	2	17	11	36
Total general	36	69	53	26	27	211

Figura 14.11. Resumen consolidado correspondiente a los datos de las dos oficinas de Segovia

Analizando visualmente los rangos de datos correspondientes a las dos oficinas de Segovia vemos que el modelo 2 se ha vendido a Alemania desde ambas oficinas: las ventas de la oficina 1 han sido de 14 unidades y las ventas de la oficina 2 han sido de 10 unidades. Y en la tabla dinámica comprobamos que, efectivamente, se están consolidando estas cifras merced a la etiqueta común que estamos utilizando para ambos rangos.

14.5 CONSOLIDACIÓN DE RANGOS DE CELDAS CON DOS RANGOS DE PÁGINA

El proceso para consolidar rangos de celdas añadiendo dos rangos de página es muy semejante. La principal diferencia reside, tal y como ya se ha comentado, en el hecho de que deberemos tener dos criterios de segmentación de nuestros datos. En el siguiente ejemplo partiremos de un conjunto de rangos de datos (fichero "*Rangos de consolidación múltiple - Dos campos de página.xlsx*") que incluyen datos para cuatro oficinas (Madrid, Segovia, Córdoba y San Sebastián) y dos años (2014 y 2015):

	A	B	C	D	E
1			Oficina de Madrid - 2014		
2	País	Modelo 1	Modelo 2	Modelo 3	
3	Francia	10	15	7	
4	Alemania	8	0	15	
5	Brasil	21	11	7	
6	Dinamarca	4	8	3	
7					
8			Oficina de Madrid - 2015		
9	País	Modelo 1	Modelo 2	Modelo 4	
10	Francia	9	12	8	
11	Alemania	4	5	12	
12	Bélgica	11	11	6	
13					
14			Oficina de Segovia - 2015		
15	País	Modelo 1	Modelo 2	Modelo 4	
16	Francia	8	12	13	
17	Alemania	10	14	5	
18	Brasil	8	12	3	
19	Bélgica	10	4	7	
20					
21			Oficina de Córdoba - 2014		
22	País	Modelo 5			
23	Italia	8			
24	Chile	11			
25					
26			Oficina de San Sebastián - 2014		
27	País	Modelo 2	Modelo 4	Modelo 5	Modelo 6
28	Portugal	6	2	17	11
29	Alemania	10	14	5	4
30	Chile	11	9	4	12
31					
32			Oficina de San Sebastián - 2015		
33	País	Modelo 1	Modelo 2	Modelo 5	Modelo 6
34	Portugal	5	8	11	14
35	Alemania	8	14	6	2
36	Chile	10	1	0	18
37	Italia	6	7	4	11
38					

Fíjate en que no todas las oficinas tienen datos para los dos años, lo que no es un impedimento (Excel presupone que los datos que faltan toman el valor cero).

Para consolidar estos datos, sigue los siguientes pasos:

1. Haz clic en cualquier celda que no forme parte de un informe de tabla dinámica.

2. Inicia el asistente para tablas y gráficos dinámicos usando el icono que hemos situado en la barra de herramientas de acceso rápido o en la cinta de opciones, o presionando la combinación de teclas **Alt-T-B**.

3. En el paso 1 del asistente escoge la opción de **Rangos de consolidación múltiples**. Haz clic en **Siguiente**.

4. En el paso 2a selecciona la opción **Campos de página personalizados** y, a continuación, haz clic en **Siguiente**.

5. En el paso 2b agrega los seis rangos de celdas según el procedimiento visto:

6. Selecciona dos campos de página. Tenemos que añadir ahora a cada uno de los seis rangos las dos etiquetas que lo van a representar en los filtros de la tabla dinámica teniendo cuidado de asignar cada etiqueta al campo correcto en función del criterio que se haya decidido. Por ejemplo, vamos a asignar al primer filtro (el correspondiente al "*Campo uno*") el año al que se refiere el rango de datos, y vamos a asignar al segundo filtro (el correspondiente al "*Campo dos*") la ciudad en la se encuentra la oficina a los que se refieren los datos:

Para ello seleccionamos el primer rango introducido en el listado "*Todos los campos*" (el rango A2:D6) y escribimos en el recuadro "*Campo uno*" su etiqueta de año (2014) y en el recuadro "*Campo dos*" la etiqueta de ciudad ("Madrid"):

A continuación, seleccionamos el segundo de los rangos en el listado "*Todos los rangos*" y escribimos en el recuadro "*Campo uno*" el año al que corresponde (2015) y en el recuadro "*Campo dos*" la ciudad ("Madrid"). Una vez que has introducido una etiqueta en uno de los campos, ésta queda disponible para otros rangos desplegando el menú que hay debajo de cada uno de los cuatro campos. Así, en la imagen anterior vemos que se ha introducido la etiqueta "*Madrid*" en el campo dos. Si seleccionamos otro rango en el listado "*Todos los rangos*" y abrimos el menú desplegable que hay debajo de "*Campo dos*", veremos la opción "*Madrid*" para agregarla cómodamente.

Repetimos el proceso para los cuatro rangos restantes. Recuerda que, cuando faltan datos (como las ventas de Segovia en 2014), Excel supone que existen pero que toman el valor cero.

Cuando termines haz clic en **Siguiente**.

7. Escoge la localización del nuevo informe de tabla dinámica, por ejemplo, en la celda G1 de la hoja de cálculo en la que estamos trabajando, y haz clic en **Finalizar**:

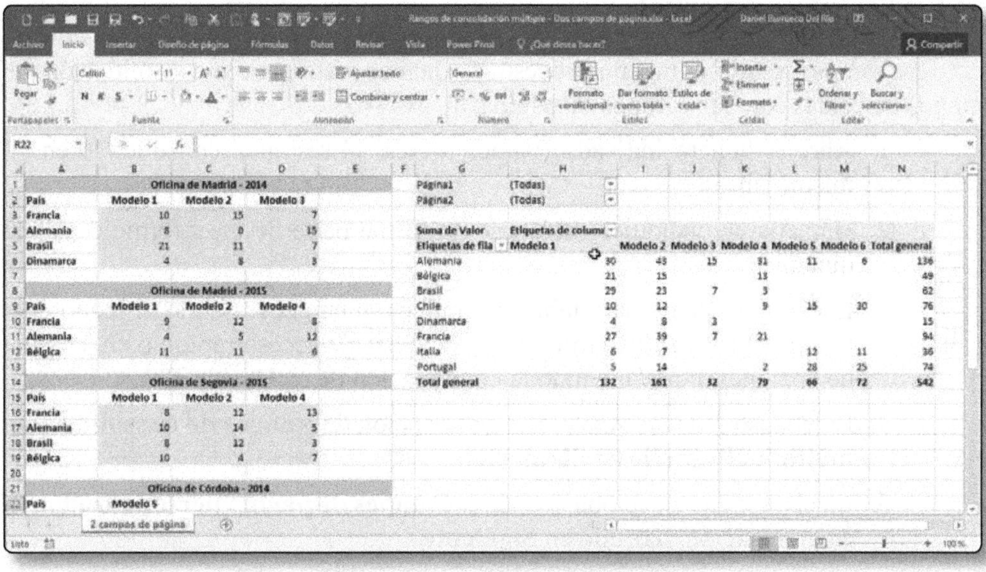

Figura 14.12. Resumen consolidado

En este caso, al haber incluido dos campos de página, Excel va a añadir dos campos (con el nombre por defecto de "*Página1*" y "*Página2*") en el área de filtros. El primer filtro incluye las etiquetas que hemos incluido en el "*Campo uno*" en el asistente de consolidación (los valores 2014 y 2015) y el segundo filtro incluye las etiquetas incluidas en el "*Campo dos*" (los nombres de las ciudades: "Córdoba", "Madrid", "San Sebastián" y "Segovia" (se muestran en orden alfabético de la A a la Z). Podemos ahora analizar los datos consolidados filtrando según los dos criterios vistos.

Recuerda que puedes cambiar los nombres que han recibido los campos que se han agregado al área de filtros para que resulten más amigables y útiles.

14.5.1 Ejercicio

Basándose en el fichero "*Rangos de consolidación múltiple - Cuatro campos de página.xlsx*", se pide consolidar la información contenida en él añadiendo cuatro criterios de filtrado: subcontinente ("*América del Norte*", "*América del Sur*" y "*Europa*"), "*País*", "*Ciudad*" y "*Año*".

14.5.2 Solución del ejercicio

Vamos a seguir el mismo proceso que hemos visto para la consolidación de rangos de celdas con dos campos de página:

1. Abre el fichero indicado (vamos a crear el resumen consolidado en el mismo libro).

2. Haz clic en cualquier celda que no forme parte de un informe de tabla dinámica.

3. Inicia el asistente para tablas y gráficos dinámicos usando el icono que hemos situado en la barra de herramientas de acceso rápido o en la cinta de opciones, o presionando la combinación de teclas **Alt-T-B**.

4. En el paso 1 del asistente escoge la opción de **Rangos de consolidación múltiples**. Haz clic en **Siguiente**.

5. En el paso 2a selecciona la opción **Campos de página personalizados** y, a continuación, haz clic en **Siguiente**.

6. En el paso 2b agrega los siete rangos de celdas según el procedimiento visto:

7. Selecciona cuatro campos de página. Añade las etiquetas adecuadas. Vamos a mantener el orden sugerido en el enunciado del ejercicio: "*Campo uno*" para el subcontinente, "*Campo dos*" para el país, "*Campo tres*" para la ciudad y "*Campo cuatro*" para el año. Así, para el primer rango agregado (el rango A4:D8) la etiqueta del "*Campo uno*" sería "*América del Sur*", la del "*Campo dos*", "*Brasil*", la del "*Campo tres*", "*São Paulo*" (por cierto, puedes conseguir la letra "ã" presionando simultáneamente la tecla **AltGr** y la tecla **4** del teclado estándar –no del teclado numérico–, soltar las teclas y presionando la **a**) y la del "*Campo cuatro*", "*2014*". Cuando hayas terminado haz clic en **Siguiente**.

8. Selecciona dónde quieres que se cree el informe de tabla dinámica (por ejemplo, en una hoja de cálculo nueva). Haz clic en **Finalizar**.

9. Se habrá generado la tabla dinámica con los cuatro filtros. Modifica sus nombres adecuadamente:

	A	B	C	D	E	F	G
1	Subcontinente	(Todas)					
2	País	(Todas)					
3	Ciudad	(Todas)					
4	Año	(Todas)					
5							
6	**Suma de Valor**	Etiquetas de columna					
7	**Etiquetas de fila**	Modelo 1	Modelo 2	Modelo 3	Modelo 4	Total general	
8	Alemania		17	8	34	12	71
9	Bélgica		11		5	1	17
10	Brasil		30	27	20	21	98
11	Dinamarca		6	8	6	9	29
12	España		23	8	12	12	55
13	Estados Unidos		6	12	12	12	42
14	Francia		26	24	11	4	65
15	Perú		7	12	12	10	41
16	**Total general**		126	99	112	81	418
17							

Tienes en el fichero "*Rangos de consolidación múltiple - Cuatro campos de página - Ejercicio resuelto.xlsx*" el ejercicio resuelto.

14.6 CONSOLIDACIÓN DE RANGOS DE DATOS CONTENIDOS EN FICHEROS EXTERNOS

En los ejemplos que hemos visto, los rangos están todos en nuestro libro de cálculo, pero esto puede ser poco realista en múltiples escenarios. Si, por ejemplo, deseamos consolidar los datos de ventas que varias divisiones o sucursales de nuestra empresa proporcionan en diferentes ficheros, tener todos esos datos en un mismo libro de cálculo exigiría un pesado trabajo manual que difícilmente justificaría el resultado obtenido, más aún cuando probablemente esos ficheros se actualicen periódicamente. Afortunadamente Excel permite consolidar datos contenidos en otras hojas de cálculo.

Para probar esta herramienta, supongamos que los datos de ventas de nuestras oficinas en Madrid, Córdoba y Segovia (donde tenemos dos oficinas) se encuentran en ficheros externos (ficheros *"Rangos de consolidación múltiple - Oficina de Madrid.xlsx"*, *"Rangos de consolidación múltiple - Oficina de Córdoba.xlsx"*, *"Rangos de consolidación múltiple - Oficina 1 de Segovia.xlsx"* y *"Rangos de consolidación múltiple - Oficina 2 de Segovia.xlsx"*). Estos ficheros contienen una única hoja de cálculo con la tabla de datos de ventas de la oficina que corresponda. Así, por ejemplo, el fichero correspondiente a Córdoba contiene la siguiente tabla:

Y supongamos que queremos consolidar dicha información en un único fichero maestro.

El procedimiento para la consolidación de datos es semejante al visto, con la particularidad de que habrá que indicar a Excel en qué parte de los ficheros externos se encuentran los datos que queremos consolidar. Sigue los pasos que ya conoces con alguna ligera modificación:

1. Abre el libro Excel que va a recibir los datos consolidados (el fichero maestro). Puede ser un fichero en blanco o no, es indiferente.

2. Abre los ficheros que contienen los rangos a consolidar. Si éstos son cuatro, tendremos cinco libros Excel abiertos: el fichero maestro y los cuatro ficheros con los rangos a consolidar.

3. En el fichero maestro, haz clic en cualquier celda que no forme parte de un informe de tabla dinámica.

4. Inicia el asistente para tablas y gráficos dinámicos.

5. En el paso 1 del asistente escoge la opción de **Rangos de consolidación múltiples**

    Haz clic en **Siguiente**.

6. En el paso 2a selecciona la opción **Campos de página personalizados** y haz clic en **Siguiente**.

7. En el paso 2b tenemos que indicar a Excel dónde están los rangos a consolidar, y aquí nos encontramos con la única dificultad del proceso. Teóricamente deberíamos escribir en el recuadro *"Rango"* los rangos a consolidar y, considerando que éstos se encuentran en ficheros externos, tendríamos que escribir la ruta completa, incluyendo, para cada rango, el nombre del fichero, la hoja de cálculo en la que se encuentra y la posición exacta dentro de la hoja, y no vamos siempre a recordar el formato exacto de esta información, de forma que lo más sencillo es tener abierto el libro conteniendo el rango a consolidar –tal y como hemos hecho nosotros– y, a continuación:

    • Teniendo el cursor insertado en el cuadro *"Rango"* en el asistente para tablas y gráficos dinámicos, trae a primer plano el libro Excel conteniendo el primer rango a consolidar (usando la combinación de teclas **Alt-Tab** o seleccionando dicho fichero en la barra de tareas de Windows). En nuestro caso escogemos el correspondiente a Córdoba. Verás que la ventana del asistente para tablas y gráficos dinámicos se mantiene visible por encima del libro Excel.

    • Buscar el rango a consolidar y selecciónalo.

    • Haz clic en **Agregar** para agregar dicho rango de datos al listado de rangos a consolidar.

    Verás que el aspecto de la ruta del rango que hemos introducido será algo como:

    "'\directorio_del_fichero\[Rangos de consolidación múltiple - Oficina de Córdoba.xlsx]Rangos de datos'!$A$1:$B$3"

    Lo que, efectivamente, no es una nomenclatura excesivamente compleja pero tampoco muy amigable (si somos capaces de escribirla, no sería necesario abrir los ficheros al principio del proceso).

    Repite el proceso con los otros tres ficheros: tráelos a primer plano, busca el rango de datos, selecciónalo y agrégalo al listado de rangos a consolidar.

> **ⓘ NOTA**
>
> En función de la versión de Windows que tengas, puede resultarte complicado traer a primer plano cada uno de los ficheros pues, al haber una ventana de diálogo abierta (la del asistente) con un enlace a un fichero (el que contiene el primer rango que ya hemos introducido) Windows puede insistir en mostrarte siempre el fichero Excel con los datos de Córdoba (en el ejemplo mostrado anteriormente) aun cuando selecciones otro con **Alt-Tab** o haciendo clic en su icono en la barra de tareas de Windows. Si éste es tu caso, prueba a minimizar las ventanas usando el icono correspondiente situado en la esquina superior derecha hasta que se muestre el fichero que buscas:
>
>

Añade los cuatro rangos siguiendo este procedimiento:

Asistente para tablas y gráficos dinámicos - paso 2b de 3   ?   ✕

¿Dónde están los rangos de hoja de cálculo que desea consolidar?
Ra_ngo:

'\tmp\[Rangos de consolidación múltiple - Oficina 2 de Segovia.xlsx]Rangos de datos'!$A$1:$E 🔳

Agregar   Eliminar   Examinar...

To_dos los rangos:

'\tmp\[Rangos de consolidación múltiple - Oficina 1 de Segovia.xlsx]Rangos de datos'!$A$1:D
'\tmp\[Rangos de consolidación múltiple - Oficina 2 de Segovia.xlsx]Rangos de datos'!$A$1:E
'\tmp\[Rangos de consolidación múltiple - Oficina de Córdoba.xlsx]Rangos de datos'!$A$1:$B$3
'\tmp\[Rangos de consolidación múltiple - Oficina de Madrid.xlsx]Hoja1'!$A$1:$D$5

¿Cuántos campos de página desea?
◉ 0   ○ 1   ○ 2   ○ 3   ○ 4

¿Qué rótulos de elemento desea que use cada campo de página para identificar el rango de datos seleccionado?

Campo uno: Campo dos:

Campo tres: Campo cuatro:

Cancelar   < A_trás   S_iguiente >   F_inalizar

8. Selecciona el número de campos de página que deseas (por simplificar el ejemplo escoge 0). Haz clic en **Siguiente**.

9. Escoge la localización del nuevo informe de tabla dinámica, y haz clic en **Finalizar**.

Verás la tabla dinámica con los datos consolidados de los ficheros externos. A partir de este momento, bastará con actualizar el contenido de la tabla dinámica (usando el comando "*Analizar>Datos>Actualizar*") para refrescar nuestro fichero maestro con las actualizaciones que se produzcan en los ficheros externos, para lo que, por supuesto, Excel deberá tener acceso a ellos (aunque ya no será necesario tenerlos abiertos).

Se incluye también en el fichero "*Rangos de consolidación múltiple - Datos consolidados.xlsx*" el resumen consolidado resultante.

(i) **NOTA**

Como habrás visto, resulta un poco pesada la gestión de los diferentes libros Excel, pues cada vez que se agrega un nuevo rango al listado "*Todos los rangos*" Excel trae a primer plano el fichero que hemos denominado "Maestro", lo que nos obliga a minimizar este fichero y el fichero cuyo rango acabamos de agregar para seleccionar el siguiente rango. Si todos los ficheros a agregar están en la misma carpeta y el nombre es semejante, un truco interesante es agregar solo un fichero utilizando este método, copiar la ruta del cuadro "*Rango*" (véase la imagen anterior, por ejemplo) y agregar las nuevas rutas pegándolas en el cuadro "*Rango*" modificándolas adecuadamente (cambiando "*Córdoba*" por "*Madrid*", etc.).

14.7 EDICIÓN DE UNA CONSOLIDACIÓN DE RANGOS DE DATOS

Si, una vez que hemos creado la consolidación de datos, deseamos editarla para, por ejemplo, añadir nuevos rangos de datos o modificar o eliminar los que existen, podemos hacerlo de la siguiente manera:

1. Selecciona alguna celda de la tabla de datos conteniendo la información consolidada.

2. Inicia el asistente para tablas y gráficos dinámicos usando el icono que hemos situado en la barra de herramientas de acceso rápido o en la cinta de opciones, o presionando la combinación de teclas **Alt-T-B**.

3. Se mostrará el paso 3 del asistente. Haz clic en el botón **Atrás** tantas veces como sea necesario para llegar al paso que desees modificar.

4. Una vez hayas terminado, haz clic en **Finalizar** (o haz clic en **Cancelar** en cualquier momento para cancelar el proceso de edición).

15

FUENTES DE DATOS

Hasta ahora hemos utilizado una lista de datos contenida en nuestro libro de cálculo o en libros de cálculo externos como fuente de datos de nuestras tablas dinámicas. Sin embargo, ésta no es la única opción posible. Excel puede acceder y analizar datos contenidos en una base de datos Microsoft Access, Microsoft SQL Server o en un archivo de cubo de procesamiento analítico en línea (OLAP), por poner algunos ejemplos. En estos casos Excel se conecta al origen de datos externo y después crea la tabla dinámica para resumir, analizar, explorar y presentar esos datos. La información relativa a esa conexión queda almacenada localmente, lo que tiene varias ventajas: nuestro libro Excel podrá acceder en el futuro nuevamente a dichos datos sin necesidad de repetir el proceso de conexión y, además, podremos usar dicha conexión con otros libros de cálculo. Esto nos permitiría, por ejemplo, crear una conexión a una fuente de datos conteniendo información de ventas, acceder a dichos datos desde un libro Excel en el que realicemos un análisis de ventas por producto, y acceder también desde otro libro Excel en el que calculemos las comisiones de los vendedores. Ambos libros Excel compartirían la misma conexión de datos, simplificando el proceso de acceso a los mismos.

> ### ⓘ NOTA
>
> **La carpeta "Mis archivos de origen de datos"**
>
> Tal vez hayas visto en tu ordenador una carpeta denominada *"Mis archivos de origen de datos"* que tú no has creado y no sabes qué utilidad puede tener. Esta carpeta es creada automáticamente por el paquete Microsoft Office para contener la información de conexión a tus orígenes de datos. Dentro de ella se creará un archivo nuevo para cada conexión que crees:
>
>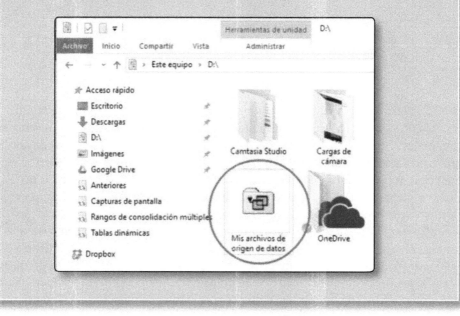

> ### ⓘ NOTA
>
> **OLAP**
>
> OLAP (*Online Analytical Processing* o "Procesamiento Analítico en línea") es una solución de **Inteligencia de Negocio (Business Intelligence)** en la que los datos a analizar se organizan en estructuras normalmente multidimensionales denominadas "cubos". Esta aproximación multidimensional tiene ciertas ventajas en comparación con el modelo tabular (basado en tablas bidimensionales, como el utilizado en las tablas dinámicas de Excel), como la velocidad de respuesta, aunque también resulta más complejo de aprender y gestionar.

Vamos a revisar en las próximas dos secciones los métodos de conexión a nuevos orígenes de datos y a orígenes de datos existentes.

15.1 CONEXIONES A NUEVOS ORÍGENES DE DATOS

Vamos a crear una conexión de datos con una base de datos de Microsoft Access (fichero *"Gestión de plazas de aparcamiento.accdb"*), importando sus datos a Excel en forma de tabla dinámica. Sigue los siguientes pasos:

1. Abre un libro en blanco.

2. Ejecuta el comando *"Datos>Obtener datos externos>Desde Access"*:

Figura 15.1. Comando de obtención de datos externos "Desde Access"

3. En la ventana de diálogo *"Seleccionar archivos de origen de datos"* buscamos la base de datos a la que queremos conectarnos (el fichero comentado), la seleccionamos y hacemos clic en **Abrir**.

4. En la ventana *"Seleccionar tabla"* hacemos clic en la tabla a importar. Si queremos importar más de una tendremos que seleccionar la opción **Activar selección de varias tablas** y, a continuación, seleccionar las tablas que nos interese. Haciendo un clic en la casilla de selección que se encuentra a la izquierda del texto "Nombre" se seleccionarán todas las tablas disponibles. Selecciona las tres (*"Departamentos"*, *"Parking"* y *"Personas"*):

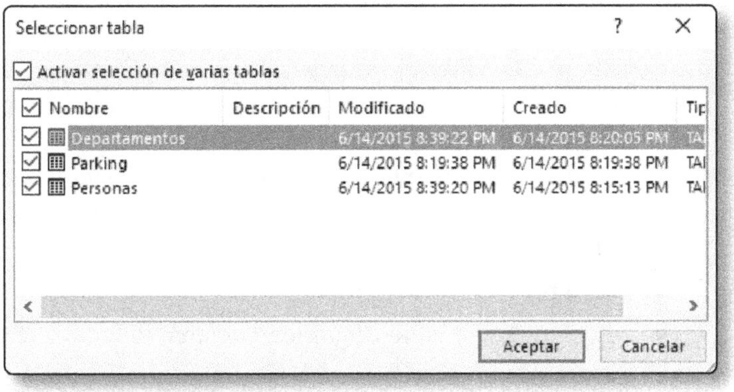

Figura 15.2. Ventana de diálogo de selección de tablas

A continuación, haz clic en **Aceptar**.

5. En el cuadro de diálogo *"Importar datos"* podemos escoger cómo queremos visualizar los datos en nuestro libro y dónde situarlos:

Figura 15.3. Cuadro de diálogo "Importar datos"

Podemos volcarlos en forma de tabla, en forma de informe de tabla dinámica, en forma de gráfico dinámico (con su correspondiente tabla dinámica), en forma de informe de Power View (si tenemos este complemento instalado) y podemos crear solo la conexión. Selecciona la opción **Informe de tabla dinámica**, dónde quieres que se sitúen los datos (por ejemplo, en la celda A1 de la hoja de cálculo actual) y haz un clic en **Aceptar**.

6. Excel realiza entonces varios procesos:

- La conexión a la base de datos Microsoft Access contenida en el fichero *"Gestión de plazas de aparcamiento.accdb"* se agrega a las conexiones disponibles (si abres la carpeta *"Mis archivos de origen de datos"* verás el fichero *"Gestión de plazas de aparcamiento Departamentos.od.odc"* que representa la conexión recién creada, nombre que, en todo caso, no coincide exactamente con el nombre del fichero).

- Las tablas leídas se agregan automáticamente al modelo de datos.

- Excel crea una tabla dinámica vacía en la localización indicada.

En la lista de campos de la recién creada tabla dinámica podemos ver las tres tablas que se han importado:

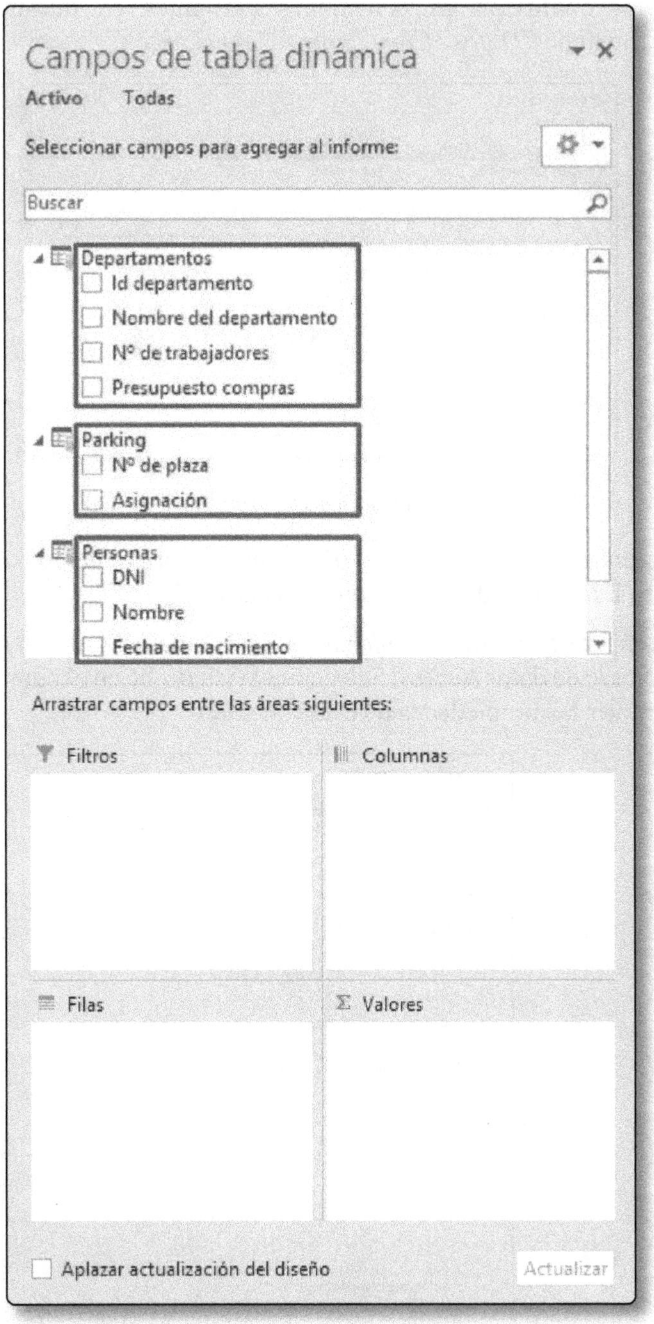

Figura 15.4. Lista de campos

Podemos confirmar las conexiones existentes en nuestro libro Excel ejecutando el comando "*Datos>Conexiones>Conexiones*":

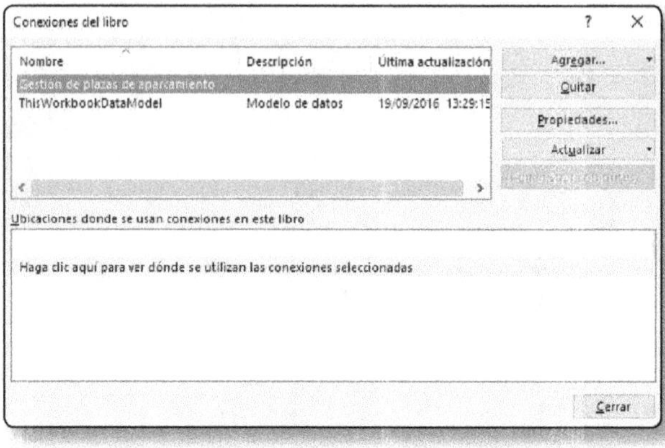

Figura 15.5. Ventana de diálogo "Conexiones del libro"

En la ventana "*Conexiones del libro*" que se abre podemos comprobar que, en nuestro libro Excel, hay dos conexiones creadas:

▶ La superior, "*Gestión de plazas de aparcamiento*", representa la conexión a la base de datos Access. Selecciónala y haz clic en el botón **Propiedades** para ver las propiedades de esta conexión:

Figura 15.6. Ventana de diálogo de propiedades de conexión

Como ya vimos en la sección dedicada a la actualización de datos, podríamos configurar esta conexión para que se actualizase periódicamente y para que se actualizase al abrirse el archivo.

▶ La inferior, *"ThisWorkbookDataModel"*, representa el modelo de datos que se ha creado tras la importación.

15.2 CONEXIONES A ORÍGENES DE DATOS EXISTENTES

Para crear una tabla dinámica a partir de una conexión existente de datos externos vamos a seguir los siguientes pasos:

1. Abre un nuevo libro Excel.

2. Ejecuta el comando *"Insertar>Tabla dinámica"*.

3. En el cuadro de diálogo *"Crear tabla dinámica"*, en el bloque *"Seleccione los datos que desea analizar"* selecciona la opción **Utilice una fuente de datos externa**:

4. Haz clic en el botón **Elegir conexión**.

5. En la ventana de diálogo *"Conexiones existentes"* que se abre, asegúrate de tener seleccionada la opción **Todas las conexiones**:

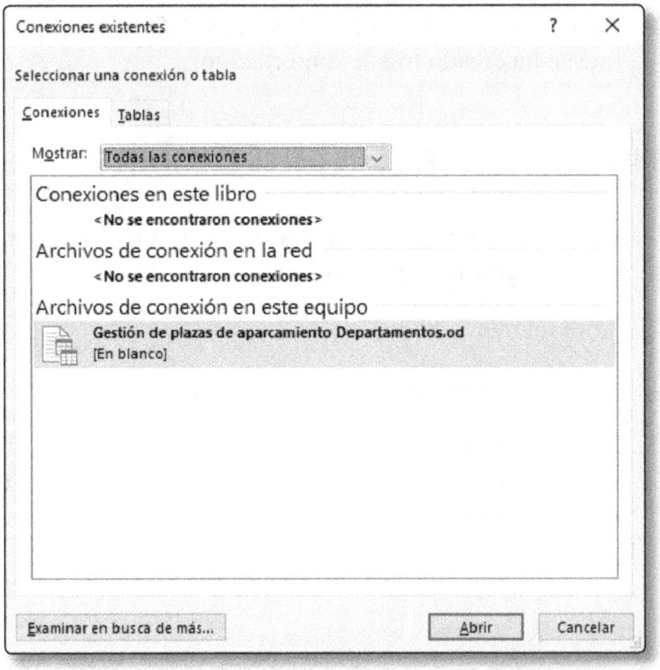

Figura 15.7. Ventana de diálogo de conexiones existentes

En este ejemplo vemos que la única conexión existente es la que hemos realizado en la sección anterior a la base de datos Microsoft Access *"Gestión de plazas de aparcamiento.accdb"*.

En la pestaña *"Tablas"* tendríamos acceso a las tablas de datos o al modelo de datos contenido en nuestro libro.

6. Escogemos la conexión a la base de datos de gestión de plazas de aparcamiento haciendo clic en ella y, a continuación, hacemos clic en **Abrir**.

7. De nuevo en la ventana *"Crear tabla dinámica"*, selecciona la ubicación para la tabla dinámica y haz clic en **Aceptar**.

Excel agrega una tabla dinámica vacía y muestra la lista de campos para que podamos escoger aquellos que queremos añadir a la tabla dinámica tal y como hemos visto en secciones anteriores.

15.2.1 Ejercicio

Cierra todos los libros Excel que tengas abiertos. Utilizando únicamente Excel (no Access), se pide averiguar el número de trabajadores que hay registrados en la base de datos contenida en el fichero *"Gestión de plazas de aparcamiento. accdb"*.

15.2.2 Solución del ejercicio

Como hemos creado una conexión a dicho fichero, podemos aprovecharla para crear una tabla dinámica que nos dé el dato que se busca. Sigue los siguientes pasos:

1. Abre un libro Excel en blanco.

2. Ejecuta el comando *"Insertar>Tablas>Tabla dinámica"*.

3. En la ventana *"Crear tabla dinámica"* selecciona la opción **Utilice una fuente de datos externa,** haz clic en el botón **Elegir conexión** y, en la ventana que se abre, haz clic en la conexión **Gestión de plazas de aparcamiento Departamentos.od**. Haz clic en **Abrir**. De vuelta a la ventana *"Crear tabla dinámica"* escoge dónde quieres que se cree la tabla dinámica (por ejemplo, en la celda A1 de la hoja actual) y haz clic en **Aceptar**.

4. Vemos en la sección de campos que hay un campo en la tabla "Departamentos" que contiene el número de trabajadores (la tabla *"Personas"* contiene el detalle de los trabajadores con plaza de parking asignada, que no es lo que se pide en el ejercicio), de forma que lo arrastramos hasta el área de valores: el número de trabajadores es 42 (si arrastramos el campo *"Nombre del departamento"* hasta el área de filas podremos ver cómo se reparten esos 42 empleados entre los diferentes departamentos).

MODELO DE DATOS

Los modelos de datos en Excel son un método de integración de datos procedentes de varias tablas que nos permiten generar de forma efectiva un origen de datos común que alimente a herramientas como las tablas y los gráficos dinámicos, así como a Power Pivot y al complemento de generación de informes, Power View.

Normalmente no seremos conscientes de que el modelo de datos está ahí. De hecho, una única tabla –como las que hemos estado usando hasta ahora– puede constituir, si así se configura, el modelo de datos más sencillo posible.

Las tablas de datos que vamos a integrar en un modelo de datos deben estar relacionadas entre sí de alguna forma para poder ser usadas de forma conjunta. Así, por ejemplo, podemos tener una tabla con un listado de personas en el que se incluya el número del documento nacional de identidad (DNI, único para cada persona), y otra tabla con las asignaciones de las plazas de parking disponibles en la empresa en la que también se incluya un campo para el documento nacional de identidad. Al trabajar con ambas tablas y existir un campo común, Excel es capaz de relacionar de forma efectiva la información contenida en ambas tablas:

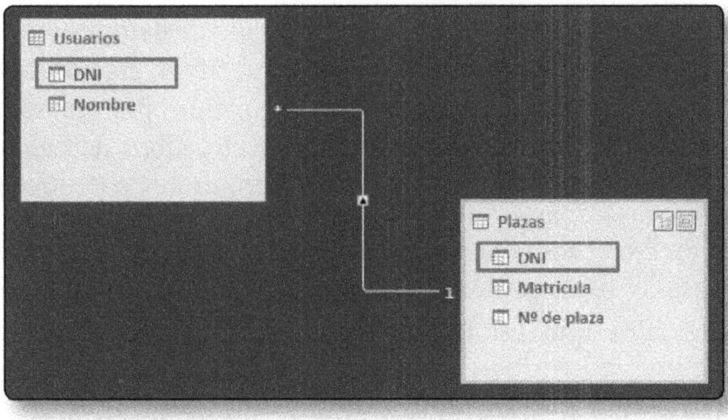

Figura 16.1. Esquema de modelo de datos

> **ⓘ NOTA**
>
> **Claves**
>
> En un ejemplo como el expuesto, en el que tenemos una tabla de personas que incluye un campo con su DNI y otro listado de plazas de aparcamiento que incluye el campo *DNI* de la persona que tiene asignada cada plaza, podemos decir que ese campo *DNI* va a servir de nexo entre ellas (y esto con independencia del nombre concreto que el campo reciba en cada una de las tablas, pues no tendría por qué ser el mismo). Sin embargo, la naturaleza del campo *DNI* en la tabla de personas y la del campo *DNI* en la tabla de plazas de aparcamiento es bien distinta.
>
> Así, en la tabla de personas puede haber dos de ellas con el mismo nombre, o con el mismo apellido, pero no puede haber dos personas con el mismo DNI. O, dicho con otras palabras, el campo *DNI* es único para cada registro. En este caso decimos que el campo *DNI* es una "clave primaria" de la tabla de personas (supongamos, para hacer el ejemplo sencillo, que todas las personas cuya información está contenida en dicha tabla son de la misma nacionalidad. Si no fuese así, podría ocurrir que dos de ellas de nacionalidades diferentes tuviesen documentos de identidad iguales).
>
> Por el contrario, en la tabla de plazas de aparcamiento, el campo *DNI* podría repetirse más de una vez (bastaría con que una persona tuviese asignada dos plazas). En este caso decimos que el campo *DNI* es una "clave externa" o "clave foránea" pues referencia a una clave primaria de otra tabla (la tabla de personas en nuestro ejemplo). En un "modelo relacional" en el que las tablas están relacionadas entre sí, normalmente encontramos una clave primaria en todas las tablas (aunque no es un requisito). Es decir, en todas las tablas suele haber un campo que identifique cada registro de la tabla de forma unívoca. En la tabla de plazas de aparcamiento, la clave primaria podría ser el número de plaza (pues, lógicamente, no va a darse el caso de que dos plazas de aparcamiento tengan el mismo número).
>
> También podría ocurrir que la clave primaria no fuese un único campo, sino la unión de varios campos que identificasen cada registro de forma unívoca.

Podemos, por lo tanto, imaginarnos un modelo de datos como un conjunto de tablas que comparten algunos campos comunes y que incluyen, por lo tanto, registros que hacen referencia a registros de otras tablas. Cuando, por ejemplo, creamos un modelo de datos a partir de listas de datos de nuestro libro de cálculo, Excel nos preguntará cuál es el campo común a las tablas. Veremos esto dentro de poco.

Un libro de Excel solo puede contener un modelo de datos, pero este modelo de datos puede usarse repetidamente a lo largo del libro. También puede no tener ningún modelo de datos, que será lo más frecuente.

> **ⓘ NOTA**
>
> Si quieres gestionar directamente el modelo de datos necesitarás usar el complemento **Power Pivot,** disponible solo para ciertas versiones de la suite Microsoft Office. En cualquier caso, es posible crear un modelo de datos durante el proceso de creación de una tabla dinámica, así como enlazar las diferentes tablas usando campos comunes, procedimientos que veremos en las próximas secciones.

16.1 CREACIÓN DE UN MODELO DE DATOS A PARTIR DE FUENTES DE DATOS EXTERNAS

Cuando importamos datos relacionales (datos procedentes de una base de datos relacional, en la que las tablas están conectadas o relacionadas entre sí de la forma que acabamos de ver) Excel crea automáticamente un modelo de datos. Ya hemos visto cómo importar datos desde una base de datos Microsoft Access (vamos a crear una segunda conexión al mismo fichero, conexión que podrás eliminar posteriormente borrando el fichero que se genere en tu carpeta "*Mis archivos de origen de datos*"):

1. En un libro Excel en blanco ejecutamos el comando del grupo "*Datos>Obtener datos externos*" adecuado al tipo de datos que vamos a leer. Si se trata de una base de datos Microsoft Access, será el comando "*Desde Access*".

2. Buscamos el fichero ("*Gestión de plazas de aparcamiento.accdb*"), lo seleccionamos y hacemos clic en **Abrir**.

3. Seleccionamos las tablas que nos interesen. Si queremos seleccionar más de una, hacemos clic en **Activar selección de varias tablas**. Para nuestro ejemplo, seleccionamos las tres tablas disponibles: "*Departamentos*", "*Parking*" y "*Personas*", y hacemos clic en **Aceptar**.

4. Seleccionamos la opción de **Informe de tabla dinámica** y escogemos el destino de la tabla, por ejemplo, la celda A1 de la hoja de cálculo actual.

5. Si estuviésemos leyendo tan solo una tabla del origen de datos, deberíamos seleccionar la opción **Agregar estos datos al Modelo de datos** para crear el modelo de datos a partir de esta tabla (o para agregar la tabla al modelo de datos existente, si ya hubiese sido creado). Si leemos dos o más tablas, como ocurre en nuestro caso, Excel activa dicha opción automáticamente (y, de hecho, no nos permite cambiarla):

6. Hacemos clic en **Aceptar**.

Ahora tenemos un modelo de datos en nuestro libro de cálculo que contiene las tres tablas que hemos importado (si ya tuviésemos un modelo de datos antes de la importación, las nuevas tablas se habrían añadido al mismo). Como seleccionamos la opción **Informe de tabla dinámica**, Excel ha creado un informe de tabla dinámica vacío y, en la sección de campos, ha representado el modelo de datos creado que utilizaremos para generar el informe de tabla dinámica.

> **(i) NOTA**
>
> Ya hemos visto que, si ya tenemos creada la conexión a un fichero externo, basta con crear una tabla dinámica indicando que se utilice una fuente de datos externa y eligiendo la conexión en cuestión. En el ejemplo visto hemos repetido el proceso de creación de la conexión por motivos puramente pedagógicos.

Gracias al modelo de datos deberíamos ser capaces de obtener datos de una tabla conociendo datos de otra (por ejemplo, si conocemos el DNI de un trabajador de la empresa, deberíamos ser capaces de saber qué número de plaza tiene asignado aun cuando esta información esté repartida en varias tablas). Hagamos una pequeña prueba con nuestros datos. Supongamos que deseamos saber cuántos trabajadores con plaza de parking asignada tiene cada departamento. En la tabla *"Departamentos"* tenemos un campo que contiene el identificador de cada departamento ("Id departamento") y otro que contiene el nombre del departamento (campo *Nombre del departamento*). Por otro lado, en la tabla *"Personas"* tenemos un campo *Departamento* que contiene un identificador del departamento al que pertenece cada persona con plaza de parking asignada.

Arrastremos el campo *Nombre del departamento* al área de filas y, a continuación, el campo *DNI* al área de valores. Por defecto se aplica la operación "*Suma*" –que no tiene ningún sentido aplicada a un documento de identidad–. Cambiémosla por la operación "*Recuento*", de forma que para cada departamento nos diga cuántas personas con plaza de parking asignada están asociadas a él. El resultado es el siguiente:

Etiquetas de fila	Recuento de DNI
Administración	1
Finanzas	1
Operaciones	2
RRHH	1
Total general	5

En este ejemplo las relaciones entre tablas estaban ya definidas en la base de datos Access, por lo que no ha sido necesario decirle a Excel qué campos relacionan las tablas.

16.2 CREACIÓN DE UN MODELO DE DATOS A PARTIR DE LISTAS DE DATOS DE NUESTRO LIBRO DE CÁLCULO

Si las listas de datos a partir de las cuales queremos crear un modelo de datos para, posteriormente, analizar el conjunto, se encuentran en nuestro libro de cálculo, deberemos pedir a Excel explícitamente que incluya todas esas listas en el modelo de datos.

En el ejemplo con el que vamos a trabajar (fichero "*Alumnos y notas.xlsx*") tenemos tres listas de datos con información sobre centros de estudios, alumnos y sus notas. En la lista de centros de estudios, vemos que cada uno de ellos se identifica de forma unívoca mediante un identificador –la clave primaria–:

Id. Colegio	Colegio	Provincia
1	Centro de estudios A	Madrid
2	Centro de estudios B	Toledo
3	Centro de estudios C	Ávila
4	Centro de estudios D	Cuenca

Lo mismo ocurre en la lista de alumnos, lista en la que el campo *Id. Alumno* es único para cada registro y supone la clave primaria de la tabla. Cada registro – cada alumno– se asocia a su vez a un centro de estudios mediante una referencia a la tabla de centros de estudios –la clave externa– (campo *Centro de estudios*):

Por último, la lista de notas contiene una referencia que indica el alumno al que pertenece cada una de ellas (la clave externa) – en esta tabla no hay clave primaria–.

Lo primero que tenemos que hacer es dar a estas listas formato de tabla ("*Inicio>Estilos>Dar formato como tabla*"), para que –como ya sabemos– resulte más sencillo su uso. Les damos, además, un nombre que las identifique ("*Colegios*", "*Alumnos*" y "*Notas*"):

A continuación, vamos a confirmar que no existe ya un modelo de datos en este libro de cálculo. Podemos hacerlo seleccionando cualquier celda que no pertenezca a una tabla y ejecutando el comando *"Datos>Obtener datos externos>Conexiones existentes"*, y seleccionando la pestaña *"Tablas"*:

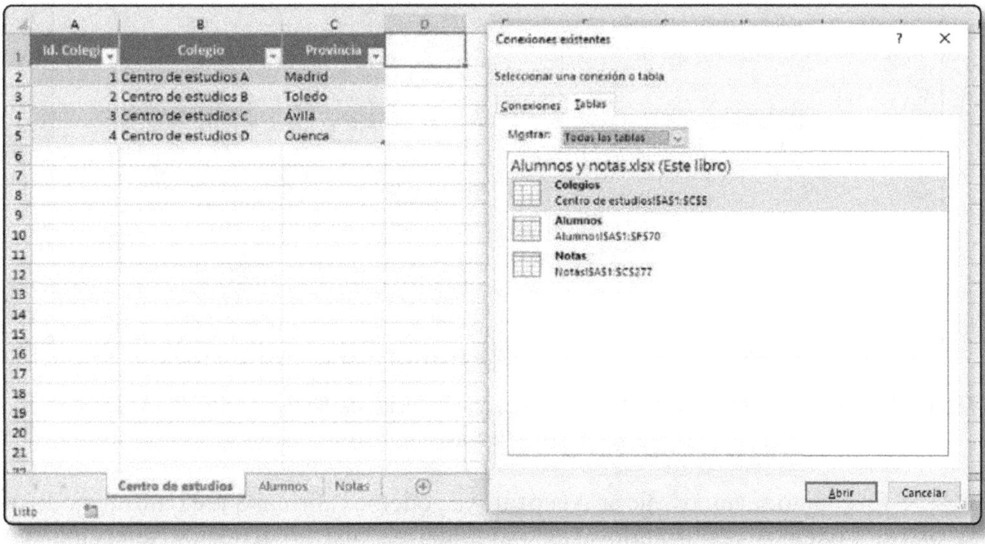

Figura 16.2. Pestaña "Tablas" de la ventana de conexiones existentes

Vemos en la ventana de conexiones existentes la presencia de las tres tablas que hemos creado, pero no vemos ninguna referencia al modelo de datos, por lo que podemos concluir que todavía no existe. Cierra la ventana de *"Conexiones existentes"* haciendo clic en el botón **Cancelar**.

Ahora, para crear un modelo de datos a partir de estas listas, haz lo siguiente:

1. Selecciona cualquier celda de la primera lista (*"Colegios"*).

2. Ejecuta el asistente de creación de tabla dinámica (*"Insertar>Tablas>Tabla dinámica"*).

3. Configura la tabla dinámica a crear en la ventana de diálogo que se abre, dejando la opción por defecto *"Seleccione una tabla o rango"* (*"Colegios"*) e indicando que la tabla de cálculo se coloque en la misma hoja de cálculo en la que nos encontramos, por ejemplo, en la celda E1. Por último, asegúrate de seleccionar la opción **Agregar estos datos al Modelo de datos**:

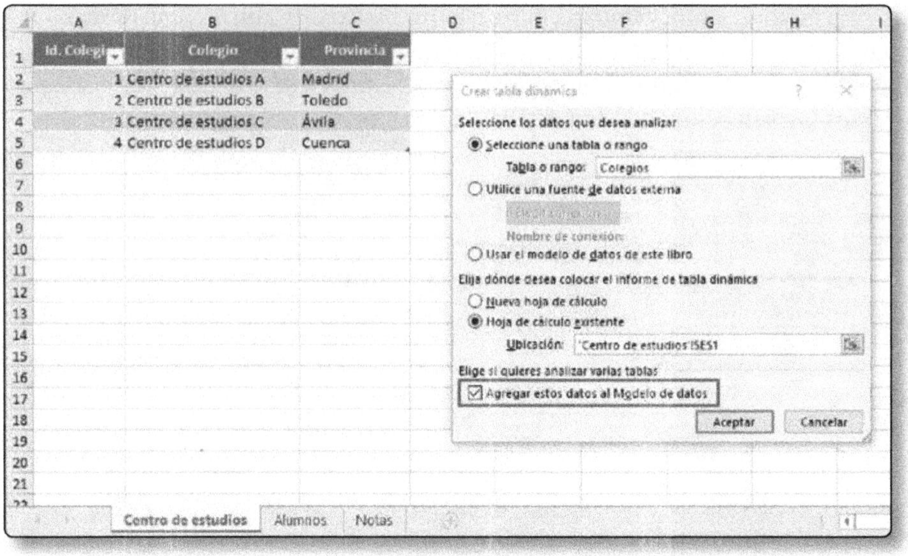

Figura 16.3. Ventana de creación de tabla dinámica con la opción de "Agregar estos datos al Modelo de datos" seleccionada

En cuanto hacemos clic en **Aceptar**, ya podemos afirmar que existe un modelo de datos. Podemos confirmarlo asegurándonos de que no tenemos seleccionada ninguna celda que pertenezca a una tabla ni a una tabla dinámica y ejecutando el comando "*Datos>Obtener datos externos>Conexiones existentes*", y seleccionando la pestaña **Tablas**:

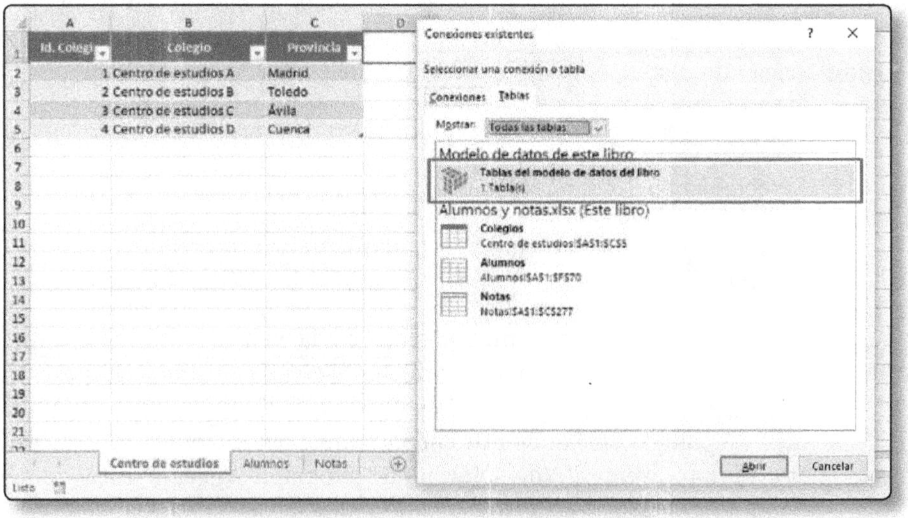

Figura 16.4. Ventana de conexiones existentes mostrando una referencia al modelo de datos creado

Puedes ver que se incluye una referencia al modelo de datos que acabamos de crear. Cierra la ventana de *"Conexiones existentes"* haciendo clic en el botón **Cancelar**.

Añadamos ahora el resto de tablas al modelo de datos:

1. Seleccionamos una celda de otra tabla.

2. Volvemos a ejecutar el asistente de creación de tablas dinámicas creando la tabla dinámica en la misma hoja de cálculo en la que estamos y seleccionando la opción **Agregar estos datos al Modelo de datos**.

Cada vez que repitamos estos últimos dos pasos, una nueva tabla se añadirá al modelo de datos.

> ### ⓘ NOTA
>
> Fíjate que Excel nos da la posibilidad de agregar una tabla al modelo de datos solamente durante el proceso de creación de una tabla dinámica que esté asociada a dicha tabla. Dicho con otras palabras: si queremos agregar una tabla al modelo de datos, estamos obligados a crear una tabla dinámica, tanto si la necesitamos como si no. Estas tablas dinámicas "temporales" son, en general, inútiles, de ahí que podamos colocarlas en la misma hoja de cálculo en la que se encuentra la tabla asociada pues, al final del proceso, acabaremos eliminándolas.

Podemos confirmar que las tres tablas se han agregado al modelo de datos seleccionando una celda que no pertenezca a una tabla ni a una tabla dinámica y volviendo a ejecutar el comando *"Datos>Obtener datos externos>Conexiones existentes"*, y seleccionando la pestaña **Tablas**. Deberíamos ver la referencia a las tres tablas junto al icono que representa al modelo de datos:

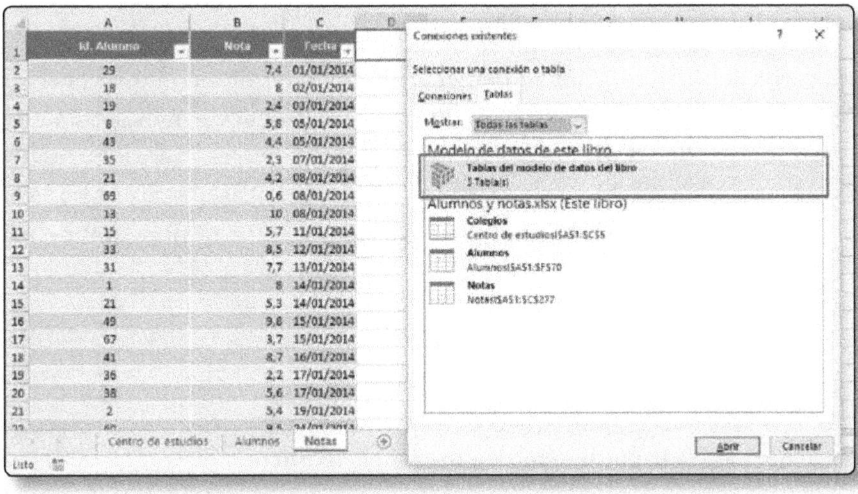

Figura 16.5. Modelo de datos incluyendo tres tablas

398 TABLAS DINÁMICAS CON EXCEL 2016

> **ⓘ NOTA**
>
> **Borrar, pero ¿cuándo?**
>
> Hemos comentado que la agregación de una tabla al modelo de datos nos obliga a crear una tabla dinámica temporal –generalmente inútil– que, al final del proceso, podremos borrar. Sin embargo, es necesario saber cuándo es posible borrarla sin modificar el modelo de datos recién creado. Así, si añadimos nuestra primera tabla al modelo de datos y eliminamos la tabla dinámica temporal que hemos creado, la tabla también se elimina del modelo de datos y éste –ahora vacío– desaparece. De forma semejante, si añadimos no una, sino dos tablas al modelo de datos –generando dos tablas dinámicas temporales– y borramos una de las tablas dinámicas, la tabla correspondiente del modelo de datos se elimina del mismo, quedando en el modelo de datos tan solo la segunda tabla.
>
> Esto va a ocurrir mientras no "utilicemos" el modelo de datos. Excel considera "utilizado" el modelo de datos cuando se ha creado una tabla dinámica a partir de él (aun cuando la tabla dinámica esté vacía). Por lo tanto, asegúrate de mantener las tablas dinámicas temporales hasta que hayas utilizado el modelo de datos al menos una vez (y lo mantengas en tu libro Excel pues, si eliminas la tabla dinámica basada en el modelo de datos, según el criterio de Excel ya no lo estarás utilizando). Después de eso ya podrás eliminar todas las tablas dinámicas temporales.
>
> Otra opción, por supuesto, es mantener las tablas dinámicas temporales de forma permanente.

16.3 CREACIÓN DE UNA TABLA DINÁMICA A PARTIR DEL MODELO DE DATOS

Para crear una tabla dinámica a partir del modelo de datos recién creado, vamos a partir del fichero generado en el apartado anterior, en el que tenemos tres listados de datos que han recibido formato de tabla (listados de colegios, alumnos y notas), tres tablas dinámicas temporales –que no necesitamos– y el modelo de datos que incluye las tres tablas de datos. Sigue ahora estos pasos:

1. Selecciona una celda de cualquier hoja de cálculo que no pertenezca a ninguna tabla ni a ninguna tabla dinámica.

2. Ejecuta el asistente de creación de tabla dinámica (*"Insertar > Tablas > Tabla dinámica"*).

3. En la ventana de diálogo de creación de tabla dinámica, selecciona la opción **Usar el modelo de datos de este libro**:

4. Escoge la localización de la tabla que se va a crear (por ejemplo, "*Nueva hoja de cálculo*").

5. Haz clic en el botón **Aceptar**.

Podrás ver que se crea el típico informe vacío de tabla dinámica pero que, en la sección de campos, se muestran tantos iconos como tablas hemos agregado al modelo de datos:

Haciendo clic en estos iconos se muestran los campos contenidos en la tabla a la que representan:

16.3.1 Creando relaciones entre tablas

Comentamos en su momento que el modelo de datos era el conjunto de tablas de datos junto a las relaciones existentes entre ellas (además de otros posibles elementos como los campos calculados). En el ejemplo de creación de un modelo de datos a partir de una base de datos Access no tuvimos que preocuparnos por esto pues en la propia base de datos se incluía información sobre las relaciones entre las tablas, información que se importó junto a los datos. En este caso concreto que estamos viendo ahora no tenemos esa información, por lo que deberemos indicar a Excel qué campos enlazan las tablas.

Supongamos que, en este momento, deseamos saber cuántos alumnos hay en cada colegio. Para ello debería ser suficiente arrastrar el campo *Colegio* de la tabla *"Colegios"* al área de filas y el campo *Id. Alumno* de la tabla *"Alumnos"* al área de valores, aplicando la función *"Recuento"*. Si lo hacemos obtenemos el siguiente resultado:

Para empezar, vemos que todos los colegios tienen 69 alumnos, lo que parece demasiada casualidad. De hecho, si vamos al listado de alumnos podremos confirmar que hay 69 alumnos ¡en total! Es decir, la tabla dinámica está asignando todos los alumnos a todos los colegios. Y, en segundo lugar, Excel nos está mostrando en la sección de campos un recuadro destacado en amarillo con el texto *"Puede que se necesite una relación entre tablas"*. Lo que está ocurriendo, efectivamente, es que Excel no puede determinar la relación entre la tabla de colegios y la de alumnos, por lo que no es capaz de repartir los 69 alumnos entre los cuatro centros de estudios. En el recuadro amarillo tenemos dos botones: *"Detección automática..."* y *"CREAR..."*. Un clic en el primer botón forzará a Excel a analizar las dos tablas buscando la posible relación (buscando la clave primaria en una de las tablas y la clave externa en la otra tabla). Para ello analiza el tipo de los campos (si contienen número o textos, por ejemplo), si los valores de un campo se repiten o no (si se repiten no podría una clave primaria) y el nombre del campo. Si Excel no es capaz de encontrar la relación entre las tablas tras hacer clic en este botón, nos devolverá el siguiente aviso haciéndonos saber que no se han detectado relaciones nuevas (además de las que ya hubiese podido encontrar):

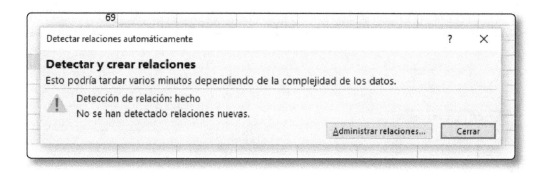

Si hacemos clic en el segundo botón (**Crear...**), Excel nos muestra la ventana *"Crear relación"* en la que debemos indicar a Excel qué dos tablas queremos relacionar y cuáles son las claves respectivas (la clave primaria en una y la clave externa en otra):

Figura 16.6. Ventana de diálogo de creación de relación entre tablas

Para ello deberemos seleccionar en el desplegable *"Tabla"* una de las tablas, y en el desplegable *"Columna (externa)"* que hay a su derecha, el campo clave de dicha tabla. Y, de forma semejante, deberemos seleccionar en el desplegable **Tabla relacionada** la segunda tabla y, en el desplegable *"Columna relacionada (principal)"* que hay a su derecha, el campo clave de esta segunda tabla.

En nuestro ejemplo debemos indicar que la tabla *"Colegios"* tiene como clave principal el campo *Id. Colegio* y que la tabla *"Alumnos"* tiene como clave externa el campo *Centro de estudios*. Si indicamos, en la ventana *"Crear relación"*, esta información en este mismo orden, Excel nos devolverá un aviso:

De hecho, si nos fijamos en los dos recuadros que hay a la derecha de esta ventana, hemos visto que, para la primera tabla (la superior), se nos pedía escoger la "*Columna (externa)*" –es decir, la clave externa–, mientras que para la segunda tabla (la inferior), se nos pedía escoger la "*Columna relacionada (principal)*" –es decir, la clave primaria–. Nosotros hemos escogido las tablas en el orden contrario: hemos indicado la tabla con la clave primaria en la parte superior, y la tabla con la clave externa en la parte inferior. Como ves, Excel nos indica que la relación no puede crearse en dicha dirección y nos sugiere hacer clic en el botón **Aceptar** para crear la relación correcta en la dirección opuesta.

Si hacemos clic en **Aceptar**, Excel creará la relación correcta entre ambas tablas y podremos ver la tabla dinámica resultante, ya con el desglose correcto del número de alumnos:

> (i) **NOTA**
>
> Ten siempre en cuenta que, para poder relacionar una tabla con otra, al menos una de ellas deberá contener en un campo –en el campo *clave primaria*– valores únicos (no repetidos). De otra forma no sería posible asociar los registros de las dos tablas entre sí.

Podemos ahora hacer uso de cualquiera de los campos de las tablas *"Colegios"* y *"Alumnos"* y llevarlos a la sección de áreas como hemos hecho hasta ahora, con la confianza de que Excel va obtener los resultados que buscamos. Podemos también crear segmentaciones de datos y utilizar todas las herramientas que hemos visto.

16.3.2 Gestionando relaciones

En el apartado anterior hemos relacionado dos tablas tras llevar campos de ambas a una tabla dinámica y recibir el mensaje de error de Excel. Hay, sin embargo, una herramienta que nos permite la creación de estas relaciones y la edición de las relaciones que ya existan: la herramienta de administración de relaciones. Para abrirla ejecuta el comando *"Datos>Herramientas de datos>Relaciones"*:

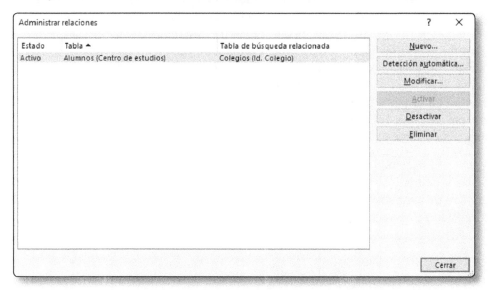

Figura 16.7. Ventana "Administrar relaciones"

En la ventana que se muestra podemos ver un listado de las relaciones existentes, así como herramientas para crear nuevas relaciones, detectar relaciones automáticamente, modificar una relación, activarlas o desactivarlas, y eliminarlas. En la imagen anterior vemos la única relación creada, indicándose su estado (activa), las dos tablas involucradas y, entre paréntesis, los campos que sirven de clave.

Si hacemos un clic en el botón **Nuevo**, Excel nos muestra la ventana *"Crear relación"* que ya conocemos, en la que seleccionar dos tablas (en el orden correcto) e indicar sus claves.

Si, volviendo al administrador de relaciones, seleccionamos la relación existente y hacemos clic en **Modificar**, Excel nos muestra la ventana *"Editar relación"*, idéntica a la ventana *"Crear relación"*, en la que podemos modificar las tablas involucradas en la relación o los campos que sirven de campos clave.

16.3.3 Ejercicio

Continuando con el fichero de alumnos y notas que se ha utilizado en esta sección, se pide averiguar la nota media de los alumnos de cada uno de los centros de estudios.

16.3.4 Solución del ejercicio

La solución pasa por crear una tabla dinámica en la que llevemos el campo *Colegio* de la tabla *"Colegios"* (que contiene el nombre de cada centro de estudios) al área de filas y el campo *Nota* de la tabla *"Notas"* al área de valores aplicándole la operación *"Promedio"*. Para ello sigue los siguientes pasos:

1. Crea una segunda tabla dinámica, por ejemplo, en la celda A10 de la misma hoja de cálculo en la que hemos estado trabajando (la hoja *"Hoja1"*). Para ello puedes seleccionar esta celda y ejecutar el comando *"Insertar>Tablas>Tabla dinámica"*, confirmando que está seleccionada la opción de **Usar el modelo de datos de este libro**.

2. Arrastra el campo *Nota* al área de valores y aplícale la operación *"Promedio"* (puedes darle formato de número con dos cifras decimales).

3. A continuación, arrastra el campo *Colegio* al área de filas.

4. Vemos como Excel muestra la misma nota media para todos los colegios, y un aviso resaltado en amarillo en la lista de campos avisándonos de la posible necesidad de crear una relación entre tablas. Haz clic en **Crear**.

5. En este caso, la tabla de notas solo está relacionada con la tabla de alumnos (que, a su vez, está relacionada con la tabla de colegios) de forma que solo podremos configurar esta relación entre notas y alumnos: la tabla con la clave primaria es la de alumnos (en la que cada alumno solo aparece una vez), y la tabla con la clave externa es la de notas (en la que se hace una referencia al alumno al que pertenece cada nota), de forma que selecciona en el desplegable *"Tabla"* la tabla *"Notas"* y en el desplegable *"Columna (externa)"* el campo *Id. Alumno*. Selecciona también en el desplegable *"Tabla relacionada"* la tabla *"Alumnos"* y en el desplegable *"Columna relacionada (principal)"* el campo *Id. Alumno*. Haz clic en **Aceptar**.

6. Una vez creada la relación entre las tablas ya podemos ver que se muestra un valor diferente para cada uno de los centros:

	A	B	C
1			
2			
3	Etiquetas de fila ▾	Recuento de Id. Alumno	
4	Centro de estudios A	16	
5	Centro de estudios B	17	
6	Centro de estudios C	20	
7	Centro de estudios D	16	
8	Total general	69	
9			
10	Etiquetas de fila ▾	Promedio de Nota	
11	Centro de estudios A	5,42	
12	Centro de estudios B	5,36	
13	Centro de estudios C	5,03	
14	Centro de estudios D	5,09	
15	Total general	5,22	
16			

Si quieres comprobar los resultados obtenidos, añade a la tabla de notas un nuevo campo en la columna D en el que se muestre el centro de estudios al que está asignado cada alumno. Para ello selecciona la celda D2, ejecuta el asistente de funciones (símbolo "fx" de la barra de fórmulas), busca la función *"BUSCARV"*, selecciónala, haz clic en **Aceptar** e introduce los datos necesarios: en el campo *Valor_buscado* haz clic en la celda A2, en el campo *Matriz_buscar_en* introduce el rango "Alumnos!A:F" (sin las comillas. También puedes seleccionar con el ratón las columnas A:F de la hoja de cálculo "*Alumnos*"), en *Indicador_columnas* introduce un 6 (número de columna que contiene el número del centro de estudios) y en *Ordenado* introduce el valor "FALSO" (de nuevo, sin comillas). Finaliza haciendo clic en **Aceptar**. Pincha en la esquina inferior derecha de la celda recién creada y arrástrala hacia abajo hasta el final de la tabla.

Una vez tengas en la columna D el número del centro de estudios, filtra dicha columna para mostrar solo las notas de, por ejemplo, el centro número 1, y comprueba en la barra de estado el promedio de dichas cifras, confirmando que el resultado coincide con el que nos ha dado la tabla dinámica ¡de una manera mucho más rápida y sencilla!

(i) **NOTA**

En este caso, la nueva relación que hemos creado entre las tablas de alumnos y de notas nos ha permitido asociar cada nota a su alumno. A su vez, Excel ha utilizado la relación que ya existía entre alumnos y colegios para asociar las notas a un colegio, en una magnífica demostración del tipo de operaciones que pueden realizarse con un modelo de datos.

17

GRÁFICOS DINÁMICOS

Aun cuando un informe de tabla dinámica es una herramienta sencilla y potente para resumir y analizar datos, si la tabla dinámica es grande o los datos son complejos, no siempre es fácil obtener una visión global de la información mostrada.

Con un gráfico dinámico resulta mucho más sencillo dar sentido a los datos y encontrar patrones en los mismos. La gran ventaja de los gráficos dinámicos frente a los gráficos estándar es que incluyen controles de filtrado interactivos semejantes a los que se ofrecen en la tabla dinámica, que nos permiten filtrar cómodamente la información para analizar los subconjuntos de datos de nuestro interés:

En el caso de que estemos hablando de datos incluidos en hojas de cálculo, es posible crear un gráfico dinámico incluso sin haber creado previamente una tabla dinámica. Veremos los métodos de creación de gráficos dinámicos así como las herramientas asociadas a ellos en las siguientes secciones.

17.1 CREACIÓN DE UN GRÁFICO DINÁMICO

Para crear un gráfico dinámico deberemos partir de, al menos, un listado de datos con el formato correcto (aquel que permite la creación de una tabla dinámica: datos situados en filas, con cabeceras de columnas, etc.). Idealmente, como ya sabemos, este listado de datos habrá recibido formato de tabla ("*Inicio>Estilos>Dar formato como tabla*") y un nombre apropiado ("*Diseño>Propiedades>Nombre de la tabla*"). Para el siguiente ejemplo, vamos a utilizar el fichero conteniendo la información de ventas de nuestra empresa ("*Ventas informática.xlsx*") en el que el listado de datos ya tiene formato de tabla y ha recibido el nombre **Ventas**. A partir de aquí, sigue los siguientes pasos:

1. Selecciona cualquier celda de la lista de datos a partir de la cual queremos crear el gráfico dinámico.

2. Ejecuta el comando "*Insertar>Gráficos>Gráfico dinámico>Gráfico dinámico*".

3. En la ventana "*Crear gráfico dinámico*" deja la opción por defecto de "*Seleccione una tabla o rango*" y el nombre de tabla o rango sugerido (**Ventas** en nuestro caso) y escoge dónde quieres que se cree el gráfico dinámico ("*Nueva hoja de cálculo*", por ejemplo). En este ejemplo no es necesario que agreguemos los datos al modelo de datos pues solo tenemos una tabla. Haz clic en **Aceptar**.

4. Se mostrará en la nueva hoja de cálculo tanto el informe de tabla dinámica vacío como el gráfico dinámico, también vacío, y la lista de campos a la derecha de la hoja:

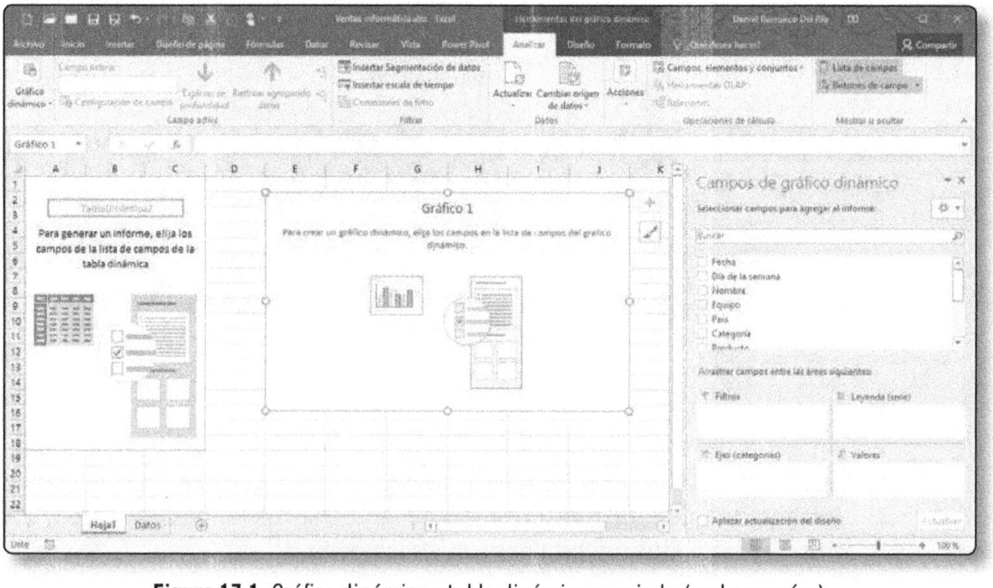

Figura 17.1. Gráfico dinámico y tabla dinámica asociada (ambos vacíos)

5. Arrastra los campos a las áreas de interés y el gráfico dinámico se irá formando al mismo tiempo. Fíjate en que, para esto, puedes tener seleccionado tanto la tabla dinámica como el gráfico dinámico, aunque los nombres de las áreas en la sección de áreas cambian en ambos casos. Lo que hasta ahora conocíamos como *"Filas"* y *"Columnas"* trabajando con tablas dinámicas, reciben el nombre de *"Ejes (categorías)"* y *"Leyenda (serie)"* si tenemos seleccionado un gráfico dinámico, pero las áreas de campos que representan son exactamente las mismas. Por ejemplo, arrastremos el campo *Día de la semana* al área de *"Ejes (categorías)"*, el campo *Tipo de cliente* al área de *"Leyenda (Serie)"* y el campo *Precio* al área de valores, aplicando la función *"Suma"*, dándole el formato de moneda adecuado y renombrándolo a *Ventas* (renombra también el contenido de las celdas *"Etiquetas de columna"* y *"Etiquetas de fila"* a *Tipo de cliente* y *Día de la semana* respectivamente. Tal vez tengas también que mover el gráfico dinámico para que no solape con la tabla dinámica):

En el paso 2 de la anterior lista ejecutamos el comando *"Insertar> Gráficos>Gráfico dinámico>Gráfico dinámico"* en lugar de la alternativa *"Insertar>Gráficos>Gráfico dinámico>Gráfico dinámico y tabla dinámica"* aunque ves que, en la opción escogida, también se ha generado una tabla dinámica.

17.1.1 Ejercicio

Basándose en el fichero de ventas de la empresa (*"Ventas informática.xlsx"*), se pide crear un gráfico dinámico que muestre las ventas mensuales.

17.1.2 Solución del ejercicio

Nos piden un gráfico dinámico en el que tendrán que estar involucrados los campos *Fecha* y *Precio*. Sigue los siguientes pasos:

1. Suponiendo que el listado de datos haya recibido ya formato de tabla y un nombre apropiado (**Ventas**), selecciona cualquier celda de la tabla y ejecuta el comando "*Insertar>Gráficos>Gráfico dinámico*".

2. En la ventana que se muestra deja todos los campos tal y como están y haz clic en **Aceptar**.

3. Con el gráfico dinámico seleccionado, arrastra el campo *Fecha* al área de "*Ejes (categorías)*" y el campo *Precio* al área de valores (renombrándolo a *Ventas*).

4. Como nos piden que el gráfico dinámico muestre las ventas mensuales, haz clic con el botón secundario del ratón en cualquier celda de la tabla dinámica que muestre un año y selecciona **Agrupar**. Deselecciona la opción "*Trimestres*" y haz clic en **Aceptar**:

17.2 CREACIÓN DE UN GRÁFICO DINÁMICO A PARTIR DE UNA TABLA DINÁMICA YA EXISTENTE

Para ver el proceso de creación de un gráfico dinámico a partir de una tabla dinámica ya existente vamos a abrir el fichero de ventas sin modificar ("*Ventas informática.xlsx*") y vamos a crear una tabla dinámica con el proceso que ya conocemos sobradamente:

1. Seleccionamos cualquier celda del listado de datos tras darle formato de tabla y darle el nombre **Ventas**.

2. Ejecutamos el comando "*Insertar>Tablas>Tabla dinámica*".

3. Dejamos la opción por defecto "*Seleccione una tabla o rango*", con la tabla o rango sugerida (**Ventas**) e indicamos que sitúe la nueva tabla dinámica en una nueva hoja de cálculo. No es necesario agregar los datos al modelo de datos. Hacemos clic en **Aceptar**.

4. En la tabla dinámica, arrastramos el campo *Tipo de cliente* al área de filas y el campo *Coste* al área de valores, aplicando la función "*Suma*" y dando al campo formato de moneda.

Ahora, para crear un gráfico dinámico:

1. Selecciona cualquier parte de la tabla dinámica.

2. Ejecuta el comando "*Analizar>Herramientas>Gráfico dinámico*" (o el comando "*Insertar>Gráficos>Gráfico dinámico>Gráfico dinámico*"):

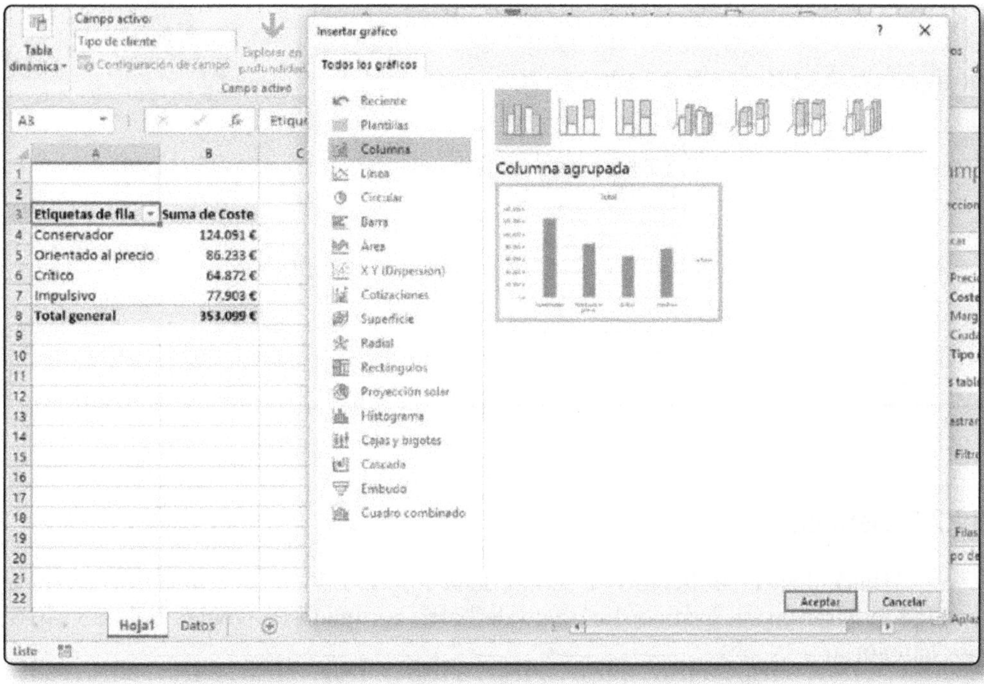

Figura 17.2. Ventana de diálogo de inserción de gráfico dinámico

3. En la venta "*Insertar gráfico*" que se muestra busca el gráfico que más se adecúe a tus necesidades. Haciendo clic en una de las categorías de la izquierda veremos en la parte superior los diferentes gráficos que Excel nos ofrece para dicha categoría, y haciendo clic en cualquiera de ellos lo veremos ampliado en la parte central de la ventana. Escoge la categoría "*Circular*" y, en la parte superior, "*Circular 3D*". Haz clic en **Aceptar**.

4. Mueve y redimensiona el gráfico de forma que no solape con la tabla dinámica o con otros datos que puedas tener en tu hoja de cálculo. Con el gráfico seleccionado, aplícale el estilo que quieras escogiendo uno en la galería que tienes en "*Diseño>Estilos de diseño*". Moviendo el ratón por encima de los diferentes estilos podrás ver en tiempo real cómo quedaría tu gráfico dinámico si lo seleccionaras. Para seleccionar uno haz clic sobre él:

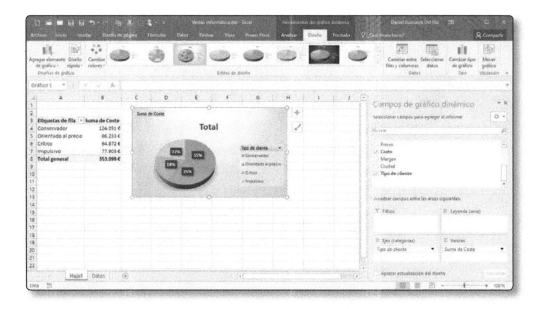

17.2.1 Ejercicio

Basándose en el fichero de ventas de la empresa ("*Ventas informática.xlsx*"), se pide mostrar en un gráfico dinámico de barra agrupada las ventas del año 2016 por categoría.

17.2.2 Solución del ejercicio

El gráfico dinámico a crear deberá incluir los campos *Categoría* y *Precio*, adecuadamente filtrados. Sigue los siguientes pasos:

1. Crea la tabla dinámica por cualquiera de los métodos que conoces.

2. Lleva el campo *Categoría* al área de filas y el campo *Precio* al área de valores.

3. Con cualquier celda de la tabla dinámica seleccionada, ejecuta el comando *"Insertar>Gráficos>Gráfico dinámico"*. Escoge la categoría *"Barra"* en el listado de la izquierda y, posteriormente, el gráfico situado a la izquierda de los tipos mostrados en la parte superior de la ventana (gráfico que ya debería estar seleccionado por defecto). Haz clic en **Aceptar**. Aplica, si quieres, un estilo al gráfico dinámico (*"Diseño>Estilos de diseño"*).

4. Para filtrar por año vamos a crear una escala de tiempo: selecciona cualquier celda de la tabla dinámica y ejecuta el comando *"Analizar>Filtrar>Insertar escala de tiempo"*. Selecciona el campo *Fecha* (único disponible) y haz clic en **Aceptar**.

5. En la escala de tiempo selecciona como "nivel de tiempo" el valor *"Años"* y haz clic en **2016**:

17.3 FILTRADO Y ORDENACIÓN EN UN GRÁFICO DINÁMICO

Con independencia de cómo hemos creado el gráfico dinámico, éste nos ofrece controles interactivos para ordenar y filtrar los datos, semejantes a los que encontramos en las tablas dinámicas.

Los campos interactivos que se incluyen en el gráfico dinámico se identifican fácilmente por el triángulo invertido que llevan a la derecha, invitándonos a hacer un clic en ellos para desplegar la lista de opciones que nos ofrecen:

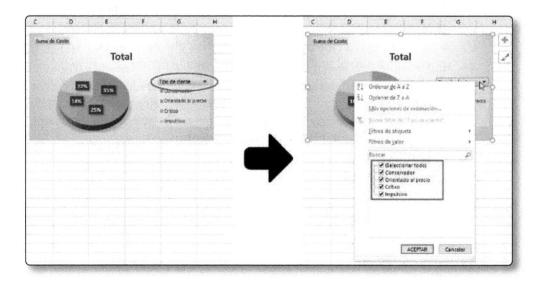

Si hacemos clic en uno de estos controles veremos que, efectivamente, tenemos a nuestra disposición herramientas semejantes a las vistas en secciones anteriores, permitiéndonos ordenar y filtrar los valores que toma el campo en cuestión.

17.4 HERRAMIENTAS DE GESTIÓN DE ELEMENTOS GRÁFICOS

Además de las características propias de los gráficos dinámicos, como la existencia de controles interactivos y la posibilidad de filtrar y ordenar datos, los gráficos dinámicos comparten con los gráficos estándar el resto de características: podemos dar formato a los ejes, líneas, columnas, etc.

Si deseamos cambiar el tipo de gráfico podremos hacerlo seleccionando el gráfico dinámico y ejecutando el comando *"Diseño>Tipo>Cambiar tipo de gráfico"*.

Se nos mostrará la ventana *"Cambiar tipo de gráfico"* (semejante a la ventana ya vista de *"Insertar gráfico"*) en la que podremos escoger una categoría y un tipo concreto de gráfico.

Una vez seleccionamos un gráfico dinámico, veremos a la derecha dos iconos que nos dan acceso a varias herramientas. Así, un clic en el icono situado en la parte superior:

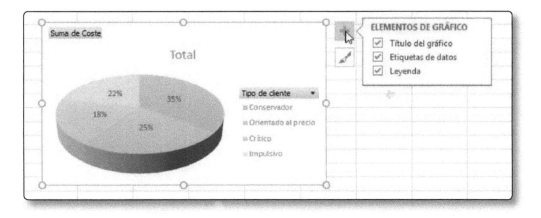

Nos ofrece la posibilidad de incluir o no el título del gráfico, las etiquetas de los datos y la leyenda. Estas opciones dependen del tipo de gráfico de que se trate. De esta forma, para un gráfico de *"Columna agrupada"*, las opciones son mucho más variadas:

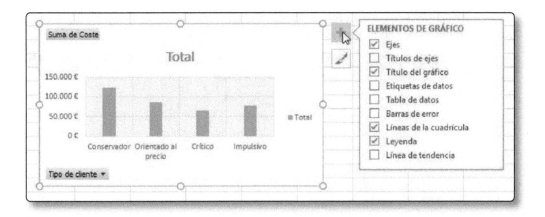

Un clic en el icono situado en la parte inferior:

Nos permite aplicar un estilo rápido o una combinación de colores específica.

En "*Diseño>Diseños de gráfico>Diseño rápido*" (siempre suponiendo que tenemos nuestro gráfico dinámico seleccionado) tenemos a nuestra disposición un conjunto de estilos de diseño predefinidos que podemos aplicar con un solo clic de ratón.

En "*Formato>Selección actual*" tenemos un menú desplegable que nos permite seleccionar todos los elementos que componen nuestro gráfico:

Este listado de elementos dependerá del tipo de gráfico que hayamos creado. Una vez seleccionado un elemento, podemos hacer clic en el comando "*Aplicar formato a la selección*" (comando situado justo debajo del anterior desplegable) que abre un panel lateral que nos permite dar formato a dicho elemento:

Como ves, tenemos a nuestra disposición las mismas herramientas que para los gráficos estándar.

17.5 TIPOS DE GRÁFICOS

Revisaremos a continuación los tipos de gráficos que ofrece Excel, así como sus características principales. No se incluyen en el listado aquellos tipos no soportados por Excel para ser usados como gráficos dinámicos: gráficos de dispersión, de cotizaciones, rectángulos, proyecciones solares, histogramas, cajas y bigotes, gráficos en cascada y gráficos de embudo.

Tienes en el archivo "*Ventas informática - Gráficos.xlsx*" todos los gráficos dinámicos (así como sus tablas dinámicas asociadas) vistas en esta sección.

17.5.1 Gráficos de columna agrupada

Este tipo de gráficos muestran valores agrupados en categorías, con una columna para cada valor. Son especialmente útiles para comparar valores entre diferentes categorías, principalmente cuando el orden de las categorías no es importante.

En el siguiente ejemplo se ha llevado el campo *País* al área de filas, el campo *Categoría* al área de columnas y el campo *Precio* al área de valores, aplicándole la operación "*Recuento*":

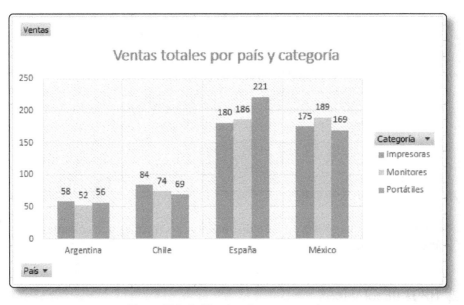

Figura 17.3. Gráfico de columna agrupada

Puedes cambiar los colores aplicados en "*Diseño>Estilos de diseño>Cambiar colores*".

17.5.2 Gráficos de columna apilada

Los gráficos de columna apilada muestran valores agrupados en categorías, pero, en lugar de mostrar una columna para cada valor, muestran una única columna por categoría, dividida en tramos para cada valor. Este tipo de gráficos es útil para comparar visualmente cada uno de los valores con respecto al total de la categoría. Si se usa para mostrar una categoría con respecto al tiempo, nos permite visualizar fácilmente la evolución de cada valor.

En el ejemplo de la siguiente imagen, se ha llevado el campo *Fecha* al área de filas, el campo *País* al área de columnas y el campo *Precio* al área de valores, aplicándole la función "*Recuento*":

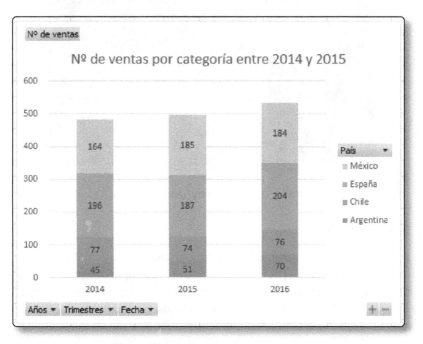

Figura 17.4. Gráfico de columna apilada

17.5.3 Gráficos de columna 100% apilada

Los gráficos de columna 100% apilada son semejantes a los gráficos de columna apilada vistos, con la particularidad de que todas las columnas se redimensionan para tener la misma altura. Esto nos hace perder la noción de los valores absolutos representados, pero, a cambio, facilitan la interpretación del porcentaje que cada valor supone respecto del total de su categoría. También son útiles cuando queremos mostrar la evolución en el tiempo de dichos porcentajes.

En el siguiente ejemplo se ha llevado el campo *País* al área de filas, el campo *Categoría* al área de columnas y el campo *Margen* al área de valores, aplicándole la operación "*Promedio*" para obtener el margen promedio por categoría para cada país:

Figura 17.5. Gráfico de columna 100% apilada

17.5.4 Gráficos de línea

Los gráficos de línea son especialmente recomendables para mostrar evoluciones y tendencias en el tiempo (situando el eje temporal en el eje X del gráfico), o para mostrar información por categorías cuando el orden de éstas es importante. Al tratarse de una función continua, es muy útil cuando el número de datos a representar es elevado (un gráfico de columnas tiende a perder sentido cuando hay demasiadas columnas).

En el siguiente ejemplo se ha llevado el campo *Fecha* al área de filas, el campo *Categoría* al área de columnas y el campo *Precio* al área de valores, aplicándole la operación "*Suma*" para obtener la evolución en el tiempo de las ventas por categoría:

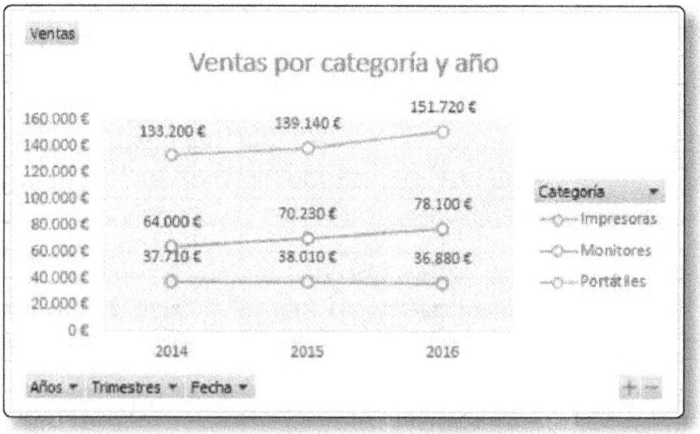

Figura 17.6. Gráfico de línea

Por su especial importancia, dedicaremos un poco más adelante una sección completa a la representación gráfica de datos en el tiempo, incluyendo su combinación con segmentaciones de datos y escalas de tiempo.

17.5.5 Gráficos circulares

Los gráficos circulares son una de las formas más eficientes de mostrar proporciones de un conjunto, siempre que el número de datos a representar no sea demasiado elevado (pues, en ese caso, resulta difícil apreciar cada sector del gráfico) y siempre que la diferencia entre los valores a representar no sea excesiva (pues, nuevamente, resulta difícil apreciar sectores del gráfico que son demasiado pequeños).

En el siguiente ejemplo se ha llevado el campo *Nombre* al área de filas, el campo *Equipo* al área de filtros (y se ha aplicado un filtro para mostrar solamente los datos de un equipo concreto, el equipo "ARG_01") y el campo *Precio* al área de valores, aplicándole la operación "*Suma*". Obtenemos, de esta forma, una representación visual de la aportación de cada comercial al total de ventas:

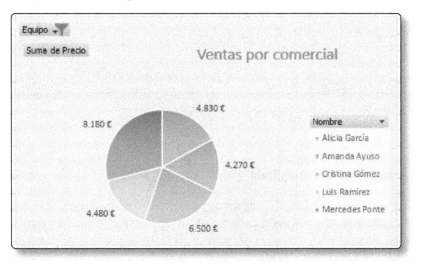

Figura 17.7. Gráfico circular

17.5.6 Gráficos de barra agrupada

Este tipo de gráficos tiene mucho en común con los gráficos de columnas. También muestran valores agrupados en categorías, con una barra para cada valor. Son preferibles a las columnas cuando tengamos que expresar duraciones (pues son más fácilmente perceptibles horizontal que verticalmente) o cuando el nombre de cada categoría es largo.

En el siguiente ejemplo se ha llevado el campo *Categoría* al área de filas, el campo *Tipo de cliente* al área de columnas y el campo *Margen* al área de valores, aplicándole la operación *"Promedio"* para obtener el margen medio de cada tipo de cliente por categoría:

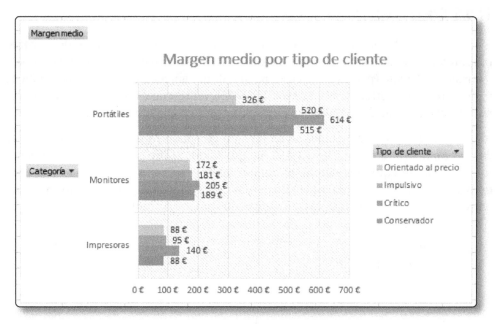

Figura 17.8. Gráfico de barra agrupada

17.5.7 Gráficos de barra apilada

Los gráficos de barra apilada muestran valores agrupados en categorías, pero, en lugar de mostrar una fila para cada valor, muestran una única fila por categoría, dividida en tramos para cada valor. Este tipo de gráficos es útil para comparar visualmente cada uno de los valores con respecto al total de la categoría. Al igual que ocurría con los gráficos de barra agrupada, son preferibles a la versión en columnas cuando los nombres de las categorías son largos.

En el siguiente ejemplo se ha llevado el campo *Categoría* al área de filas, el campo *Tipo de cliente* al área de columnas y el campo *Precio* al área de valores, aplicándole la operación *"Suma"* para obtener las ventas totales de cada tipo de cliente por categoría:

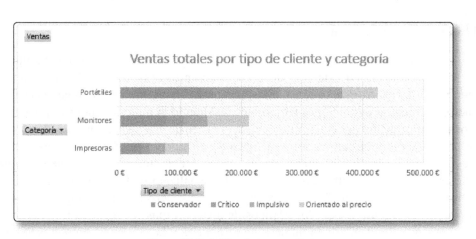

Figura 17.9. Gráfico de barra apilada

17.5.8 Gráficos de barra 100% apilada

Los comentarios a realizar al respecto de este tipo de gráficos son semejantes a los de los gráficos de columna 100% apilada: todas las filas se redimensionan para tener la misma longitud, lo que nos hace perder la noción de los valores absolutos representados, pero, a cambio, facilitan la interpretación del porcentaje que cada valor supone respecto del total de su categoría. Como todos los tipos de gráficos de barras, son preferibles a la versión en columnas cuando los nombres de las categorías son largos.

El siguiente ejemplo es el mismo que el del tipo de gráfico anterior, en el que se ha llevado el campo *Categoría* al área de filas, el campo *Tipo de cliente* al área de columnas y el campo *Precio* al área de valores, aplicándole la operación "*Suma*" para obtener, de esta forma, las ventas relativas de cada tipo de cliente por categoría:

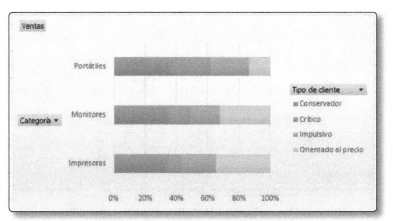

Figura 17.10. Gráfico de barra 100% apilada

17.5.9 Gráficos de área

Los gráficos de área son semejantes a los gráficos de línea, diferenciándose de aquellos en que en este tipo de gráficos las áreas por debajo de la gráfica se muestran opacas. Al igual que aquellas, son particularmente recomendables cuando queremos mostrar evoluciones temporales resaltando la magnitud del campo, o para mostrar información por categorías cuando el orden de éstas es importante. Al tratarse de una función continua, es muy útil cuando el número de datos a representar es elevado. Tiene la seria desventaja de que, frecuentemente, unas áreas pueden llegar a tapar otras, restando atractivo a este tipo de visualización. Una posible solución es aplicar cierto porcentaje de trasparencia a las áreas, pero esto no siempre soluciona el problema. Debido a esto, los gráficos de área son más recomendables cuando se está comparando un limitado número de categorías y la diferencia entre sus valores es alta.

En el siguiente ejemplo se ha llevado el campo *Fecha* al área de filas (fechas que se han agrupado por trimestres), el campo *Tipo de cliente* al área de columnas y el campo *Margen* al área de valores, aplicándole la función "*Promedio*". Se ha aplicado al campo *Tipo de cliente* un filtro para que solo se muestren datos de los clientes clasificados como "*Crítico*" u "*Orientado al precio*". El resultado es una comparación entre los márgenes dejados por ambos tipos de cliente a lo largo del tiempo:

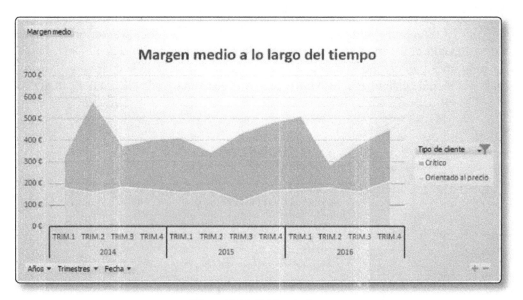

Figura 17.11. Gráfico de área

17.5.10 Gráficos de área apilada

Los problemas comentados al respecto de la dificultad para visualizar todas las áreas de los gráficos de área quedan parcialmente resueltos usando gráficos de áreas apiladas. En este tipo de gráfico las diferentes áreas no comparten el eje X, sino que se muestran apiladas unas encima de otras. De esta forma, aunque nos aseguramos de que todas las áreas son visibles, hay un cierto riesgo de que los valores mostrados se interpreten incorrectamente como valores absolutos (respecto del eje X).

El siguiente ejemplo es semejante al anterior: se ha llevado el campo *Fecha* al área de filas, el campo *Tipo de cliente* al área de columnas y el campo *Margen* al área de valores, aplicándole la función "*Promedio*". En este caso no se aplica ningún filtro al campo *Tipo de cliente*. El resultado es una comparación entre los márgenes dejados por los cuatro tipos de cliente a lo largo del tiempo:

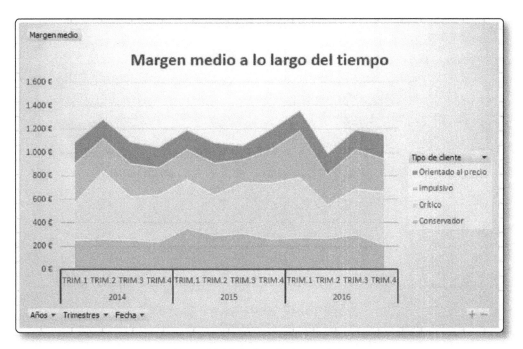

Figura 17.12. Gráfico de área apilada

17.5.11 Gráficos de superficie

Los gráficos de superficie muestran valores respecto a dos dimensiones. A pesar de todo, no suelen resultar fáciles de interpretar, más cuando las curvas en la superficie representada ocultan parte de ella (siempre podemos recurrir al gráfico de superficie tipo "trama" que no muestra más que la estructura de la superficie). Pueden ser utilizados para representar la evolución de los valores de una categoría en el tiempo. Para utilizar este tipo de gráficos es necesario llevar un campo tanto al área de filas como al de columnas.

En el siguiente ejemplo se ha llevado el campo *Tipo de cliente* al área de filas, el campo *Categoría* al área de columnas, y el campo *Precio* al área de valores, aplicándole la operación *"Promedio"*, y obteniéndose, de esta forma, una representación en 3D del precio medio de compra con respecto al tipo de cliente y categoría de producto:

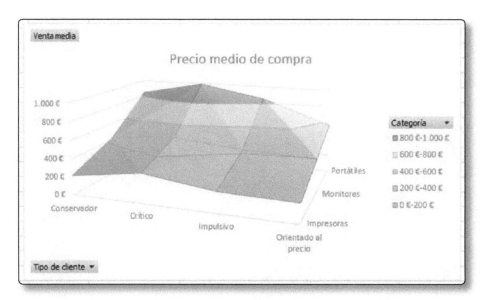

Figura 17.13. Gráfico de superficie

17.5.12 Gráficos radiales

Los gráficos radiales son la mejor forma de representar valores en relación a un punto central. Requieren un campo en el área de filas y otro en el área de valores, mostrando una curva para cada uno de los ejes. Si situamos un campo adicional en el área de columnas, la curva inicial se desglosa según los valores de éste campo.

Así, en el siguiente ejemplo se ha llevado el campo *Día de la semana* al área de filas, el campo *País* al área de columnas y el campo *Margen* al área de valores, aplicándole la operación "*Promedio*", obteniendo una representación de cómo varía el margen a lo largo de la semana para cada país:

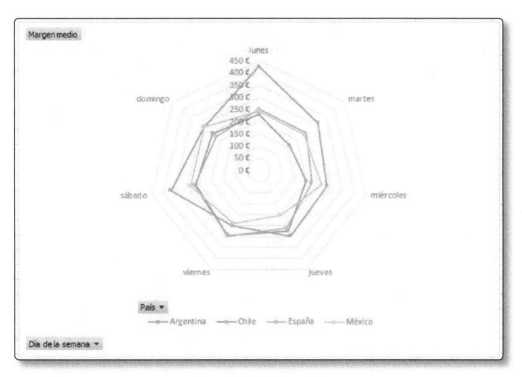

Figura 17.14. Gráfico radial

17.5.13 Cuadros combinados

Los cuadros combinados son la mejor forma de combinar información de dos tipos distintos de datos que compartan un eje. Por ejemplo, un eje temporal, o una categoría. El eje X del cuadro sirve de eje común y a cada uno de los tipos de información se le asigna un eje Y (uno a la izquierda del cuadro combinado, considerado eje principal, y otro a la derecha, considerado eje secundario). Esto permite que las unidades en las que se expresan ambos tipos de datos no sean las mismas, o que sean las mismas, pero haya una considerable diferencia en el orden de magnitud de los valores a representar. Es muy útil para representar la evolución de los datos frente al tiempo.

Se requiere llevar un campo al área de filas (campo que se situará en el eje X común a ambos tipos de datos) y dos campos más al área de valores: uno será representado por medio de columnas y otro por medio de líneas. Durante la creación del gráfico Excel nos permitirá escoger qué campo se asignará al eje principal y cuál al secundario.

En el siguiente ejemplo se ha llevado el campo *Fecha* al área de filas (agrupadas por trimestres), y los campos *Precio* y *Margen* al área de valores, aplicándoles las operaciones "*Suma*" y "*Promedio*" respectivamente.

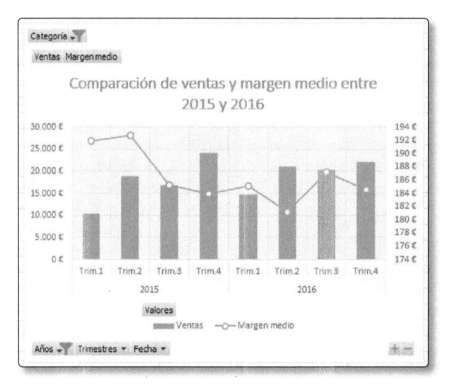

Figura 17.15. Cuadro combinado

En realidad, Excel no nos limita a utilizar columnas para uno de los campos y líneas para el otro. Durante la configuración del gráfico nos permite escoger cualquier tipo de gráfico para ambos campos:

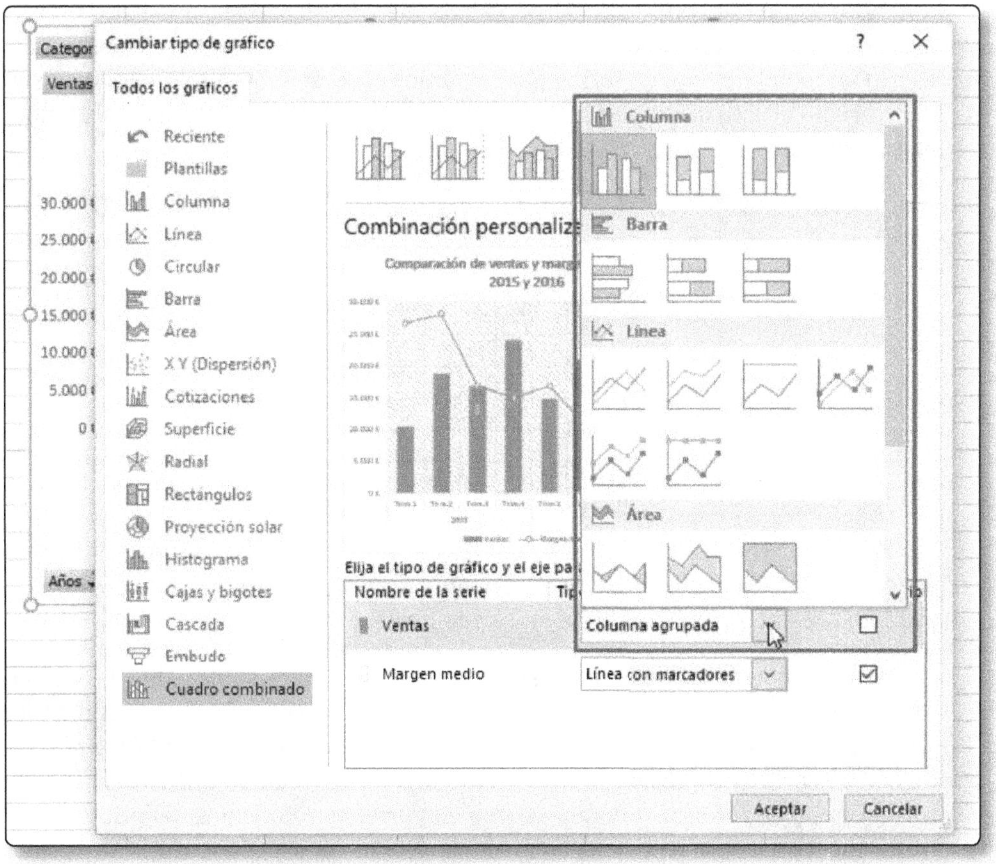

Figura 17.16. Ventana de cambio de tipo de gráfico

Aunque la mejor combinación es, sin duda, la de columnas y líneas.

Para editar posteriormente este gráfico (y cambiar, por ejemplo, qué campo va al eje principal y cuál al secundario), selecciónalo y ejecuta el comando *"Diseño>Tipo>Cambiar tipo de gráfico"* para volver a abrir la ventana anterior.

17.6 GRÁFICOS DINÁMICOS MOSTRANDO EVOLUCIÓN TEMPORAL

Un escenario frecuente es el de mostrar mediante tablas y gráficos dinámicos información en el tiempo, con la ventaja de poder desglosar o filtrar campos rápidamente. En este ejemplo, queremos ser capaces de visualizar la evolución en el tiempo de las ventas totales, por país, por equipo dentro de cada país o incluso por delegado comercial.

Partimos del fichero de ventas (*"Ventas informática.xlsx"*), a partir del cual creamos una tabla dinámica en una nueva hoja de cálculo. Deseamos conocer las ventas a lo largo del tiempo, de forma que llevemos el campo *Fecha* al área de filas y el campo *Precio* al área de valores, aplicándole la función *"Suma"* y dando al campo formato de moneda:

	A	B
1		
2		
3	**Etiquetas de fila** ▾	**Suma de Precio**
4	⊞ 2014	234.910 €
5	⊞ 2015	247.380 €
6	⊞ 2016	266.700 €
7	**Total general**	748.990 €
8		

Seleccionamos una celda que contenga un año y expandimos el campo haciendo uso del comando *"Analizar>Campo activo>Expandir el campo"* para mostrar los datos correspondientes al siguiente nivel, el trimestre.

A continuación, teniendo seleccionada alguna celda de la tabla dinámica, insertamos un gráfico dinámico ejecutando el comando *"Analizar>Herramientas>Gráfico dinámico"*. Escogemos la categoría *"Línea"* y el estilo *"Línea"* (primer estilo por la izquierda), tipo de gráfica que muestra de forma muy clara el tipo de información que queremos visualizar. Podemos dar a la gráfica resultante un formato personalizado (*"Diseño>Estilos de diseño"*). En la siguiente imagen se muestra la gráfica tras aplicarle lo que Excel llama *"Estilo 10"*:

Agreguemos ahora las segmentaciones de datos y escalas de tiempo que nos permitan filtrar nuestra tabla dinámica rápidamente: con alguna celda de la tabla dinámica seleccionada, ejecuta el comando *"Analizar>filtrar>Insertar segmentación de datos"*. Selecciona *"País"*, *"Equipo"* y *"Nombre"*, terminando con un clic en **Aceptar**. Volviendo a seleccionar alguna celda de la tabla dinámica, ejecuta también el comando *"Analizar>filtrar>Insertar escala de tiempo"*, selecciona la única opción disponible, *"Fecha"*, y termina con un clic en **Aceptar**.

A continuación, vamos a reordenar los elementos que aparecen en pantalla. Supongamos que, en este caso, no estamos tan interesados en la propia tabla dinámica como en el gráfico dinámico, de forma que vamos a "esconderla" para dejar espacio al resto de elementos. Seleccionamos entonces cualquier celda de la tabla dinámica y ejecutamos el comando *"Analizar>Acciones>Mover tabla dinámica"* y seleccionamos una celda de la columna A de la misma hoja de cálculo que quede fuera del campo de visión: la celda A40, por ejemplo.

Ahora redimensionamos las segmentaciones de datos, la escala de tiempo y el gráfico dinámico, aplicando estilos donde veamos oportuno. Aunque ésta es una cuestión de preferencias personales, vamos a mostrar la segmentación de datos de *"País"* en cuatro columnas y la escala de tiempo con períodos de un año. Si queremos alinear los diferentes elementos en pantalla, podemos seleccionarlos (usando la tecla **Control** para seleccionar más de uno) y hacer uso de las herramientas que tenemos en *"Opciones>Organizar"*.

Vamos también a añadir al gráfico dinámico una línea de tendencia. Abrimos el menú contextual de un segmento de la gráfica:

Figura 17.17. Menú contextual de un segmento de la gráfica

Seleccionamos *"Agregar línea de tendencia"*. Se muestra a la derecha de la pantalla el panel *"Formato de línea de tendencia"*. En la parte superior de esta ventana vemos tres iconos que dan acceso a las tres secciones de configuración de la línea de tendencia:

▶ Relleno y línea
▶ Efectos, y
▶ Opciones de línea de tendencia (sección activa por defecto):

En la sección en la que nos encontramos por defecto, *"Opciones de línea de tendencia"*, podemos seleccionar el tipo de línea a mostrar. Escogemos *"Polinómica"* de orden 4 y, en la sección de *"Relleno y línea"* (representada por un cubo de pintura) escogemos un color amarillo para la línea de tendencia y reducimos su transparencia hasta el 25%. Cerramos el panel de *"Formato de línea de tendencia"* (este panel no se cierra solo una vez abierto).

Un par de retoques adicionales: en la gráfica hacemos un clic en el icono con el símbolo + que se muestra cerca de su esquina superior derecha y eliminamos la leyenda –poco útil en este caso–. Hacemos un clic en el título del gráfico (*"Total"*) y lo modificamos por un texto más significativo: *"Ventas totales"*.

El resultado hasta el momento es el siguiente:

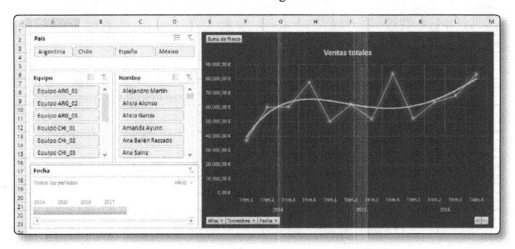

Por defecto se muestran las ventas de todos los países, equipos y comerciales. Un clic en un país provocará que en la segmentación de datos de "*Equipo*" solo se muestren "con datos" los equipos de dicho país (el resto de equipos se muestran sin datos, como ya vimos en la sección dedicada a las segmentaciones de datos), y en la segmentación de datos de *Nombre* solo se muestran los nombres de los comerciales de los equipos con datos, es decir, los comerciales del país seleccionado. De forma semejante, un clic en el nombre de un equipo con datos filtrará la segmentación de datos de *Nombre* para mostrar con datos solo los nombres de los comerciales del equipo seleccionado, y seleccionar en la escala de tiempo uno o más años, filtrará la tabla dinámica y el gráfico dinámico adecuadamente:

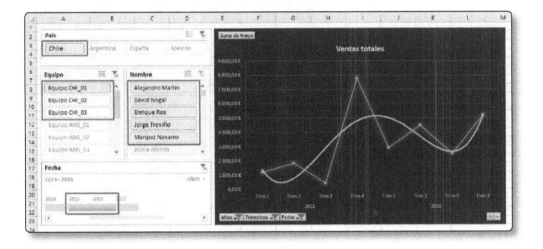

El gráfico dinámico incluye los filtros que ya conocemos, situados en la parte inferior izquierda del mismo, filtros que nos permiten limitar aún más los datos en análisis.

Por supuesto podríamos hacer uso de la tecla **Control** o de cualquiera de los métodos vistos para seleccionar más de un país simultáneamente, o más de un equipo (o más de un comercial). El gráfico dinámico mostraría siempre la totalidad de las ventas asociadas a los elementos que hayamos seleccionado.

El ejercicio consistía en ver las ventas totales, limitando por país, equipo o comercial, y la gráfica muestra esa evolución (es decir, muestra una línea indicando dicha evolución). Pero podríamos visualizar simultáneamente la evolución de dos o más países, equipos o comerciales (es decir, podríamos visualizar simultáneamente dos o más líneas para mostrar esas evoluciones en paralelo). A modo de ejemplo, eliminemos todos los filtros que estemos aplicando en las segmentaciones de datos y en la escala de tiempo, y arrastremos, en nuestra tabla dinámica ahora fuera de nuestro campo de visión, el campo *País* al área de columnas (seleccionando previamente cualquier celda de la tabla dinámica para mostrar la lista de campos). El gráfico dinámico mostrará la evolución simultánea de los cuatro países. En este caso la leyenda sí tiene sentido, de forma que volvemos a mostrarla (haciendo clic en el símbolo + que se muestra cerca de la esquina superior derecha del gráfico dinámico cuando lo seleccionamos y, a continuación, otro clic en la opción **Leyenda**):

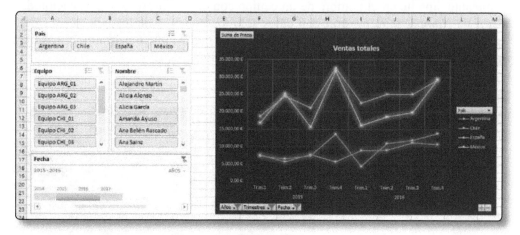

Si seleccionamos, en la segmentación de datos de "*País*" uno de los países y, usando la tecla **Control**, seleccionamos un segundo país, el gráfico dinámico mostrará solo la información relativa a los países seleccionados (es decir, dos líneas):

Si, en lugar de querer mostrar la evolución por países, queremos mostrarla por equipos, no tenemos más que eliminar el campo *País* del área de columnas de la tabla dinámica y arrastrar el campo *Equipo* (o el campo *Nombre* si preferimos ver la evolución de cada comercial por separado).

17.7 GRÁFICOS DINÁMICOS CON CAMPOS ANIDADOS

En general, Excel realiza un muy buen trabajo cuando le pedimos que cree un gráfico dinámico para una tabla dinámica con campos anidados. De esta forma, si llevamos a nuestra tabla dinámica los campos *Categoría* y *Producto* (en este orden) al área de filas, y el campo *Precio* al área de valores, aplicándole la función "*Recuento*", y creamos un gráfico dinámico a partir de esta tabla dinámica (aplicándole un estilo), el resultado es el siguiente:

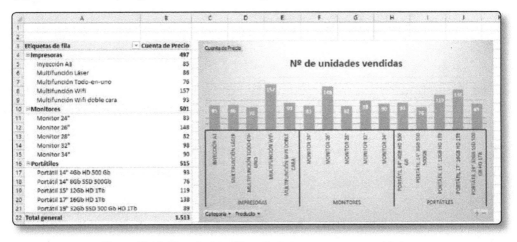

Figura 17.18. Ejemplo de gráficos dinámicos con campos anidados

Podemos comprobar que Excel separa el primer campo (la *Categoría*) del segundo de forma efectiva y visualmente atractiva. Sin embargo, no todos los tipos de gráficos se adaptan igual de bien. En general, los gráficos de columna, líneas y barras son los que mejor van a mostrar estas divisiones en nuestros datos.

Lo mismo aplica si tenemos más de dos campos anidados. En esas circunstancias, el problema se reduce más al espacio necesario para mostrar la gráfica (y un poco al posible exceso de datos que puede limitar su comprensión) que a otra cosa. Si te encuentras en esta situación, prueba a aplicar a tu gráfica diferentes estilos (algunos están optimizados para mostrar mayor cantidad de datos) y a modificar la fuente y su tamaño.

> ### (i) NOTA
>
> Recuerda que, generalmente, cuanto más sencillo, mejor. Plantéate si realmente necesitas un gráfico dinámico que muestre información de tres campos anidados o si la información sería más comprensible usando, por ejemplo, dos gráficos dinámicos más simples. El objetivo nunca debe ser mostrar mucha información, sino ser capaces de transmitir la información adecuada.

18

OPCIONES AVANZADAS Y TRUCOS

En esta sección se han reunido algunas opciones y herramientas que podemos considerar "avanzados" o cuyo uso, sin requerir conocimientos especiales, nos pueden solucionar más de un problema.

18.1 INHABILITAR LA OPCIÓN "DESHACER"

Si la tabla dinámica está enlazada a un origen de datos que incluye un gran número de registros, la opción "deshacer" disponible en la barra de herramientas de acceso rápido o mediante la combinación de teclas **Control-Z** puede suponer un grave problema de rendimiento, pues Excel deberá recalcular el estadio previo de la tabla dinámica, lo que puede implicar volver a analizar todos los registros.

Para evitar este problema, Excel nos permite inhabilitar la opción "deshacer" para orígenes de datos con un número de registros elevado. Para acceder a esta opción haz clic en "*Archivo>Opciones>Avanzadas>Datos*":

Podemos especificar el número de registros (filas) en miles a partir del cual la inhabilitación se haría efectiva. De esta forma, en el ejemplo de la imagen anterior, la opción quedaría inhabilitada para orígenes de datos con 300.000 registros o más.

18.2 CONVERTIR CELDAS DE LA TABLA DINÁMICA EN FÓRMULAS

Esta opción es de las más útiles que nos ofrece Excel. El escenario es el siguiente: hemos preparado una tabla dinámica combinando los campos adecuados y llegamos a la conclusión de que aquella sería más útil si pudiésemos darle otro formato. Por ejemplo, dividiendo la tabla dinámica en dos o más bloques, o extrayendo parte de la misma para usarla en otros bloques de datos o reorganizando las celdas de cualquier otra forma –pero sin perder el contenido de la tabla dinámica al que hemos llegado–.

18.2.1 La función IMPORTARDATOSDINAMICOS

Para esto, tenemos dos soluciones que se basan en la misma función de Excel: la función "*IMPORTARDATOSDINAMICOS*". Aun cuando, en la práctica, no será estrictamente necesario configurar esta función a mano, recordemos los argumentos que utiliza:

▼ **Camp_datos**: argumento obligatorio. Contiene el nombre del campo del que extraer los datos.

▼ **Tabla_dinámica**: argumento obligatorio. Es una referencia a una celda o rango de celdas en la tabla dinámica que contiene los datos que queremos recuperar.

▼ **Campo1**: argumento optativo. Campo al que hacer referencia.

▼ **Elemento1**: argumento optativo. Elemento de campo al que hacer referencia.

Por ejemplo, si tenemos la siguiente tabla dinámica que incluye el campo *Tipo de cliente* en el área de filas y el campo *Precio* en el área de columnas, aplicándose la operación "*Suma*":

	A	B
1		
2		
3	**Etiquetas de fila** ▾	**Suma de Precio**
4	Conservador	265.340 €
5	Crítico	149.150 €
6	Impulsivo	169.600 €
7	Orientado al precio	164.900 €
8	**Total general**	**748.990 €**
9		

Podríamos extraer, por ejemplo, el valor de la celda B6 (169.600€) correspondiente a las ventas a clientes tipo "*Impulsivo*" escribiendo en cualquier otra celda:

=IMPORTARDATOSDINAMICOS("Precio";A3:B8;"Tipodecliente";"Impulsivo")

Lo que podríamos interpretar como "extrae de la tabla dinámica que hay en el rango A3:B8 el valor del campo *Precio* para el tipo de cliente "*Impulsivo*". En la práctica ni siquiera hay que indicar el rango en el que se encuentra la tabla dinámica: basta con indicar la posición de su esquina superior izquierda (la celda A3 en este caso).

Obviamente, los campos a los que hacemos referencia en la función deberán estar presentes en la tabla dinámica (en otro caso la función devuelve un error). Así, si en la función hacemos referencia al campo *Fecha*, por ejemplo, pero la tabla dinámica no incluye este campo en ninguna área, obtendremos un mensaje de error.

Simplemente utilizando esta función ya podríamos extraer los datos de la tabla dinámica. Pero ni siquiera tenemos por qué conocer la función "IMPORTARDATOSDINAMICOS": teniendo la tabla dinámica anterior en pantalla, simplemente seleccionemos una celda (celda D6 en la siguiente imagen), escribamos un signo igual y, a continuación, hagamos clic en la celda **B6** (y terminemos la introducción presionando la tecla **Intro**):

Excel ha introducido automáticamente la función en la celda con los argumentos necesarios para extraer el valor buscado.

> **ⓘ NOTA**
>
> Podemos evitar la inserción de la función IMPORTARDATOSDINAMICOS si, tras introducir en la celda el signo "=", en lugar de hacer clic en la celda referenciada, escribimos manualmente sus coordenadas: =B6

Es posible inhabilitar la generación de estas funciones, aunque su comportamiento es un tanto incoherente. Para ver cómo podemos hacerlo, creemos una segunda tabla (para lo que podemos seleccionar una celda del listado de ventas, y ejecutar el comando *"Insertar>Tablas>Tabla dinámica"* colocando la nueva tabla dinámica justo debajo de la anterior (celda A10 en el ejemplo). Llevemos el campo *Día de la semana* al área de filas y el campo *Precio* al área de valores, aplicando la función *"Suma"*, y dando formato de moneda al campo:

	A	B	C	D	E
1					
2					
3	**Etiquetas de fila** ▾	**Suma de Precio**			
4	Conservador	265.340 €			
5	Crítico	149.150 €			
6	Impulsivo	169.600 €		169600	
7	Orientado al precio	164.900 €			
8	**Total general**	**748.990 €**			
9					
10	**Etiquetas de fila** ▾	**Suma de Precio**			
11	lunes	107.100 €			
12	martes	61.110 €			
13	miércoles	70.500 €			
14	jueves	126.690 €			
15	viernes	142.790 €			
16	sábado	159.180 €			
17	domingo	81.620 €			
18	**Total general**	**748.990 €**			
19					

Seleccionemos ahora la celda **D11**, insertemos un signo igual, hagamos clic sobre la celda **B11** que contiene la suma de ventas en lunes y presionemos la tecla **Intro** en nuestro teclado para confirmar la edición. Se insertará una función como la ya vista:

=IMPORTARDATOSDINAMICOS("Precio";$A$10;"Día de la semana";"lunes")

Supuestamente, cada tabla dinámica puede ser configurada para generar o no estas funciones, pero, en la práctica, la configuración afecta a todas las tablas dinámicas de nuestro libro: Selecciona cualquier celda de la tabla dinámica que acabamos de crear y abre el desplegable que hay en *"Analizar>Tabla dinámica>Opciones"*:

Figura 18.1. Opción "Generar GetPivotData" de tablas dinámicas

Verás la opción (seleccionada por defecto) *"Generar GetPivotData"*. Esta opción es la que, supuestamente, controla la generación de las funciones *"IMPORTARDATOSDINAMICOS"* para esta tabla dinámica. Deselecciónala haciendo clic en ella. A continuación, selecciona la celda **D7**, introduce un signo igual, haz clic en la celda **B7** y presiona la tecla **Intro**. Verás que se introduce en la celda una simple referencia:

=B7

Hagamos lo mismo en la segunda tabla: selecciona la celda **D12**, introduce un signo igual, haz clic en la celda **B12** y presiona **Intro**. También se introduce una simple referencia. Lo curioso es que las anteriores funciones *"IMPORTARDATOSDINAMICOS"* siguen donde estaban.

Si seleccionamos ahora cualquier celda de la primera tabla dinámica (la situada en la parte superior de las dos) y abrimos el desplegable que hay en *"Analizar>Tabla dinámica>Opciones"*, veremos que también para esta tabla se ha deseleccionado la opción (lo que nos invita a pensar que se trata de una herramienta global a todas las tablas, lo que a su vez cuestiona la conveniencia del lugar en la cinta de opciones en la que esta herramienta está situada). Si la seleccionamos e introducimos nuevas referencias desde la columna D hasta los valores de ambas tablas dinámicas, podrás comprobar que, nuevamente, se están generando funciones *"IMPORTARDATOSDINAMICOS"*, siempre sin modificar las fórmulas que ya existan.

18.2.2 La herramienta de conversión a fórmulas

Pero más útil incluso es la herramienta de conversión a fórmulas. Esta herramienta funciona solo con el modelo de datos, por lo que, para ver cómo funciona vamos a partir del fichero *"Ventas informática.xlsx"* original:

1. Selecciona cualquier celda del listado de datos, dale formato de tabla y un nombre apropiado (**Ventas**).

2. Crea una tabla dinámica ejecutando el comando *"Insertar>Tablas>Tabla dinámica"* dejando la opción por defecto de *"Seleccione una tabla o rango"*, colocando la tabla dinámica en una nueva hoja de cálculo y asegurándote de seleccionar la opción de **Agregar estos datos al modelo de datos**. Haz clic en el botón **Aceptar**.

Excel agregará la tabla de datos al modelo de datos y creará una tabla dinámica vacía en una nueva hoja de cálculo, tal y como sabemos. Llevemos ahora algunos campos a la tabla dinámica: el campo *Categoría* al área de filas, el campo *País* al área de columnas y el campo *Precio* al área de valores, aplicándole la función *"Suma"* y dando al campo formato de moneda.

⬚	A	B	C	D	E	F
1						
2						
3	Ventas	Etiquetas de columna ▾				
4	Etiquetas de fila ▾	Argentina	Chile	España	México	Total general
5	Impresoras	15.550 €	17.940 €	39.530 €	39.580 €	112.600 €
6	Monitores	22.080 €	31.440 €	77.280 €	81.530 €	212.330 €
7	Portátiles	52.190 €	60.010 €	180.770 €	131.090 €	424.060 €
8	**Total general**	89.820 €	109.390 €	297.580 €	252.200 €	748.990 €
9						

Ahora, teniendo alguna celda de la tabla dinámica seleccionada, ejecutamos el comando *"Analizar>Cálculos>Herramientas OLAP>Convertir en fórmulas"*. Aparte de un cambio de estilo (han desaparecido los fondos azules y el formato "negrita"), la tabla dinámica aparenta ser la misma. Sin embargo, si seleccionamos cualquier celda de la misma y nos fijamos en la barra de fórmulas:

Cell reference B5: `=VALORCUBO("ThisWorkbookDataModel";$A$3;$A5;B$4)`

	Argentina	Chile	España	México	Total general
Suma de Precio	Etiquetas de columna				
Etiquetas de fila	Argentina	Chile	España	México	Total general
Impresoras	15550	17940	39530	39580	112600
Monitores	22080	31440	77280	81530	212330
Portátiles	52190	60010	180770	131090	424060
Total general	89820	109390	297580	252200	748990

Veremos que lo que antes eran etiquetas de texto o valores numéricos, se han convertido ahora en funciones "MIEMBROCUBO" y "VALORCUBO" (en realidad, los textos "*Etiquetas de fila*" y "*Etiquetas de columna*" siguen siendo textos). Podemos ahora mover las celdas a otras partes de la hoja de cálculo (a cualquier parte de nuestro libro, de hecho), insertar columnas o filas, aplicar sumatorios adicionales, etc. así como dar el formato que deseemos a nuestros datos:

Aun cuando no lo parezca, la anterior imagen muestra la misma tabla dinámica una vez hemos aplicado algunos cambios. Hay etiquetas que no pueden borrarse (por ejemplo, el texto "*Suma de Precio*"), pero no cabe la menor duda de que las posibilidades de utilización de los resultados calculados en nuestra tabla dinámica aumentan notablemente con esta herramienta.

Fijémonos ahora en una cifra concreta, por ejemplo, en el contenido de la celda C12: 31.440€, correspondiente a las ventas de monitores en Chile. Vayamos a la hoja "*Datos*" del libro Excel y añadamos, al final de la tabla, un registro más asegurándonos de que el campo *País* toma el valor *"Chile",* el campo *Categoría* toma el valor *"Monitores"* y el campo *Precio* toma el valor *1.000€* (el resto de campos pueden tomar cualquier valor). Como habíamos aplicado al listado de ventas el formato de "*Tabla*", el nuevo registro se incluye automáticamente en la misma y la tabla dinámica (o, mejor dicho, las formulas en las que se ha convertido), que se alimenta de la tabla de datos, pasa a considerar el registro también de modo automático. Eso sí, el refresco de los datos ya sabemos que no es automático. Con cualquier celda seleccionada (pertenezca o no a lo que queda de la tabla dinámica – es irrelevante aquí–), actualicemos el estado de las conexiones existentes ejecutando el comando "*Datos>Conexiones>Actualizar todo*". La celda C12 pasa a mostrar el valor actualizado de 32.440€:

	A	B	C	D	E	F	G	H	I	J
1	Suma de Precio									
2										
3			Análisis de ventas de impresoras							
4										
5		Argentina	Chile		España		México		Total general	
6	Impresoras	15.550 €	17.940 €		39.530 €		39.580 €		112.600 €	
7										
8			Análisis de ventas de otras categorías							
9										
10		América del Sur								
11		Argentina	Chile							
12	Monitores	22.080 €	32.440 €							
13	Portátiles	52.190 €	60.010 €							
14										
15	Total general	89.820 €	110.390 €							
16										
17		Europa			América del Norte					
18		España			México		Total general			
19		77.280 €			81.530 €		213.330 €			
20		180.770 €			131.090 €		424.060 €			
21										
22		297.580 €			252.200 €		749.990 €			
23										

Esto nos permite crear, en un libro de cálculo, una tabla dinámica y, a partir de ella, un informe en el que insertemos cada celda o bloque de celdas allí donde nos interese, pudiendo replicarlas a nuestro antojo (al copiar y pegar una celda con datos deberemos tener cuidado con las referencias pues las nuevas fórmulas no siempre utilizan referencias absolutas).

Un par de comentarios adicionales:

▶ Cuando convertimos la tabla dinámica en fórmulas, Excel fuerza, en primer lugar, una actualización de los datos.

▶ Las celdas resultantes de la conversión a fórmulas pierden los estilos de tabla dinámica, aunque conservan el formato que tuviera la celda.

▶ Hay algunas limitaciones a la hora de convertir celdas en fórmulas: así, por ejemplo, no se pueden convertir celdas con filtros aplicados a niveles que están ocultos.

18.3 CONVERTIR UNA TABLA DE DATOS EN UN LISTADO

En ocasiones nos encontraremos en la situación de estar analizando un conjunto de datos y recibir otro bloque de datos que unir a los que ya teníamos. Si estos nuevos datos están dispuestos en forma de lista de datos –el tipo de lista compatible con las tablas dinámicas– no tenemos más que agregarlos como una nueva tabla a nuestro modelo de datos.

El problema surge cuando esos datos nos llegan ya en forma de tabla de datos, con cabeceras de filas y columnas e incluso totales, como en el ejemplo de la imagen (obtenida del fichero "*Tabla resumen.xlsx*"):

	A	B	C	D	E
1		Europa	América	Asia	Total
2	2013	213	242	65	2.533
3	2014	224	210	98	2.546
4	2015	258	198	145	2.616
5	2016	192	227	153	2.588
6	Total	887	877	461	2.225
7					

En estas circunstancias nos gustaría ser capaces de convertir fácilmente esta tabla de datos a un listado para poder aplicarle formato de tabla, crear una tabla dinámica a partir de ella y añadirla a nuestro modelo de datos, cosa que vamos a hacer, paradójicamente, utilizando tablas dinámicas. Sigue los siguientes pasos:

1. Elimina las filas y columnas de totales para dejar solo los datos básicos:

	A	B	C	D
1		Europa	América	Asia
2	2013	213	242	65
3	2014	224	210	98
4	2015	258	198	145
5	2016	192	227	153
6				

2. Ejecutamos ahora el "*Asistente para tablas y gráficos dinámicos*" (recuerda que puedes hacerlo con la pulsación de teclas **Alt-T-B** o haciendo clic en su icono de la barra de herramientas de acceso rápido o de la cinta de opciones si lo has copiado en ellas).

3. En el paso 1 seleccionaremos la tercera opción **Rangos de consolidación múltiples**. Haz clic en **Siguiente**.

4. En el paso 2a selecciona la opción de **Campos de página personalizados**. Haz clic en **Siguiente**.

5. En el paso 2b agrega el rango (A1:D5 en nuestro ejemplo), seleccionándolo y haciendo clic en **Agregar**. Deja 0 campos de página y haz clic en **Siguiente**.

6. En el paso 3 indica dónde quieres que se cree la tabla dinámica. En nuestro ejemplo vamos a situarla en la misma hoja en la que nos encontramos, en la celda A7. Haz clic en **Finalizar**.

   Se creará una tabla dinámica semejante a la tabla que queremos convertir (contendrá los mismos datos, aunque tal vez en otro orden).

7. Selecciona cualquier celda de la tabla dinámica para que se muestre la lista de campos.

8. En la lista de campos, elimina los campos de las áreas de filas y columnas para que la tabla dinámica quede reducida a un único número con el total:

	A	B	C	D	E
1		Europa	América	Asia	
2	2013	213	242	65	
3	2014	224	210	98	
4	2015	258	198	145	
5	2016	192	227	153	
6					
7	Suma de Valor				
8	2225				
9					
10					

9. Haz doble clic en la cifra resultante: la herramienta *"Mostrar detalles"* creará una nueva hoja de cálculo con el listado que buscábamos:

	A	B	C	
1	Fila	Columna	Valor	
2	2013	Europa	213	
3	2013	América	242	
4	2013	Asia	65	
5	2014	Europa	224	
6	2014	América	210	
7	2014	Asia	98	
8	2015	Europa	258	
9	2015	América	198	
10	2015	Asia	145	
11	2016	Europa	192	
12	2016	América	227	
13	2016	Asia	153	
14				

10. Renombra las cabeceras a tu gusto.

18.4 REPLICAR UNA TABLA DINÁMICA SEGÚN LOS VALORES DE UN CAMPO

Podemos crear una tabla dinámica y replicarla para cada uno de los valores de un campo. Supongamos que, partiendo del fichero de ventas, *"Ventas informática.xlsx"*, queremos analizar el margen por categoría. Para ello creamos una tabla dinámica que contenga el campo *Categoría* en el área de filas y el campo *Margen* en el área de valores, campo al que aplicamos la operación *"Promedio"*. Si ahora queremos replicarla y particularizarla para cada país (es decir, si queremos una copia de la tabla dinámica para Argentina en la que solo se muestren datos de Argentina, otra para Chile solo con información de Chile, etc.), deberemos llevar el campo *País* al área de filtros y, a continuación, ejecutar el comando *"Analizar>Tabla dinámica>Opciones>Mostrar páginas de filtro de informes..."*. Se mostrará una ventana en la que seleccionar el campo a partir del cual queremos replicar la tabla dinámica (el campo *País* en nuestro ejemplo) y, tras seleccionarlo y hacer clic en **Aceptar**, Excel creará una hoja de cálculo para cada valor que tome el valor *País*, copiará en ellas una réplica de la tabla dinámica original (incluyendo el campo situado en el área de filtros) y filtrará cada copia con un valor de dicho campo (dando a la hoja de cálculo el mismo nombre que el valor que el campo tome en dicha copia). En el ejemplo de la siguiente imagen, la tabla dinámica original fue creada en la *"Hoja1"*:

ⓘ NOTA

Esta herramienta es útil si realmente se necesita una copia independiente para cada valor que tome el campo que llevamos al área de filtros, por ejemplo, si queremos imprimir la tabla dinámica para enviarla a cada uno de los clientes para los que se ha personalizado (imagina tener que crear una copia personalizada de la tabla dinámica para cada uno de los 340 clientes que nuestra empresa tiene...). En otros entornos, con la tabla dinámica original incluyendo el filtro ya deberíamos ser capaces de analizar nuestros datos para cualquier valor que tome dicho campo.

19

RESUMEN

Hemos visto a lo largo de estas páginas el potencial de las herramientas que ofrece Excel para realizar análisis de datos. Estas herramientas, correctamente aplicadas, nos van a permitir no solo mejorar nuestra productividad usando el ordenador, sino también conseguir resultados que, sencillamente, no serían alcanzables usando herramientas tradicionales.

Mi último consejo es que pongas en práctica toda esta información aplicándola en tu día a día. Intentar memorizar nombres de comandos o procedimientos puede resultar un esfuerzo vano si no nos ayudamos de la práctica para consolidar nuestros conocimientos. Más allá de las herramientas que ofrece Excel y de su conocimiento técnico, hay toda una forma de trabajo que va a depender del entorno en el que tengas que ponerlas en práctica y, por qué no, también de tu propio estilo a la hora de encarar el análisis de datos, cosas difícilmente plasmables en un libro y que solo descubrirás con la experiencia.

MATERIAL ADICIONAL

El material adicional de este libro puede descargarlo en nuestro portal web: *http://www.ra-ma.es*.

Debe dirigirse a la ficha correspondiente a esta obra, dentro de la ficha encontrará el enlace para poder realizar la descarga. Dicha descarga consiste en un fichero ZIP con una contraseña de este tipo: XXX-XX-XXXX-XXX-X la cual se corresponde con el ISBN de este libro.

Podrá localizar el número de ISBN en la página IV (página de créditos). Para su correcta descompresión deberá introducir los dígitos y los guiones.

Cuando descomprima el fichero obtendrá los archivos que complementan al libro para que pueda continuar con su aprendizaje.

INFORMACIÓN ADICIONAL Y GARANTÍA

- ▶ RA-MA EDITORIAL garantiza que estos contenidos han sido sometidos a un riguroso control de calidad.

- ▶ Los archivos están libres de virus, para comprobarlo se han utilizado las últimas versiones de los antivirus líderes en el mercado.

- ▶ RA-MA EDITORIAL no se hace responsable de cualquier pérdida, daño o costes provocados por el uso incorrecto del contenido descargable.

- ▶ Este material es gratuito y se distribuye como contenido complementario al libro que ha adquirido, por lo que queda terminantemente prohibida su venta o distribución.

ÍNDICE ALFABÉTICO

CPSIA information can be obtained
at www.ICGtesting.com
Printed in the USA
FSHW020558200821
84196FS

9 781681 658391